投资项目可行性研究

FEASIBILITY STUDY OF INVESTMENT PROJECT

李海涛　主编

天津大学出版社
TIANJIN UNIVERSITY PRESS

内容提要

本书按照国家发展和改革委员会和建设部2006年8月颁布的《建设项目经济评价方法与参数》(第三版)的基本要求,在国家最新颁布的有关财务会计制度与税收政策的基础上,系统介绍了投资项目可行性研究的主要内容。本书分为14个章节,分别讨论了投资项目可行性研究概述、项目概况及必要性评估、市场分析与生产规模的确定、项目生产建设条件分析及技术条件分析、投资估算、资金来源与融资方案、财务基础数据测算、财务分析、经济分析、不确定性分析和风险分析、方案经济比选、部分项目经济评价特点、社会评价等内容,最后一章运用一个综合案例来说明前述方法在实践中的具体应用。

本书兼备理论性与应用性,适合高等院校管理类和工程类等相关专业本科生、双学位学生使用,也可以作为管理类和工程类研究生、工程管理硕士(MEM)、工商管理硕士(MBA)、公共管理硕士(MPA)、工程硕士的参考教材,同时也可以作为政府部门、企事业单位项目评估人员的参考书籍或培训用书。

图书在版编目(CIP)数据

投资项目可行性研究/李海涛主编. —天津:天津大学出版社,2012.8(2021.7重印)
ISBN 978-7-5618-4458-8

Ⅰ.①投… Ⅱ.①李… Ⅲ.①投资项目-可行性研究
Ⅳ.①F830.593

中国版本图书馆CIP数据核字(2012)第202828号

出版发行	天津大学出版社
地　　址	天津市卫津路92号天津大学内(邮编:300072)
电　　话	发行部:022-27403647
网　　址	publish.tju.edu.cn
印　　刷	天津泰宇印务有限公司
经　　销	全国各地新华书店
开　　本	185mm×260mm
印　　张	19.25
字　　数	480千
版　　次	2012年9月第1版
印　　次	2021年7月第5次
定　　价	39.00元

前　　言

投资项目可行性研究是在投资决策前,对与拟建项目有关的技术、经济、社会等各方面进行深入细致的调查研究,对各种可能采用的技术方案和建设方案进行认真的技术经济分析和比较论证,对项目建成后的经济效益进行科学的预测和评价,在此基础上,对拟建项目的技术先进性和适用性、经济合理性和有效性以及建设必要性和可行性进行全面分析、系统论证、多方案比较和综合评价,由此得出该项目是否应该投资和如何投资等结论性意见,为项目投资决策提供可靠的科学依据。

本书向读者介绍了内容全面、体系完整的投资项目可行性研究的相关理论和方法,适合高等院校管理类和工程类等相关专业本科生、双学位学生使用,也可以作为管理类和工程类研究生、工程管理硕士(MEM)、工商管理硕士(MBA)、公共管理硕士(MPA)、工程硕士的参考教材,同时也可以作为政府部门、企事业单位项目评估人员的参考用书。

本书注意与我国目前的项目决策分析与评价的实际情况相结合,根据国家发展和改革委员会和建设部2006年8月颁布的《建设项目经济评价方法与参数》(第三版),在国家最新颁布的有关财务会计制度与税收政策的基础上进行编写。既有比较丰富的定性说明,也有大量的定量分析。本书共14章,第1章到13章系统地介绍了投资项目评价的理论与方法,第14章运用一个综合案例来说明前述方法在实践中的具体应用。

本书由李海涛主编,研究生田园、马小智、王非非、张艳艳参与了相关章节的资料收集、整理及编写工作,全书由李海涛统一设计框架、审定、修改定稿。

在编写过程中,本书参考了国内许多专家学者的文献和资料,在此谨向他们表示崇高的谢意。天津大学出版社的宗洁和李文慧两位老师,她们为这本书的编写和出版付出了大量的心血,在本书付梓之际,谨对她们的辛勤劳动表示衷心感谢。

尽管我们在本书的编写中做出了很大的努力,但由于知识水平所限,书中难免存在错误和疏漏之处,恳请读者和同人批评指正,以便再版时改正修订。我的电子邮件地址是:lihaitao@tju.edu.cn。

李海涛

2012年7月于天津大学

目 录

第1章 投资项目可行性研究概述

1.1 投资与投资项目概述

1.1.1 投资

1.1.1.1 什么是投资

站在不同的角度,可以对"投资"给出不同的定义。简单地说,投资是以预期的经济或社会效益为目的的资金投入行为和过程。需要解释的是,这里的"资金"应该理解为可折算成资金的各种资源(包括无形生产要素在内)。投资的经济主体(投资主体或投资者)可以是政府、企业或个人。

1.1.1.2 投资的类型

1. 按照投资目的分类

根据投资目的的不同,投资可分为经济投资、公益性投资、金融投资。

1)经济投资

经济投资是指以实现最大投资价值为目的,将资金(或各种资源)转化为固定资产、无形资产、流动资产,生产出产品或提供服务以获取利润的投资行为。

2)公益性投资

公益性投资具有较强的公共性,它所提供的产品或服务往往不一定具有市场价格,其基本出发点是以社会公共福利为主,而非商业利润。

3)金融投资

金融投资则是指通过购买各种金融证券,形成金融资产而获利的投资行为。

2. 按照投资参与程度分类

按投资者对投资活动参与程度的不同,投资可分成直接投资和间接投资。

1)直接投资

直接投资使实物和无形资产存量增加,为项目产出社会产品或服务以及最终产生经济或社会效益提供物质基础,它是社会再生产和扩大再生产的基本手段。投资者直接参与资本形成的过程,并在一定程度上对被投资对象拥有经营控制权。经济投资和公益性投资即属于直接投资。

2)间接投资

间接投资是投资者通过购买各种金融债券,拥有股份、债权、期权等形式,间接地参与实物和无形资产形成的过程。投资者一般对被投资企业没有经营权,但可以随时转卖变现或通过投资组合分散风险。其重要作用在于实现更广泛的社会资金聚集,满足现代化、社会化大生产以及社会发展对资金集中使用的需求。金融投资即属于间接投资。

一个投资活动不能持续进行的国家或企业,将是一个经济发展停滞和僵死的国家或企业。因此,投资活动是不断促进国家和企业经济增长以及不断实现新的社会发展目标的重要基础条件和推动力。同时,投资也是国家、企业或个人获取资产增值的重要途径。

投资是经济增长的重要推动力,合理的固定资产投资增长,是带动经济增长、增加财政收入、扩大就业的重要手段。日本在经济起飞阶段的投资率在30% ~35%之间,韩国基本在37%以内。

全面协调可持续发展,是科学发展观的基本要求。我国是一个收入较低的发展中国家,发展的任务仍然很重。根据我国消费比例偏低的现状,投资带动战略在今后相当长的时间内仍是我国经济发展的主旋律。也就是说,促使投资率维持在较高水平的因素是存在的,中国的高投资率目前还有一定的合理性。但与此同时,由于体制机制上存在问题和经济增长方式没有根本改变造成的过高投资率,则必须加以引导和控制,着力优化投资结构。这是我们面临的严峻课题,也是一项长期的艰巨任务。

1.1.2　投资项目与投资项目周期

1.1.2.1　投资项目

1. 广义的项目概念

广义的"项目"一般指在一定约束条件下(资源、时间、质量等)具有特定明确目标的一次性组织或事业。美国项目管理学会(Project Management Institute,PMI)对项目的定义是:组织中所有具有一次性、有头有尾而非持续性的作业,或者为达到一个特定目的而将人力资源和其他资源结合成一个短期的组织。项目的特性有如下几点:

(1)具有特定的目标和成果;

(2)具有一次性特点,故一般是非例行性和非重复性的;

(3)有明显的约束条件;

(4)结合人力和其他各项资源共同推动一个"暂时性"的组织。

2. 投资项目

投资活动是通过各个投资项目进行的。关于投资项目的含义,有多种不同的表述,分列如下。

(1)联合国工业发展组织在《工业项目评估手册》中的表述:"一个项目是对一项投资的一个提案,用来创建、扩建或发展某些工厂企业,以便在一定周期内增加货物的生产或社会的服务。"并指出从项目评价的角度出发,"一个项目就是一个投资的单位,它可以从技术上、经济上区别于其他各项投资"。

(2)世界银行则注重对贷款项目的管理,认为:"所谓项目,一般是指同一性质的投资(如设有发电厂和输电线路的水坝),或同一部门内的一系列投资(如城市项目中市区内的住房、交通和供水等)。有些项目,只为特定的投资或比较全面的调查研究提供技术援助。""项目还可以包括向中间金融机构的贷款,为它的一般业务活动提供资金;或向某些部门的发展计划发放贷款。"所以,"项目通常既包括有形的,如土木工程的建设和设备的提供,也包括无形的,如社会制度的改进、政策的调整以及管理人员的培训等"。

(3)我们认为,从投资项目评价更狭义的角度讲,投资项目是指投入一定资源的、能够单独计算和考核其投入和产出(成本和收益),以便于进行分析和评价的独立计划、规划或方案。通常,投资项目可以由更小的若干子项目组成。

3. 建设项目

实际上,大多数直接投资都是需要兴工动料的工程建设项目。建设项目一般包括新建项目、改建(技术改造)项目、扩建项目、迁建项目、恢复(修复)项目等。我们认为,所谓“建设项目”,主要指直接投资的工程建设项目,即前面所说的经济投资和公益性投资中的工程建设项目。本文所指的投资项目,仅仅指的是建设项目。

在国家发展和改革委员会、建设部联合发布的《建设项目经济评价方法与参数》(第三版)中,提出了建设项目可从不同分析角度进行分类。

1)按照项目目标分类

按项目的目标,项目可分为经营性项目和非经营性项目。

(1)经营性项目通过投资以实现所有者权益的市场价值最大化为目标,以投资牟利为行为趋向。绝大多数生产或流通领域的投资项目都属于这类项目。

(2)非经营性项目不以追求赢利为目标,其中包括本身就没有经营活动、没有收益的项目,如城市道路、路灯、公共绿化、航道疏浚、水利灌溉渠道、植树造林等项目,这类项目的投资一般由政府安排,营运资金也由政府支出。另外有的项目的产出直接为公众提供基本生活服务,本身有生产经营活动,有营业收入,但产品价格不由市场机制形成。在后一类项目中,有些能回收全部投资成本,项目有财务生存能力;有些不能回收全部投资成本,需要政府补贴才能维持运营;有些能够回收全部投资成本且略有节余。对于这类建设项目,国家有相应的配套政策。

2)按照项目产品(或服务)属性分类

按项目的产品(或服务)属性,项目可分为公共项目和非公共项目。

(1)公共项目是指为满足社会公众需要,生产或提供公共物品(包括服务)的项目,如上述第一类非经营性项目。公共物品的特征是具有非排他性或排他无效率,有很大一类物品无法或不应收费。人们一般认为,由政府生产或提供公共物品可以增进社会福利,是政府的一项合适的职能。

(2)非公共项目是指除公共项目以外的其他项目。相对于“政府部门提供公共物品”的是“私人部门提供的商品”,其重要特征是:供应商能够向那些想消费这种商品的人收费并因此得到利润。

3)按照项目投资管理形式分类

按项目的投资管理形式,项目可分为政府投资项目和企业投资项目。

(1)政府投资项目是指使用政府性资金的建设项目以及有关的投资活动。政府性资金包括:财政预算投资资金(含国债资金);利用国际金融组织和外国政府贷款的主权外债资金;纳入预算管理的专项建设资金;法律、法规规定的其他政府性资金。政府按照资金来源、项目性质和宏观调控需要,分别采用直接投资、资本金注入、投资补助、转贷、贴息等方式进行投资。

(2)不使用政府性资金的投资项目统称企业投资项目。

4)按照项目与企业原有资产的关系分类

按项目与企业原有资产的关系,项目可分为新建项目和改扩建项目。

改扩建项目与新建项目的区别在于:改扩建项目是在原有企业基础上进行建设的,在不同程度上利用了原有企业的资源,以增量带动存量,以较小的新增投入取得较大的新增效益。建设期内项目建设与原有企业的生产同步进行。

5)按照项目的融资主体分类

按项目的融资主体,分为新设法人项目和既有法人项目。

(1)新设法人项目由新组建的项目法人为项目进行融资,其特点是:项目投资由新设法人筹集的资本金和债务资金构成;由新设项目法人承担融资责任和风险;从项目投产后的财务效益情况考察偿债能力。

(2)既有法人项目要依托现有法人为项目进行融资,其特点是:拟建项目不组建新的项目法人,由既有法人统一组织融资活动并承担融资责任和风险;拟建项目一般是在既有法人资产和信用的基础上进行的,并形成增量资产;从既有法人的财务整体状况考察融资后的偿债能力。

除上述几种分类外,项目还可以从其他角度进行分类。没有一种分类方法可以涵盖各种属性的项目,为便于后面叙述,列举了几种分类。这些分类对经济评价内容、评价方法、效益与费用估算、报表设置等都有重要影响。实际工作中可以根据需要从不同的角度另行分类。

1.1.2.2 投资项目周期

绝大多数项目都必须经历一个由产生、发展到终结的循序过程,即生命周期。据联合国工业发展组织所编《工业项目可行性研究手册》和世界银行的有关规定,一个投资项目的发展周期可分为三个主要时期:投资前时期、投资执行时期和生产运营时期,每个时期又包括若干个工作阶段(见表1-1)。

表1-1 投资项目周期示意

投资前时期					投资执行时期				生产运营时期	
机会研究	初步可行性研究	可行性研究	项目评估	投资决策	合同谈判签约	工程设计	施工安装	试运行	竣工验收	生产经营	项目后评价

1.2 可行性研究概述

1.2.1 可行性研究的概念

1.2.1.1 可行性研究的含义

可行性研究是在投资决策前,对与拟建项目有关的社会、经济、技术等各方面进行深入细致的调查研究,对各种可能采用的技术方案和建设方案进行认真的技术经济分析和比较论证,对项目建成后的经济效益进行科学的预测和评价。在此基础上,对拟建项目的技术先进性和适用性、经济合理性和有效性以及建设必要性和可行性进行全面分析、系统论证、多方案比较和综合评价,由此得出该项目是否应该投资和如何投资等结论性意见,为项目投资决策提供可靠的科学依据。

1.2.1.2 可行性研究的重要性

从我国50多年来的经济建设实践来看,项目建设前不认真做可行性研究和项目评价,不仅会导致投资效果差,有的甚至会造成重大的经济和社会损失。如有的项目水文地质、工程地质、资源条件不清楚就盲目上马，仓促兴建，结果建成后因缺乏资源，生产能力得不到合理利用和发挥；有的项目未认真做好市场预测，建成后因市场需求不足而不能满负荷营运；有的项目工艺不过关，产品不定型，建成后不能投产；有的项目是踩脚定址，地图上画线定点，因而造成项目建设工期过长，工程质量事故不断发生等等。这些惨痛教训告诉我们，投资决策不认真搞好可行性研究和项目评价，即使在设计和施工上做出很大努力，也难以避免决策失误所造成的损失。

从理论上讲，投资决策前之所以要进行可行性研究，一是为避免投资决策的失误，二是为选择最佳方案，提高投资效益。任何拟建项目客观上都存在多种可选方案，仅凭主观判断或简单选择难以得到满意的结果。建设项目的要求也是多种多样，比如，技术上希望尽可能先进适用、安全可靠、耐用易修；经济上希望投资少见效快，经济效益高；政治上要求符合有关政策法规；社会效果上希望增加就业机会，减少环境污染等。仅片面强调任何单方面的要求均可能造成决策的失误，因此需要进行可行性研究，综合权衡各方面的得失。其次，要想选择出最佳方案，也必须依赖可行性研究进行广泛深入的调查研究和系统全面的分析论证。

从投资主体的角度分析，企业建设项目投资的经济性要求赢利最大化、风险最小化以及竞争实力的不断增强，可行性研究与项目评价的结论往往成为项目能否投资的关键。只有论证拟建项目建设是有必要的，采用的技术先进，产品价格具有竞争力，并能获得巨大的投资利润，投资主体才肯投资，银行财团才肯贷款，项目才能兴建。无论是企业或政府投资，都追求投资的综合效益。因此，切实加强投资决策可行性研究有着格外重要的现实意义。

1.2.2　可行性研究的依据、内容和作用

1.2.2.1　可行性研究的依据

对一个拟建项目进行可行性研究，必须在国家有关的规划、政策、法规的指导下完成，同时，还要有相应的各种技术资料。可行性研究报告编写的主要依据包括以下几个方面。

(1)国家有关经济建设的方针和产业政策、发展政策以及国家或地方的有关法规。

(2)国民经济和社会发展长远规划、行业规划和地区规划。

(3)经国家批准的资源报告、国土开发整治规划、区域规划、工业基地规划，对于交通运输项目要有有关的江河流域规划与路网规划等。

(4)经审批机关批准的项目建议书和委托单位关于拟建项目设想的文字说明。

(5)拟选厂址当地的可靠的自然、地理、气象、地质、经济、社会等基础资料。

(6)水、电、交通、原料燃料等外部条件资料。

(7)有关行业的工程技术、经济方面的规范、标准、参考指标等。

(8)国家颁布的项目评价的经济参数和指标，如社会折现率、行业基准收益率、外汇汇率、价格换算系数等。如涉及国家没有颁布的经济参数，则使用部门或地区拟定的；如果部门或地区也没有，则由评价人员参考国外资料和历史资料确定。

1.2.2.2　可行性研究的内容

项目可行性研究是在项目建议书被批准后，对项目进行的更为详细、深入、全面的技术和经济论证工作，并在此基础上编制的可行性研究报告。通过对各种可能的技术方案的分析、测算、比较，推荐最佳方案，供决策部门做出最终决定。投资项目可行性研究报告一般包括以下内容。

1. 项目总论

项目总论综述项目概况，包括项目提出的背景、投资环境、工作范围和要求、研究工作情况、可行性研究的主要结论；汇总可行性研究报告各章节中的主要技术经济指标，列出“主要技术经济指标表”；记录存在的问题与建议。

2. 项目背景和发展概况

主要应说明项目的发起过程，提出的理由、前期工作的发展过程、投资者的意向、投资的必要性等可行性研究的工作基础。具体包括国家或行业发展规划、项目发起人以及发起缘由；已进行的调查研究项目及成果、试验试制工作（项目）概况、厂址初勘和初步测量工作情况、项目建议书的编制及审批过程；并从经济效益和社会效益两方面说明投资的必要性。

3. 市场分析与建设规模

在可行性研究报告中，要详细阐述市场需求预测、价格分析，并确定建设规模。主要内容包括：调查国内外市场近期需求状况，并对未来趋势进行预测，对国内现有工厂生产能力进行估计，进行销售预测、价格分析，判断产品的市场竞争能力及进入国际市场的前景，确定拟建项目的产品方案和建设规模，提出市场营销战略与策略，对产品方案和发展方向进行技术经济论证比较。

4. 建设条件与厂址选择

按建设的产品方案和规模来研究资源、原料、燃料、动力等的需求和供应的可靠性，并对可供选择的厂址做进一步的技术经济比较，确定新厂址方案。具体主要包括以下方面的内容：资源和原材料，建厂地区的选择和厂址选择。

1）资源和原材料

资源和原材料的分析指项目所需资源的来源、供应条件以及今后发展和开发趋势，原材料及主要辅助材料供应，所需的种类、数量、质量及其来源和供应的可能性；所需动力（水、电、气等）公用设施的数量、供应条件、外部协作条件以及签订协议和合同的情况。

2）建厂地区的选择和厂址选择

建厂地区的选择和厂址选择指出建厂地区的地理位置与原材料产地和产品市场的距离，对建厂的地理位置、气象、水文、地质、地形条件、地震、洪水情况和社会经济现状进行调查研究，搜集基础资料，了解交通运输、通信设施及水、电、气、热的现状和发展趋势；厂址面积、占地范围、厂区总体布置方案、建设条件、地价、拆迁及其他工程费用情况；对厂址选择进行多方案的技术经济分析和比较，提出选择意见。

5. 工厂技术方案

在选定的建设地点内进行总图和交通运输的设计，进行多方案比较和选择，确定项目的构成范围、主要单项工程（车间）的组成、厂内外主体工程和公用辅助工程的方案比较论证；项目土建工程总量的估算，土建工程布置方案的选择，包括场地平整、主要建筑和构筑物与厂外工程的规划；采用技术和工艺方案的论证、技术来源、工艺路线和生产方法，主要设备选型方案和技术工艺的比较；引进技术、设备的必要性及其来源国别的选择比较；设备的国外分交或与外商合作制造方案设想；以及必要的工艺流程。

6. 环境保护与劳动安全

对项目建设地区的环境状况进行调查，分析拟建项目“三废”（废气、废水、固体废物）的种类、成分和数量，并预测其对环境的影响，提出治理方案的选择和回收利用情况；对环境影响进行评价，提出劳动保护、安全生产、城市规划、防震、防洪、防空、文物保护等要求以及采取相应的措施方案。

7. 企业组织和劳动定员

根据项目规模、项目组成和工艺流程，研究提出相应的企业组织机构、劳动定员总数、劳动力来源以及相应的人员培训计划。具体包括：企业组织形式、全厂生产管理体制、机构的设置，对选择方案的论证；工程技术和管理人员的素质和数量的要求；劳动定员的配备方案；人员的培训规划和费用估算。

8. 项目实施进度安排

项目实施进度安排，是指从正式确定建设项目到项目达到正常生产这段时间，包括项目实施准备、资金筹集安排、勘察设计和设备订货、施工准备、施工和生产准备、试运转，直到竣工验收和交付使用等各个工作阶段的进度计划安排，选择整个工程项目实施方案和总进度，用横道图和网络图来表述最佳实施方案，并估算项目实施的费用，包括建设单位管理费、生产筹备费、生产职工培训费、办公和生活家具购置费、勘察设计费等费用。

9. 投资估算与资金筹措

这是项目可行性研究内容的重要组成部分，要计算项目所需要的投资总额，分析投资的筹措方式，并制订用款计划。建设项目总投资包括固定资产投资和流动资金投资，固定资产投资包括工程费用、其他费用和预备费；资金筹措研究落实资金的来源渠道和项目筹资方案，从中选择条件优惠的资金并在这两方面的基础上编制投资使用与借款偿还计划。

10. 项目经济评价

项目经济评价包括微观经济评价（财务分析）和宏观经济评价（经济分析）两部分。在建设项目的技术路线确定之后，必须对不同的方案进行财务、经济效益评价，判断项目在经济上是否可行，并比选推荐出优秀的建设方案。包括生产成本和销售收入估算，分析测算拟建项目未来的效益费用，计算内部收益率、净现值、投资回收期、资产负债率等评价指标，以判别项目在财务上是否可行；同时还要对项目进行费用效益分析或费用效果分析，分析项目对行业发展、区域和宏观经济的影响，从而判断拟建项目的经济合理性。

11. 不确定性分析

通过运用盈亏平衡分析、敏感性分析等不确定性分析方法，计算有关指标，考察项目抵御风险的能力和确定影响项目的风险因素。

12. 项目社会评价

对于可能产生重要社会影响的项目以及扶贫、区域综合开发、文化教育、公共卫生等具有明显社会发展目标的项目，应从维护公共利益、构建和谐社会、落实以人为本的科学发展观等角度，进行社会影响分析评价。项目社会评价包括社会影响效果分析、社会适应性分析和社会风险及对策分析。

13. 可行性研究结论与建议

根据前面的研究分析，运用各项数据综合评价建设方案，从技术、经济、社会、财务等各个方面论述建设项目的可行性，推荐一个或几个可行方案供决策参考，提出项目存在的问题以及结论性意见和改进建议。

综上可以看出，投资项目可行性研究的基本内容可概括为三大部分：首先是市场研究，包括产品的市场调查和预测研究，这是项目可行性研究的前提和基础，其主要任务是要解决项目的“必要性”问题；第二是技术研究，即技术方案和建设条件研究，这是项目可行性研究的技术基础，它要解决项目在技术上的“可行性”问题；第三是效益研究，即经济效益和社会效益的分析和评价，这是项目可行性研究的核心部分，它要解决建设项目在经济上的“合理性”问题。市场研究、技术研究和效益研究共同构成投资项目可行性研究的三大支柱。在项目的前期工作中，从机会研究到详细可行性研究的整个可行性研究过程，就是从这三大方面对项目进行优化研究，并为项目投资决策提供科学依据。

1.2.2.3 可行性研究的作用

在建设项目的项目发展周期中，投资前期工作具有决定性意义。而作为建设项目投资前期核心工作的可行性研究，一经批准，在整个项目周期中，就会发挥非常重要的作用。具体体现在以下几个方面：

(1)作为项目决策的依据；

(2)作为向银行贷款的依据和银行审查判断是否贷款的依据；

(3)作为编制项目初步设计的依据；

(4)作为该项目与有关部门互订协议、签订合同的依据；

(5)作为环保部门、地方政府和规划部门审批项目的依据；

(6)作为施工组织、工程进度安排及竣工验收的依据；

(7)作为项目后评估的依据。

1.2.3 可行性研究的阶段

可行性研究工作主要在投资前期进行，投资前期的可行性研究工作包括机会研究、初步可行性研究、详细可行性研究三个阶段。

1. 机会研究

机会研究一般比较粗略，主要为项目主体寻求具有良好发展前景、对经济发展有较大贡献并具有较大成功可能性的投资发展机会，进行投资机会鉴别，提出备选项目。该阶段对项目投资和生产成本的估算精度一般要求控制在±30%左右。对于大中型项目，机会研究所用的时间一般为1~2个月，而小型项目或不太复杂的项目一般能在两个星期内完成。机会研究所需费用占投资总额的0.1%~1%。

2. 初步可行性研究

初步可行性研究是正式的详细可行性研究前的预备性研究阶段。其目的体现在以下两个方面。

(1)确定项目是否值得进行详细可行性研究。在分析投资机会研究结论的基础上做出初步投资评价，进一步弄清项目的市场需求、投资规模、原材料来源、工艺技术、厂址、组织机构和建设进度等情况，进行经济效益评价，判断项目的可行性。如果经过初步可行性研究，表明该项目具有较好的可行性，但某些资料还不充足，某些数据还不够精确，则可以确定该项目需要进行详细可行性研究；否则，就终止该项目的前期研究工作。

(2)确定哪些是关键性问题，并需要进行辅助性专题研究。经过初步可行性研究，分析出哪些资料和数据还不够充分，哪些关键性问题还需要进行辅助性专题研究。例如，市场需求预测和竞争能力研究，原材料、辅助材料和燃料动力等供应和价格预测研究、中间工厂试验、厂址选择、合理经济规模以及主要设备选型等研究。在广泛的方案分析比较论证后，对各类技术方案进行筛选，选择最佳效益方案，排除一些不利方案，缩小下一阶段的工作范围和工作量，避免不必要的时间、精力和费用耗费。

初步可行性研究对项目投资和生产成本的估算精度一般要求控制在±20%左右，研究所需时间为4～6个月，所需费用占投资总额的0.25%～1.25%。

3. 详细可行性研究

详细可行性研究，通常简称为可行性研究，它是项目前期研究的关键环节，是项目投资决策的基础。它为项目决策提供技术、经济、商业方面的评价依据，为项目的具体实施（建设和生产）提供科学依据。

这一阶段的主要目标是：①提出项目建设方案；②效益分析和最佳方案的选择；③依据标准，对拟建项目提出结论性意见。可行性研究的结论，可以是推荐一个最佳的建设方案，也可以提出一个以上可供选择的方案，说明各自利弊和可能采取的措施，也可以提出项目"不可行"的结论。

可行性研究的内容比较详尽，所花费的时间和精力都比较大。这一阶段中投资额和成本都要根据该项目的实际情况进行认真调查、预测和详细计算，其计算精度应控制在±10%以内，大型项目可行性研究工作所花费的时间为8～12个月，所需费用占总投资额的0.2%～1%，中小型项目可行性研究工作所花费的时间为4～6个月，所需费用占总投资额的1%～3%。

1.2.4　可行性研究的发展阶段及在我国的发展

1.2.4.1　可行性研究的发展阶段

项目的可行性研究从20世纪初诞生以来（较早的可行性研究工作是在20世纪30年代美国开发田纳西河流域时进行的）到现在，大致经历了三个发展阶段。

1. 第一阶段

第一阶段是从20世纪初到20世纪50年代前期。这一阶段初期的项目可行性研究主要采用财务分析方法，即从企业角度出发，通过对项目的收入和支出的比较来判断项目的优劣。现实意义上的对工程项目进行分析评价的方法——可行性研究产生于20世纪30年代。当时的世界性经济大萧条使得西方国家的经济形势产生了重大的变化。随着自由放任经济体系的崩溃，一些西方国家的政府施行新经济政策，大量投资公共工程项目，于是出现了公共工程项目分析评价方法，现代意义上的可行性研究就产生于这种条件下。1930年，西方研究工程经济的第一本著作《工程经济原理》出版。1931年，美国在综合开发田纳西河流域时，首次采用可行性研究，取得了满意的结果。1936年，美国颁发了《全国洪水控制法》，提出一个原则：当效益大于所耗费用时，一个项目被认为是可行的。随后，美国、英国和加拿大等国政府相继规定了可行性研究的原则和程序。

2. 第二阶段

第二阶段是从20世纪50年代初到20世纪60年代末期。在这一阶段，可行性研究从侧重于财务分析发展到同时从微观和宏观角度评价项目的经济效益，费用—效益分析（或称经济分析）作为一种项目选择的方法被普遍接受。在这个时期，美国于1950年发表了《内河流域项目经济分析的实用方法》，规定了测算费用效益比率的原则性程序。1958年，荷兰计量经济学家丁伯根首次提出了在经济分析中使用影子价格的主张。在这以后，世界银行和联合国工业发展组织(UNIDO)都在其贷款项目的评价中同时采用了财务分析和经济分析两种方法。

3. 第三阶段

第三阶段是从20世纪60年代末期到现在。20世纪60年代以后,一些西方发展经济学家致力于发展中国家工程项目分析评价方法的研究,提出了不仅有一定的普遍意义,而且比较适合发展中国家对工程项目进行可行性研究的理论和方法。在这一阶段,可行性研究的分析方法中产生了社会分析方法,即把增长目标和公平目标(二者可统称为国民福利目标)结合在一起作为选择项目的标准。这一阶段的主要研究成果有:针对发展中国家商品价格"失真"的问题,1968年及1974年,牛津大学教授I. M. D. 利特尔和J. A. 莫里斯编写的《发展中国家工业项目分析手册》和《发展中国家项目评价和规划》,提出一种调整价格的方法(简称L-M法),与后来出现的UNIDO法和S-V法,一起称为项目评价的"新方法"。这一阶段研究成果还有1972年、1978年、1980年联合国工业发展组织(UNIDO)编写的《项目评价准则》、《工业可行性研究手册》、《工业项目评价手册》等。

1.2.4.2 可行性研究在我国的发展

20世纪50年代初,我国在计划工作、基本建设和企业管理中从苏联引进了"技术经济分析"(或称技术经济论证)的方法。特别是在"一五"期间,在以156个重点建设项目为中心的大规模经济建设中,各重点项目的规划、设计工作都进行了不同程度的技术经济分析。保证了我国"一五"期间的经济建设既获得较快的速度,又获得较好的经济效果,对我国工业基础的确立起了重大作用,显示了技术经济分析的巨大实用价值。

在上述基础上,我国一些专家学者提出了建设有中国特色的技术经济理论体系的意见,并在60年代初,在由国家科委组织编制的《1963—1972年科学技术发展规划》中,把技术经济列为和工农业科学技术、基础科学等并列的七大科学技术学科之一。当然,在"十年动乱"中,所有的规划是无法实施的。

在改革开放、努力恢复和发展国民经济的过程中,1978年的全国科学大会讨论通过了党中央和国务院批准的《1978—1985年科学技术发展规划》,把"技术经济和管理现代化理论和方法的研究"列为108个重点研究项目之一。之后,我国制定了《技术经济和管理现代化理论和方法的研究规划(1978—1985)(草案)》。

1980年,世界银行开始在中国开展业务活动。世界银行在对我国建设项目贷款时,要求按照国际惯例提供建设项目的可行性研究报告。中央各有关部门和专家学者开始积极推进有关投资项目可行性研究的工作。1983年国家计委下达了《关于建设项目进行可行性研究的试行管理办法》。国家计委和建设部借鉴国外项目评价理论、方法和实践成就,结合我国国情,于1987年10月正式颁布了《建设项目经济评价方法与参数》,使我国投资项目可行性研究的经济评价工作走上了科学化、规范化的道路。1993年4月,结合我国经济体制改革和投资、金融、财会、税收制度的改革,又颁布了《建设项目经济评价方法与参数》(第二版),进一步提高了我国投资项目经济评价方法的科学性、实用性和可操作性。

为了适应我国社会主义市场经济的不断完善和发展,加强建设项目经济评价工作,根据《国务院关于投资体制改革的决定》精神,国家发展和改革委员会、建设部于2006年7月颁布了《建设项目经济评价方法与参数》(第三版)。它在进一步适应企业经济体制改革、适应投融资主体和方式多元化的新格局,加强我国投资宏观调控,增强项目对区域和宏观经济的积极影响,促进在科学发展观指导下社会协调、可持续发展等方面,发挥重要的作用。

在社会评价方面,《投资项目社会评价指南》由国家计委投资研究所、建设部标准定额研究所联合组成的社会评价课题组于1997年正式发表,初步为我国社会评价提供了理论、方法与依据。在国家计委于2002年审定发行的《投资项目可行性研究指南》中,已将社会评价正式纳入我国投资项目可行性研究的内容之中,初步完善了我国投资项目可行性研究的整个体系。

投资项目评价是一门发展中的新兴管理科学与技术,一个关于投资效果分析和决策的学科。中国科协直属的中国技术经济研究会、国务院技术经济研究中心、中国社科院技术经济研究所也在进行着相关理论的研究工作,各省、自治区、直辖市和各主要部委也成立了类似机构。100多所高校设立了技术经济专业,截至2009年已有37个博士点,120个硕士点,不仅为我国技术经济及管理学科奠定了理论基础,也为投资项目可行性研究与投资项目管理实践培养了人才。

我国投资项目可行性研究工作将不断向更高的水平发展,对我国投资决策的科学化、规范化,对加强项目评价工作的科学管理,提高项目评价工作效率和质量,发挥更大的作用。

值得注意的有如下两点。

(1)包括经济评价和社会评价在内的可行性研究涉及的知识面和学科是相当广泛的,并且具有一定的深度。需要大批懂技术(高新技术、工程技术)、懂经济(包括国际经济、投资经济、财政金融、贸易、工业经济等)、懂管理(创新管理、财务管理、工程管理、项目管理)的高素质复合型人才。这要求我们必须不断地学习。

(2)在项目评价和决策中,应特别防止一系列人为因素的干扰。如在官僚意识、急功近利思想、投机取巧行为、小团体主义、地方主义的驱使下,或在利益团体的腐蚀下,人为地制造项目预测误差和不真实的投资效果。这是反科学的,是产生一切错误的投资决策——乱投资、盲目上马、重复建设、过度开发——的根源。它给投资带来无法控制的风险,带来无法弥补的经济损失、资源浪费和极坏的社会影响。因此,杜绝人为制造的错误投资决策,科学、规范地进行投资项目的评价和决策极其重要。

1.2.5 可行性研究报告的编制与审批

1.2.5.1 可行性研究报告的编制程序

根据我国现行的工程项目建设程序和国家颁布的《关于建设项目进行可行性研究试行管理办法》,可行性研究的工作程序如下。

(1)建设单位提出项目建议书和初步可行性研究报告。

(2)项目业主、承办单位委托有资格的单位进行可行性研究。

(3)咨询或设计单位进行可行性研究工作,编制完整的可行性研究报告。

(4)可行性研究报告的预审与复审。

(5)可行性研究报告的审批。

1.2.5.2 可行性研究报告的编制依据

可行性研究报告的编制依据包括以下内容。

(1)项目建议书(初步可行性研究报告)及其批复文件。

(2)国家和地方的经济和社会发展规划,行业部门发展规划。

(3)国家有关法律、法规和政策。

(4)对于大中型骨干项目,必须具有国家批准的资源报告、国土开发整治规划、区域规划、江河流域规划、工业基地规划等有关文件。

(5)有关机构发布的工程建设方面的标准、规范和定额。

(6)合资、合作项目各方签订的协议书或意向书。

(7)委托单位的委托合同。

(8)经国家统一颁布的有关项目评价的基本参数和指标。

(9)有关的基础数据。

1.2.5.3 可行性研究报告的编制要求

对于编制可行性研究报告,一般有如下要求。

(1)编制单位必须具备承担可行性研究的条件。

(2)确保可行性研究报告的真实性和科学性。

(3)可行性研究的深度要规范化和标准化。

(4)可行性研究报告必须经签证和审批。

1.2.5.4 可行性研究报告的审批

政府对于投资项目的管理分为审批、核准和备案三种方式。对于政府投资项目,继续实行审批制。对于企业不使用政府性资金投资建设的项目,一律不再实行审批制,区别不同情况实现核准制和备案制。

其中,政府仅对重大项目和限制类项目从维护社会公共利益角度进行核准,其他项目无论规模大小,均改为备案制。

对于以投资补助、转贷或贷款贴息方式使用政府投资资金的企业投资项目,应在项目核准或备案后向政府有关部门提交资金申请报告;政府有关部门只对是否给予资金支持进行批复,不再对是否允许项目投资建设提出意见。

对于政府投资项目而言,只有直接投资和资本金注入方式的项目政府需要对可行性研究报告进行审批,其他项目无须审批可行性研究报告。

1.3 建设项目经济评价

1.3.1 建设项目经济评价概述

建设项目经济评价应根据国民经济与社会发展以及行业、地区发展规划的要求,在项目初步方案的基础上,采用科学的分析方法,对拟建项目的财务可行性和经济合理性进行分析论证,为项目的科学决策提供经济方面的依据。建设项目经济评价是建设项目决策的重要依据,对于提高建设项目决策的科学化水平,引导和促进各类资源的合理有效配置,优化投资结构,充分发挥投资效益具有重要作用。建设项目经济评价包括财务分析和经济分析。经济分析包括费用效益分析和费用效果分析、行业影响分析、区域经济影响分析、宏观经济影响分析。

1. 财务分析

财务分析是在国家现行财税制度和价格体系的前提下,从项目的角度出发,计算项目范围内的财务效益和费用,分析项目的赢利能力和清偿能力,评价项目在财务上的可行性。

2. 经济分析

1)费用效益分析

费用效益分析是从资源合理配置的角度,分析项目投资的经济效率和对社会福利所做出的贡献,评价项目的经济合理性。对于财务现金流量不能全面、真实地反映其经济价值,需要进行经济费用效益分析的项目,应将经济费用效益分析的结论作为项目决策的主要依据之一。

2)费用效果分析

费用效果分析系通过比较项目预期的效果与所支付的费用,判断项目的费用有效性或经济合理性。效果难于或不能货币化,或货币化的效果不是项目目标的主体时,在经济评价中应采用费用效果分析法,其结论作为项目投资决策的依据之一。

3)行业影响分析

行业影响分析主要是通过阐述行业现状的基本情况以及企业在行业中所处地位,分析拟建项目对所在行业及关联产业发展的影响,并对是否可能导致垄断等进行论证。

4)区域经济影响分析

对于区域经济可能产生重大影响的项目,应从区域经济发展、产业空间布局、当地财政收支、社会收入分配、市场竞争结构等角度进行分析论证。

5)宏观经济影响分析

投资规模巨大、对国民经济有重大影响的项目,应进行宏观经济影响分析。涉及国家经济安全的项目,应分析拟建项目对经济安全的影响,提出维护经济安全的措施。

建设项目经济评价是可行性研究报告的主要内容。

1.3.2 经济评价方法的适用范围

经济评价方法的适用范围如下。

(1)所有项目的经济评价都是基于资金时间价值这一原理,因此建设项目经济评价方法具有较宽的适用面,可用于各行各业的建设项目,如工业、农业、林业、交通运输、教育、卫生、房地产开发等大行业,同样,各大行业内的小行业也可以用此方法进行经济评价。行业经济评价的区别一般体现在财务或经济的费用效益流量的识别和估算上以及对评价内容的选择上,各行业可结合自身特点制定相关的实施细则。

(2)当前我国社会主义市场经济体系的架构已经基本形成,投资主体已经由计划经济体制下单一的国家或政府,扩展成为政府、国有企业、民营企业、事业单位、个体经济以及政府与私人联合体等多种主体,形成投资主体多元化、资金来源多渠道、投资方式多样化、项目建设市场化的新格局。建设项目经济评价方法对不同投资主体在使用上没有限制。

(3)传统的项目评价工作只是为提高项目决策的科学性和有效性服务,因此一般也只用于项目的初步可行性研究与可行性研究。随着人们对提高国家整体投资效率认识的深入,评价方法逐步被用于行业规划、大型项目的规划研究和机会识别阶段,并取得了显著的成果。在项目开始实施后,通过对实施过程进行监督,并与项目前期评价的结论对照,投资人可以发现问题,进行相应的改进,从而提高项目实施的效率。项目完工后,再次对照项目早期的评估结论进行全面的后评价,包括对项目实际取得的经济效益进行测算和评估,可以总结经验教训,为今后建设项目的科学决策提供参考信息。

1.3.3 经济评价的作用

经济评价的作用如下。

(1)建设项目前期研究是在建设项目投资决策前,对项目建设的必要性和项目备选方案的工艺技术、运行条件、环境与社会等方面进行全面的分析论证和评价工作。经济评价是项目前期研究诸多内容中的重要内容和有机组成部分。

(2)项目活动是整个社会经济活动的组成部分,而且要与整个社会的经济活动相融,符合行业和地区发展规划要求,因此,经济评价一般都要对项目与行业发展规划进行阐述。国务院投资体制改革决定明确规定,对属于核准制和备案制的企业投资项目,都要求在行业规划的范围内进行评审。这是国家宏观调控的重要措施之一。

(3)在完成项目方案的基础上,采用科学的分析方法,对拟建项目的财务可行性(可接受性)和经济合理性进行科学的分析论证,做出全面、正确的经济评价结论,为投资者提供科学的决策依据。

(4)项目前期研究阶段要做技术的、经济的、环境的、社会的、生态影响的分析论证,每一类分析都可能影响投资决策。经济评价只是项目评价的一项重要内容,不能指望由其解决所有问题。同理,对于经济评价,决策者也不能只通过一种指标(如内部收益率)就能判断项目在财务上或经济上是否可行,而应同时考虑多种影响因素和多个目标的选择,并把这些影响和目标相互协调起来,才能实现项目系统优化,进行最终决策。

1.3.4 经济评价内容与方法的选择及侧重点

经济评价内容与方法的选择及侧重点如下。

(1)项目类型、项目性质、项目目标和行业特点都会影响评价方法、评价内容、评价参数的选择。具体项目选择什么评价方法、评价内容和评价参数不能一概而论,不要求所有项目采用各种方法和内容统统做一遍。项目投资者、设计和评估人员应具体问题具体分析,独立地做出选择。

(2)对于一般项目,财务分析结果将对其决策、实施和运营产生重大影响,财务分析必不可少。由于这类项目产出品的市场价格基本上能够反映其真实价值,当财务分析的结果能够满足决策需要时,可以不进行经济费用效益分析。

(3)对于那些关系国家安全、国土开发、市场不能有效配置资源等具有较明显外部效果的项目(一般为政府审批或核准项目),需要从国家经济整体利益的角度来考察项目,并以能反映资源真实价值的影子价格来计算项目的经济效益和费用,通过经济评价指标的计算和分析,得出项目是否对整个社会经济有益的结论。

(4)对于特别重大的建设项目,除进行财务分析与经济费用效益分析外,还应专门进行项目对区域经济或宏观经济影响的研究与分析。

1.3.5 经济评价的内容深度要求

经济评价的内容深度要求如下。

(1)项目前期研究各个阶段是对项目的内部、外部条件由浅入深、由粗到细的逐步细化过程,一般分为规划、机会研究、项目建议书和可行性研究四个阶段。由于不同研究阶段的研究目的、内容深度和要求等不相同,因此,经济评价的内容深度和侧重点也随着项目决策不同阶段的要求有所不同。

(2)可行性研究阶段的经济评价,应按照《建设项目经济评价方法与参数》(第三版)的内容要求,对建设项目的财务可接受性和经济合理性进行详细、全面的分析论证。

(3)项目建议书阶段的经济评价,重点是围绕项目立项建设的必要性和可能性,分析论证项目的经济条件及经济状况。这个阶段采用的基础数据可适当粗略,采用的评价指标可根据资料和认识的深度适度简化。

(4)规划和机会研究是将项目意向变成简要的项目建议的过程,研究人员对项目赖以存在的客观(内外部)条件的认识还不深刻,或者说不确定性比较大,在此阶段,可以用一些综合性的信息资料,计算简便的指标进行分析。

1.3.6 经济评价应遵循的基本原则

经济评价应遵循如下基本原则。

1.“有无对比”原则

“有无对比”是指“有项目”相对于“无项目”的对比分析。“无项目”状态指不对该项目进行投资时,在计算期内,与项目有关的资产、费用与收益的预计发展情况;“有项目”状态指对该项目进行投资后,在计算期内,资产、费用与收益的预计情况。“有无对比”求出项目的增量效益,排除了项目实施以前各种条件的影响,突出项目活动的效果。“有项目”与“无项目”两种情况下,效益和费用的计算范围、计算期应保持一致,具有可比性。

2. 效益与费用计算口径对应一致的原则

将效益与费用限定在同一个范围内,才有可能进行比较,计算的净效益才是项目投入的真实回报。

3. 收益与风险权衡的原则

投资人关心的是效益指标,但是,对于可能给项目带来风险的因素考虑得不全面,对风险可能造成的损失估计不足,结果往往有可能使得项目失败。收益与风险权衡的原则提示投资者,在进行投资决策时,不仅要看到效益,也要关注风险,权衡得失利弊后再行决策。

4. 定量分析与定性分析相结合,以定量分析为主的原则

经济评价的本质就是要对拟建项目在整个计算期的经济活动,通过效益与费用的计算,对项目经济效益进行分析和比较。一般来说,项目经济评价要求尽量采用定量指标,但对一些不能量化的经济因素,不能直接进行数量分析,对此要求进行定性分析,并与定量分析结合起来进行评价。

5. 动态分析与静态分析相结合,以动态分析为主的原则

动态分析是指利用资金时间价值的原理对现金流量进行折现分析。静态分析是指不对现金流量进行折现分析。项目经济评价的核心是折现,所以分析评价要以折现(动态)指标为主。非折现(静态)指标与一般的财务和经济指标内涵基本相同,比较直观,但是只能作为辅助指标。

1.3.7 项目计算期的确定

项目计算期是指经济评价中为进行动态分析所设定的期限,包括建设期和运营期。建设期是指从项目资金正式投入开始到项目建成投产为止所需要的时间,可按合理工期或预计的建设进度确定。运营期分为投产期和达产期两个阶段:投产期是指项目投入生产,但生产能力尚未完全达到设计能力时的过渡阶段;达产期是指生产运营达到设计预期水平后的时间。运营期一般应以项目主要设备的经济寿命期确定。项目计算期应根据多种因素综合确定,包括行业特点、主要装置(或设备)的经济寿命等。行业有规定时,应从其规定。

项目计算期的长短主要取决于项目本身的特性,因此无法对项目计算期做出统一规定。计算期不宜定得太长,一方面是因为按照现金流量折现的方法,把后期的净收益折为现值的数值相对较小,很难对财务分析结论产生有决定性的影响;另一方面由于时间越长,预测的数据会越不准确。

计算期较长的项目多以年为时间单位。对于计算期较短的行业项目,在较短的时间间隔内(如月、季、半年或其他非日历时间间隔)现金流水平有较大变化,如油田钻井开发项目、高科技产业项目等,这类项目不宜用"年"做计算现金流量的时间单位,可根据项目的具体情况选择合适的计算现金流量的时间单位。

由于折现评价指标受计算时间的影响,对需要比较的项目或方案应取相同的计算期。

1.3.8 经济评价中的价格体系

项目投入物和产出物的价格,是影响方案比选和经济评价结果最重要、最敏感的因素之一。项目评价都是对未来活动的估计,投入和产出都在未来一段时间发生,所以要采用预测价格对费用效益进行估算。

财务分析应采用以市场价格体系为基础的预测价格。影响市场价格变动的因素很多,也很复杂,但归纳起来,不外乎两类:一是由于供需量的变化、价格政策的变化、劳动生产率的变化等可能引起商品间比价的改变,产生相对价格变化;二是由于通货膨胀或通货紧缩而引起商品价格总水平的变化,产生绝对价格变动。

在市场经济条件下,货物的价格因地而异,因时而变,要准确预测货物在项目计算期中的价格是很困难的。在不影响评价结论的前提下,可采取如下简化办法。

(1)对建设期的投入物,由于需要预测的年限较短,可既考虑相对价格变化,又考虑价格总水平变动;又由于建设期投入物品种繁多,分别预测难度大,还可能增加不确定性,因此,在实践中一般以涨价预备费(价差预备费)的形式综合计算。

(2)对运营期的投入物和产出物价格,由于运营期比较长,在前期研究阶段对将来的物价上涨水平较难预测,预测结果的可靠性也难以保证,因此一般只预测到经营期初价格。运营期各年采用统一的不变价格。

考虑到项目可能有多种投入或产出,在不影响评价结论的前提下,只需对在生产成本中影响特别大的货物和主要产出物的价格进行预测。一般情况下,根据市场预测的结果和销售策略确定主要产出物价格。在对未来市场价格信息有充分可靠判断的情况下,本着客观、谨慎的原则,也可以采用相对变动的价格,甚至考虑通货膨胀因素。在这种情况下,财务分析采用的财务基准收益率也应考虑通货膨胀因素。

在经济费用效益分析中,采用以影子价格体系为基础的预测价格,影子价格体系不考虑通货膨胀因素的影响。

第2章　项目概况及必要性评估

本章共分两个部分,即投资项目概况评估和项目建设必要性评估。开展项目评估,首先需要对投资项目的概况进行评估。所谓投资项目概况评估,是指项目评估者根据投资者提供的有关资料,围绕项目提出的背景、可行性研究报告的编制情况、项目发展概况和投资环境等方面所做的考察与评价工作。项目建设必要性评估,是指项目评估者从宏观和微观两方面就是否应当组织有关投资项目建设提出建议和评价的工作。从宏观上主要考察项目建设是否符合国民经济平衡发展的需要、是否符合工业布局的需要和是否符合国家的产业政策;从微观上考察项目是否符合市场的要求、是否符合地区或部门的发展规划和企业的发展要求、是否能把科研成果转化为社会生产力以及是否能取得较好的经济效益、社会效益和环境效益。

2.1　项目概况评估

组织投资项目概况评估,需要判断有关项目提出的背景是否成立、程序是否符合有关规定、项目的发展程度是否能保证项目及时付诸实施以及项目所处环境是否有利于项目建设,并提出相应结论。本节将针对投资项目概况评估的具体内容,对项目提出背景、程序、项目发展概况、项目投资环境、项目本身的基本情况的考察和评估分别进行较为详尽的介绍。

2.1.1　项目提出背景的考察与评估

所谓项目提出的背景,就是指最初设计或规划投资项目的根据或理由。任何一个投资项目,都是在一定背景下提出的。项目提出的背景从整体上讲,基本都可以归纳为宏观背景和微观背景两个方面。

(1)项目的宏观背景主要考察评估项目是否符合国家一定时期的方针、政策、规划等,这是项目是否可行的基本依据。评估人员应掌握各级政府一定时期的方针、政策,并分别论述其要点,把项目的动机与这些要点进行比较。同时还要充分研究政府的有关规划,以考察项目投资与这些规划的关系。另外,还要考察在规划中项目所处的地位和安排的投资时机等,并论述有关规划和项目的建设内容以及项目建设对有关规划的影响。

(2)项目微观背景主要从项目本身提出的理由着手进行分析评估。通过分析该项目的投资能给地方、部门和企业带来什么好处,考察投资项目提出的理由是否充分。比如,可以优化利用资源,可以增加加工产品的附加价值,填补本地区的空白,可以替代进口或可以增加出口满足市场需要,扩大就业,利用社会协作条件和优惠政策等等。

在实际进行项目评估工作中,通常从产业背景、区位背景和项目定位三个方面入手,对投资项目提出的背景进行分析和评价。

1. 产业背景分析

对于一个国家来说,当商品经济发展到一定程度,国民经济具备一定的基础之后,都要制定相应的产业政策。对于一个项目而言,在进行背景分析时,首先就应该对国家在这一时期的产业政策进行深入研究。因为产业政策是政府为了实现一定的经济和社会目标而制定的有关产业的一切政策的总和,是政府对未来产业结构变动方向的干预,是为了弥补市场机制所可能造成的"调节失灵"而由政府采取的一些预防和补救政策。产业政策的主要功能就是协调产业结构,如扶持战略产业,调整和援助弱小产业,培育和鼓励新兴产业等。因此,产业政策在某种意义上最集中地反映了政府希望通过调整投资结构来实现经济发展目标的强烈愿望,确定了整个国民经济优先发展的产业,需要抑制发展的产业。具体讲,如果一个部门或行业是属于国家产业政策中鼓励发展的,那么它在整个国民经济中所占比例将会增加;相反,如果一个部门或行业被列入政府限制发展之列,它在整个国民经济中所占的比例将会减少。因此,产业政策对项目的建设具有一种指导作用,引导投资者把资金投向鼓励发展的产业。同时,从这个意义上讲,项目的建设也是实现国家产业政策的一个重要手段。

对项目的产业背景进行评估,首先要分析国家的产业政策,包括产业结构政策、产业组织政策、产业分布政策以及国家在这一时期的技术政策和投资政策等。把项目的建设与同期的产业政策、技术政策和投资政策的要求进行对比分析,只有符合国家产业政策、技术政策和投资政策要求的投资项目,才可以认为项目的提出是合理的,项目的建设是必要的。也就是说,符合国家产业政策是项目合理可行的一个必要条件。同时,这里不仅要考察项目建设与国家这一时期的产业政策、技术政策和投资政策的关系,还要分析产业政策与项目建设内容的相符程度以及项目建设对产业政策的影响程度。

行业分析包括对国家的行业政策、管制与准入、行业周期、行业及项目的成长性、稳定性、发展趋势等的分析,特别是对于基础设施。项目管制与准入对项目需求量、现金流入及未来偿债能力影响甚大。对项目背景进行分析,还要了解项目实施人的资格、项目是否符合产业规划、项目对应产品或服务的市场前景及行业供需状况、项目技术、建设条件及规模定位等。对于工业、房地产等行业,不仅需对行业本身竞争力影响因素做充分评估,更要关注其相关行业的联动性,行业间替代产品的出现及行业内产品的升级,对其目前市场份额、行业同层次竞争者及潜在竞争者要有一个清楚的了解,以准确确定自身的市场定位。

2. 区位背景分析

任何经济活动都离不开某一特定空间,不管其发展水平如何,最终都能在某一特定空间找到它的位置,投资项目建设也是与一定地区紧密联系在一起的。优越的区位对投资者和生产者而言,同样的投入可获得更大的产出;对消费者而言,同样的支出,获得了更大的效用。

投资者或生产者的区位选择应尽可能寻找利益最大化的地点,因为不同投资项目的建设和生产对生产要素和产品服务的要求是不同的,对市场距离、资源分布和环境等状况的依赖程度也有所差异。从区位的角度看,项目对生产要素、市场和环境的区位指向类型主要有市场指向型、资源地指向型、原料供应地指向型、燃料及动力指向型、劳动力指向型、技术指向型以及集聚经济指向型等。

1)市场指向型

市场指向型也可称为消费地指向型,它是指项目靠近消费地比靠近原料产地布点有利的倾向。具有这种布局倾向性的通常有以下几类项目。

(1)产品易碎或易失重,经长途运输可能会发生较大的途中损失的项目。

(2)产品易腐,难以长久保存,经过长时间的、远距离的运输过程将不能保证产品质量的项目。

(3)原料产地相当分散,而消费区的分布相对集中的项目。

2)资源地指向型

这里的资源仅指自然资源。有些项目在布局时,只能考虑建在有某种自然资源储量的地区。一般是那些直接以自然资源的开采和利用为目的的项目,如采煤项目、采油项目、森林加工项目和水力发电项目等。这类项目在布局时,几乎没有其他选择。

3)原料供应地指向型

原料供应地指向型是指项目趋于原材料产地的倾向。具有这种布局倾向的通常有以下几类项目。

(1)生产中所需原料用量大且不易运输的项目,如制糖项目、钢铁项目和建材项目等。

(2)为便于某种重要原料的运输供应而对其进行初步处理、加工的项目,如棉花打包厂这样的项目。

(3)自身生产过程与其主要原料的生产过程之间存在着重要的生产联系与互补关系的项目,这类项目如果设在原料产地,将可能取得比较好的经济效益,如石油化工项目设在炼油中心、冶金机械项目设在钢铁产地等。

(4)消费市场在地域分布上十分分散,没有明显的主次之分,而各种重要生产原料分布相当集中的项目,如许多矿产品加工项目等。

4)燃料及动力指向型

有许多工业项目在布局时要侧重考虑接近燃料和动力产地。这主要是那些在生产过程中对燃料和动力依赖性极强,且消耗量非常大的项目,如火力发电项目、有色金属冶炼项目、稀有金属生产加工项目等。在这类项目的生产过程中,燃料和动力的消耗量往往可占其生产总消耗的50%左右。靠近燃料和动力产地,可以大大节省燃料或动力长距离运输过程中所发生的高昂的成本费用和损耗,并且有助于其燃料和动力供给的充分性和稳定性。

5)劳动力指向型

劳动力指向型是指某些项目具有密集使用廉价劳动力的倾向。有些生产活动受劳动力费用高低、劳动力供给数量和质量的影响程度比较高,在布局时须重点考虑那些有条件节约劳动力费用或能提供相应劳动力资源的区域。劳动力指向型的项目,一般是劳动密集型的项目,但也可能是技术密集型的项目(如需要高素质劳动力的项目)。这类项目如纺织、服装、食品和造船行业等实施的项目。

6)技术指向型

技术指向型主要是指随着新技术变革而产生的一系列新兴产业朝着文化、教育、科技等发达的地区布点的倾向,如电子、信息和生物基因工程等项目。

7)集聚经济指向型

在现代化大生产的条件下,不同企业之间的经济联系日趋密切,一些企业的产出常常是另一些企业的投入。如果这些互相联系、互相依赖的企业集聚在一起,就能够更好地协调其相互间的产供销关系,进行更有效、更合理的分工协作,从而可以节约成本。同时,这些企业集聚在一起,即使它们之间没有直接的联系,也可以共同使用某些基础设施,以节省投资费用。如果一个投资项目在将来生产经营中的协作关系对其非常重要,或必须使用某种基础设施而凭自身能力无法单独建设,因而在布局中必须首先考虑接近具备上述条件的工业基地时,这个项目在布局上就是集聚经济指向型的项目。

综上所述,投资项目的建设,要充分发挥项目所在的地区优势,就是要在众多绝对优势中强调最大的优势,在没有绝对优势的情况下则选择劣势最小者,这是符合地区作为相对独立利益主体的要求。只有这样,项目的提出背景才是合理的。

3. 项目定位分析

在市场经济条件下,需求总量决定了产业调整空间,需求结构牵动产业结构的调整,从而在根本上决定了项目的市场定位。投资项目所生产的产品是不是为社会所需要,确切地讲是否为市场所接受,从根本上决定了项目能否取得比较好的经济效益,也就决定了项目是不是有建设的必要性。因此,企业必须生产市场特别需要的产品,这是企业生产的真谛,投资项目也是如此。市场的变化必然引起生产产品结构的变化,同时也引起投资"热点"的变化。只有把资金投向适应市场需求的产品生产中去,投资才能取得预期的效益,也才具有必要性。

成功地为项目的产品进行定位,就必须了解项目在竞争市场中所处的位置,必须清楚项目的强项和弱项,对竞争对手进行全面的分析,对生产项目产品的行业进行透彻的分析,从而追逐差异优势。具体分析过程如图 2-1 所示。

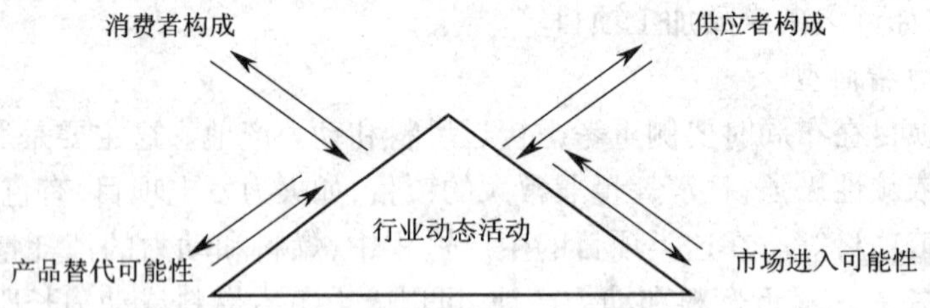

图 2-1 产品定位过程

因此,项目定位分析应该透过市场的变化,首先要研究市场的需求情况,调查目前市场需求和供给状况,预测市场未来发展态势,判断项目投产后生产的产品是否符合市场的要求,在此基础上制定策略,进行企业或产品的市场定位。只有项目定位准确,项目的建设才能实现预计的经济目标。项目定位分析,是从项目角度即微观的角度对项目的建设背景进行分析。

4. 可行性研究的考察与评估

对于项目评估而言,无论是决策部门组织的,还是金融机构组织的,其实质都是对项目可行性研究报告的审查。取得有关项目的可行性研究报告,通过科学的方法审查决定项目是否可行的每一个重要因素,核实可行性研究所做出的结论,是开展项目评估工作的重要内容。

审查可行性研究报告,要求项目评估机构和评估人员必须熟练掌握可行性研究的理论和方法,熟悉有关信息的内容及处理方法,并能根据相关数据核实有关信息。具体要求是:一要审查其内容是否全面,是否尽可能全面地考虑了项目的影响因素;二要审查其数据来源是否可靠,是否准确;三要审查其所用方法是否正确。如果可行性研究报告中的数据、分析、评价和结论与评估人员所掌握的信息基本吻合,可行性研究的结论也就是项目评估报告中的结论;如果不吻合,可重新进行核实,甚至重新计算,重新做结论。

审查可行性研究报告的一般程序是:第一,对可行性研究报告的内容进行详细的审阅,并提出每一部分内容的要点和问题;第二,用表格或其他方式列出影响项目是否可行的各项重要因素,确定在可行性研究报告中没有得到解决或有疑点的问题;第三,对上述问题进行详细的分析和研究,确定项目评估的要点。

2.1.2 项目发展概况的考察与评估

项目发展概况是指进入项目评估阶段之前,项目进展过程中所做的工作情况,主要指已做过调查研究的项目内容及其成果,已做过的试验试制工作情况和建设厂址的初选意见等。

1. 对已做过调查研究的项目内容及其成果进行考察与评估

判断一个投资项目是否具有可行性,需要对有关市场、技术、资源、经济和社会等各方面进行全面考察和系统分析。对不同的项目,各种因素的影响程度不同,所要求考察的繁简程度也不同。有些项目开展市场调查相对比较复杂,而有些项目则可能在资源分析方面存在困难。

在进行考察评估时,项目评估人员应首先了解投资项目在论证过程中是否考虑了所有重要因素,是否开展过资源调查、市场调查和环境现状调查等工作;如果确认做过这些方面的工作,还要考察究竟做到了什么程度,形成了哪些成果,这些成果是否符合要求;最终围绕是否需要对某些具体因素进行更深入的专题调查和研究提出结论性评估意见。

2. 对已做过的试验试制工作进行考察与评估

已做过的试验试制工作,通常是指一项科研成果或引进技术在投资项目中应用之前,所进行的有关试验、试制工作。能够应用于项目的科研成果,至少应在项目评估之前通过小试和中试,有的还需要完成大试。评估人员对项目所用技术进行分析,就是看其是否属于新的科研成果,是否通过小试、中试或大试,是否有有关部门的鉴定材料。通过对鉴定材料分析研究,考察项目所利用的技术是否属于高新技术或适用技术,应用条件是否成熟(即承担单位现有的技术水平和技术人员的水平能否与该项技术相适应),是否有能力和技术实力消化吸收引进技术。项目评估人员可列表说明在项目评估之前已做的试验试制工作情况。

3. 厂址选择的初步意见

厂址选择主要反映建设地点及可供选择地址(线路),其可以通过"建设地点资料表"来反映,该表格式见表2-1。

表2-1 建设地点资料

序号	初选项目	项目提出单位意见		项目建议书意见			可行性研究报告意见			备注
		Ⅰ	Ⅱ	Ⅰ	Ⅱ	推荐意见	Ⅰ	Ⅱ	推荐意见	
(一)	地点或地区									
	……									
	……									
(二)	可供选择地段									

续表

序号	初选项目	项目提出单位意见		项目建议书意见			可行性研究报告意见			备注
		Ⅰ	Ⅱ	Ⅰ	Ⅱ	推荐意见	Ⅰ	Ⅱ	推荐意见	
	……									
	……									
（三）	地形地质									
	……									
	……									
（四）	地貌									
	……									
	……									
（五）	社会经济条件									
	……									
	……									
（六）	其他条件									
	……									
	……									
（七）	主要优缺点									
	……									
	……									

2.1.3 项目投资环境的考察与评估

2.1.3.1 投资环境的分类

投资环境是指影响项目投资行为的外部条件的总称，它是投资赖以进行的前提。根据不同的标准，可将投资环境划分为不同的类型。

1. 按照投资环境与投资的关系分类

投资环境按其与投资的关系，可分为狭义投资环境和广义投资环境。

（1）狭义投资环境，一般是指经济环境，它是由与项目投资直接相关的各子环境构成，如投资项目建设环境、项目总体环境等。

（2）广义投资环境，一般是指自然环境、社会经济环境、国际环境等。它包括的范围较广，是由与项目投资直接、间接相关的诸子环境构成的。如拟建项目所在国家或地区的地理位置、自然资源、气候条件、市场状况、民族传统、风俗习惯、价值观念、政治状况、国际交往、贸易往来等。

2. 按照投资地域分类

投资环境按其投资地域划分，可分为国内投资环境与国外投资环境。

（1）国内投资环境，一般是指投资者在本国境内投资，影响其投资机会决策的诸因素所构成的环境。进行国内项目的评估，对象是国内投资环境。

(2)国际投资环境,一般是指东道国影响投资决策的诸因素所构成的环境。

3. 按照投资环境的表现形态分类

投资环境按其表现形态,可分为软环境和硬环境。

(1)软环境属于投资环境中无形的非物质条件,一般是指吸引投资的政策和措施、政府对投资的态度、办事效率、服务机构设置、科学文化发展程度以及法律、经济制度、经济结构等社会、经济、政治环境。

(2)硬环境属于投资环境中有形的物质条件,它是投资环境的物质基础。一般是指与项目相关的交通运输条件、通信设施、城市基础设施,为生产、生活服务的第三产业发展状况、自然资源、技术条件等。

进行项目评估既要评估项目的软环境,又要评估项目的硬环境。

2.1.3.2 投资环境的内容及其评估

投资环境评估的具体内容主要包括社会政治环境、经济环境以及自然、技术和物质环境。

1. 社会政治环境及其评估

社会政治环境是投资环境中最敏感的因素,包括政治环境、社会意识形态和法制建设等。

对政治环境的评估是要考察国家或地区的政局稳定性、政策连续性和社会安定等情况,政府对投资者的态度以及政府的办事能力和办事效率等,其中政局稳定性和政策连续性是衡量国家政治环境优劣的实质性因素。

对社会意识形态的评估是要考察项目所在地区的风俗习惯、宗教信仰、价值观念、生活方式、社会关系和文化素质等。

在形成投资环境的诸因素中,法律因素起着调整投资关系,保障投资者利益和安全,调节投资行为的作用。因而为了充分发挥投资环境诸因素的作用,给投资者提供充分的法律保护,以强化投资者的投资意愿,坚定其投资信心,必须不断健全法制,并努力保持其法律的相对稳定性。对法制建设的评估是要考察与项目实施有关的法律法规是否完善,是否有效,能否保障投资者的权益等。

2. 经济环境及其评估

经济环境是构成投资环境的诸多组成因素中涵盖面最广、内容最丰富的因素,它广泛涉及与投资者相关的各种经济内容,诸如经济体制的健全程度、社会经济发展水平及增长速度、物价及货币的稳定性、市场环境、生产要素供给水平、行业竞争状况、专业化协作水平以及国际收支状况、国际贸易和国际金融等涉外经济政策等等。

3. 自然、技术和物质环境及其评估

自然、技术和物质环境包括自然环境、技术环境和基础设施配套条件等。对自然环境的评估是要考察项目所在地的地理位置和自然资源状况。对技术环境的评估是要考察相应时期的技术政策、科技发展水平、科技人员素质及数量、科技结构与组织结构等。对基础设施的评估是要考察项目所在地的运输条件、通信条件和公用设施条件等。

2.2 项目建设必要性评估

项目必要性分析首先应当明确项目主体,项目主体指的是那些投资、组织和管理项目的单位。在明确了谁是项目主体的基础上,可以从以下几个方面对项目的必要性进行分析。

2.2.1 项目宏观必要性评估

项目宏观必要性评估,就是从国民经济的整体角度出发,衡量项目对国民经济总量平衡、结构优化、产业政策以及地区规划与行业规划等方面的影响,对项目建设的必要性进行分析评估。一般来说,对于大中型建设项目应侧重于从国民经济和社会发展的角度进行分析评估;而对于中小型建设项目则侧重于从地区与行业发展的角度进行分析评估。具体评估内容如下。

1. 是否符合国民经济总量平衡和结构平衡发展的需要

国民经济总量的平衡是指社会总需求量和总供给量的基本平衡。社会总需求由投资需求和消费需求两部分构成;社会总供给量由投资品供给和消费品供给组成。项目建设投资直接构成投资需求,在消费供求平衡条件下,如果投资需求规模过大,将使社会总需求大于总供给,会引起财政和信贷收支不平衡,引发通货膨胀和经济波动;如果投资需求规模过小,将导致社会总需求小于总供给,使经济出现萧条和衰退。所以,应根据国民经济总量平衡的需要决定项目的压缩,停、缓建或者相应扩大。

国民经济结构的平衡主要指国民经济各部门之间的比例关系协调,产业结构合理。从一定意义上讲,国民经济平衡发展主要决定于结构的平衡。在社会主义市场经济条件下,国家各级政府需要利用国民经济发展计划和各种经济杠杆,根据资源的可能性和社会的需求实现资源的合理配置,主动寻求实现国民经济结构优化的途径。投资作为一种特殊的经济活动,能够起到调节国民经济平衡发展的积极作用。当国民经济出现不平衡时,就要及时调整投资方向,给"瓶颈"产业以更多的投资,压缩"长线"产业的投资,从而积极地影响国民经济产业结构,促使国民经济转入良性循环,使国民经济趋于平衡发展。另一方面,由于经济形势不断发展,市场、技术、资源等条件不断变化,国民经济不能停留在原有的水平上协调发展,而必须使产业结构不断向高级化、现代化转变。这种转变,也要通过科学确定和调整国民经济结构才能实现。因此,对投资项目进行评估,应从宏观上分析、考察项目的建设是否具有这种功能,如果对国民经济平衡发展具有积极作用,则可认为项目的建设是必要的;否则,则认为项目的建设是不必要的。这一点对大型投资项目尤为重要。

2. 是否符合国家在一定时期内的产业政策

产业政策对投资项目建设具有一种指导作用,引导投资者把资金投向鼓励发展的产业。目前加快推进经济结构战略性调整,是我国转变经济发展方式的主攻方向。要推动经济尽快走上内生增长、创新驱动的轨道。调整优化产业结构,加快构建现代产业体系,推动产业转型升级是改造提升制造业,加快培育发展战略性新兴产业,大力发展服务业,加强现代能源产业和综合运输体系建设。考察项目宏观上是否有建设的必要性,就应该深入研究国家同期的产业政策,并把项目建设与产业政策的要求进行对比分析,只有符合国家产业政策要求的项目,才认为是有必要的。

3. 是否符合布局经济的要求,促使国民经济地区结构优化

根据生产力最佳配置的要求,在一国或一个地区范围内,选择最适宜的地理位置和最佳的组合形式安排投资建设,由此产生的经济效益就是所谓的布局经济。每个国家在一定时期都有相应的布局构想,由于不同的产业之间具有一定的"联系效应",因而就存在着布局经济的问题。科学的经济布局能够协调整个国民经济的发展,根据布局经济的要求,一个国家、一个地区的经济开发总是具有一定先后顺序,按照"梯级开发"的规律,以发达地区的经济逐步带动落后或不发达地区经济的发展。合理的经济布局能够减少运输费用和生产成本,有效地利用各种资源,加快信息的传递,以同样的投资取得较好的经济效益。另外,合理的布局能促进分工协作,加快经济发展,这是因为布局经济要求各地区按照自己的资源、技术和经济等方面的优势来发展经济,这样就会形成重点突出、各有特色的经济区域和生产组织,促进地区间和地区内部的分工协作,从而达到加快地区经济和整个国民经济发展的目的。因此,对投资项目进行考察评估,就不得不考察项目是否符合布局经济的需要,将拟建项目放进国家或地区的经济布局中去,看其是否符合布局经济的要求。

除上述评估内容外,还可以分析考察项目是否符合经济结构优化的需要,包括产业结构、地区结构、企业结构和投资结构等;考察项目建设是否符合国民经济长远发展规划、行业发展规划和地区发展规划的要求;考察项目产品在国民经济和社会发展中的地位与作用等内容,为项目建设的宏观必要性提供更为充分的依据。

2.2.2 项目微观必要性评估

项目微观必要性评估,主要是从企业发展的角度出发,衡量项目对市场需求、企业发展、科技进步和投资效益等微观因素的影响,对项目建设的必要性进行分析评估。

1. 项目所生产的产品(或提供的服务)是否符合市场的需求

市场需求是项目建设的基础,也是企业生存和发展的基本前提。投资项目所生产的产品是否符合市场需要,从根本上决定了投资项目能否取得良好的经济效益,也就决定了投资项目是不是有必要建设。市场的变化必然引起生产产品结构的变化,同时也引起投资"热点"的变化。只有把资金投向适应市场需求的产品生产项目,投资才具有必要性。评估项目的微观必要性,必须首先研究市场的需求情况,对项目产品市场的需求和竞争能力进行深入调查分析。通过对与项目产品有关的生产资料和消费资料以及项目产品在国内外的供应与需求量的调查和预测,综合分析项目产品的社会总需求与总供应是否适应,据以判断和评估项目产品市场需求的可靠性,并进一步分析产品在质量、性质、成本和价格等方面在国内外市场上的竞争能力和市场占有率。只有项目产品(或提供的服务)适销对路,满足社会和市场需要,拟建项目的投资才是必要的。因此,市场需求的分析研究是进行项目建设微观必要性评估的起点。

2. 是否符合企业发展战略

市场经济条件下,企业是一个独立核算、自主经营、自负盈亏的经济实体,企业的发展目标包括产品结构的调整、生产能力的扩大、经营范围的拓宽等。同时,企业的发展有多种途径,包括改变产品结构,扩大生产能力,拓宽经营范围等。但无论选择哪种途径,一般都离不开投资。任何一个企业都有自身的发展规划和要求,因此投资项目必须符合企业发展规划的要求。评估时,首先要了解承担项目投资的企业单位的发展规划和要求,并且分析企业的发展规划是否与国家经济发展规划和地区或行业发展规划合理结合,判断企业的发展是否与大环境相吻合,然后再将拟建投资项目的目标与企业的发展规划和要求进行对比分析,分析项目的建设是否能为企业带来各种预期的经济和社会利益。从而判断投资项目的建设对于企业本身是否是必要的。

3. 是否考虑了合理生产规模问题

生产规模的大小直接影响对项目建设条件的要求、技术方案的选择和生产产品的成本与效益。合理生产规模的确定是在产品市场需求与市场竞争能力可行的前提下，结合产品生产所需原材料、能源、水资源及协作配套条件的可能性，依据行业规模经济原则与产业结构要求而进行的。生产规模评估是项目建设必要性评估的又一项重要内容，它是对可行性研究报告中提出的拟建项目的设计生产能力是否与产品的市场需求相适应，是否与资金、原材料、能源及外部协作配套条件相适应，是否与项目的合理经济规模相适应以及是否符合本行业的产业结构变化趋势所做出的深入分析与评价。如果投资项目的建设既符合市场需求，也能符合合理经济规模要求，那么该项目的建设就是必要的。

4. 是否有利于技术进步

近年来，科学技术的新现象、新特点带来了生产力和经济增长的新趋势。正所谓科学技术是社会第一生产力，科学技术对生产力的发展起第一位的推动作用，科学技术进步已成为生产发展的主导因素，科学技术以渗透的方式凝结于生产力的实体要素之中，使生产力发生了质的变化。科学作为精神生产力转化为物质生产力，增加社会财富，必须通过一定的途径才能实现，其中之一即通过投资把科研成果转化成社会需要的产品。无论是新建还是改扩建项目，应尽可能地采用先进适用的新技术、新工艺和新设备，满足项目在技术上的先进性和适用性要求，并能把这些新的科研成果尽快运用于产品的设计与生产，使其转化为社会生产力，使项目能生产出社会所需要的高质量的新产品。对这类项目进行必要性评估时，首先要分析评估科研成果转化为社会生产力的必要性和可能性；然后考察拟建项目是否具备这方面的能力。如果能够通过拟建项目的建设尽快地把科研成果转化为生产力，则认为项目是有必要的。

第3章　市场分析与生产规模的确定

3.1　市场调查

产品的市场需求是项目必要性分析的基础，而市场分析是解决项目必要性问题的关键，也是决定项目产品的生产规模、选择工艺技术和厂址等的重要基础。科学的投资决策必须建立在科学准确的市场调查上。市场调查是以科学的方法、客观的态度，明确研究市场营销有关问题所需的信息，只有准确地搜集市场信息，了解市场动态，把握市场的现状和发展趋势，才能为决策部门制定更加有效的营销战略和策略提供基础性的数据与资料。

3.1.1　市场调查的概念

市场调查一般有狭义与广义两种理解，如图3-1所示。

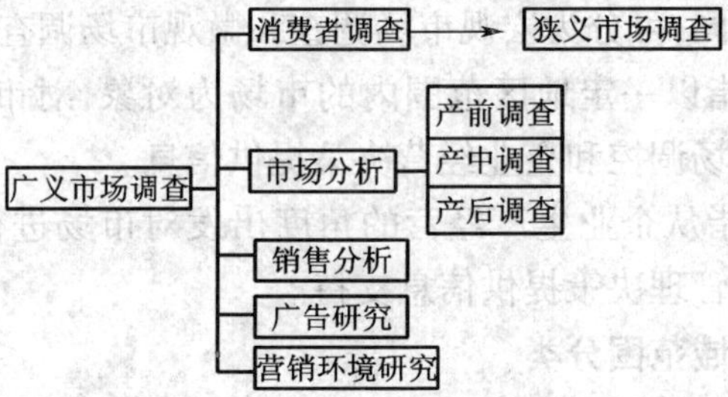

图3-1　狭义市场调查与广义市场调查

(1)狭义市场调查是指从市场营销的角度定义市场调查，认为市场调查是以科学的方法和手段搜集消费者对产品购买及其使用的数据、意见、动机等有关资料，通过分析研究，以识别、定义市场机会和可能出现的问题，以满足制定营销策略的信息需求的过程。

(2)广义市场调查则是指从整个市场的角度定义市场调查，认为市场调查是运用科学的方法和手段搜集产品从生产者转移到消费者手中的一切与市场活动有关的数据和资料，并进行分析研究，以满足管理决策的信息需求的过程。

3.1.2　市场调查的基本方法

市场调查的方法很多，其中最基本的研究方法有如下几类。

1. 大量观察法

市场调查应从总体中抽取足够多的个体单位进行调查研究，以消除偶然因素的影响，反映出总体的必然性、数量特征和规律性。

2. 分类观察法

市场调查应把研究的市场总体划分为不同的组别或构面，从而可以有效地观察市场现象的各种不同类型,揭示总体的内部结构及其分布特征,研究市场现象之间的相互联系,达到认识市场现象本质特征和规律性的目的。

3. 定性与定量结合研究法

定性研究可定义调研问题和调研项目,制定假设或确定研究中应包括的变量,从而为定量研究开路。定性研究也可解释定量研究所得的结果。定量研究主要运用统计思维的方法,用数据来认识事物发展变化的数量特征与规律。因此,定性与定量研究应结合应用。

4. 归纳推断法

归纳法是指在市场调查研究中,应通过对个体的观察过渡到对总体特征和规律的认识,要通过对调查数据的分类处理和汇总与分析,得出各种综合指标,以概括反映总体的一般数量特征和规律。

推断法是利用样本数据来推断总体的数量特征,进行参数估计和假设检验。在市场调查研究中,推断法的应用也是大量的,但应注意样本的代表性,样本统计量的无偏性、一致性和有效性。

3.1.3 市场调查的分类

1. 按照市场调查的范围分类

按市场调查的范围不同,可分为宏观市场调查和微观市场调查。

(1)宏观市场调查是指以一定地区范围内的市场为对象,对市场供求总体情况进行的调查。其目的是为宏观市场调控和企业经营决策提供信息。

(2)微观市场调查是指从企业生产经营的角度出发对市场进行调查,又称市场营销调查。其目的是为企业经营管理决策提供信息支持。

2. 按照市场调查的地域范围分类

按市场调查的地域范围不同可分为国际市场调查和国内市场调查,国内市场调查可分为城市市场调查和农村市场调查,或商品产地市场调查和销地市场调查。

3. 按照市场性质分类

按市场性质可分为消费品市场调查、生产资料市场调查、金融市场调查、服务市场调查、证券市场调查、技术市场调查、房地产市场调查、旅游市场调查等。

3.1.4 市场调查的过程

市场调查的过程是指从调查策划到调查结束的全过程及其作业程序。由于市场调查的课题不同,其具体的调查过程和作业程序不可能完全一致,但一般包括三大阶段和六个步骤,如图3-2所示。

3.1.5 市场调查与市场预测的关系

市场调查与市场预测之间既有联系又有区别。市场调查与市场预测之间的联系表现为:市场调查可以为市场预测提供研究方向;市场调查可以为市场预测提供信息;市场调查方法可以丰富和充实预测技术;市场预测的结论可用市场调查来验证和修订。而市场调查与市场预测之间的区别表现为:两者研究的侧重点、研究结果和研究的过程方法都不同。

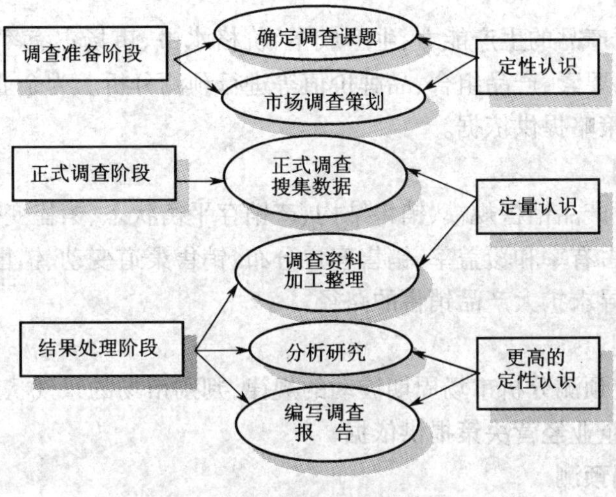

图3-2 市场调查过程框架

3.2 市场预测

市场预测是利用市场调查所得到的信息资料,根据市场信息资料分析报告的结论,对本项目产品未来市场需求量以及相关因素所进行的定量和定性的判断分析。市场预测的结论是制定产品方案、确定项目建设规模的重要依据。

3.2.1 市场预测的内容

从商品市场来看,市场预测的主要内容如下。

1. 市场环境预测

市场环境预测应及时搜集外部环境变化的信息、分析环境变化带来的威胁和机会,分析企业的优势与劣势,才能得出较为中肯的预测结论。

2. 市场需求预测

市场需求预测是指对特定时空内的市场需求量、需求水平、需求结构、需求变动因素进行分析预测。一般来说,市场性质和市场层次不同,市场需求预测的内容和方法也有所不同。

3. 市场供给预测

市场供给预测是指对特定时空内的市场供应量、供应水平、供应结构、供应变动因素等进行分析预测。

4. 市场供求状态预测

市场供求状态预测是指对特定时空内的市场供求总量失衡或结构性失衡进行分析预测,把握市场运行的供求态势,以便从供求两个方面寻找治理对策。

5. 消费者购买行为预测

消费者购买行为预测分析预测消费者购买什么、购买多少、何时购买、何地购买、何处购买、由谁购买、如何购买等购买行为及其变化。为市场潜力测定、目标市场选择、产品研发、营销策略制定提供依据。

6. 产品市场预测

产品市场预测对产品的生产能力、生产成本、价格水平、市场占有率、市场覆盖率、技术趋势、竞争格局、产品要素、产品组合、品牌价值等进行预测分析。为企业确定产品的市场前景,制定有效的营销策略提供依据。

7. 产品销售预测

产品销售预测对产品销售规模、销售结构、产销存平衡状态、销售变化趋势、销售季节变动规律、产品的市场占有率和覆盖率、销售客户分布、销售渠道变动、销售费用与销售利润变动等做出预测分析,寻求扩大产品销售的路径。

8. 市场行情预测

市场行情预测应预测分析市场周期波动的规律,判别市场的景气状态和走势,分析价格水平的变动趋向,为企业经营决策提供依据。

9. 市场竞争格局预测

市场竞争格局预测主要对产品产量、销售量的分布格局以及产品质量、成本、价格、品牌知名度和满意度、新产品开发、市场开拓等要素构成的竞争格局及其变化态势进行分析、评估和预测。

3.2.2　市场预测的程序

市场预测程序的基本框架如图 3-3 所示。

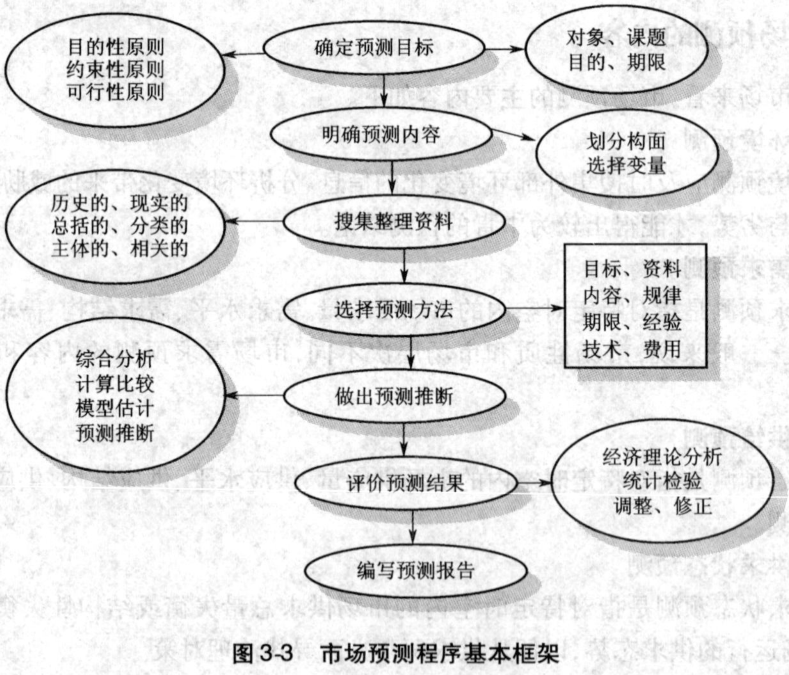

图 3-3　市场预测程序基本框架

3.2.3　市场预测的方法

市场预测的方法很多,归纳起来可分为定性预测法、定量预测法和组合预测法三大类。

3.2.3.1　定性预测法

定性预测法是对未来市场发展的性质进行预测分析和推断的方法。主要有德尔菲法、头脑风暴法、主观概率法、经验判断法、类推法、因素分析法、简单推算法等。

下面选取定性预测方法中的因素分析法进行简要的介绍。因素分析预测法是凭借经济理论与实践经验,通过分析影响预测目标的各种因素的作用大小与方向,对预测目标未来的发展变化做出推断。

1. 因素列举归纳法

因素列举归纳法是指将影响预测目标变动的因素逐一列举,区分各种因素的性质、作用大小和方向,然后加以综合、归纳,推断预测目标未来的变化趋向。因素列举归纳法的基本程序如下。

(1)列举能观察到的影响预测目标变化的各种主要因素,并搜集有关资料。

(2)区分各种因素的性质、作用大小、方向和程度。

(3)推断预测目标未来变化的趋向。当有利的因素居主导地位时,则未来前景看好;若不利的因素居主导地位时,则未来前景黯淡,或者市场疲软。

例如,通过列举和分析本年粮食总产量、年末生猪存栏和母猪存栏量、饲料供应与价格、生猪购销价格、猪肉市场需求、养猪成本与收益、生猪流通等因素的变动,可推断下一年生猪市场的行情变化:是出栏增加,市场供应看好;还是出栏下降,市场供应趋紧。

2. 相关因素推断法

相关因素推断法是根据经济现象间的相互联系和相互制约关系,由相关因素的变动方向判断预测目标的变动趋向。

1)顺相关系判断法

顺相关系是指两个现象间的变动方向为同增同减的关系。据此可以由相关现象的增加或减少,推断预测目标也会相应增加或减少。

2)逆相关系判断法

逆相关系是指两个现象间的变动方向表现为此消彼长或一增一减的关系。据此可由相关现象的增加或减少,推断预测目标会向相反的方向变动。

3. 因素分解推断法

因素分解推断法,是指将预测目标按照一定的联系形式分解为若干因素指标,然后分别研究各种因素未来变动的方向、程度和结果,最后综合各种因素变动的结果,求出预测目标的总变动趋向和结果。

3.2.3.2　定量预测法

1. 趋势模型预测法

趋势分析预测法是指通过识别时间序列长期趋势的类型,建立趋势预测模型进行外推预测。它是假定在预测期限内随机变动较小,并且有理由认为过去和现在的历史演变趋势将继续发展到未来时,所做的历史延伸预测。趋势分析预测法可以按照长期趋势的类型不同,分为下列预测模式。

1)常数均值模型

如果现象的时间序列的各期观察值(绝对值或逐年增量或环比发展速度)大体上呈水平式变化,即各期数据围绕水平线上下波动,则时间序列的变化形态属于水平型。其数列的

变化是由常数均值和剩余变动两部分构成，其常数均值模型的基本形式为

$$Y_t = 常数均值 + 剩余变动 = \bar{Y} + e_t \tag{3-1}$$

其中常数均值的计算有简单平均法、加权平均法、几何平均法等。剩余变动通常用标准差和标准差系数来反映。标准差系数越小，常数均值形态越严格，剩余变动越小。

2）直线趋势模型

如果现象的时间序列的各期数据大体上呈直线趋势变化，即数列的逐期增量（一阶差）大体相同，则时间数列是由直线趋势和剩余变动两部分构成，即

$$Y_t = 直线趋势 + 剩余变动 = a + bt + e_t \tag{3-2}$$

其中直线趋势用 $Y_t = a + bt$ 来描述，剩余变动通常用剩余标准差、剩余标准差系数或可决系数来反映。标准差系数越小，可决系数越大，直线趋势形态越严格，剩余变动越小。

3）曲线趋势模型

当预测目标的时间数列各期观察值大体呈现某种曲线形态的变动趋势时，则应建立曲线趋势模型进行外推预测。其模型的基本形式为

$$Y_t = 曲线趋势 + 剩余变动 \tag{3-3}$$

其中曲线趋势用合适的曲线方程来描述，剩余变动用剩余标准差、剩余标准差系数或可决系数来反映。标准差系数越小，可决系数越大，曲线趋势形态越严格，剩余变动越小。

2. 回归分析预测法

回归分析预测法是利用预测目标（因变量）与影响因素（自变量）之间的相关关系，通过建立回归模型，由影响因素的数值推算预测目标的数值。

1）一元线性回归

一元线性回归预测法是分析一个因变量和一个自变量之间的线性关系的预测方法。预测的基本思想是运用最小二乘法来确定代表性直线的方法。最小二乘法的基本思想是：最有代表性的直线应当是直线到各点的距离最近。然后用该直线进行预测。在一元线性回归预测模型的建立中需要先选取变量，然后根据变量绘制计算表和拟合散点图，并计算变量间的回归系数及其相关的显著性，最后得到回归分析结果。在得到结果以后，要对模型进行几个方面的检验：①根据模型中各个参数的经济含义，分析各个参数的值是否与分析对象的经济含义相符；②回归标准差检验；③拟合优度检验；④回归系数的显著性检验。利用回归模型预测时可以分为：①点预测法，将自变量取值带入回归预测模型求出因变量的预测值；②置信区间预测法，估计一个范围，并确定该范围出现的概率。置信区间的大小影响因素有：因变量估计值、回归标准差和概率度 t。

如果因变量 y 与某一个主要影响因素（自变量 x）之间存在着较为密切的线性相关关系，则可用一元线性回归模型来描述它们之间的数量关系

$$y = a + bx + e \tag{3-4}$$

通常采用最小二乘法估计，求解 a，b 参数的标准方程组为

$$\begin{aligned} \sum y &= na + b\sum x \\ \sum xy &= a\sum x + b\sum x^2 \end{aligned} \tag{3-5}$$

一元线性回归模型通过各种检验评价之后，则可利用回归模型进行有关问题的分析、预测和控制。其应用有以下方面。

(1)边际分析和弹性分析。回归系数 b 就是平均边际变化率。而平均弹性系数

$$E = b \cdot \frac{\bar{x}}{y} \tag{3-6}$$

(2)临界点或平衡点分析。根据横截面样本数据建立的回归模型,则可用来测定收支相等的临界点。

$$x = y = \frac{a}{1-b} \tag{3-7}$$

(3)利用回归模型进行预测,包括点预测和区间预测。

(4)利用回归模型进行控制。例如将自变量 x 控制在什么数值上或取值范围内,来求 y 在确定范围内取值。

2)多元线性回归模型

在市场预测中常常发生一个因变量与两个或两个以上的自变量存在依存关系的情况。多元回归方程就是分析一个因变量与两个或两个以上自变量的关系。多元线性回归预测,即指运用两个或两个以上自变量进行市场预测的一种方法。多元线性回归预测与一元线性回归预测法基本相同,只是对方程式进行了扩展。运用多元回归预测法进行预测,需要的数据多,计算复杂,一般借用计算机完成预测的计算工作。

3. 时间数列自回归模型

根据时间数列自相关用回归模型来描述同一时间数列前后不同时期数据之间的相互关系,并用于预测分析。

1)一元线性自回归

$$y_t = a + by_{t-i} \tag{3-8}$$

2)多元线性自回归

$$y_t = a + b_1 y_{t-1} + b_2 y_{t-2} + \cdots + b_k y_{t-k} + e \tag{3-9}$$

自回归模型的参数估计一般也采用最小二乘法估计。其参数估计的标准方程组的形式同前几节介绍的基本相同,只要令自回归模型中的 $y_{t-i} = x$ 即可。

自回归模型的评价,同样可以通过计算可决系数 R^2 或自相关系数 R,剩余标准差 S_y 来评价模型配合的优良程度。必要时也可以进行各种统计检验。

3.2.3.3　组合预测法

组合预测法是在各种预测方法求出的预测结果的基础上,再经过等权组合或者不等权组合求出最终预测结果。其有五种情形:①多种定性预测法的组合;②多种外推预测法的组合;③多种因果预测法的组合;④外推预测法与因果预测法的组合;⑤定性预测法、外推预测法、因果预测法的组合。实践研究证明,组合预测能极大地提高预测的精度。

3.3　市场调研报告

3.3.1　概述

市场调研报告是指用书面表达的方式反映市场调查过程和调查结果的一种分析报告,它是市场调查成果的集中体现,既可以书面方式向管理者或用户报告调研的结果,也可作为口头汇报和沟通调研结果的依据,亦可制作成多媒体演示课件,向决策者或用户进行演示、

解说和沟通。

市场调研报告具有十分重要的作用。它应满足下列目标:①解释调研原因;②陈述调研内容;③指明调研方法;④展示调研结果;⑤提出结论和建议。

3.3.2 市场调研报告的格式

市场调研报告的格式不是千篇一律的,对于一些大型的市场调研项目来说,市场调研报告的写作要求较高,其格式一般由以下几个部分构成。

1)扉页

扉页是调研报告的封皮。包括调研报告的标题、调研单位和提出报告的日期。扉页设计既要规范,又要体现艺术性。

2)摘要

简要说明调研的目的、调研对象、调研内容、调研时间、调研期限、调研范围、调研方式和调研方法以及调研的主要结论。

3)目录

如果调研报告的内容较多,为了方便读者阅读,应用目录的形式列出调研报告各部分各层次的标题(或标目)及所在的页码。

4)序言

序言是调研报告的导语部分(开头),主要提出市场调研的问题,简要说明调研的过程和得出的调研结论。

5)正文

正文是调研报告的主体部分,正文通常按事理划分为几个大的层次(部分),每个层次再划分为若干个自然段。大层次通常设置分部标题,自然段通常在段首列示小标题,并用序号表示。

6)结论和建议

结论和建议是调研报告的结尾部分。主要针对正文得出的调研结果和提出的问题,引出调研报告的结尾部分,提出解决问题的建议。

7)附件

附件主要包括调研方案、抽样技术方案、调研问卷、数据整理表格、数据分析表格和其他支持性材料。

需指出的是,对于一些小型的市场调研项目来说,市场调研报告的格式一般要简化一些,通常只需包括标题、序言、正文、结论和建议等几个部分。

3.3.3 市场调研报告撰写步骤

市场调研报告的撰写是建立在市场调查资料分析基础之上的,应遵循以下步骤:①谋篇构思;②选择数据资料;③起草表达;④修改定稿;⑤完善有关要素。

市场调研报告的写作应注意观点正确、材料恰当、论证充分;要用分析数据和事实说话,用好用活数据;明确中心,突出重点;结构要合理,层次应分明,条理应清晰;要用好叙述、说明、议论等表达方式,注意语言表述的精练性和生动性,适当运用各种修辞手法;要注意数据与文字相结合,定量分析与定性分析相结合,实事求是地分析问题和反映问题,切实提高市场调研报告的价值和水平。

3.4　项目生产规模的确定

3.4.1　项目生产规模的概念

项目生产规模是指项目设定的正常生产营运年份可能达到的生产能力或者使用效益。项目生产规模的确定,就是要合理选择拟建项目的生产规模,解决“生产多少”的问题。每一个建设项目都存在着一个合理规模的选择问题。生产规模过小,使得资源得不到有效配置,单位生产成本较高,经济效益低下;生产规模过大,超过了项目产品市场的需求量,则会导致开工不足、产品积压或降价销售,致使项目经济效益也会低下。因此,项目规模的合理选择关系着项目的成败,决定着工程造价合理与否。

合理经济规模是指在一定技术条件下,项目投入产出比处于较优状态,资源和资金可以得到充分利用,并可获得较优经济效益的规模。因此,在确定项目规模时,不仅要考虑项目内部各因素之间的数量匹配、能力协调,还要使所有生产力因素共同形成的经济实体(如项目)在规模上大小适应。这样可以合理确定和有效控制工程造价,提高项目的经济效益。但同时也须注意,规模扩大所产生的效益不是无限的,它受到技术进步、管理水平、项目经济技术环境等多种因素的制约。超过一定限度,规模效益将不再出现,甚至可能出现单位成本递增和收益递减的现象。

3.4.2　影响或制约生产规模的因素

项目规模合理化的制约因素有如下几点。

1. 市场因素

市场因素是项目规模确定中需考虑的首要因素,具体包括以下几点。

(1)项目产品的市场需求状况是确定项目生产规模的前提。通过市场分析与预测,确定市场需求量,了解竞争对手情况,最终确定项目建成时的最佳生产规模,使所建项目在未来能够保持合理的赢利水平和持续发展的能力。

(2)原材料市场、资金市场、劳动力市场等对项目规模的选择起着程度不同的制约作用。如项目规模过大可能导致材料供应紧张和价格上涨,造成项目所需投资资金的筹集困难和资金成本上升等,将制约项目的规模。

(3)市场价格分析是制定营销策略和影响竞争力的主要因素。市场价格预测应考虑影响价格变动的各种因素,根据项目具体情况选择采用回归法和比价法进行预测。

(4)市场风险分析也是确定建设规模的重要依据。市场风险分析是在产品供需和价格走势常规分析已达到一定深度要求的情况下,对未来某些重大不确定因素发生的可能性及其对项目造成的损失程度进行的分析。有的可定性描述,估计风险程度;有的需要定量计算风险发生概率,分析对项目的影响程度,并提出风险规避措施。

市场风险主要包括:技术进步加快,新产品和新替代产品的出现导致部分用户转向购买新产品和新替代产品,减少了对项目产品的需求,影响项目产品的预期效益;新竞争对手加入,市场趋于饱和,导致项目产品市场占有份额减少;市场竞争加剧,出现产出品市场买方垄断,项目产出品的价格急剧下降;或者出现投入品市场卖方垄断,项目所需的投入品价格大幅上涨，这种激烈的价格竞争，导致项目产品的预期效益减少；国内外政治经济条件出现突发性变化，引起市场激烈震荡，导致项目产出品销售锐减，或者项目主要投入品供应中断。

上述情况的出现，均影响项目的预期效益，制约项目规模合理化的制定。在项目分析与评价中，应根据项目的具体情况，确定项目可能面临的主要风险并分析风险程度，按风险因素对投资项目影响程度和风险发生的可能性大小进行划分，风险等级分为一般风险、较大风险、严重风险和灾难性风险，然后通过专家估计法、风险因素取值评定法和概率分析法对市场风险予以定量。

2. 技术因素

先进适用的生产技术及技术装备是项目规模效益赖以存在的基础，而相应的管理技术水平则是实现规模效益的保证。若与经济规模生产相适应的先进技术及其装备的来源没有保障，或获取技术的成本过高，或管理水平跟不上，则不仅预期的规模效益难以实现，还会给项目的生存和发展带来危机，导致项目投资效益低下，工程支出浪费严重。

3. 环境因素

项目的建设、生产和经营都是在特定的社会经济环境中进行的，项目规模确定中需考虑的主要环境因素有：政策因素，燃料动力供应，协作及土地条件，运输及通信条件。其中，政策因素包括产业政策，投资政策，技术经济政策，国家、地区及行业经济发展规划等。特别是，为了取得较好的规模效益，国家对部分行业的新建项目规模做了下限规定，选择项目规模时应遵照执行。

不同行业、不同类型项目确定建设规模，还应分别考虑以下因素。

(1) 对于煤炭、金属与非金属矿山、石油、天然气等矿产资源开发项目，应根据资源合理开发利用要求和资源可采储量、赋存条件等确定建设规模。

(2) 对于水利水电项目，应根据水的资源量、可开发利用量、地质条件、建设条件、库区生态影响、占用土地以及移民安置等确定建设规模。

(3) 对于铁路、公路项目，应根据建设项目影响区域内一定时期运输量的需求预测以及该项目在综合运输系统和本系统中的作用确定线路等级、线路长度和运输能力。

(4) 对于技术改造项目，应充分研究建设项目生产规模与企业现有生产规模的关系，新建生产规模属于外延型还是外延内涵复合型以及利用现有场地、公用工程和辅助设施的可能性等因素，确定项目建设规模。

4. 建设规模方案比选

在对以上因素进行充分考核以后，应确定相应的产品方案、产品组合方案和项目建设规模。生产规模的变动会引起收益的变动。规模经济是指通过合理安排经济实体内各生产力要素的比例，寻求到适当的经营规模而取得节约或经济效益。可行性研究报告应根据经济合理性、市场容量、环境容量以及资金、原材料和主要外部协作条件等方面的研究对项目建设规模进行充分论证，必要时进行多方案技术经济比较。大型、复杂项目的建设规模论证应研究合理、优化的工程分期，明确初期规模和远景规模。不同行业、不同类型项目在研究确定其建设规模时还应充分考虑其自身特点。

3.4.3 确定项目生产规模的方法

项目合理建设规模的确定方法包括如下几种。

1. 经验法

经验法是根据国内外同类或类似企业的经验数据，考虑生产规模的制约和决定因素，确定拟建项目生产规模的一种方法。在实践中，此法应用最为普遍。

在确定拟建项目生产规模之前，首先应找出与该项目相同或类似的企业，特别是要找出几个规模不同的企业，并计算出不同规模企业的主要技术经济指标，如财务内部收益率、投资利润率和投资回收期等。然后综合考虑制约和决定该项目拟建生产规模的各种因素，确定适当的规模。

2. 盈亏平衡产量分析法

通过项目产量与项目费用和收入的变化关系，分析项目的盈亏平衡点，以探求项目合理建设规模。当产量提高到一定程度，如果继续扩大规模，项目就出现亏损，此点称为项目的最大规模盈亏平衡点。当规模处于这两点（最大规模盈亏平衡点和规模为零的点）之间时，项目赢利，所以这两点是合理建设规模的下限和上限，可作为确定合理经济规模的依据之一。

3. 平均成本法

最低成本和最大利润属“对偶现象”：成本最低，利润最大；成本最大，利润最低。因此有人以争取项目达到最低平均成本为手段，来确定项目的合理建设规模。

4. 生产能力平衡法

在技改项目中，可采用生产能力平衡法来确定合理生产规模。最大工序生产能力法是以现有最大生产能力的工序为标准，逐步填平补齐，使之满足最大生产能力的设备要求。最小公倍数法是以项目各工序生产能力或现有标准设备的生产能力为基础，并以各工序生产能力的最小公倍数为准，通过填平补齐，形成最佳的生产规模。

为了防止投资项目效率低下和浪费资源，国家对某些行业的建设项目规定了规模界限。投资项目的规模，必须满足这些规定。

第4章 项目生产建设条件分析及技术条件分析

4.1 项目生产建设条件分析

项目的生产建设条件包括项目本身系统内部的条件和为它协作配套对项目实施的可能性影响较大的外部条件。必须要进行深入细致的分析与评估。

项目的生产条件主要包括:资源条件、水文条件、交通运输条件、能源条件等。

项目的建设条件主要包括:建筑材料、工程地质条件、环境条件等。

4.1.1 资源条件分析

资源是指项目需用的自然资源,如矿藏、农林、生物、土地及水资源等。它是工业项目赖以存在的物质基础,只有具备了可靠的资源条件,拟建项目才能有稳固的生存基础。因此,落实各种资源条件是保证项目得以顺利建设和正常生产的重要条件。

在对项目资源进行分析评估时,要全面考虑,力争通过项目的评估和选择达到最大限度的合理分配和有效利用有限资源,为社会创造更多的财富。对资源的分布、储备、品位质量、开采利用的可能性和经济性等问题,应采取科学的方法,做出符合实际的结论。

1. 资源开发利用的基本原则

资源开发利用的基本原则包括以下几点。

1) 环境保护原则

资源的开发利用要从保护环境出发,保持自然生态平衡。

2) 综合利用原则

对资源的开发利用应达到多层次、多目标的综合利用要求。

3) 经济开发原则

对资源的开发利用应注意资源的供应数量、质量、服务年限、开采方式、利用条件等,尽可能做到经济合理的开发。

4) 持续发展原则

对可再生资源(森林、农牧产品等)的开发利用,还应注意保证资源的连续补偿,使其能可持续发展和应用。

5) 最佳化利用原则

应注意技术进步对资源利用的影响。

2. 资源条件分析

进行条件评价时要注意以下几点要求。

(1) 主要分析为项目提供的资源报告是否落实可靠。例如以矿产资源为原料的项目,首先要具有国家矿产储备委员会批准的关于该资源储量、品位、成分、开采价值以及运输条件的报告,作为项目建设的根据。因为只有经过国家指定机构证实的储量才能作为拟建项目成立的物质基础。在可行性研究报告中须说明:资源单位勘探工作的现有深度,已提出的经全国矿产储量委员会正式批准的工业储量以及水储量委员会批准的水储量。

(2)必须明确项目所需自然资源的种类性质和可供数量。对于利用矿产资源的项目,则应当评价矿床规模(即总储量和可采储量)、类型特征、开采技术及加工条件(如选矿、冶炼条件)等有关矿床评估的主要因素以及对矿床所处的自然经济环境进行调查分析;对于利用农业资源的项目,应依据过去农产品资源供应产量及其部门(地区)分布数据,估算有关农产品的目前供应与今后可能获得的品种和数量,对农产品资源,还要注意农村经济发展及世界农产品市场的变化。

(3)分析资源的可供数量、质量开采和供应方式、服务年限和综合利用,根据资源类型特征及其自然经济环境条件(如埋藏深度和储存方式)分析、研究资源的开采方式(如露天开采和地下开采)和供应方式(如铁路运输或水路运输)。按照确定的开采方案采取多层次的综合利用(如共生矿、等外品、边废料、附产物)。而对资源开采的投资、服务年限、生产成本和综合开采利用价值进行综合分析评估。

(4)研究技术进步对充分利用和发挥资源优势的作用和影响。一般情况下,采用先进的科学技术手段,提高对资源的深加工程度,可以充分发挥和利用资源的优势,挖掘资源的使用价值,增加资源利用的经济效益,如石油化工资源的利用。

(5)对于需要利用稀缺资源和供应紧张的资源的项目,还需要分析评估开辟新资源的可能前景及其替代资源的途径。如对矿山资源开采来说,应注意寻找接替矿,以利于保持矿山开采的可持续能力。因此,在项目可行性研究中需说明资源的近远期开发规划和计划、矿藏分布情况、使用期等与项目生存有关的有利和不利条件,并对资源进行分析化验,说明化验的目的。

4.1.2 原材料、燃料及动力供应条件分析

4.1.2.1 主要原材料供应方案分析

主要原材料是项目建成后生产运营所需的主要投入物。在建设规模、产品方案、技术方案确定后,应对所需主要原材料的品种、规格、成分、质量、数量、价格、来源、供应方式和运输方式进行研究。

1. 研究确定品种、质量和数量

(1)根据项目产品方案详细研究并提出所需各种物料的品种、规格;根据项目建设规模和物料消耗定额计算各种物料的年消耗量。

为了保证正常生产,根据生产周期、生产批量、采购运输条件等计算物料的经常储备量,同时还要考虑保险储备量和季节储备量。保险储备量是指为预防物料延迟到货风险增加的储备量;季节储备量是指为预防由于季节变化可能导致的物料供应量、供应价格变化增加的储备量。经常储备量、保险储备量和季节储备量三者之和为物料储备总量(即最高储备量),作为生产物流方案(包括运输、仓库等设施)研究的依据。

(2)根据产品方案和技术方案,研究确定所需原材料的质量性能(包括物理性能和化学成分)。为确保采购的原材料、辅助材料的质量符合生产工艺要求,应研究提出建立必要的检验、化验和试验设施。

2. 研究确定供应来源与方式

1）供应企业和地区研究

对可以从市场采购的原材料和辅助材料，应确定采购的地区。有特殊要求的原材料，应提出拟选择的供货企业及供货方案。

2）供应方式

一般有市场采购，投资建立原料基地，投资供货企业扩大生产能力等方式。

3）进口原材料的供应

应调查研究国际贸易情况，分析拟选择的制造企业和供应企业的资信情况，确保原材料供应的可靠性。

4）大宗原材料的供应

应调查研究主要供应企业的生产经营情况，并在可行性研究阶段与拟选择的供应企业签订供货意向协议。

3. 研究确定运输方式

根据项目所需物料的形态（固态、液态、气态）、运输距离、包装方式、仓储要求、运输费用等因素研究确定物料运输方式。物料运输所需的设备和设施，应充分依靠社会运输解决。特殊物料运输，如易燃、易爆、易腐蚀、剧毒、有辐射性等物料，应按照政府部门发布的安全规范要求，提出相应的运输方案。

大宗原材料的运输，一般应在生产准备阶段与拟选择的运输企业签订运输意向协议。

4. 研究选取原材料价格

在市场预测的基础上，对主要原材料的出厂价、到厂价以及进口物料的到岸价和有关税费等做进一步计算，并进行比选。

4.1.2.2 燃料动力供应方案分析

项目所需燃料包括生产工艺用燃料、公用和辅助设施用燃料、其他设施用燃料。燃料和动力是建设项目生产和建设过程中不可缺少的重要物质条件。项目生产所需燃料主要有煤炭、石油或天然气等；而所需的动力是指外地的水、电、风、汽和气及其他带能工质（系指带有能量的工作介质，如水、压缩空气、蒸汽等）等。

1. 燃料品种、质量和数量

根据拟建项目生产能力和燃料消耗定额，计算分析所需燃料的品种、数量和质量。

应当根据项目产品类型和生产特点，对动力供应条件有重点地进行分析评估。

如供水条件的评估分析，要计算项目生产和建设所需用水量、供水价格对成本的影响，项目对水源和水质的要求，分析是否有节水的循环设施、污水净化设施，并估算水源、供水泵站及管网等供水设施的费用。

如电力条件的评估分析，须估算最大需电量、高峰负荷、备用量、按生产工艺要求计算的日耗电量、年耗电量及其对生产成本的影响，还须计算变电所、输电线路及自备电厂的功率及其投资。

2. 地区动力（能源）供应的供需平衡

在燃料动力供应方案分析中，还要注意地区动力（能源）供应的供需平衡问题。了解供应部门对能源缺口的安排意见和可落实情况，分析项目投产后的能源保证程度，调查能源运输方式和运输路线，分析其对生产成本的影响。

4.1.2.3　主要原材料燃料供应方案比选

主要原材料燃料供应方案需要考虑以下内容,然后进行多方案比选。

(1)满足生产要求的程度,即原材料、燃料在品种质量、性能、数量上能否满足项目建设规模、生产工艺的要求。

(2)采购来源的可靠程度,包括原材料、燃料供应的稳定程度(包括数量、质量)和大宗原材料、燃料运输的保证程度。

(3)价格和运输费用是否经济合理。价格比选一般采用定性比较,必要时可采用定量分析,如单位产品边际利润法、盈亏法和原材料最低成本法。运输费用,主要比选运输方式和单位运量的费用(如吨/公里运费)。

4.1.3　工程地质和水文地质分析

研究工程地质和水文地质条件能否满足项目建设的要求。

工程地质分析主要研究拟选厂址的地质构造、地基承载能力、有无严重不良地质地段(如溶洞、断层、软土、湿陷土等)以及是否处于滑坡区、泥石流区等。

水文地质分析主要研究拟选厂址的水文地质构造、地下水的类型及特征,土壤含水性,地下水水位、流向、流量和涌水量等。

4.1.4　建设地点(厂址)选择

4.1.4.1　项目选址的具体要求

1. 节约土地,少占耕地

项目的建设应尽可能节约土地,尽量把厂址放在荒地、劣地、山地和空地,尽可能不占或少占耕地,并力求节约用地。尽量节省土地的补偿费用,降低工程造价。

2. 减少拆迁移民

工程选址、选线应着眼少拆迁、少移民,尽可能不靠近、不穿越人口密集的城镇或居民区,减少或不发生拆迁安置费,降低工程造价。若必须拆迁移民,应制定征地拆迁移民安置方案,考虑移民数量、安置途径、补偿标准、拆迁安置工作量和所需资金等情况,作为前期费用计入项目投资成本。

3. 应尽量选在工程地质、水文地质条件较好的地段

土壤耐压力应满足拟建厂的要求,严防选在断层、熔岩、流沙层与有用矿床上以及洪水淹没区、已采矿坑塌陷区、滑坡区。厂址的地下水位应尽可能低于地下建筑物的基准面。

4. 要有利于厂区合理布置和安全运行

厂区土地面积与外形能满足厂房与各种构筑物的需要,并适合于按科学的工艺流程布置厂房与构筑物,满足生产安全要求。厂区地形力求平坦而略有坡度(一般5%～10%为宜),以减少平整土地的土方工程量,节约投资,又便于地面排水。

5. 应尽量靠近交通运输条件和水电等供应条件好的地方

厂址应靠近铁路、公路、水路,以缩短运输距离,减少建设投资和未来的运营成本;厂址应设在供电、供热和其他协作条件便于取得的地方,有利于施工条件的满足和项目运营期间的正常运作。

6. 应尽量减少对环境的污染

对于排放大量有害气体和烟尘的项目，不能建在城市的上风口，以免对整个城市造成污染；对于噪声大的项目，厂址应选在距离居民集中地区较远的地方，同时，要设置一定宽度的绿化带，以减弱噪声的干扰；对于生产或使用易燃、易爆、辐射产品的项目，厂址应远离城镇和居民密集区。

上述条件能否满足，不仅关系到建设工程造价的高低和建设期限，对项目投产后的运营状况也有很大影响。因此，在确定厂址时，也应进行方案的技术经济分析、比较，选择最佳厂址。

4.1.4.2 厂址选择的多方案比较

厂址多方案比较的内容应包括地形、地质、地貌，水文、气象设施占用土地情况，拆迁情况，四邻条件（包括协作条件、环境影响、劳动安全及交通运输、水、电等基础设施条件）、环境和技术经济等方面进行对比分析，选择厂址的推荐方案。

厂址方案比选的方法一般采用方案比较法、评分优选法、最小运输费用法。

1. 方案比较法

对初选的几个厂址方案，列出“厂址方案的比较表”（见表4-1），进行初步分析比较，从中选择两三个较为合适的厂址方案；再进行较详细的调查和踏勘，计算出各方案的建设投资和经营费用，从中选择追加投资回收期较短或年生产费用最低的为最佳方案。

表4-1 厂址方案的比较 万元

项目	方案A	方案B	方案C
建设投资			
经营费用			

2. 评分优选法

这是一种定性问题定量化的实用优选方法。首先列出对比方案所需要考虑的共同对比指标，按其对方案确定的重要影响程度给予一定的比重（设其为 W）；然后各方案确定的评比指标，根据实际情况，分别给出评分值（设其为 p），并列入“指标评价对比表”；最后分别计算出每个指标的评价分值（即每个指标的评分值与其对应的指标比重的乘积），求得每个方案评价的总分值，取其总分最高的为最佳厂址方案。

3. 最小运输费用法

把生产运输因素作为厂址选择的重要基点。对生产所需原材料的运输和产品销售市场的运输条件进行分析论证，寻找运输距离最短和运费最低的厂址方案。可运用重心原理来确定合理的厂址方案，在计算中要对运输距离、运输方式和运输价格做全面考虑和多方案分析比较。

4.1.5 交通运输条件评估

运输是物资供应的先行官，它关系到项目建设和生产所需的物资能否保证及时供应，也关系到项目产品的生产成本。因此，交通运输条件是项目生产建设的重要条件和关键环节。

对交通运输条件的评估，主要是分析项目所选择的运输方式和运输设备是否经济合理，评估运输中的装、卸、运、储各环节间的能力及组织管理是否协调有序，估算各种类型物资的运进量与运出量，分析其对生产过程与生产成本的影响。

项目的运输方式的选择可从厂内和厂外两种运输方式进行分析。厂内运输方式的合理选择取决于运输的载体形式、性质和生产工艺要求；厂外运输方式与设备的选择涉及运输物资的类型和特点、运输量的大小和运出距离等因素。

运输方式的选择应进行多方案的技术经济分析比较，选取最经济合理的方式。注意运输中的装、卸、运、储等各环节的衔接，以保证项目生产的连续性，做到既能维持物资供应的连续性，又能使储备合理，占用较少的储备资金；计算和评估交通运输相关项目的相关投资（如计算专用铁路接轨、编组站和仓储设施等投资），还应考虑同步建设。

4.1.6 环境保护评估

建设项目一般会引起项目所在地自然环境、社会环境和生态环境的变化，对环境状况、环境质量产生不同程度的影响。因此，需要在确定厂址方案和技术方案过程中，调查研究环境条件，识别和分析拟建项目影响环境的因素，研究提出治理和保护环境的措施，比选和优化环境保护方案。

1. 环境保护的基本原则

工程建设项目应注意保护厂址及其周围地区的水土资源、海洋资源、矿产资源、森林植被、文物古迹、风景名胜等自然环境和社会环境。其环境保护措施应坚持以下原则。

（1）符合国家环境保护法律、法规和环境功能规划的要求。

（2）坚持污染物排放总量控制和达标排放的要求。

（3）坚持“三同时原则”，即环境治理措施应与项目的主体工程同时设计、同时施工、同时投产使用。

（4）力求环境效益与经济效益相统一，在研究环境保护治理措施时，应从环境效益、经济效益相统一的角度进行分析论证，力求环境保护治理方案技术可行和经济合理。

（5）注重资源综合利用，对在环境治理过程中，项目产生的废气、废水、固体废弃物，应提出回水处理和再利用方案。

2. 环境治理措施方案

应根据项目的污染源和排放污染物的性质，采用不同的治理措施。

（1）废气污染治理，可采用冷凝、吸附、燃烧和催化转化等方法。

（2）废水污染治理，可采用物理法（如重力分离、离心分离、过滤、蒸发结晶、高磁分离等）、化学法（如中和、化学凝聚、氧化还原等）、物理化学法（如离子交换、电渗析、反渗透、气泡悬上分离、汽提吹脱、吸附萃取等）、生物法（如自然氧池、生物滤池、活性污泥、厌氧发酵）等方法。

（3）固体废弃物污染治理，有毒废弃物可采用防渗漏池堆存；放射性废弃物可采用封闭固化；无毒废弃物可采用露天堆存；生活垃圾可采用卫生填埋、堆肥、生物降解或者焚烧方式处理；利用无毒害固体废弃物加工制作建筑材料或者作为建材添加物，进行综合利用。

（4）粉尘污染治理，可采用过滤除尘、湿式除尘、电除尘等方法。

（5）噪声污染治理，可采用吸声、隔音、减振、隔振等措施。

（6）建设和生产运营引起环境破坏的治理。对岩体滑坡、植被破坏、地面塌陷、土壤劣化等，也应提出相应的治理方案。

3. 环境治理方案比选

对环境治理的各局部方案和总体方案进行技术经济比较，并做出综合评价。比较、评价的主要内容有如下几方面。

(1)技术水平对比，分析对比不同环境保护治理方案所采用的技术和设备的先进性、适用性、可靠性和可得性。

(2)治理效果对比，分析对比不同环境保护治理方案在治理前及治理后环境指标的变化情况以及能否满足环境保护法律法规的要求。

(3)管理及监测方式对比，分析对比各治理方案所采用的管理和监测方式的优缺点。

(4)环境效益对比，将环境治理保护所需投资和环保措施运行费用与所获得的收益相比较。效益费用比值较大的方案为优。

4.1.7 节能、节水措施评估

4.1.7.1 节能措施分析

在研究技术方案、设备方案和工程方案时，能源消耗量大的项目，应提出节约能源措施，并对能耗指标进行分析。

1. 项目的节能措施

项目的节能措施主要包括如下几点。

(1)采用先进的技术和设备，提高能源利用效率，降低能源消耗。

(2)回收利用生产过程中产生的余热、余压及可燃气体。

(3)对炉窑、工艺装置及热力管网系统分别采取有效的保温措施。

(4)合理利用热能，尽可能避免生产工艺中能量的不合理转换。

2. 能耗指标分析

采取节能措施后，对拟建项目的能耗指标进行分析。单位产品能耗参照表4-2。计算单位产品消耗各种能源的实物量，折算成标煤消耗量，进行分析对比。能耗指标一般应达到国内外同行业先进水平。

技术改造项目，应详细说明企业能源利用现状以及改造后的合理利用能源、降低能耗的效果。

表4-2 单位产品能耗

序号	能源名称	计算单位	产品年产量	能源年消耗量	单位产品实物序号	折合标准煤能耗	综合能耗比较		
							国内先进水平	国际水平	企业原有水平

4.1.7.2 节水措施分析

在研究技术方案、设备方案、工程方案时，水资源消耗量大的项目，应提出节水措施，并对水耗指标进行分析。

1. 节水措施

节水措施主要包括如下几点。

(1) 采用节水型工艺和设备,提高水资源利用率,降低水资源无效消耗。

(2) 提高工业用水回收率和重复利用率。

(3) 供水系统采取防渗、防漏措施。

(4) 提高再生水回收率。

(5) 有条件的项目应采用海水替代技术。

2. 水耗指标分析

采用节水措施后,对拟建项目的水资源消耗量进行分析。计算单位产品的耗水量,对水耗指标和水的重复利用率进行分析对比。单位产品水耗参照表4-3。水耗指标一般应达到国内外同行业先进水平,水的重复利用率应达到当地政府规定的指标。

技术改造项目,应详细说明企业水资源利用现状以及改造后提高水资源利用率的效果。

表4-3　单位产品水耗

序号	水源名称	计算单位	产品年产量	年消耗水量	单位产品消耗水量	耗水水平比较		
						国内先进水平	国际水平	企业原有水平

4.2　项目技术条件分析

技术条件分析是项目评估必不可少的一个环节,主要针对项目的技术、工艺、设备方案的先进性、经济性和可行性等做出全面评价。在项目评估和可行性研究中,技术条件分析涵盖的范围很广,包括可影响项目实施的一切技术因素,本节仅涉及普通意义的技术条件分析,即技术方案分析、设备方案分析和工程设计方案分析三部分。

4.2.1　技术方案分析

生产技术方案指产品生产所采用的工艺流程和生产方法。技术方案不仅影响项目的建设成本,也影响项目建成后的运营成本。因此,技术方案的选择直接影响项目的工程造价,必须认真选择和确定。

1. 技术方案选择的基本原则

1)先进适用

这是评定技术方案最基本的标准。先进与适用,是对立的统一。保证工艺技术的先进性是首先要满足的,它能够带来产品质量、生产成本的优势。但是不能单独强调先进而忽视适用,还要考察工艺技术是否符合我国国情和国力,是否符合我国的技术发展政策。有的引进项目,可以在主要工艺上采用先进技术,而其他部分则采用适用技术。总之,要根据国情和建设项目的经济效益,综合考虑先进与适用的关系。对于拟采用的工艺,除了必须保证能用指定的原材料按时生产出符合数量、质量要求的产品外,还要考虑与企业的生产和销售条件(包括原有设备能否配套、技术和管理水平、市场需求、原材料种类等)是否相适应,特别要考虑到原有设备能否利用,技术和管理水平能否跟上。

2)安全可靠

项目所采用的技术或工艺,必须经过多次试验和实践证明是成熟的,技术过关,质量可靠,有详尽的技术分析数据和可靠性记录,并且生产工艺的危害程度控制在国家规定的标准之内,才能确保生产安全运行,发挥项目的经济效益。对于核电站、产生有毒有害和易燃易爆物质的项目(比如油田、煤矿等)及水利水电枢纽等项目,更应重视技术的安全性和可靠性。

3)经济合理

经济合理是指所用的技术或工艺应能以尽可能小的消耗获得最大的经济效果,要求综合考虑所用技术或工艺所能产生的经济效益和国家的经济承受能力。在可行性研究中可能提出几种不同的技术方案,各方案的劳动需要量、能源消耗量、投资数量等可能不同,在产品质量和生产成本等方面可能也有差异,因而应反复进行比较,从中挑选最经济合理的技术或工艺。

2. 技术方案选择内容

1)生产方法选择

生产方法直接影响生产工艺流程的选择。一般在选择生产方法时,从以下方面着手。

(1)研究与项目产品相关的国内外生产方法,分析比较优缺点和发展趋势,采用先进适用的生产方法。

(2)研究拟采用的生产方法是否与采用的原材料相适应。

(3)研究拟采用生产方法的技术来源的可得性,若采用引进技术或专利,应比较所需费用。

(4)研究拟采用生产方法是否符合节能和清洁的要求。

2)工艺流程方案选择

工艺流程是指投入物(原料或半成品)经过有次序的生产加工,成为产出物(产品或加工品)的过程。选择工艺流程方案的具体内容包括以下方面。

(1)研究工艺流程方案对产品质量的保证程度。

(2)研究工艺流程各工序间的合理衔接,工艺流程应通畅、简捷。

(3)研究选择先进合理的物料消耗定额,提高收效和效率。

(4)研究选择主要工艺参数。

(5)研究工艺流程的柔性安排,既能保证主要工序生产的稳定性,又能根据市场需求变化,使生产的产品在品种规格上保持一定的灵活性。

3)工艺方案的比选

确定不同工艺方案以后,要在可选方案之间进行比选,内容包括技术的先进程度、可靠程度和技术对产品质量性能的保证程度、技术对原材料的适应性、工艺流程的合理性、自动化控制水平、估算本国及外国各种工艺方案的成本、成本耗费水平、对环境的影响程度等技术经济指标。工艺改造项目工艺方案的比选论证,还应与原有的工艺方案进行比较。

比选论证后提出的推荐方案,应绘制主要的工艺流程图,编制“主要物料平衡表”,主要原材料、辅助材料以及水、电、气等的消耗量等图表。

4.2.2　设备方案分析

设备方案选择是在研究和初步确定技术方案的基础上，对所需主要设备的规格、型号、数量、来源、价格等进行研究比选。在生产工艺流程和生产技术确定后，就要根据工厂生产规模和工艺过程的要求，选择设备的型号和数量。设备的选择与技术密切相关，二者必须匹配。

1. 设备方案选择的基本要求

设备方案选择的基本要求有如下几点。

(1) 主要设备方案应与选定的建设规模、产品方案和技术方案相适应，满足项目投产后生产或者使用的要求。

(2) 主要设备之间、主要设备与辅助设备之间的能力相互配套。

(3) 设备质量可靠、性能成熟，保证生产和产品质量稳定。

(4) 在保证设备性能的前提下，力求经济合理。

(5) 拟选的设备，应符合政府部门或者专门机构发布的技术标准要求。

2. 设备方案选择的主要内容

设备方案选择的主要内容有如下几点。

(1) 根据建设规模、产品方案和技术方案，研究提出所需主要设备的规格、型号和数量。

(2) 通过对国内外有关制造企业的调查和初步询价，研究提出项目所需主要设备的来源与投资方案。

(3) 拟引进国外设备的项目，应提出设备供应方式，如合作设计合作制造、合作设计国内制造以及引进单机或者成套引进等。

(4) 选用超大、超重、超高设备，应提出相应的运输和安装的技术措施方案。

3. 设备方案比选方法

在调查研究国内外设备制造、供应以及运行状况的基础上，对拟选的主要设备做多方案比选，提出推荐方案。主要设备参考表 4-4。

主要采用定性分析，辅之以定量分析方法。定性分析是将各设备方案的内容进行分析对比。定量分析一般包括运营成本、寿命周期费用和差额投资回收期等指标的比较。

1) 运营成本比较

这种比较方法是对设备方案的原材料、能源消耗和运转维修费等运营成本进行比较。在功能相同的条件下，设备运营成本低的方案为优。

2) 寿命周期费用比较

这种比较方法包括年费用比较和现值比较。年费用比较是将一次投入的设备费用，按使用寿命换算成每年的费用支出，加上年运营费用，进行比较，年费用少者为优。现值比较是将每年运营费用通过折现系数换算成一次投资费用，加上设备投资，进行比较，现值少者为优。

3) 差额投资回收期比较

这种比较方法是将两个设备方案的运营成本的差额与设备投资的差额相比，计算差额投资回收年限，少于预期投资回收期时，投资高的方案为优。

表4-4 主要设备

序号	设备名称	型号	主要参数	计量单位	数量	设备来源			
						利用原有	国内制造	进口	合作制造

4.2.3 工程设计方案分析

工程方案构成项目的实体。工程方案选择是在已选定项目建设规模、技术方案和设备方案的基础上,研究论证主要建筑物、构筑物的建造方案。

1. 工程方案选择的基本要求

1)满足生产使用功能要求

确定项目的工程内容、建筑面积和建筑结构时应满足生产和使用的要求。分期建设的项目,应留有适当的发展余地。

2)符合已选定的厂址(线路走向)

在已选定的厂址(线路走向)的范围内,合理布置建筑物、构筑物以及地上、地下管网的位置。

3)符合工程标准规范要求

建筑物、构筑物的基础、结构和所采用的建筑材料,应符合政府部门或者专门机构发布的技术标准规范要求,确保工程质量。

4)经济合理

工程方案在满足使用功能、确保质量的前提下,力求降低造价,节约建设资金。

技术改造项目的工程方案,应合理利用现有场地、设施,并力求新增的设施与原有设施相协调。

2. 工程方案研究内容

1)一般工业项目的厂房、工业窑炉、生产装置等建筑物、构筑物的工程方案

该类方案主要研究其建筑特征(面积、层数、高度、跨度),建筑物、构筑物的结构形式以及特殊建筑要求(防火、防爆、防腐蚀、隔音、隔热等),基础工程方案,抗震设防等。

2)矿产开采项目的工程方案

该类方案主要研究开拓方式。根据矿体分布、形态、埋藏深度、地质构造等条件,结合矿产品位、可采资源量,确定井下开采或者露天开采的工程方案。这类项目的工程方案将直接转化为生产方案。

(1)井下开采,应根据矿床地质条件、储量、地形地貌、生产规模、作业场地和采矿工艺等,研究确定开采方式,如采用竖井、斜井、平洞或者混合开采等。根据矿体的产状厚度和顶底板岩层的稳固性、矿床水文地质条件、矿石品位高低等,研究确定开采方法,如采用综合采掘、机械化或者半机械化开采。根据开采方式和开采方法,研究提出相应的工程方案。

(2)露天开采,应根据露天矿开采边坡角参数和采剥比,研究提出开采矿段的工程方案。

(3)油气田开采,应根据探明储量、地质条件、油气层结构,研究提出钻井和油气集输等工程方案。

3)铁路项目工程方案

该类方案主要包括线路、路基、轨道、桥涵、隧道、站场以及通信信号等方案。

根据线路各路段的地形地貌、沿线地质条件,研究提出路基填挖高度、加固防护路基以及不良地质处理的方案。

根据水文地质和工程地质情况,研究提出全线桥梁、隧道的开挖或者建造方案。对地质条件复杂、工程结构复杂、施工难度大、工程量大的桥梁、隧道分别研究提出相应的工程方案。

根据项目设定的运输能力,研究提出线路各车站、货场的工程方案。

4)水利水电项目工程方案

该类方案主要包括防洪、治涝、灌溉、供水、发电等工程方案。

水利水电枢纽和水库工程主要研究坝址、坝型、坝体建筑结构、坝基处理以及各种建筑物、构筑物的工程方案。同时,还应研究提出库区移民安置的工程方案。

工程方案经比选后,应编制推荐方案的"建筑物、构筑物工程一览表",见表4-5。估算建筑安装工程量和"三材"(钢材、木材、水泥)用量,作为投资估算的依据。

非主要建筑物、构筑物工程,在项目评估阶段可不列出"工程一览表",为估算投资,可参考已建成的同类项目的类似工程估算工程量和投资。

表4-5 主要建筑物、构筑物一览

序号	建筑物、构筑物名称	层数	占地面积	建筑物、构筑物面积	结构形式	建筑物、构筑物长×宽×高	基础形式	三材用量		
								钢材	木材	水泥

第 5 章　投资估算

5.1　投资估算概述

5.1.1　投资估算的概念及作用

1. 投资估算的概念

投资估算是指在项目投资决策过程中,依据现有的资料和特定的方法,对建设项目的投资数额进行的估计。它是项目建设前期编制项目建议书和可行性研究报告的重要组成部分,是项目决策的重要依据之一。投资估算的准确与否不仅影响到可行性研究工作的质量和经济评价结果,而且也直接关系到下一阶段设计概算和施工图预算的编制,对建设项目资金筹措方案也有直接的影响。因此,全面准确地估算建设项目的工程造价,是可行性研究乃至整个决策阶段造价管理的重要任务。

2. 投资估算的作用

投资估算有如下作用。

(1)项目建议书阶段的投资估算,是项目主管部门审批项目建议书的依据之一,并对项目的规划、规模起参考作用。

(2)项目可行性研究阶段的投资估算,是项目投资决策的重要依据,也是研究、分析、计算项目投资经济效果的重要条件。当可行性研究报告被批准之后,其投资估算额就是作为设计任务书中下达的投资限额,即作为建设项目投资的最高限额,不得随意突破。

(3)项目投资估算对工程设计概算起控制作用,设计概算不得突破批准的投资估算额,并应控制在投资估算额以内。

(4)项目投资估算可作为项目资金筹措及制订建设贷款计划的依据,建设单位可根据批准的项目投资估算额,进行资金筹措和向银行申请贷款。

(5)项目投资估算是核算建设项目固定资产投资需要额和编制固定资产投资计划的重要依据。

5.1.2　投资估算的内容

建设项目投资是指在工程项目建设阶段所需要的全部费用的总和。生产性建设项目总投资包括建设投资、建设期利息和流动资金三部分;非生产性建设项目总投资包括建设投资和建设期利息两部分。其中建设投资和建设期利息之和对应于固定资产投资,固定资产投资与建设项目的工程造价在量上相等。

如上所述,项目的总投资包括建设投资、建设期利息和全部流动资金。建设项目总投资的具体构成内容如图 5-1 所示。

- 建设项目总投资
  - 固定资产投资
    - 建设投资
      - 工程费用
        - 设备及工器具购置费
          - 设备购置费
          - 工器具及生产家具购置费
        - 建筑安装工程费
          - 直接费
          - 间接费
          - 利润
          - 税金
      - 工程建设其他费用
        - 固定资产其他费用
        - 无形资产费用
        - 其他资产费用
      - 预备费
        - 基本预备费
        - 涨价预备费
    - 建设期利息
  - 流动资产投资—流动资金

图5-1　我国现行建设项目总投资构成

1. 固定资产投资

1)建设投资

根据国家发改委和建设部审定(发改投资〔2006〕1325号)发行的《建设项目经济评价方法与参数》(第三版)的规定,建设投资包括工程费用、工程建设其他费用和预备费三部分。

(1)工程费用是指直接构成固定资产实体的各种费用,可以分为建筑安装工程费和设备及工器具购置费。

(2)工程建设其他费用是指根据国家有关规定应在投资中支付,并列入建设项目总造价或单项工程造价的费用。

(3)预备费是为了保证工程项目的顺利实施,避免在难以预料的情况下造成投资不足而预先安排的一笔费用。

根据国家规定,从满足建设项目投资设计和投资规模的角度,建设项目投资的估算包括建设投资、建设期利息和流动资金估算。

建设投资估算的内容按照费用的性质划分,包括建筑安装工程费、设备及工器具购置费、工程建设其他费用、基本预备费、涨价预备费。其中,建筑工程费、设备及工器具购置费、安装工程费直接形成实体固定资产,被称为工程费用;工程建设其他费用可分别形成固定资产、无形资产及其他资产。基本预备费、涨价预备费,在可行性研究阶段为简化计算,一并计入固定资产。

2)建设期利息

建设期利息是债务资金在建设期内发生并应计入固定资产原值的利息,包括借款(或债券)利息及手续费、承诺费、管理费等。建设期利息单独估算以便对建设项目进行融资前和融资后财务分析。

2. 流动资产投资

流动资金是指生产经营性项目投产后,用于购买原材料、燃料、支付工资及其他经营费用等所需的周转资金。它是伴随着建设投资而发生的长期占用的流动资产投资。

流动资金 = 流动资产 - 流动负债

其中,流动资产主要考虑现金、应收账款、预付账款和存货;流动负债主要考虑应付账款和预收账款。因此,流动资金的概念,实际上就是财务中的营运资金。

5.1.3　投资估算的阶段划分与精度要求

5.1.3.1　国外项目投资估算的阶段划分与精度要求

在国外，如英、美等国，对一个建设项目从开发设想直至施工图设计，这期间各个阶段的项目投资的预计额均称估算，只是各阶段的设计深度不同，技术条件不同，对投资估算的准确度要求不同。英、美等国把建设项目的投资估算分为以下五个阶段。

1. 第一阶段：项目的投资设想时期

在尚无工艺流程图、平面布置图，也未进行设备分析的情况下，即根据假想条件比照同类型已投产项目的投资额，并考虑涨价因素来编制项目所需要的投资额，所以这一阶段称为毛估阶段，或称比照估算。这一阶段投资估算的意义是判断一个项目是否需要进行下一步的工作，对投资估算精度的要求较低，允许误差大于±30%。

2. 第二阶段：项目的投资机会研究时期

此时应有初步的工艺流程图、主要生产设备的生产能力及项目建设的地理位置等条件，故可套用相近规模厂的单位生产能力建设费用来估算拟建项目所需要的投资额，据以初步判断项目是否可行，或据以审查项目引起投资兴趣的程度。这一阶段称为粗估阶段，或称因素估算。其对投资估算精度的要求为误差控制在±30%以内。

3. 第三阶段：项目的初步可行性研究时期

此时已具有“设备规格表”、主要设备的生产能力和尺寸、项目的总平面布置、各建筑物的大致尺寸、公用设施的初步位置等条件。此时期的投资估算额，可据以决定拟建项目是否可行，或据以列入投资计划。这一阶段称为初步估算阶段，或称认可估算。其对投资估算精度的要求为误差控制在±20%以内。

4. 第四阶段：项目的详细可行性研究时期

此时项目的细节已经清楚，并已经进行了建筑材料、设备的询价，也已进行了设计和施工的咨询，但工程图纸和技术说明尚不完备。可根据此时期的投资估算额进行筹款。这一阶段称为确定估算，或称控制估算。其对投资估算精度的要求为误差控制在±10%以内。

5. 第五阶段：项目的工程设计阶段

此时应具有工程的全部设计图纸、详细的技术说明、材料清单、工程现场勘察资料等，故可根据单价逐项计算而汇总出项目所需要的投资额。可据此投资估算控制项目的实际建设。这一阶段称为详细估算，或称投标估算。其对投资估算精度的要求为误差控制在±5%以内。

5.1.3.2　我国项目投资估算的阶段划分与精度要求

在我国，项目投资估算是指在做初步设计之前各工作阶段中的一项工作。在做工程初步设计之前，根据需要可邀请设计单位参加编制项目规划和项目建议书，并可委托设计单位承担项目的预可行性研究、可行性研究及设计任务书的编制工作，同时应根据项目已明确的技术经济条件，编制和估算出精确度不同的投资估算额。我国建设项目的投资估算分为以下几个阶段。

1. 项目规划阶段的投资估算

建设项目规划阶段是指有关部门根据国民经济发展规划、地区发展规划和行业发展规划的要求，编制一个建设项目的建设规划。此阶段是按项目规划的要求和内容，粗略地估算建设项目所需要的投资额。其对投资估算精度的要求为允许误差大于±30%。

2. 项目建议书阶段的投资估算

在项目建议书阶段，是按项目建议书中的产品方案、项目建设规模、产品主要生产工艺、企业车间组成、初选建厂地点等，估算建设项目所需要的投资额。其对投资估算精度的要求为误差控制在±30%以内。此阶段项目投资估算的意义是可据此判断一个项目是否需要进行下一阶段的工作。

3. 预可行性研究阶段的投资估算

预可行性研究阶段，是在掌握了更详细、更深入的资料的条件下，估算建设项目所需的投资额。其对投资估算精度的要求为误差控制在±20%以内。此阶段项目投资估算的意义是据以确定是否进行详细可行性研究。

4. 可行性研究阶段的投资估算

可行性研究阶段的投资估算至关重要，因为这个阶段的投资估算经审查批准之后，便是工程设计任务书中规定的项目投资限额，并可据此列入项目年度基本建设计划。其对投资估算精度的要求为误差控制在±10%以内。

5.1.4 建设项目投资估算的依据、要求及步骤

1. 建设项目投资估算的依据

建设项目投资估算编制依据是指在编制投资估算时需要计量、价格确定、工程计价有关参数、率值确定的基础资料，主要有以下方面。

(1)国家、行业和地方政府的有关规定。

(2)工程勘察与设计文件，图示计量或有关专业提供的主要工程量和主要设备清单。

(3)行业部门、项目所在地工程造价管理机构或行业协会等编制的投资估算指标、概算指标(定额)、工程建设其他费用定额(规定)、综合单价、价格指数和有关造价文件等。

(4)类似工程的各种技术经济指标和参数。

(5)工程所在地的同期的工、料、机市场价格，建筑、工艺及附属设备的市场价格和有关费用。

(6)政府有关部门、金融机构等部门发布的价格指数、利率、汇率、税率等有关参数。

(7)与项目建设相关的工程地质资料、设计文件、图纸等。

2. 建设项目投资估算的要求

建设项目投资估算的要求有如下几点。

(1)根据主体专业设计的阶段和深度，结合各自行业的特点，所采用生产工艺流程的成熟性以及编制单位所掌握的国家及地区、行业或部门相关投资估算基础资料和数据的合理、可靠、完整程度，采用合适的方法进行建设项目投资估算。

(2)应做到工程内容和费用构成齐全，计算合理，不重复计算，不提高或者降低估算标准，不漏项、不少算。

(3)应充分考虑拟建项目设计的技术参数和投资估算所采用的估算系数、估算指标，在质和量方面所综合的内容，应遵循口径一致的原则。

(4)应将所采用的估算系数和估算指标价格、费用水平调整到项目建设所在地及投资估算编制年的实际水平，对于建设项目的边界条件，如建设用地费和外部交通、水、电、通信

条件,或市政基础设施配套条件等差异所产生的与主要生产内容投资无必然关联的费用,应结合建设项目的实际情况修正。

(5)对影响造价变动的因素进行敏感性分析,注意分析市场的变动因素,充分估计物价上涨因素和市场供求情况对造价的影响。

(6)投资估算精度应能满足控制初步设计概算要求,并尽量减少投资估算的误差。

3. 建设项目投资估算的步骤

建设项目投资估算的步骤如下。

(1)分别估算各单项工程所需的建筑工程费、设备及工器具购置费、安装工程费。

(2)在汇总各单项工程费用的基础上,估算工程建设其他费用和基本预备费。

(3)估算涨价预备费。

(4)估算建设期利息。

(5)估算流动资金。

5.2 建设投资估算

不同阶段的投资估算,其方法和允许误差都是不同的。建设投资的估算方法有简单估算法和详细估算法。简单估算法有单位生产能力法、生产能力指数法、比例估算法、系数估算法和指标估算法等方法,前四种估算方法估算准确度相对不高,主要适用于投资机会研究和初步可行性研究阶段。项目详细可行性研究阶段应采用指标估算法和详细估算法。

5.2.1 建设投资简单估算法

1. 单位生产能力估算法

依据调查的统计资料,利用相近规模的单位生产能力投资乘以建设规模,即得拟建项目投资。其计算公式为

$$C_2 = \left(\frac{C_1}{Q_1}\right) Q_2 f \qquad (5\text{-}1)$$

式中 C_1——已建类似项目的投资额;

C_2——拟建项目的投资额;

Q_1——已建类似项目的生产能力;

Q_2——拟建项目的生产能力;

f——不同时期、不同地点的定额、单价、费用变更等的综合调整系数。

这种方法把项目的建设投资与其生产能力的关系视为简单的线性关系,估算结果精确度较低。使用这种方法时要注意拟建项目的生产能力和类似项目的可比性,否则误差很大。由于在实际工作中不易找到与拟建项目完全类似的项目,通常是把项目按其下属的车间、设施和装置进行分解,分别套用类似车间、设施和装置的单位生产能力投资指标计算,然后加总求得项目总投资。或根据拟建项目的规模和建设条件,将投资进行适当调整后估算项目的投资额。这种方法主要用于新建项目或装置的估算,十分简便迅速。但要求估价人员掌握足够的典型工程的历史数据,这些数据均应与单位生产能力的造价有关,方可应用,而且必须是新建装置与所选取装置的历史资料相类似,仅存在规模大小和时间上的差异。

【例5-1】 假定某地拟建一座200套客房的豪华宾馆,另有一座豪华宾馆最近在该地

竣工，且掌握了以下资料：它有250套客房，有门厅、餐厅、会议室、游泳池、夜总会、网球场等设施。总造价为1 025万美元。试估算拟建项目的建设投资。

解 根据以上资料，可首先推算出折算为每套客房的造价

$$\frac{总造价}{客房总套数}=\frac{1\ 025}{250}=4.1\ 万美元/套$$

据此，即可很迅速地计算出在同一个地方，且各方面有可比性的具有200套客房的豪华旅馆造价估算值为

$$4.1\times200=820\ 万美元$$

单位生产能力估算法估算误差较大，可达±30%。此法只能是粗略地快速估算，由于误差大，应用该估算法时需要小心，应注意以下几点。

1）地方性

建设地点不同，地方性差异主要表现为：两地经济情况不同；土壤、地质、水文情况不同；气候、自然条件的差异；材料、设备的来源、运输状况不同等。

2）配套性

一个工程项目或装置，均有许多配套装置和设施，也可能产生差异，如公用工程、辅助工程、厂外工程和生活福利工程等，这些工程随地方差异和工程规模的变化均各不相同，它们并不与主体工程的变化呈线性关系。

3）时间性

工程建设项目的兴建，不一定是在同一时间建设，时间差异或多或少存在，在这段时间内可能在技术、标准、价格等方面发生变化。

2. 生产能力指数法

生产能力指数法又称指数估算法，它是根据已建成的类似项目生产能力和投资额来粗略估算拟建项目投资额的方法，是对单位生产能力估算法的改进。其计算公式为

$$C_2=C_1\left(\frac{Q_2}{Q_1}\right)^x\cdot f \tag{5-2}$$

式中 x——生产能力指数；

其他符号含义同公式(5-1)。

上式表明造价与规模（或容量）呈非线性关系，且单位造价随工程规模（或容量）的增大而减小。在正常情况下，$0\leqslant x\leqslant1$。不同生产率水平的国家和不同性质的项目中，x的取值是不相同的。比如化工项目，美国取$x=0.6$，英国取$x=0.66$，日本取$x=0.7$。

若已建类似项目的生产规模与拟建项目生产规模相差不大，Q_1与Q_2的比值在0.5~2之间，则指数x的取值近似为1。

若已建类似项目的生产规模与拟建项目生产规模相差不大于50倍，且拟建项目生产规模的扩大仅靠增大设备规模来达到时，则x的取值在0.6~0.7之间；若是靠增加相同规格设备的数量达到时，x的取值在0.8~0.9之间。常见的化工和炼油装置的x值见表5-1。

表5-1 某些化工和炼油装置的x值

装置名称	x值	装置名称	x值	装置名称	x值
常压蒸馏（汽化65%）	0.90	溶剂抽提	0.67	制氢装置	0.72

续表

装置名称	x 值	装置名称	x 值	装置名称	x 值
减压蒸馏(汽化65%)	0.70	硅铁法制镁	0.62	硫磺回收	0.64
流化催化裂化	0.70	乙烯(以炼厂气为原料)	0.83	合成甲醇(天然气蒸汽转化法)	0.60
加氢脱硫	0.65	乙烯(以油为原料)	0.72	甲醛	0.80
催化重整	0.60	苯乙烯	0.53	尿素	0.70
硫酸法烷基化	0.60	乙醛	0.70	聚乙烯(低压)	0.68
叠合	0.58	丁二烯	0.66	聚乙烯(高压)	0.81
热裂化	0.70	由乙烯制取丁二烯	1.02	苯	0.61
延迟焦化	0.38	聚丁二烯	0.67	苯酐	0.62
芳烃抽提	0.70	合成氨	0.81	三硝基甲苯	0.01
溶剂脱脂	0.76	合成氢(蒸汽转化法)	0.53	铝锭	0.90

生产能力指数法主要应用于拟建装置或项目与用来参考的已知装置或项目的规模不同的场合。

【例5-2】 2004年已建成年产10万t的某钢厂,其投资额为4 000万元,2008年拟建生产50万t的钢厂项目。自2004年至2008年每年平均造价指数递增4%,生产能力指数为0.8,试估算拟建钢厂的投资额。

解 $C_2 = C_1 \times \left(\frac{Q_2}{Q_1}\right)^x \times f = 4\,000 \times \left(\frac{50}{10}\right)^{0.8} \times (1+4\%)^4 = 16\,958$ 万元

生产能力指数法与单位生产能力估算法相比精确度略高,其误差可控制在±20%以内,尽管估价误差仍较大,但有它独特的好处:即这种估价方法不需要详细的工程设计资料,只要知道工艺流程及规模就可以,在总承包工程报价时,承包商大都采用这种方法估价。

3. 系数估算法

系数估算法也称为因子估算法,它是以拟建项目的主体工程费或主要设备购置费为基数,以其他工程费与主体工程费的百分比为系数估算项目投资额的方法。这种方法简单易行,但是精度较低,一般用于项目建议书阶段。系数估算法的种类很多,在我国国内常用的方法有设备系数法和主体专业系数法,朗格系数法是世行项目投资估算常用的方法。

1)设备系数法

以拟建项目的设备购置费为基数,根据已建成的同类项目的建筑安装费和其他工程费等与设备价值的百分比,求出拟建项目建筑安装工程费和其他工程费,进而求出项目的投资额。其计算公式为

$$C = E(1 + f_1P_1 + f_2P_2 + f_3P_3 + \cdots + f_nP_n) + I \tag{5-3}$$

式中 C——拟建项目的投资;

E——拟建项目根据当时当地价格计算的设备购置费;

$P_1, P_2, P_3, \cdots, P_n$——已建项目中建筑安装工程费及其他工程费等与设备购置费的比例;

$f_1, f_2, f_3, \cdots, f_n$——由于时间因素引起的定额、价格、费用标准等变化的综合调整系数;

I——拟建项目的其他费用。

2)主体专业系数法

以拟建项目中投资比重较大,并与生产能力直接相关的工艺设备投资为基数,根据已建

同类项目的有关统计资料，计算出拟建项目各专业工程（总图、土建、采暖、给排水、管道、电气、自控等）与工艺设备投资的百分比，据以求出拟建项目各专业工程投资，然后加总即为拟建项目的投资。其计算公式为

$$C=E(1+f_1P'_1+f_2P'_2+f_3P'_3+\cdots+f_nP'_n)+I \tag{5-4}$$

式中 $P'_1,P'_2,P'_3,\cdots,P'_n$——已建项目中各专业工程费用与工艺设备投资的比重；

其他符号含义同公式(5-3)。

3）朗格系数法

这种方法是以设备购置费为基数，乘以适当系数来推算项目的投资。这种方法在国内不常见，是世行项目投资估算常采用的方法。该方法的基本原理是将项目建设中的总成本费用中的直接成本和间接成本分别计算，再合为项目的投资。其计算公式为

$$C=E\cdot\left(1+\sum K_i\right)\cdot K_c \tag{5-5}$$

式中 K_i——管线、仪表、建筑物等项费用的估算系数；

K_c——管理费、合同费、应急费等间接费在内的总估算系数；

其他符号含义同公式(5-3)。

建设投资与设备购置费之比为朗格系数 K_L。即

$$K_L=(1+\sum K_i)\cdot K_c \tag{5-6}$$

应用朗格系数法进行工程项目或装置估价的精度仍不是很高，其原因如下。

(1)装置规模大小发生变化的影响。

(2)不同地区自然地理条件的影响。

(3)不同地区经济地理条件的影响。

(4)不同地区气候条件的影响。

(5)主要设备材质发生变化时，设备费用变化较大而安装费变化不大所产生的影响。

尽管如此，由于朗格系数法是以设备购置费为计算基础，而设备费用在一项工程中所占的比重对于石油、石化、化工工程而言为45%～55%，几乎占一半左右，同时一项工程中每台设备所含有的管道、电气、自控仪表、绝热、油漆、建筑等，都有一定的规律。所以，只要对各种不同类型工程的朗格系数掌握得准确，估算精度仍可较高。朗格系数法估算误差在10%～15%。

4. 比例估算法

根据统计资料，先求出已有同类企业主要设备投资占项目投资的比例，然后再估算出拟建项目的主要设备投资，即可按比例求出拟建项目的投资额。其表达式为

$$I=\frac{1}{K}\sum_{i=1}^{n}Q_iP_i \tag{5-7}$$

式中 I——拟建项目的投资额；

K——已建项目主要设备投资占已建项目投资的比例；

n——设备种类数；

Q_i——第 i 种设备的数量；

P_i——第 i 种设备的单价（到厂价格）。

5. 指标估算法

这种方法是把建设项目以单项工程或单位工程，按建设内容纵向划分为各个主要生产

设施、辅助及公用设施、行政及福利设施以及各项其他基本建设费用,按费用性质横向划分为建筑工程、设备购置、安装工程等,根据各种具体的投资估算指标,进行各单位工程或单项工程投资的估算,在此基础上汇集编制成拟建建设项目的各个单项工程费用和拟建项目的工程费用投资估算。再按相关规定估算工程建设其他费用、预备费等,形成拟建项目的投资额。

估算指标是一种比概算指标更为扩大的单位工程指标或单项工程指标。编制方法是采用有代表性的单位或单项工程的实际资料,采用现行的概预算定额编制概预算,或搜集有关工程的施工图的预算或结算资料,经过修正、调整反复综合平衡,以单项工程(装置、车间)或工段(区域、单位工程)为扩大单位,以"量"和"价"相结合的形式,用货币来反映活劳动和物化劳动。指标的单位可以根据工艺流程的需要而分区切块,按需要而变动。指标的"量"和"价"是受扩大指标单位规定的内容和范围影响而变化。在规定的范围内,"量"是不变的,而"价"是受单价波动影响,必须进行必要的调整。估算指标应是以定"量"为主,故在估算指标中应有人工数、"主要设备规格表"、主要材料量、主要实物工程量、各专业工程的投资等。对单项工程,应作简洁介绍,必要时还要附工艺流程图、"物料平衡表"及消耗指标。这样,就为动态计算和经济分析创造了条件。

使用指标估算法,应注意以下事项。

(1)使用估算指标法应根据不同地区、年代而进行调整。因为地区、年代不同,设备与材料的价格均有差异,调整方法可以按主要材料消耗量或"工程量"为计算依据;也可以按不同的工程项目的"万元工料消耗定额"而定不同的系数。在有关部门颁布有定额或材料价差系数(物价指数)时,可以据其调整。

(2)使用估算指标法进行投资估算绝不能生搬硬套,必须对工艺流程、定额、价格及费用标准进行分析,经过实事求是的调整与换算后,才能提高其精确度。

5.2.2 建设投资详细估算法

建设投资的详细估算法是对构成建设投资的各类费用,即工程费用(含建筑工程费、设备及工器具购置费、安装工程费)、工程建设的其他费用和预备费(含基本预备费和涨价预备费)分类进行详细的估算。

5.2.2.1 建筑工程费用的估算

建筑工程费用是指为建造永久性建筑物和构筑物所需要的费用,一般采用单位建筑工程投资估算法、单位实物工程量投资估算法、概算指标投资估算法等进行估算。

1. 单位建筑工程投资估算法

单位建筑工程投资估算法,以单位建筑工程量投资乘以建筑工程总量计算。一般工业与民用建筑以单位建筑面积(m^2)的投资,工业窑炉砌筑以单位容积(m^3)的投资,水库以水坝单位长度(m)的投资,铁路路基以单位长度(km)的投资,矿上掘进以单位长度(m)的投资,分别乘以相应的建筑工程量计算建筑工程费。这种方法可以进一步分为单位功能价格法、单位面积价格法和单位容积价格法。

1)单位功能价格法

此方法是利用每功能单位的成本价格估算,将选出所有此类项目中共有的单位,并计算每个项目中该单位的数量。例如,可以用医院里的病床数量为功能单位,新建一所医院的成本被细分为其所提供的病床数量。这种计算方法首先给出每张床的单价,然后乘以该医院所有病床的数量,从而确定该医院项目的金额。

2)单位面积价格法

此方法首先要用已知的项目建筑工程费用除以该项目的房屋总面积,即为单位面积价格,然后将结果应用到未来的项目中,以估算拟建项目的建筑工程费。

3)单位容积价格法

在一些项目中,楼层高度是影响成本的重要因素。例如,仓库、工业窑炉砌筑的高度根据需要会有很大的变化,显然这时不再适用单位面积价格,而单位容积价格则成为确定初步估算的好方法。将已完工程总的建筑工程费用除以建筑容积,即可得到单位容积价格。

2. 单位实物工程量投资估算法

单位实物工程量投资估算法,以单位实物工程量的投资乘以实物工程总量计算。土石方工程按每立方米投资,矿井巷道衬砌工程按每延米投资,路面铺设工程按每平方米投资,分别乘以相应的实物工程总量计算建筑工程费。

3. 概算指标投资估算法

对于没有上述估算指标且建筑工程费占总投资比例较大的项目,可采用概算指标估算法。采用此种方法,应占有较为详细的工程资料、建筑材料价格和工程费用指标,投入的时间和工作量大。

5.2.2.2 设备及工器具购置费的估算

设备及工器具购置费用是由设备购置费和工具、器具及生产家具购置费组成的,它是固定资产投资中的积极部分。

1. 设备购置费的估算

设备购置费是指为建设项目购置或自制的达到固定资产标准的各种国产或进口设备、工具、器具的购置费用。它由设备原价和设备运杂费构成。其计算公式为

$$\text{设备购置费} = \text{设备原价} + \text{设备运杂费} \tag{5-8}$$

上式中,设备原价指国产设备或进口设备的原价;设备运杂费指除设备原价之外的关于设备采购、运输、途中包装及仓库保管等方面支出费用的总和。设备购置费根据项目“主要设备表”及价格、费用资料编制,工器具购置费按设备费的一定比例计取。对于价值高的设备应按单台(套)估算购置费,价值较小的设备可按类估算,国内设备和进口设备应分别估算。

1)国产设备原价的构成及计算

国产设备原价一般指的是设备制造厂的交货价或订货合同价。它一般根据生产厂或供应商的询价、报价、合同价确定,或采用一定的方法计算确定。国产设备原价分为国产标准设备原价和国产非标准设备原价。

(1)国产标准设备原价。国产标准设备是指按照主管部门颁布的标准图纸和技术要求,由我国设备生产厂批量生产的,符合国家质量检测标准的设备。国产标准设备原价有两种,即带有备件的原价和不带有备件的原价。在计算时,一般采用带有备件的原价。国产标准设备一般有完善的设备交易市场,因此可通过查询相关交易市场价格或向设备生产厂家询价得到国产标准设备原价。

(2)国产非标准设备原价。国产非标准设备是指国家尚无定型标准,各设备生产厂不可能在工艺过程中采用批量生产,只能按订货要求,并根据具体的设计图纸制造的设备。非

标准设备由于单件生产、无定型标准,所以无法获取市场交易价格,只能按其成本构成或相关技术参数估算其价格。非标准设备原价有多种不同的计算方法,如成本计算估价法、系列设备插入估价法、分部组合估价法、定额估价法等。但无论采用哪种方法都应该使非标准设备计价接近实际出厂价,并且计算方法要简便。

成本计算估价法是一种比较常用的估算非标准设备原价的方法。按成本计算估价法,非标准设备的原价由以下各项组成。

①材料费,其计算公式为

材料费 = 材料净重 ×(1 + 加工损耗系数)× 每吨材料综合价 (5-9)

②加工费,包括生产工人工资和工资附加费、燃料动力费、设备折旧费、车间经费等。其计算公式为

加工费 = 设备总重量(吨)× 设备每吨加工费 (5-10)

③辅助材料费(简称辅材费),包括焊条、焊丝、氧气、氩气、氮气、油漆、电石等费用。其计算公式为

辅助材料费 = 设备总重量 × 辅助材料费指标 (5-11)

④专用工具费,按①~③项之和乘以一定百分比计算。

⑤废品损失费,按①~④项之和乘以一定百分比计算。

⑥外购配套件费,按设备设计图纸所列的外购配套件的名称、型号、规格、数量、重量,根据相应的价格加运杂费计算。

⑦包装费,按以上①~⑥项之和乘以一定百分比计算。

⑧利润,可按①~⑤项加第⑦项之和乘以一定利润率计算。

⑨税金,主要指增值税,计算公式为

增值税 = 当期销项税额 - 进项税额 (5-12)

当期销项税额 = 销售额 × 适用增值税率 (5-13)

其中,销售额为①~⑧项之和。

⑩非标准设备设计费,按国家规定的设计费收费标准计算。

综上所述,单台非标准设备原价可用下面的公式表达。

单台非标准设备原价 = {[(材料费 + 加工费 + 辅助材料费)×(1 + 专用工具费率)×(1 + 废品损失费率)+ 外购配套件费]×(1 + 包装费率)- 外购配套件费}×(1 + 利润率)+ 销项税额 + 非标准设备设计费 + 外购配套件费 (5-14)

2)进口设备原价的构成及计算

进口设备的原价是指进口设备的抵岸价,通常是由进口设备到岸价(CIF)和进口从属费构成。进口设备的到岸价,即抵达买方边境港口或边境车站的价格。在国际贸易中,交易双方所使用的交货类别不同,则交易价格的构成内容也有所差异。进口从属费用包括银行财务费、外贸手续费、进口关税、消费税、进口环节增值税等,进口车辆的还需缴纳车辆购置税。其计算公式为

进口设备的抵岸价 = 进口设备到岸价(CIF)+ 进口从属费 (5-15)

(1)进口设备到岸价的构成及计算,其计算公式为

$$进口设备到岸价(CIF) = 离岸价格(FOB) + 国际运费 + 运输保险费 = 运费在内价(CFR) + 运输保险费 \tag{5-16}$$

①货价，一般指装运港船上交货价(FOB)。设备货价分为原币货价和人民币货价，原币货价一律折算为美元表示，人民币货价按原币货价乘以外汇市场美元兑换人民币汇率中间价确定。进口设备货价按有关生产厂商询价、报价、订货合同价计算。

②国际运费，即从装运港(站)到达我国目的港(站)的运费。我国进口设备大部分采用海洋运输，小部分采用铁路运输，个别采用航空运输。进口设备国际运费的计算公式为

$$国际运费(海、陆、空) = 原币货价(FOB) \times 运费率 = 单位运价 \times 运量 \tag{5-17}$$

其中，运费率或单位运价参照有关部门或进出口公司的规定执行。

③运输保险费。对外贸易货物运输保险是由保险人(保险公司)与被保险人(出口人或进口人)订立保险契约，在被保险人交付议定的保险费后，保险人根据保险契约的规定对货物在运输过程中发生的承保责任范围内的损失给予经济上的补偿。这是一种财产保险。计算公式为

$$运输保险费 = \frac{原币货价(FOB) + 国外运费}{1 - 保险费率} \times 保险费率 \tag{5-18}$$

其中，保险费率按保险公司规定的进口货物保险费率计算。

(2)进口从属费的构成及计算，其计算公式为

$$进口从属费 = 银行财务费 + 外贸手续费 + 关税 + 消费税 + 进口环节增值税 + 车辆购置税 \tag{5-19}$$

①银行财务费，一般是指在国际贸易结算中，中国银行为进出口商提供金融结算服务所收取的费用，可按下式简化计算

$$银行财务费 = 离岸价格(FOB) \times 人民币外汇汇率 \times 银行财务费率 \tag{5-20}$$

②外贸手续费，指按商务部规定的外贸手续费率计取的费用，外贸手续费率一般取1.5%。计算公式为

$$外贸手续费 = 到岸价格(CIF) \times 人民币外汇汇率 \times 外贸手续费率 \tag{5-21}$$

③关税，由海关对进出国境或关境的货物和物品征收的一种税。计算公式为

$$关税 = 到岸价格(CIF) \times 人民币外汇汇率 \times 进口关税税率 \tag{5-22}$$

其中，到岸价格作为关税的计征基数时，通常又可称为关税完税价格。进口关税税率分为优惠和普通两种。优惠税率适用于与我国签订关税互惠条款的贸易条约或协定的国家的进口设备；普通税率适用于与我国未签订关税互惠条款的贸易条约或协定的国家的进口设备。进口关税税率按我国海关总署发布的进口关税税率计算。

④消费税，仅对部分进口设备(如轿车、摩托车等)征收。一般计算公式为

$$应纳消费税税额 = \frac{到岸价格(CIF) \times 人民币外汇汇率 + 关税}{1 - 消费税税率} \times 消费税税率 \tag{5-23}$$

其中，消费税税率根据规定的税率计算。

⑤进口环节增值税，是对从事进口贸易的单位和个人，在进口商品报关进口后征收的税种。我国增值税条例规定，进口应税产品均按组成计税价格和增值税税率直接计算应纳税额，即

$$进口环节增值税额 = 组成计税价格 \times 增值税税率 \tag{5-24}$$

组成计税价格 = 关税完税价格 + 关税 + 消费税　　(5-25)

其中,增值税税率根据规定的税率计算。

⑥车辆购置税,进口车辆需缴进口车辆购置税。其计算公式为

进口车辆购置税 = (关税完税价格 + 关税 + 消费税) × 车辆购置税率　　(5-26)

【例 5-3】 从某国进口设备,重量 1 000 t,装运港船上交货价为 400 万美元,工程建设项目位于国内某省会城市。如果国际运费标准为 300 美元/t,海上运输保险费率为 3‰,银行财务费率为 5‰,外贸手续费率为 1.5%,关税税率为 22%,增值税的税率为 17%,消费税税率 10%,银行外汇牌价为 1 美元 = 6.8 元人民币,对该设备的原价进行估算。

解 进口设备 FOB = 400 × 6.8 = 2 720 万元

国际运费 $= 300 \times 1\ 000 \times 6.8 \times 10^{-4} = 204$ 万元

$$海运保险费 = \frac{2\ 720 + 204}{1 - 0.3\%} \times 0.3\% = 8.80\ 万元$$

CIF = 2 720 + 204 + 8.80 = 2 932.80 万元

银行财务费 = 2 720 × 5‰ = 13.60 万元

外贸手续费 = 2 932.80 × 1.5% = 43.99 万元

关税 = 2 932.80 × 22% = 645.22 万元

$$消费税 = \frac{2\ 932.80 + 645.22}{1 - 10\%} \times 10\% = 397.56\ 万元$$

增值税 = (2 932.80 + 645.22 + 397.56) × 17% = 675.85 万元

进口从属费 = 13.60 + 43.99 + 645.22 + 397.56 + 675.85 = 1 776.22 万元

进口设备原价 = 2 932.80 + 1 776.22 = 4 709.02 万元

3) 设备运杂费的构成和计算

设备运杂费由运费和装卸费、包装费、设备供销部门的手续费、采购与仓库保管费构成。设备运杂费按设备原价乘以设备运杂费率计算,其计算公式为

设备运杂费 = 设备原价 × 设备运杂费率　　(5-27)

其中,设备运杂费率按各部门及省、市有关规定计取。

2. 工具、器具及生产家具购置费的构成及估算

工具、器具及生产家具购置费,是指新建或扩建项目初步设计规定的,保证初期正常生产必须购置的没有达到固定资产标准的设备、仪器、工卡模具、器具、生产家具和备品备件等的购置费用。一般以设备购置费为计算基数,按照部门或行业规定的工具、器具及生产家具费率计算。计算公式为

工具、器具及生产家具购置费 = 设备购置费 × 定额费率　　(5-28)

5.2.2.3 安装工程费估算

安装工程费通常按行业或专门机构发布的安装工程定额、取费标准和指标估算投资。具体可按安装费率、每吨设备安装费或单位安装实物工程量的费用估算,即

安装工程费 = 设备原价 × 安装费率　　(5-29)

安装工程费 = 设备吨重 × 每吨安装费　　(5-30)

安装工程费 = 安装工程实物量 × 安装费用指标　　(5-31)

5.2.2.4 工程建设其他费用估算

工程建设其他费用是指应在建设项目的建设投资中开支的,为保证工程建设顺利完成

和交付使用后能够正常发挥效用而发生的固定资产其他费用、无形资产费用和其他资产费用。工程建设其他费用的计算应结合拟建项目的具体情况，有合同或协议明确的费用按合同或协议列入；无合同或协议明确的费用，根据国家和各行业部门、工程所在地地方政府的有关工程建设其他费用定额和计算办法估算。

工程建设其他费用，按其内容可以分为固定资产其他费用、无形资产费用和其他资产费用三大类。

1. 固定资产的其他费用

固定资产其他费用是固定资产费用的一部分。固定资产费用系指项目投产时将直接形成固定资产的建设投资，包括工程费用以及在工程建设其他费用中按规定将形成固定资产的费用，后者被称为固定资产其他费用。

1）建设管理费

建设管理费是指建设单位从项目筹建开始直至工程竣工验收合格或交付使用为止发生的项目建设管理费用。

（1）建设管理费的内容如下。

①建设单位管理费，是指建设单位发生的管理性质的开支。包括工作人员工资、工资性补贴、施工现场津贴、职工福利费、住房基金、基本养老保险费、基本医疗保险费、失业保险费、工伤保险费、办公费、差旅交通费、劳动保护费、工具用具使用费、固定资产使用费、必要的办公及生活用品购置费、必要的通信设备及交通工具购置费、零星固定资产购置费、招募生产工人费、技术图书资料费、业务招待费、设计审查费、工程招标费、合同契约公证费、法律顾问费、咨询费、完工清理费、竣工验收费、印花税和其他管理性质开支。

②工程监理费，是指建设单位委托工程监理单位实施工程监理的费用。此项费用应按国家发改委与建设部联合发布的《建设工程监理与相关服务收费管理规定》（发改价格〔2007〕670号）计算。依法必须实行监理的建设工程施工阶段的监理收费实行政府指导价；其他建设工程施工阶段的监理收费和其他阶段的监理与相关服务收费实行市场调节价。

（2）建设单位管理费的计算。建设单位管理费按照工程费用之和（包括设备工器具购置费和建筑安装工程费用）乘以建设单位管理费费率计算。其计算公式为

$$建设单位管理费=工程费用\times建设单位管理费率 \tag{5-32}$$

其中，建设单位管理费费率按照建设项目的不同性质、不同规模确定。有的建设项目按照建设工期和规定的金额计算建设单位管理费。如采用监理，建设单位部分管理工作量转移至监理单位，监理费应根据委托的监理工作范围和监理深度在监理合同中商定或按当地或所属行业部门有关规定计算；如建设单位采用工程总承包方式，其总包管理费由建设单位与总包单位根据总包工作范围在合同中商定，从建设管理费中支出。

2）建设用地费

任何一个建设项目都固定于一定地点与地面相连接，必须占用一定量的土地，也就必然要发生为获得建设用地而支付的费用，这就是土地使用费。它是指通过划拨方式取得土地使用权而支付的土地征用及迁移补偿费，或者通过土地使用权出让方式取得土地使用权而支付的土地使用权出让金。

（1）土地征用及迁移补偿费，是指建设项目通过划拨方式取得无限期的土地使用权，依照《中华人民共和国土地管理法》等规定所支付的费用。其总和一般不得超过被征土地年

产值的30倍,土地年产值则按该地被征用前三年的平均产量和国家规定的价格计算。其内容包括如下方面。

①土地补偿费,征用耕地(包括菜地)的补偿标准,按政府规定,为该耕地被征用前三年平均年产值的6~10倍,具体补偿标准由省、自治区、直辖市人民政府在此范围内制定。征用园地、鱼塘、藕塘、苇塘、宅基地、林地、牧场、草原等的补偿标准,由省、自治区、直辖市参照征用耕地的土地补偿费制定。征收无收益的土地,不予补偿。土地补偿费归农村集体经济组织所有。

②青苗补偿费和被征用土地上的房屋、水井、树木等附着物补偿费,这些补偿费的标准由省、自治区、直辖市人民政府制定。征用城市郊区的菜地时,还应按照有关规定向国家缴纳新菜地开发建设基金。地上附着物及青苗补偿费归地上附着物及青苗的所有者所有。

③安置补助费,征用耕地、菜地的,其安置补助费按照需要安置的农业人口数计算。每一个需要安置的农业人口的安置补助费标准,为该耕地被征用前三年平均年产值的4~6倍。但是,每公顷被征用耕地的安置补助费,最高不得超过被征用前三年平均年产值的15倍。征用土地的安置补助费必须专款专用,不得挪作他用。需要安置的人员由农村集体经济组织安置的,安置补助费支付给农村集体经济组织,由农村集体经济组织管理和使用;由其他单位安置的,安置补助费支付给安置单位;不需要统一安置的,安置补助费发放给被安置人员个人或者征得被安置人员同意后用于支付被安置人员的保险费用。市、县和乡(镇)人民政府应当加强对安置补助费使用情况的监督。

④缴纳的耕地占用税或城镇土地使用税、土地登记费及征地管理费等,县市土地管理机关从征地费中提取土地管理费的比率,要按征地工作量大小,视不同情况,在1%~4%幅度内提取。

⑤征地动迁费,包括征用土地上的房屋及附属构筑物、城市公共设施等拆除、迁建补偿费、搬迁运输费,企业单位因搬迁造成的减产、停工损失补贴费,拆迁管理费等。

⑥水利水电工程水库淹没处理补偿费,包括农村移民安置迁建费,城市迁建补偿费,库区工矿企业、交通、电力、通信、广播、管网、水利等的恢复、迁建补偿费,库底清理费,防护工程费,环境影响补偿费用等。

(2)土地使用权出让金,指建设项目通过土地使用权出让方式,取得有限期的土地使用权,依照《中华人民共和国城镇国有土地使用权出让和转让暂行条例》规定,支付的土地使用权出让金。

3)可行性研究费

可行性研究费是指在建设项目前期工作中,编制和评估项目建议书(或预可行性研究报告)、可行性研究报告所需的费用。此项费用应依据前期研究委托合同计列,或参照《国家计委关于印发〈建设项目前期工作咨询收费暂行规定〉的通知》(计投资〔1999〕1283号)规定计算。

4)研究试验费

研究试验费是指为建设项目提供和验证设计参数、数据、资料等所进行的必要的试验费用以及设计规定在施工中必须进行试验、验证所需费用。包括自行或委托其他部门研究试验所需人工费、材料费、试验设备及仪器使用费等。这项费用按照设计单位根据本工程项目的需要提出的研究试验内容和要求计算。

5)勘察设计费

勘察设计费是指委托勘察设计单位进行工程水文地质勘察、工程设计所发生的各项费用。包括工程勘察费、初步设计费(基础设计费)、施工图设计费(详细设计费)、设计模型制作费。此项费用应按《关于发布〈工程勘察设计收费管理规定〉的通知》(计价格〔2002〕10号)的规定计算。

6)环境影响评价费

环境影响评价费是指按照《中华人民共和国环境保护法》、《中华人民共和国环境影响评价法》等规定,为全面、详细评价本建设项目对环境可能产生的污染或造成的重大影响所需的费用。包括编制"环境影响报告书(含大纲)"、"环境影响报告表"以及对"环境影响报告书(含大纲)"、"环境影响报告表"进行评估等所需的费用。此项费用可参照《关于规范环境影响咨询收费有关问题的通知》(计价格〔2002〕125号)规定计算。

7)劳动安全卫生评价费

劳动安全卫生评价费是指按照劳动部《建设项目(工程)劳动安全卫生监察规定》和《建设项目(工程)劳动安全卫生预评价管理办法》的规定,为预测和分析建设项目存在的职业危险、危害因素的种类和危险危害程度,并提出先进、科学、合理可行的劳动安全卫生技术和管理对策所需的费用。包括编制建设项目劳动安全卫生预评价大纲和劳动安全卫生预评价报告书以及为编制上述文件所进行的工程分析和环境现状调查等所需的费用。

8)场地准备及临时设施费

建设项目场地准备费是指建设项目为达到工程开工条件所发生的场地平整和对建设场地余留的有碍于施工建设的设施进行拆除清理的费用。

建设单位临时设施费是指为满足施工建设需要而供到场地界区的、未列入工程费用的临时水、电、路、气、通信等其他工程费用和建设单位的现场临时建(构)筑物的搭设、维修、拆除、摊销或建设期间租赁费用以及施工期间专用公路或桥梁的加固、养护、维修等费用。

9)引进技术和引进设备其他费

引进技术和引进设备其他费包括如下几项。

(1)引进项目图纸资料翻译复制费、备品备件测绘费,可根据引进项目的具体情况计列或按引进货价(FOB)的比例估列;引进项目发生备品备件测绘费时按具体情况估列。

(2)出国人员费用,包括买方人员出国设计联络、出国考察、联合设计、监造、培训等所发生的旅费、生活费等。依据合同或协议规定的出国人次、期限以及相应的费用标准计算。生活费按照财政部、外交部规定的现行标准计算,旅费按中国民航公布的票价计算。

(3)来华人员费用,包括卖方来华工程技术人员的现场办公费用、往返现场交通费用、接待费用等。依据引进合同或协议有关条款及来华技术人员派遣计划计算。来华人员接待费用可按每人次费用指标计算。引进合同价款中已包括的费用内容不得重复计算。

(4)银行担保及承诺费,指引进项目由国内外金融机构出面承担风险和责任担保所发生的费用,以及支付贷款机构的承诺费用。应按担保或承诺协议计取。投资估算和概算编制时可以担保金额或承诺金额为基数乘以费率计算。

10)工程保险费

工程保险费是指建设项目在建设期间根据需要对建筑工程、安装工程、机器设备和人身安全进行投保而发生的保险费用。包括建筑安装工程一切险、引进设备财产保险和人身意外伤害险等。

根据不同的工程类别，分别以其建筑、安装工程费乘以建筑、安装工程保险费率计算。民用建筑（住宅楼、综合性大楼、商场、旅馆、医院、学校等）占建筑工程费的2‰～4‰；其他建筑（工业厂房、仓库、道路、码头、水坝、隧道、桥梁、管道等）占建筑工程费的3‰～6‰；安装工程（农业、工业、机械、电子、电器、纺织、矿山、石油、化学及钢铁工业、钢结构桥梁）占建筑工程费的3‰～6‰。

11）联合试运转费

联合试运转费是指新建项目或新增加生产能力的工程，在交付生产前按照批准的设计文件所规定的工程质量标准和技术要求，进行整个生产线或装置的负荷联合试运转或局部联动试车所发生的费用净支出（试运转支出大于收入的差额部分费用）。试运转支出包括试运转所需原材料、燃料及动力消耗、低值易耗品、其他物料消耗、工具用具使用费、机械使用费、保险金、施工单位参加试运转人员工资以及专家指导费等；试运转收入包括试运转期间的产品销售收入和其他收入。联合试运转费不包括应由设备安装工程费用开支的调试及试车费用以及在试运转中暴露出来的因施工原因或设备缺陷等发生的处理费用。

12）特殊设备安全监督检验费

特殊设备安全监督检验费是指在施工现场组装的锅炉及压力容器、压力管道、消防设备、燃气设备、电梯等特殊设备和设施，由安全监察部门按照有关安全监察条例和实施细则以及设计技术要求进行安全检验，应由建设项目支付的、向安全监察部门缴纳的费用。此项费用按照建设项目所在省（市、自治区）安全监察部门的规定标准计算。无具体规定的，在编制投资估算和概算时可按受检设备现场安装费的比例估算。

13）市政公用设施费

市政公用设施费是指使用市政公用设施的建设项目，按照项目所在地省一级人民政府有关规定建设或缴纳的市政公用设施建设配套费用以及绿化工程补偿费用。此项费用按工程所在地人民政府规定标准计列。

2. 无形资产费用

无形资产费用系指直接形成无形资产的建设投资，主要是指专利及专有技术使用费。

1）专利及专有技术使用费的主要内容

专利及专有技术使用费的主要内容有如下几点。

（1）国外设计及技术资料费、引进有效专利、专有技术使用费和技术保密费。

（2）国内有效专利、专有技术使用费用。

（3）商标权、商誉和特许经营权费等。

2）专利及专有技术使用费的计算

在专利及专有技术使用费在计算时应注意以下问题。

（1）按专利使用许可协议和专有技术使用合同的规定计列。

（2）专有技术的界定应以省、部级鉴定批准为依据。

（3）项目投资中只计需在建设期支付的专利及专有技术使用费。协议或合同规定在生产期支付的使用费应在生产成本中核算。

（4）一次性支付的商标权、商誉及特许经营权费按协议或合同规定计列。协议或合同规定在生产期支付的商标权或特许经营权费应在生产成本中核算。

(5)为项目配套的专用设施投资,包括专用铁路线、专用公路、专用通信设施、送变电站、地下管道、专用码头等,如由项目建设单位负责投资但产权不归属本单位的,应做无形资产处理。

3. 其他资产费用

其他资产费用系指建设投资中除形成固定资产和无形资产以外的部分,主要包括生产准备及开办费等。

1)生产准备及开办费的内容

生产设备及开办费是指建设项目为保证正常生产(或营业、使用)而发生的人员培训费、提前进厂费以及投产使用必备的生产办公、生活家具用具及工器具等购置费用,包括如下几项。

(1)人员培训费及提前进厂费,包括自行组织培训或委托其他单位培训的人员工资、工资性补贴、职工福利费、差旅交通费、劳动保护费、学习资料费等。

(2)为保证初期正常生产(或营业、使用)所必需的生产办公、生活家具用具购置费。

(3)为保证初期正常生产(或营业、使用)必需的第一套不够固定资产标准的生产工具、器具、用具购置费,不包括备品备件费。

2)生产准备及开办费的计算

(1)新建项目按设计定员为基数计算,改扩建项目按新增设计定员为基数计算,其计算公式为

生产准备费 = 设计定员 × 生产准备费指标(元/人) (5-33)

(2)可采用综合的生产准备费指标进行计算,也可以按费用内容的分类指标计算。

5.2.2.5 基本预备费估算

1. 基本预备费的内容

基本预备费是指针对在项目实施过程中可能发生难以预料的支出,需要事先预留的费用,又称工程建设不可预见费,主要指设计变更及施工过程中可能增加工程量的费用,基本预备费一般由以下三部分构成。

(1)在批准的初步设计范围内,技术设计、施工图设计及施工过程中所增加的工程费用;设计变更、工程变更、材料代用、局部地基处理等增加的费用。

(2)一般自然灾害造成的损失和预防自然灾害所采取的措施费用。实行工程保险的工程项目,该费用应适当降低。

(3)竣工验收时为鉴定工程质量对隐蔽工程进行必要的挖掘和修复费用。

2. 基本预备费的计算

基本预备费是按工程费用和工程建设其他费用二者之和为计取基础,乘以基本预备费费率计算,其计算公式为

基本预备费 =(工程费用 + 工程建设其他费用)× 基本预备费费率 (5-34)

基本预备费费率的大小,应根据建设项目的设计阶段和具体的设计深度以及在估算中所采用的各项估算指标与设计内容的贴近度、项目所属行业主管部门的具体规定确定。

5.2.2.6 涨价预备费的估算

1. 涨价预备费的内容

涨价预备费是指针对建设项目在建设期间内由于材料、人工、设备等价格可能发生变化

引起工程造价变化,而事先预留的费用,亦称为价格变动不可预见费。涨价预备费的内容包括人工、设备、材料、施工机械的价差费,建筑安装工程费及工程建设其他费用调整,利率、汇率调整等增加的费用。

2. 涨价预备费的测算方法

涨价预备费一般根据国家规定的投资综合价格指数,按估算年份价格水平的投资额为基数,采用复利方法计算。计算公式为

$$PF=\sum_{t=1}^{n} I_t[(1+f)^m(1+f)^{0.5}(1+f)^{t-1}-1] \tag{5-35}$$

式中 PF——涨价预备费;

n——建设期年份数;

I_t——建设期中第 t 年的投资计划额,包括工程费用、工程建设其他费用及基本预备费;

f——年均投资价格上涨率;

m——建设前期年限(从编制估算到开工建设,单位:年)。

【例5-4】 某建设项目建安工程费5 000万元,设备购置费3 000万元,工程建设其他费用2 000万元,已知基本预备费率5%,项目建设前期年限为1年,建设期为3年,各年投资计划额为:第一年完成投资20%,第二年60%,第三年20%。年均投资价格上涨率为6%,求建设项目建设期间涨价预备费。

解 基本预备费 = (5 000 + 3 000 + 2 000) × 5% = 500万元

投资计划额 = 5 000 + 3 000 + 2 000 + 500 = 10 500万元

建设期第一年完成投资 = 10 500 × 20% = 2 100万元

第一年涨价预备费 $PF_1=I_1[(1+f)(1+f)^{0.5}-1]=191.8$ 万元

第二年完成投资 = 10 500 × 60% = 6 300万元

第二年涨价预备费 $PF_2=I_2[(1+f)(1+f)^{0.5}(1+f)-1]=987.9$ 万元

第三年完成投资 = 10 500 × 20% = 2 100万元

第三年涨价预备费 $PF_3=I_3[(1+f)(1+f)^{0.5}(1+f)^2-1]=475.1$ 万元

所以,建设期的涨价预备费

$PF=191.8+987.9+475.1=1\ 654.8$ 万元

5.2.2.7 汇率变化对涉外项目的影响

汇率是两种不同货币之间的兑换比率,或者说是以一种货币表示的另一种货币的价格。汇率的变化意味着一种货币相对于另一种货币的升值或贬值。在我国,人民币与外币之间的汇率采取以人民币表示外币价格的形式给出,如1美元=6.85元人民币。由于涉外项目的投资中包含人民币以外的币种,需要按照相应的汇率把外币投资额换算为人民币投资额,所以汇率变化就会对涉外项目的投资额产生影响。

1)外币对人民币升值

项目从国外市场购买设备材料所支付的外币金额不变,但换算成人民币的金额增加;从国外借款,本息所支付的外币金额不变,但换算成人民币的金额增加。

2)外币对人民币贬值

项目从国外市场购买设备材料所支付的外币金额不变,但换算成人民币的金额减少;从

国外借款,本息所支付的外币金额不变,但换算成人民币的金额减少。

估计汇率变化对建设项目投资的影响,是通过预测汇率在项目建设期内的变动程度,以估算年份的投资额为基数,计算求得。

5.2.3 "建设投资估算表"的编制

建设投资是项目费用的重要组成,是项目财务分析的基础数据。根据项目前期研究各阶段对投资估算精度的要求、行业的特点和相关规定,可选用相应的投资估算方法。在估算出建设投资后需编制"建设投资估算表",为后期的融资决策提供依据。

按照费用归集形式,建设投资可按概算法或按形成资产法分类。

1. 按概算法分类

按概算法分类,建设投资由工程费用、工程建设其他费用和预备费三部分构成。其中工程费用又由建筑工程费、设备购置费(含工器具及生产家具购置费)和安装工程费构成;工程建设其他费用内容较多,且随行业和项目的不同而有所区别。预备费包括基本预备费和涨价预备费。按照概算法编制的"建设投资估算表",见表5-2。

表5-2 建设投资估算(概算法)

人民币单位:万元

外币单位:

序号	工程或费用名称	建筑工程费	设备购置费	安装工程费	其他费用	合计	其中:外币	比例/%
1	工程费用							
1.1	主体工程							
1.1.1	×××							
	……							
1.2	辅助工程							
1.2.1	×××							
	……							
1.3	公用工程							
1.3.1	×××							
	……							
1.4	服务性工程							
1.4.1	×××							
	……							
1.5	厂外工程							
1.5.1	×××							
	……							
1.6	×××							
2	工程建设其他费用							
2.1	×××							

续表

序号	工程或费用名称	建筑工程费	设备购置费	安装工程费	其他费用	合计	其中:外币	比例/%
	……							
3	预备费							
3.1	基本预备费							
3.2	涨价预备费							
4	建设投资合计							
	比例/%							

注:(1)“比例”分别指各主要科目的费用(包括横向和纵向)占建设投资的比例;

(2)本表适用于新设法人项目与既有法人项目的新增建设投资的估算;

(3)“工程或费用名称”可依不同行业的要求调整。

2. 按形成资产法分类

按形成资产法分类,建设投资由形成固定资产的费用、形成无形资产的费用、形成其他资产的费用和预备费四部分组成。固定资产费用系指项目投产时将直接形成固定资产的建设投资,包括工程费用和工程建设其他费用中按规定将形成固定资产的费用,后者被称为固定资产其他费用,主要包括建设管理费、可行性研究费、研究试验费、勘察设计费、环境影响评价费、场地准备及临时设施费、引进技术和引进设备其他费、工程保险费、联合试运转费、特殊设备安全监督检验费和市政公用设施建设及绿化费等。无形资产费用是指将直接形成无形资产的建设投资,主要是专利权、非专利技术、商标权、土地使用权和商誉等。其他资产费用是指建设投资中除形成固定资产和无形资产以外的部分,如生产准备及开办费等。

对于土地使用权的特殊处理有:按照有关规定,在尚未开发或建造自用项目前,土地使用权作为无形资产核算,房地产开发企业开发商品房时,将其账面价值转入开发成本;企业建造自用项目时将其账面价值转入在建工程成本。因此,为了与以后的折旧和摊销计算相协调,在“建设投资估算表”中通常可将土地使用权直接列入固定资产其他费用中。按形成资产法编制的“建设投资估算表”见表5-3。

表5-3 建设投资估算表(形成资产法)

人民币单位:万元
外币单位:

序号	工程或费用名称	建筑工程费	设备购置费	安装工程费	其他费用	合计	其中:外币	比例/%
1	固定资产费用							
1.1	工程费用							
1.1.1	×××							
1.1.2	×××							
1.1.3	×××							
	……							
1.2	固定资产其他费用							

续表

序号	工程或费用名称	建筑工程费	设备购置费	安装工程费	其他费用	合计	其中:外币	比例/%
	×××							
	……							
2	无形资产费用							
2.1	×××							
	……							
3	其他资产费用							
3.1	×××							
	……							
4	预备费							
4.1	基本预备费							
4.2	涨价预备费							
5	建设投资合计							
	比例/%							

注:(1)"比例"分别指各主要科目的费用(包括横向和纵向)占建设投资的比例;

(2)本表适用于新设法人项目与既有法人项目的新增建设投资的估算;

(3)"工程或费用名称"可依不同行业的要求调整。

5.3 建设期利息估算

5.3.1 建设期利息的构成

在建设投资分年计划的基础上可设定初步融资方案,对采用债务融资的项目应估算建设期利息。建设期利息是指筹措债务资金在建设期内发生并按规定允许在投产后计入固定资产原值的利息,即资本化利息。

建设期利息包括银行借款和其他债务资金的利息以及其他融资费用。其他融资费用是指某些债务融资中发生的手续费、承诺费、管理费、信贷保险费等融资费用,一般情况下应债务资金的债权人的要求将其单独计算,并计入建设期利息。项目建议书阶段,也简化做粗略估算,并计入建设投资;可行性研究阶段,对于不涉及国外贷款的项目,也可做粗略估算后计入建设投资。

5.3.2 建设期利息的估算

估算建设期利息,需要根据项目进度计划,提出建设投资分年计划,列出各年投资额,并明确其中的外汇和人民币。

在项目评价中,对于分期建成投产的项目,应注意按各期投产时间分别停止借款费用的资本化,即投产后继续发生的借款费用不作为建设期利息计入固定资产原值,而是作为运营期利息计入总成本费用。

计算建设期利息时，为了简化计算，通常假定借款均在每年的年中支用，借款当年按半年计息，其余各年份按全年计息，计算公式为

$$q_j = \left(P_{j-1} + \frac{1}{2}A_j\right) \cdot i \tag{5-36}$$

式中 q_j——建设期第 j 年应计利息；

P_{j-1}——建设期第 $(j-1)$ 年末累计贷款本金与利息之和；

A_j——建设期第 j 年贷款金额；

i——年利率。

国外贷款利息的计算还应包括国外贷款银行根据贷款协议向贷款方以年利率的方式收取的手续费、管理费、承诺费以及国内代理机构经国家主管部门批准的以年利率的方式向贷款单位收取的转贷费、担保费、管理费等。

对于多种借款资金来源，每笔借款的年利率各不相同的项目，既可分别计算每笔借款的利息，也可先计算出各笔借款加权平均的年利率，并以此利率计算全部借款的利息。

【例 5-5】 某新建项目，建设期为 3 年，分年均衡进行贷款，第一年贷款 300 万元，第二年贷款 600 万元，第三年贷款 400 万元，年利率为 12%，建设期内利息只计息不支付，计算建设期利息。

解 在建设期，各年利息计算如下：

$$q_1 = \frac{1}{2}A_1 \cdot i = \frac{1}{2} \times 300 \times 12\% = 18.00 \text{ 万元}$$

$$q_2 = (P_1 + \frac{1}{2}A_2) \cdot i = (300 + 18.00 + \frac{1}{2} \times 600) \times 12\% = 74.16 \text{ 万元}$$

$$q_3 = (P_2 + \frac{1}{2}A_3) \cdot i = (318 + 600 + 74.16 + \frac{1}{2} \times 400) \times 12\% = 143.06 \text{ 万元}$$

所以 建设期利息 $= q_1 + q_2 + q_3 = 18.00 + 74.16 + 143.06 = 235.22$ 万元

在估算建设期利息时需编制“建设期利息估算表”，见表 5-4。

表 5-4 建设期利息估算 万元

序号	项 目	合计	建设期					
			1	2	3	4	…	n
1	借款							
1.1	建设期利息							
1.1.1	期初借款余额							
1.1.2	当期借款							
1.1.3	当期应计利息							
1.1.4	期末借款余额							
1.2	其他融资费用							
1.3	小计(1.1+1.2)							
2	债券							
2.1	建设期利息							

续表

序号	项　目	合计	建设期					
			1	2	3	4	…	n
2.1.1	期初债务余额							
2.1.2	当期债务金额							
2.1.3	当期应计利息							
2.1.4	期末债务余额							
2.2	其他融资费用							
2.3	小计(2.1+2.2)							
3	合计(1.3+2.3)							
3.1	建设期利息合计(1.1+2.1)							
3.2	其他融资费用合计(1.2+2.2)							

注:(1)本表适用于新设法人项目与既有法人项目的新增建设期利息的估算;

(2)原则上应分别估算外汇和人民币债务;

(3)如有多种借款或债券,必要时应分别列出;

(4)本表与财务分析表"借款还本付息计划表"可二表合一。

5.4　流动资金估算

项目运营需要流动资产投资,是指生产经营性项目投产后,为进行正常生产运营,用于购买原材料、燃料,支付工资及其他经营费用等所需的周转资金。流动资金估算一般采用分项详细估算法;个别情况或者小型项目可采用扩大指标法。

5.4.1　分项详细估算法

流动资金的显著特点是在生产过程中不断周转,其周转额的大小与生产规模及周转速度直接相关。分项详细估算法是根据周转额与周转速度之间的关系,对构成流动资金的各项流动资产和流动负债分别进行估算。流动资产的构成要素一般包括存货、库存现金、应收账款和预付账款;流动负债的构成要素一般包括应付账款和预收账款。流动资金等于流动资产和流动负债的差额。其计算公式分别为

$$\text{流动资金} = \text{流动资产} - \text{流动负债} \tag{5-37}$$

$$\text{流动资产} = \text{应收账款} + \text{预付账款} + \text{存货} + \text{现金} \tag{5-38}$$

$$\text{流动负债} = \text{应付账款} + \text{预收账款} \tag{5-39}$$

$$\text{流动资金本年增加额} = \text{本年流动资金} - \text{上年流动资金} \tag{5-40}$$

估算的具体步骤,首先计算各类流动资产和流动负债的年周转次数,然后再分项估算占用资金额。

1. 周转次数计算

周转次数是指流动资金的各个构成项目在一年内完成多少个生产过程。周转次数可用1年天数(通常按360天计算)除以流动资金的最低周转天数计算,则各项流动资金年平均占用额度为流动资金的年周转额度除以流动资金的年周转次数,即

周转次数＝360/流动资金最低周转天数　(5-41)

其中,各类流动资产和流动负债的最低周转天数,可参照同类企业的平均周转天数并结合项目特点确定,或按部门(行业)规定,在确定最低周转天数时应考虑储存天数、在途天数,并考虑适当的保险系数。

2. 应收账款估算

应收账款是指企业对外赊销商品、提供劳务尚未收回的资金,计算公式为

应收账款＝年经营成本/应收账款周转次数　(5-42)

3. 预付账款估算

预付账款是指企业为购买各类材料、半成品或服务所预先支付的款项,计算公式为

预付账款＝外购商品或服务年费用金额/预付账款周转次数　(5-43)

4. 存货估算

存货是企业为销售或者生产耗用而储备的各种物资,主要有原材料、辅助材料、燃料、低值易耗品、维修备件、包装物、商品、在产品、自制半成品和产成品等。为简化计算,仅考虑外购原材料、燃料,其他材料,在产品和产成品,并分项进行计算,计算公式为

存货＝外购原材料、燃料＋其他材料＋在产品＋产成品　(5-44)

外购原材料、燃料＝年外购原材料、燃料费用/分项周转次数　(5-45)

其他材料＝年其他材料费用/其他材料周转次数　(5-46)

$$在产品=\frac{年外购原材料、燃料+年工资及福利费+年修理费+年其他制造费用}{在产品周转次数}\tag{5-47}$$

产成品＝(年经营成本－年其他营业费用)/产成品周转次数　(5-48)

5. 现金需要量估算

项目流动资金中的现金是指货币资金,即企业生产运营活动中停留于货币形态的那部分资金,包括企业库存现金和银行存款,计算公式为

现金＝(年工资及福利费＋年其他费用)/现金周转次数　(5-49)

年其他费用＝制造费用＋管理费用＋营业费用－(以上三项费用中所含的工资及福利费、折旧费、摊销费、修理费)　(5-50)

6. 流动负债估算

流动负债是指在一年或者超过一年的一个营业周期内,需要偿还的各种债务,包括短期借款、应付票据、应付账款、预收账款、应付工资、应付福利费、应付股利、应交税金、其他暂收应付款、预提费用和一年内到期的长期借款等。在可行性研究中,流动负债的估算可以只考虑应付账款和预收账款两项。其计算公式分别为

应付账款＝外购原材料、燃料动力费及其他材料年费用/应付账款周转次数(5-51)

预收账款＝预收的营业收入年金额/预收账款周转次数　(5-52)

5.4.2 扩大指标估算法

扩大指标估算法是根据现有同类企业的实际资料,求得各种流动资金率指标,亦可依据行业或部门给定的参考值或经验确定比率。将各类流动资金率乘以相对应的费用基数来估算流动资金。一般常用的基数有营业收入、经营成本、总成本费用和建设投资等,究竟采用

何种基数依行业习惯而定。扩大指标估算法简便易行,但准确度不高,适用于项目建议书阶段的估算。扩大指标估算法计算流动资金的公式为

$$年流动资金额 = 年费用基数 \times 各类流动资金率 \tag{5-53}$$

5.4.3 估算流动资金应注意的问题

估算流动资金应注意如下问题。

(1)在采用分项详细估算法时,应根据项目实际情况分别确定现金、应收账款、预付账款、存货、应付账款和预收账款的最低周转天数,并考虑一定的保险系数。因为最低周转天数减少,将增加周转次数,从而减少流动资金需用量,因此,必须切合实际地选用最低周转天数。对于存货中的外购原材料和燃料,要分品种和来源,考虑运输方式和运输距离以及占用流动资金的比重大小等因素。

(2)当投入物和产出物采用不含税的价格时,估算中应注意将销项税额和进项税额分别包括在相应的年费用金额中。

(3)流动资金属于长期性(永久性)流动资产,流动资金的筹措可通过长期负债和资本金(一般要求占30%)的方式解决。流动资金一般要求在投产前一年开始筹措,为简化计算,可规定在投产的第一年开始按生产负荷安排流动资金需用量。其借款部分按全年计算利息,流动资金利息应计入生产期间财务费用,项目计算期末收回全部流动资金(不含利息)。

(4)用详细估算法计算流动资金,需以经营成本及其中的某些科目为基数,因此实际上流动资金估算应能够在经营成本估算之后进行。

5.4.4 “流动资金估算表”的编制

根据流动资金各项估算的结果,编制“流动资金估算表”,见表5-5。

表5-5 流动资金估算 万元

序号	项目	最低周转天数	周转次数	计算期					
				1	2	3	4	…	n
1	流动资产								
1.1	应收账款								
1.2	存货								
1.2.1	原材料								
1.2.2	×××								
	……								
1.2.3	燃料								
	×××								
	……								
1.2.4	在产品								
1.2.5	产成品								

续表

序号	项　目	最低周转天数	周转次数	计算期					
				1	2	3	4	…	*n*
1.3	现金								
1.4	预付账款								
2	流动负债								
2.1	应付账款								
2.2	预收账款								
3	流动资金(1-2)								
4	流动资金当期增加额								

注:(1)本表适用于新设法人项目与既有法人项目的“有项目”、“无项目”和增量流动资金的估算;

(2)表中科目可视行业变动;

(3)如发生外币流动资金,应另行估算后予以说明,其数额应包含在本表数额内;

(4)不发生预付账款和预收账款的项目可不列此两项。

5.5 项目总投资使用计划及形成的资产

5.5.1 “项目总投资使用计划与资金筹措表”的编制

按上述投资估算内容和估算方法所估算各类投资并进行汇总,编制“项目总投资使用计划与资金筹措表”,见表5-6。

表5-6 项目总投资使用计划与资金筹措表

人民币单位:万元
外币单位:

序号	项　目	合计			1			…		
		人民币	外币	小计	人民币	外币	小计	人民币	外币	小计
1	总投资									
1.1	建设投资									
1.2	建设期利息									
1.3	流动资金									
2	资金筹措									
2.1	项目资本金									
2.1.1	用于建设投资									
	××方									
	……									
2.1.2	用于流动资金									
	××方									
	……									
2.2	债务资金									

续表

序号	项　目	合计			1			…		
		人民币	外币	小计	人民币	外币	小计	人民币	外币	小计
2.2.1	用于建设投资									
	××借款									
	××债券									
	……									
2.2.2	用于建设期利息									
	××借款									
	××债券									
	……									
2.2.3	用于流动资金									
	××借款									
	××券									
	……									
2.3	其他资金									
	×××									
	……									

注:(1)本表按新增投资范畴编制;

(2)本表建设期利息一般可包括其他融资费用;

(3)对既有法人项目,项目资本金中可包括新增资金和既有法人货币资金与资产变现或资产经营权变现的资金,可分别列出或加以文字说明。

5.5.2 总投资形成的资产

项目评价中总投资是指项目建设和投入运营所需要的全部投资(其估算范围与现行的投入总资金一致),为建设投资、建设期利息和全部流动资金之和。它区别于目前国家考核建设规模的总投资,即建设投资和30%的流动资金(又称铺底流动资金)。

按照现行财务会计制度的规定,固定资产是指同时具有下列特征的有形资产:①为生产商品、提供劳务、出租或经营管理而持有的;②使用寿命超过一个会计年度。

无形资产,是指企业拥有或者控制的没有实物形态的可辨认非货币性资产。

其他资产,原称递延资产,是指除流动资产、长期投资、固定资产、无形资产以外的其他资产,如长期待摊费用。按照有关规定,除购置和建造固定资产以外,所有筹建期间发生的费用,先在长期待摊费用中归集,待企业开始生产经营起计入当期的损益。

项目评价中总投资形成的资产可做如下划分。

(1)形成固定资产,构成固定资产原值的费用包括:①工程费用,即建筑工程费、设备购置费和安装工程费;②固定资产其他费用;③预备费,可含基本预备费和涨价预备费;④建设期利息。

(2)形成无形资产,构成无形资产原值的费用主要包括技术转让费或技术使用费(含专利权和非专利技术)、商标权和商誉等。

(3)形成其他资产,构成其他资产原值的费用主要包括生产准备费、开办费、样品样机购置费和农业开荒费等。

总投资中的流动资金与流动负债共同构成流动资产。

第6章　资金来源与融资方案

在投资估算和财务基础数据预测的基础上,资金来源与融资方案应分析建设投资和流动资金的来源渠道及筹措方式,并在明确项目融资主体的基础上,设定初步融资方案。通过对初步融资方案的资金结构、融资成本和融资风险的分析,结合融资后财务分析,比选、确定融资方案,为财务分析提供必需的基础数据。

本章内容由两部分组成:一是融资主体和资金来源,它重点研究如何确定项目的融资主体以及项目资本金(即项目权益资金,下同)、项目债务资金的来源渠道和方式;二是融资方案,从资金来源的可靠性、资金结构、融资成本及融资风险等各个侧面对初步融资方案进行分析,结合融资后财务分析,比选、确定拟建项目的融资方案。

融资方案与投资估算、财务分析密切相关。一方面,融资方案必须满足投资估算确定的投资额及其使用计划对投资数额、时间和币种的要求;另一方面,不同方案的融资后财务分析结论,也是比选、确定融资方案的依据,而融资方案确定的项目资本金和项目债务资金的数额及相关融资条件又为进行资本金赢利能力分析、项目偿债能力分析、项目财务生存能力分析等财务分析提供了必需的基础数据。

6.1　融资主体

6.1.1　融资主体的确定

分析、研究项目的融资渠道和方式,提出项目的融资方案,应首先确定项目的融资主体。项目的融资方式是指进行融资活动并承担融资责任和风险的项目法人单位。正确确定项目的融资方式,有助于顺利筹措资金和降低债务偿还风险。确定项目的融资主体应考虑项目投资的规模和行业特点,项目与既有法人资产、经营活动的联系,既有法人财务状况,项目自身的赢利能力等因素。

1. 以既有法人为融资主体

在下列情况下,一般应以既有法人为融资主体。

(1)既有法人具有为项目进行融资和承担全部融资责任的经济实力。

(2)项目与既有法人的资产以及经营活动联系密切。

(3)项目的赢利能力较差,但项目对整个企业的持续发展具有重要作用,需要利用既有法人的整体资信获得债务资金。

2. 以新设法人为融资主体

在下列情况下,一般应以新设法人为融资主体。

(1)拟建项目的投资规模较大,既有法人不具有为项目进行融资和承担全部融资责任的经济实力。

(2)既有法人财务状况较差,难以获得债务资金;而且项目与既有法人的经营活动联系不密切。

(3)项目自身具有较强的赢利能力,依靠项目自身未来的现金流量可以按期偿还债务。

6.1.2 既有法人融资与新设法人融资

按照融资主体不同,项目的融资可分为既有法人融资和新设法人融资两种融资方式。

1. 既有法人融资方式

既有法人融资方式是以既有法人为融资主体的融资方式。采用既有法人融资方式的建设项目,既可以是改扩建项目,也可以是非独立法人的新建项目。

既有法人融资方式的基本特点是:由既有法人发起项目、组织融资活动并承担融资责任和风险;建设项目所需的资金,来源于既有法人内部融资、新增资本金和新增债务资金;新增债务资金依靠既有法人整体(包括拟建项目)的赢利能力来偿还,并以既有法人整体的资产和信用承担债务担保。

以既有法人融资方式筹集的债务资金虽然用于项目投资,但债务人是既有法人。债权人可对既有法人的全部资产(包括拟建项目的资产)进行债务追索,因而债权人的风险较低。在这种融资方式下,不论项目未来的赢利能力如何,只要既有法人能够保证按期还本付息,银行就愿意提供信贷资金。因此,采用这种融资方式,必须充分考虑既有法人整体的赢利能力和信用状况,分析可用于偿还债务的既有法人整体(包括拟建项目)的未来的净现金流量。

2. 新设法人融资方式

新设法人融资方式是以新组建的具有独立法人资格的项目公司为融资主体的融资方式。采用新设法人融资方式的建设项目,项目法人大多是企业法人。社会公益性项目和某些基础设施项目也可能组建新的事业法人。采用新设法人融资方式的建设项目,一般是新建项目,但也可以是将既有法人的一部分子资产剥离出去后重新组建新的项目法人的改扩建项目。

新设法人融资方式的基本特点是:由项目发起人(企业或政府)发起组建新的具有独立法人资格的项目公司,由新组建的项目公司承担融资责任和风险;建设项目所需资金的来源,可包括项目公司股东投入的资本金和项目承担的债务资金;依靠项目自身的赢利能力来偿还债务;一般以项目投资形成的资产、未来收益或权益作为融资担保的基础。

采用新设法人融资方式,项目发起人与新组建的项目公司分属不同的实体,项目的债务风险由新组建的项目公司承担。项目能否还贷,取决于项目自身的赢利能力,因此必须认真分析项目自身的现金流量和赢利能力。

项目公司股东对项目公司借款提供多大程度的担保,也是融资方案研究的内容之一。实力雄厚的股东,为项目公司借款提供完全的担保,可以使项目公司取得低成本资金,降低项目的融资风险;但担保额过高会使资信下降,同时股东担保也可能需要支付担保费,从而增加项目公司的费用支出。在项目本身的财务效益好、投资风险可以有效控制的条件下,可以减少项目公司股东的担保额度。

6.2 资金来源

6.2.1 项目资本金的来源渠道与筹措方式

6.2.1.1 项目资本金的特点

项目资本金(外商投资项目为注册资本),是指在建设项目总投资(外商投资项目为投资总额)中,由投资者认缴的出资额,对建设项目来说是非债务性资金,项目法人不承担这部分资金的任何利息和债务;投资者可按其出资的比例依法享有所有者权益,也可转让其出资,但一般不得以任何方式抽回。

资本金是确定项目产权关系的依据,也是项目获得债务资金的信用基础。资本金没有固定的按期还本付息压力。股利是否支付和支付多少,视项目投产运营后的实际经营效果而定,因此,项目法人的财务负担较小。

6.2.1.2 项目资本金的出资方式

投资者可以用货币出资,也可以用实物、工业产权、非专利技术、土地使用权、资源开采权等作价出资。作价出资的实物、工业产权、非专利技术、土地使用权和资源开采权,必须经过有资格的资产评估机构评估作价;其中以工业产权和非专利技术作价出资的比例一般不得超过项目资本金总额的20%(经特别批准,部分高新技术企业可以达到35%以上)。

为了使建设项目保持合理的资产结构,应根据投资各方及建设项目的具体情况选择项目资本金的出资方式,以保证项目能顺利建设并在建成后能正常运营。

6.2.1.3 项目资本金的来源渠道和筹措方式

1. 股东直接投资

股东直接投资包括政府授权投资机构入股资金、国内外企业入股资金、社会团体和个人入股的资金以及基金投资公司入股的资金,分别构成国家资本金、法人资本金、个人资本金和外商资本金。

(1)既有法人融资项目,股东直接投资表现为扩充既有企业的资本金,包括原有股东增资扩股和吸收新股东投资。

(2)新设法人融资项目,股东直接投资表现为项目投资者为项目提供资本金。合资经营公司的资本金由企业的股东按股东比例认缴,合作经营公司的资本金由合作投资方按预先约定的金额投入。

2. 股票融资

无论是既有法人融资项目还是新设法人融资项目,凡符合规定条件的,均可以通过发行股票在资本市场募集股本资金。股票融资可以采取公募与私募两种形式:①公募又称公开发行,是在证券市场上向不特定的社会公众公开发行股票,为了保障广大投资者的利益,国家对公开发行股票有严格的要求,发行股票的企业要有较高的信用,符合证券监管部门规定的各项发行条件,并获得证券监管部门批准后方可发行;②私募又称不公开发行或内部发行,是指将股票直接出售给少数特定的投资者。

股票融资具有下列特点。

(1)股票融资所筹资金是项目的股本资金,可作为其他方式筹资的基础,可增强融资主体的举债能力。

(2)股票融资所筹资金没有到期偿还的问题,投资者一旦购买股票便不得退股。

(3)普通股股票的股票支付,可视融资主体的经营好坏和经营需要而定,因而融资风险较小。

(4)股票融资的资本成本较高,因为股利需从税后利润中支付,不具有抵税作用,而且发行费用也较高。

(5)上市公开发行股票,必须公开披露信息,接受投资者和社会公众的监督。

3. 政府投资

政府投资资金,包括各级政府的财政预算内资金、国家批准的各种专项建设资金、统借国外贷款、土地批租收入、地方政府按规定收取的各种费用及其他预算外资金等。政府投资主要用于关系国家安全和市场不能有效配置资源的经济和社会领域,包括加强公益性和公共基础设施建设,保护和改善生态环境,促进欠发达地区的经济和社会发展,推进科技进步和高新技术产业化。中央政府投资除本级政权建设外,主要安排跨地区、跨流域以及对经济和社会发展全局有重大影响的项目(例如三峡工程、青藏公路)。

对政府投资资金,国家根据资金来源、项目性质和调控需要,分别采取直接投资、资本金注入、投资补助、转贷和贷款贴息等方式,并按项目安排使用。

在项目评价中,对投入的政府投资资金,应根据资金投入的不同情况进行不同的处理。

(1)全部使用政府直接投资的项目,一般为非经营性项目,不需要进行融资方案分析。

(2)以资本金注入方式投入的政府投资资金,在项目评价中应视为权益资金。

(3)以投资补贴、贷款贴息等方式投入的政府投资资金,在项目评价中应视为现金流入,根据具体情况分别处理。

(4)以转贷方式投入的政府投资资金(统借国外借款),在项目评价中应视为债务资金。

6.2.2 项目债务资金的来源渠道与筹措方式

6.2.2.1 项目债务资金的特点

债务资金是指投资中以负债方式从金融机构、证券市场等资本市场取得的资金。债务资金具有以下特点。

(1)资金在使用上具有时间性限制,到期必须偿还。

(2)无论项目的融资主体今后经营效果好坏,均需按期还本付息,从而形成企业的财务负担。

(3)资金成本一般比权益资金低,且不会分散投资者对企业的控制权。

6.2.2.2 项目债务资金的来源渠道和筹措方式

1. 商业银行贷款

商业银行贷款是我国建设项目获得短期、中长期贷款的重要渠道。国内商业银行贷款手续简单、成本较低,适用于有偿债能力的建设项目。

2. 政策性银行贷款

政策性银行贷款一般期限较长,利率较低,是为配合国家产业政策等的实施,对有关的政策性项目提供的贷款。

我国政策性银行有国家开发银行、中国进出口银行和中国农业发展银行。

3. 外国政府贷款

外国政府贷款是一国政府向另一国政府提供的具有一定的援助或部分赠予性质的低息优惠贷款。

目前我国可利用的外国政府贷款主要有:日本国际协力银行贷款,日本能源贷款,美国国际开发署贷款,加拿大国际开发署贷款以及德国、法国等国的政府贷款。

外国政府贷款有以下特点。

(1)在经济上带有援助性质,期限长,利率低,有的甚至无息。一般年利率为2% ~4%,还款平均期限为20~30年,最长可达50年。

(2)贷款一般以混合贷款方式提供,即在贷款总额中,政府贷款一般占1/3,其余2/3为出口信贷。

(3)贷款一般都限定用途,如用于支付从贷款国进口设备,或用于某类项目建设。

我国各级财政可以为外国政府贷款提供担保,按照财政担保方式分为三类:国家财政担保、地方财政厅(局)担保、无财政担保。

4. 国际金融组织贷款

国际金融组织贷款是国际金融组织按照章程向其成员国提供的各种贷款。目前与我国关系最为密切的国际金融组织是国际货币基金组织、世界银行和亚洲开发银行。国际金融组织一般都有自己的贷款政策,只有这些组织认为应当支持的项目才能得到贷款。使用国际金融组织的贷款需要按照这些组织的要求提供资料,并且需要按照规定的程序和方法来实施项目。

1)国际货币基金组织贷款

国际货币基金组织的贷款只限于成员国财政和金融当局,不与任何企业发生业务,贷款用途限于弥补国际收支逆差或用于经常项目的国际支付,期限为1~5年。

2)世界银行贷款

世界银行贷款具有以下特点。

(1)贷款期限较长。一般为20年左右,最长可达30年,宽限期为5年。

(2)贷款利率实行浮动利率,随金融市场利率的变化定期调整,但一般低于市场利率。对已订立贷款契约而未使用的部分,要按年征收0.75%的承诺费。

(3)世界银行通常对其资助的项目只提供货物和服务所需要的外汇部分,占项目总额的30% ~40%,个别项目可达50%。但是在某些特殊情况下,世界银行也提供建设项目所需要的部分国内费用。

(4)贷款程序严密,审批时间较长。借款国从提出项目到最终同世界银行签订贷款协议获得资金,一般要一年半到两年时间。

3)亚洲开发银行贷款

亚洲开发银行贷款分为硬贷款、软贷款和赠款。

(1)硬贷款是由亚行普通资金提供的贷款,贷款的期限为10~30年,含2~7年的宽限期,贷款的利率为浮动利率,每年调整一次。

(2)软贷款又称优惠利率贷款,是由亚行开发基金提供的贷款,贷款的期限为40年,含10年的宽限期,不收利息,仅收1%的手续费,此种贷款只提供还款能力有限的发展中国家。

(3)赠款资金由技术援助特别基金提供。

5. 出口信贷

出口信贷是设备出口国政府为促进本国设备出口，鼓励本国银行向本国出口商或外国出口商（或进口方银行）提供的贷款。贷给本国出口商的称卖方信贷，贷给外国出口商（或进口方银行）的称买方信贷。贷款的使用条件是购买贷款国的设备。出口信贷利率通常要低于国际上商业银行的贷款利率，但需要支付一定的附加费用（管理费、承诺费、信贷保险费等）。

6. 银团贷款

银团贷款是指多家银行组成一个集团，由一家或几家银行牵头，采用统一贷款协议，按照共同约定的贷款计划，向借款人提供贷款的贷款方式。

银团贷款，除具有一般银行贷款的特点和要求外，由于参加银行较多，需要多方协商，贷款过程周期长。使用银团贷款，除支付利息之外，按照国际惯例，通常还要支付承诺费、管理费、代理费等。银团贷款主要适用于资金需求量大、偿债能力较强的建设项目。

7. 企业债券

企业债券是企业以自身的财务状况和信用条件为基础，依照《中华人民共和国证券法》、《中华人民共和国公司法》等法律法规规定的条件和程序发行的、约定在一定期限内还本付息的债券，如三峡债券、铁路债券等。

企业债券代表着发债企业和债券投资者之间的一种债券债务关系。债务投资者是企业的债权人，不是所有者，无权参与或干涉企业经营管理，但有权按期收回本息。

企业债券融资有如下特点。

（1）筹资对象广、市场大，但发债条件严格、手续复杂。

（2）其利率虽低于银行贷款利率但发行费用较高，需要支付承销费、发行手续费、兑付手续费及担保费等费用。

企业债券适用于资金需求大、偿债能力较强的建设项目。

目前，我国企业债券的发行总量需纳入国家信贷计划，申请发行企业债券必须经过严格的审核，只有实力强、资信好的企业才有可能被批准发行企业债券，还必须有实力很强的第三方提供担保。

8. 国际债券

国际债券是一国政府、金融机构、工商企业或国际组织为筹措和融通资金，在国际金融市场上发行的、以外国货币为面值的债券。国际债券的重要特征，是债券发行者和债券投资者属于不同的国家，筹集的资金来源于国际金融市场。

按照发行债券所用货币与发行地点的不同，国际债券主要有外国债券和欧洲债券两种。

发行国际债券的优点是资金规模巨大、稳定、借款时间较长，可以获得外汇资金，缺点是发债条件严格、信用要求高、筹资成本高、手续复杂。适用于资金需求大，能吸引外资的建设项目。

因国际债券的发行涉及国际收支管理，国家对企业发行国际债券进行严格的管理。

9. 融资租赁

融资租赁是资产拥有者在一定期限内将资产租给承租人使用，由承租人分期付给一定的租赁费的融资方式。融资租赁是一种以租赁物品的所有权与使用权相分离为特征的信贷方式。

融资租赁，一般由出租人按承租人选定的设备，购置后出租给承租人长期使用。在租赁期内，出租人以收取租金的形式收回投资，并取得收益；承租人支付租金租用设备进行生产经营活动。租赁期满后，出租人一般将设备作价转让给承租人。

融资租赁的优点是企业可不必预先筹集一笔相当于资产买价的资金就可以获得需要资产的使用权。这种融资方式适用于以购买设备为主的建设项目。

6.2.3　既有法人内部融资

6.2.3.1　既有法人资产的来源

建设项目采用既有法人融资方式，既有法人的资产也是项目建设资金的来源之一。既有法人资产在企业“资产负债表”中表现为企业的现金资产和非现金资产可能由企业的所有权益形成，也可能由企业的负债形成。企业现有资产的形成，主要来源于三个方面：

(1)企业股东过去投入的资本金；

(2)企业对外负债的债务资金；

(3)企业经营所形成的净现金流量。

对于企业的某一项具体资产来说，无法确定它是资本金形成的，还是债务资金形成的。当企业采用既有法人融资方式，以企业的资产或资产变现获得的资金，投资于本企业的改扩建项目时，同样不能确定其属性是资本金，还是债务资金。但当A企业以现有资产投资于另一个独立法人资格的B项目(企业)时，对B项目(企业)来说，A企业投入的资产，应视为资本金。

6.2.3.2　既有法人内部融资的渠道和方式

1. 可用于项目建设的货币资金

可用于项目建设的货币现金包括既有法人现有的货币资金和未来经营活动中可能获得的盈余现金。

(1)现有的货币资金是指现有的库存现金和银行存款，扣除必要的日常经营所需的货币资金额，多余的货币资金可用于项目建设。

(2)未来经营活动中可能获得的盈余现金，是指在拟建项目的建设期内，企业在经营活动中获得的净现金节余，可以抽出一部分用于项目建设。

企业现有的库存现金及银行存款可以通过企业的“资产负债表”了解。企业未来经营活动可能获得的盈余现金，需要通过对企业未来现金流量的预测来估算。

2. 资产变现的资金

资产变现的资金是指既有法人流动资产、长期投资和固定资产变现为现金的资金。企业可以通过加强财务管理，提高流动资金周转率，减少存货、应收账款等流动资产占用而取得现金，也可以出让有价证券取得现金。企业的长期投资包括长期股权投资和长期债权投资，一般都可以通过转让而变现。企业的固定资产中，有些由于产品方案改变而被闲置，有些由于技术更新而被替换，都可以出售变现。

3. 资产经营权变现的资金

资产经营权变现的资金是指既有法人可以将其所属资产经营权的一部分或全部转让，取得现金用于项目建设。如某公司将其已建成的一座大桥的45%的经营权转让给另一家公司，转让价格为未来15年这座大桥收益的45%，然后将这笔资金用于建设另一座大桥。

4. 直接使用非现金资产

既有法人的非现金资产(包括实物、工业产权、非专利技术、土地使用权等)适用于拟建项目的,经资产评估可直接用于项目建设。当既有法人在改扩建项目中直接使用本单位的非现金资产时,其资产价值应计入"有项目"的项目总投资中,但不能计做新增投资。

6.2.4 准股本资金

准股本资金是一种既具有资本金性质、又具有债务资金性质的资金。准股本资金主要包括优先股股票和可转换债权。

1. 优先股股票

优先股股票是一种兼具资本金和债务资金特点的有价证券。从普通股股东的立场看,优先股可视同为一种负债;但从债权人的立场看,优先股可视同为资本金。

如同债权一样,优先股股息有一个固定的数额或比率,通常大大高于银行的贷款利息,该股息不随公司业绩的好坏而波动,并且可以先于普通股股东领取股息;如果公司破产清算,优先股股东对公司剩余财产有先于普通股股东的要求权。优先股一般不参加公司的红利分配,持股人没有表决权,也不能参与公司的经营管理。

优先股股票相对于其他债务融资,通常处于较后的受偿顺序,且股息在税后利润中支付。在项目评价中优先股股票应视为项目资本金。

2. 可转换债券

可转换债券是一种可以在特定时间、按特定条件转换为普通股股票的特殊企业债券,兼有债权和股票的特性。

可转换债券有以下三个特点。

1)债权性

与其他债券一样,可转换债券也有规定的利率和期限,债券持有人可以选择持有债券到期,收取本金和利息。

2)股权性

可转换债券在转换成股票之前是纯粹的债券,但在转换成股票之后,原债券持有人就由债权人变成了公司的股东,可参与企业的经营决策和红利分配。

3)可转换性

债券持有人有权按照约定的条件将债券转换成股票。转股权是投资者享有的、普通企业债券所没有的选择权。可转换债券在发行时就明确约定,债券持有人可按照发行时约定的价格将债券转换成公司的普通股股票。如果债券持有人不想转换,则可继续持有债券,直到偿还期满时收取本金和利息,或者在流通市场出售变现。

由于可转换债券附有普通企业债券所没有的转股权,因此可转换债券利率一般低于普通企业债券利率,企业发行可转换债券有助于降低资金成本。但可转换债券在一定条件下可转换为公司股票,因而可能会造成股权的分散。

在项目评价中,可转换债券应视为项目债务资金。

6.3 融资方案分析

在初步确定项目的资金筹措方式和资金来源后,应进一步对融资方案进行分析,比较、遴选并推荐资金来源可靠、资金结构合理、资金成本低、融资风险小的方案。

6.3.1 资金来源可靠性分析

资金来源可靠性分析应对投入项目的各类资金在币种、数量和时间要求上是否能满足项目需要进行下列几方面分析。

1. 既有法人内部融资的可靠性分析

既有法人内部融资的可靠性分析主要包括下列内容。

(1)通过调查了解既有企业资产负债结构、现金流量状况和赢利能力,分析企业的财务状况、可能筹集到并用于拟建项目的现金数额及其可靠性。

(2)通过调查了解既有企业资产结构现状及其与拟建项目的关联性,分析企业可能用于拟建项目的非现金资产数额及其可靠性。

2. 项目资本金的可靠性分析

项目资本金的可靠性分析主要包括下列内容。

(1)采用既有法人融资方式的项目,应分析原有股东增资扩股和吸收新股东投资的数额及其可靠性。

(2)采用新设法人融资方式的项目,应分析各投资者认缴的股本金数额及其可靠性。

(3)采用上述两种融资方式,如通过发行股票筹集资本金,应分析其获得批准的可能性。

3. 项目债务资金的可靠性分析

项目债务资金的可靠性分析主要包括下列内容。

(1)采用债务融资的项目,应分析其能否获得国家有关主管部门的批准。

(2)采用银行贷款的项目,应分析其能否取得银行的贷款承诺。

(3)采用外国政府贷款或国际金融组织贷款的项目,应核实项目是否列入利用外资备选项目。

6.3.2 资金结构分析

资金结构是指融资方案中各种资金的比例关系。融资方案分析中,资金结构是一项重要内容。资金结构包括项目资本金与项目债务资金的比例、项目资本金内部结构的比例和项目债务资金内部结构的比例。

1. 项目资本金与项目债务资金的比例

项目资本金与项目债务资金的比例是项目资金结构中最重要的比例关系。项目投资者希望投入较少的资本金,获得较多的债务资金,尽可能降低债权人对股东的追索。而提供债务资金的债权人则希望项目能够有较高的资本金比例,以降低债权的风险。当资本金比例降低到银行不能接受的水平时,银行将会拒绝贷款。资本金与债务资金的合理比例需要由各个参与方的利益平衡来决定。

资本金所占比例越高,企业的财务风险和债权人的风险越小,可能获得较低利率的债务资金。债务资金的利息是所得税前列支的,可以起到合理减税的效果。在项目的受益不变、项目投资财务内部收益率高于负债利率的条件下,由于财务杠杆的作用,资本金所占比例越低,资本金财务内部收益率越高,同时企业的财务风险和债权人的风险也越大。因此,一般认为，在符合国家有关资本金（注册资本）比例规定、符合金融机构信贷法规及债权人有关资产负债比例的要求的前提下，既能满足权益投资者获得期望投资回报的要求、又能较好地防范财务风险的比例是较理想的资本金与债务资金的比例。

按照我国有关法规规定，从1996年开始，对各种经营性国内投资项目试行资本金制度，投资项目资本金占总投资的比例，根据不同行业和项目的经济效益等因素确定，具体规定见表6-1。

表6-1　各行业项目资本金占项目总投资的比例

序号	投资行业	项目资本金占项目总投资的比例
1	交通运输、煤炭	35%及以上
2	钢铁、邮电、化肥	25%及以上
3	电力、机电、建材、化工、石油加工、有色、轻工、纺织、商贸及其他行业	20%及以上

作为计算资本金基数的总投资，是指投资项目的固定资产投资（即建设投资和建设期利息之和）与铺底流动资金之和。

根据国民经济发展的实际情况，政府有关部门可能调整建设项目的资本金比例。2004年4月国务院决定，钢铁项目资本金比例由25%及以上提高到40%及以上，水泥、电解铝、房地产开发项目（不含经济适用房项目）资本金比例由20%及以上提高到35%及以上。2005年11月国务院又决定将铜冶炼项目资本金比例由20%及以上提高到35%及以上。

外商投资项目（包括外商独资、中外合资、中外合作经营项目）的注册资本与投资总额的比例，按照现行法规，具体规定见表6-2。

表6-2　外商投资项目注册资金与投资总额的比例

序号	投资总额	注册资金占投资总额的最低比例	附加条件
1	300万美元以下（含300万美元）	70%	
2	300～1 000万美元（含1 000万美元）	50%	其中投资总额在420万美元以下的，注册资金不低于210万美元
3	1 000～3 000万美元（含3 000万美元）	40%	其中投资总额在1 250万美元以下的，注册资金不低于500万美元
4	3 000万美元以上	1/3	其中投资总额在3 600万美元以下的，注册资金不低于1200万美元

注：投资总额是指建设投资、建设期利息和流动资金之和。

2. 项目资本金内部结构的比例

项目资本金内部结构比例是指项目投资各方的比例。不同的出资比例决定各投资方对项目建设和经营的决策权和承担的责任以及项目收益的分配。

（1）采用新设法人融资方式的项目，应根据投资各方在资金、技术和市场开发方面的优势，通过协商确定各方的比例、出资形式和出资时间。

(2)采用既有法人融资方式的项目,项目的资金结构要考虑既有法人的财务状况和筹资能力,合理确定既有法人内部融资与新增资本金在项目融资总额中所占的比例,分析既有法人内部融资与新增资本金的可能性与合理性。既有法人将现金资产和非现金资产投资于拟建项目长期占用,将使企业的财务流动性降低,其投资额度受到企业自身财务资源的限制。

(3)按照我国现行规定,有些项目不允许国外资本控股,有些项目要求国有资本控股。如2005年1月1日起实施的《外商投资产业指导目录(2004年修订)》中明确规定,核电站、铁路干线路网、城市地铁及轻轨等项目,必须由中方控制。

根据投资体制改革的精神,国家放宽社会资本的投资领域,允许社会资本进入法律法规未禁入的基础设施、公用事业及其他行业和领域。按照促进和引导民间投资(指个体、私营经济以及它们之间的联营、合股等经济实体的投资)的精神,除国家有特殊规定的以外,凡是鼓励和允许外商投资进入的领域,均鼓励和允许民间投资进入。因此,在进行融资方案分析时,应关注出资人出资比例的合法性。

3. 项目债务资金结构的比例

项目债务资金结构比例反映债权各方为项目提供债务资金的数额比例、债务期限比例、内债和外债的比例以及外债中各币种债务的比例等。在确定项目债务资金结构比例时,可借鉴下列经验。

1)合理确定各类借款和债券的比例

根据债权人提供债务资金的条件(包括利率、宽限期、偿还期及担保方式等)合理确定各类借款和债券的比例,可以降低融资成本和融资风险。

2)合理搭配短期、中长期债务比例

适当安排一些短期负债可以降低总的融资成本,但过多地采用短期负债,会产生财务风险。大型基础设施项目的负债融资应以长期债务为主。

3)合理安排债务资金的偿还顺序

尽可能先偿还利率较高的债务,后偿还利率低的债务。对于有外债的项目,由于有汇率风险,通常应先偿还硬货币(指货币汇率比较稳定且有上浮趋势的货币)的债务,后偿还软货币(指汇率不稳定且有下浮趋势的货币)的债务。应使债务本息的偿还不致影响企业正常生产所需的现金量。

4)合理确定内债和外债的比例

内债和外债的比例主要取决于项目用汇量。从项目本身的资金平衡考虑,产品内销的项目尽量不要借用外债,可以采用投资方注入外汇或者以人民币购汇。

5)合理选择外汇币种

选择外汇币种应遵循以下原则。

(1)选择可自由兑换货币。可自由兑换货币是指实行浮动汇率制且有人民币报价的货币,如美元、英镑、日元等,它有助于外汇风险的防范和外汇资金的调拨。

(2)付汇用软货币,收汇用硬货币。对于建设项目的外汇贷款,在选择还款币种时,尽可能选择软货币。当然,软货币的外汇贷款利率通常较高,这就需要在汇率变化与利率差异之间做出预测和抉择。

6）合理确定利率结构

当资本市场利率水平相对较低，且有上升趋势时，尽量借固定利率贷款；当资本市场利率水平相对较高，且有下降趋势时，尽量借浮动利率贷款。

6.3.3 资金成本分析

资金成本是指项目为筹集和使用资金而支付的费用，包括资金占用费和资金筹集费。资金占用费是指使用资金过程中发生的经常性费用，如利息、股息、银行借款和债券利息等。资金筹集费是指资金筹集过程中支付的一次性费用，如承诺费、手续费、担保费、代理费等。资金成本的高低是判断项目融资方案是否合理的重要因素之一。资金成本通常用资金成本率表示。项目使用资金所负担的费用同筹集资金净额的比率，称为资金成本率（一般亦通称为资金成本）。其定义式为

$$\text{资金成本率} = \frac{\text{资金占用费用}}{\text{筹集资金总额} - \text{资金筹集费用}} \times 100\% \tag{6-1}$$

由于资金筹集费一般与筹集资金总额成正比，所以一般用筹集费用率表示资金筹集费，因此资金成本率公式也可以表示为

$$\text{资金成本率} = \frac{\text{资金占用费用}}{\text{筹集资金总额} \times (1 - \text{筹集费用率})} \times 100\% \tag{6-2}$$

资金成本是资金使用者向资金所有者和中介人支付的占用费和筹资费，是市场经济条件下资金所有权和使用权分离的必然结果。资金成本的作用在于两点：①资金成本是评价投资项目可行性的主要经济标准，它是衡量一个项目是否可以接受的最低收益率，只有项目的预期收益足以弥补资金成本时，项目才可以考虑接受；②资金成本是选择资金来源、设计筹资方案的依据，资金来源渠道很多，不同的筹资方式，其资金成本也不同，比较各种资金来源的成本，合理调整资本结构，以达到综合资金成本最低的目的。

1. 债务资金成本分析

债务资金成本由债务资金筹资费和债务资金占用费组成。债务资金筹资费是指债务资金筹集过程中支付的费用，如承诺费、发行手续费、担保费、代理费以及债券兑付手续费等；债务资金占用费是指使用债务资金过程中发生的经常性费用，如贷款利息和债券利息。

含筹资费用的税后债务资金成本的表达式为

$$P_0(1-F) = \sum_{t=1}^{n} \frac{P_t + I_t(1-T)}{(1+K_d)^t} \tag{6-3}$$

式中 P_0——债券发行额或长期借款金额，即债务现值；

F——债务资金筹资费用率；

I_t——约定付息额；

P_t——约定的第 t 期末偿还债务本金；

K_d——所得税后债务资金成本；

T——所得税率；

n——债务期限，通常以年表示。

上述公式中，等号左边是债务人的实际现金流入；等号右边为债务引起的未来现金流出的现值总额。本公式中未计入债券兑付手续费（可忽略不计）。使用该公式时应根据项目

具体情况确定债务期限内各年的利息是否应乘以$(1-T)$,如在项目的建设期内不应乘以$(1-T)$,在项目运营期内的所得税免征年份也不应乘以$(1-T)$。

2. 权益资金成本分析

权益资金成本的估算比较困难,因为很难对项目未来的收益以及股东对未来风险所要求的风险溢价做出准确的测定。可采用的计算方法主要有:资本资产定价模型法、税前债务成本加风险溢价法和股利增长模型法。

1)资本资产定价模型法

采用资本资产定价模型法,权益资金成本的计算公式为

$$K_s = R_f + \beta(R_m - R_f) \tag{6-4}$$

式中 K_s——权益资金成本;

R_f——社会无风险投资收益率;

β——项目的投资风险系数;

R_m——市场投资组合预期收益率。

2)税前债务成本加风险溢价法

采用税前债务成本加风险溢价法,权益资金成本的计算公式为

$$K_s = K_b + RP_c \tag{6-5}$$

式中 K_s——权益资金成本;

K_b——所得税前的债务资金成本;

RP_c——投资比债权人承担更大风险所要求的风险溢价。

3)股利增长模型法

采用股利增长模型法,权益资金成本的计算公式为

$$K_s = \frac{D_1}{P_0} + G \tag{6-6}$$

式中 K_s——权益资金成本;

D_1——预期年股利额;

P_0——普通股市价;

G——普通股利年增长率。

3. 加权平均资金成本分析

为了比较不同融资方案的资金成本,需要计算加权平均资金成本。加权平均资金成本一般是一种资金占全部资金的比重为权数,对个别资金成本进行加权平均确定,其计算公式为

$$K_w = \sum_{j=1}^{n} K_j W_j \tag{6-7}$$

式中 K_w——加权平均资金成本;

K_j——第 j 种个别资金成本;

W_j——第 j 种个别资金成本占全部资金的比重(权数)。

6.3.4 融资风险分析

融资风险是指融资活动存在的各种风险。融资风险有可能使投资者、项目法人、债权人

等各方蒙受损失。在融资方案分析中,应对各种融资方案的融资风险进行识别、比较,并对最终推荐的融资方案提出防范风险的对策。融资风险分析中应重点考虑下列风险因素。

1. 资金供应风险

资金供应风险是指在项目实施过程中由于资金不落实,导致建设工期延长,工程造价上升,使原定投资效益目标难以实现的可能性。导致资金不落实的原因很多,主要包括以下方面。

(1)已承诺出资的股本投资者由于出资能力有限(或者由于拟建项目的投资效益缺乏足够的吸引力)而不能(或不再)兑现承诺。

(2)原定发行股票、债券计划不能实现。

(3)既有企业法人由于经营状况恶化,无力按原定计划出资。

为防范资金供应风险,必须认真做好资金来源可靠性分析。在选择股东投资者时,应当选择资金实力强、既往信用好、风险承受能力强的投资者。

2. 利率风险

利率风险是指由于利率变动导致资金成本上升,给项目造成损失的可能性。利率水平随金融市场情况而变动,未来市场利率的变动会引起项目资金成本发生变动。采用浮动利率,项目的资金成本随利率的上升而上升,随利率的下降而下降;采用固定利率,如果未来利率下降,项目的资金成本不能相应下降,相对资金成本将升高。因此,无论采用浮动利率还是固定利率都存在利率风险。为了防范利率风险,应对未来利率的走势进行分析,以确定采用何种利率。

3. 汇率风险

汇率风险是指由于汇率变动给项目造成损失的可能性。国际金融市场上各国货币的比价在时刻变动,使用外汇贷款的项目,未来汇率的变动会引起项目资金成本发生变动以及未来还本付息费用支出的变动。某些硬货币贷款利率较低,但汇率风险较高;软货币则相反,汇率风险较低,但贷款利率较高。为了防范利率风险,使用外汇数额较大的项目应对人民币的汇率走势、所借外汇币种的汇率走势进行分析,以确定借用何种外汇币种以及采用何种外汇币种结算。一般情况下应尽量借用软货币。

第7章　财务基础数据测算

在工程项目进行财务分析之前，必须先进行财务基础数据的测算。它是在经过项目建设必要性审查、生产建设条件评估和技术可行性评估之后，并在市场需求调查、销售规划、技术方案和规模经济分析论证的基础上，从项目财务评价的要求出发，按照现行财务制度规定，对项目有关的成本和收益等财务基础数据进行搜集、测算，并编制"财务基础数据测算表"等一系列工作。

财务基础数据的测算是项目财务分析、经济分析和投资风险评价的基础和重要依据。它不仅为财务效益分析提供必要的财务数据，而且对财务效益分析的结果以及最后的决策意见产生决定性影响。在项目评价中起到承上启下的关键性作用。

7.1　概述

7.1.1　财务效益与财务费用

财务效益与财务费用是指项目运营期内企业获得的收入和支出。主要包括营业收入、成本费用和有关税金等。某些项目可能得到的补贴收入也应计入财务效益。财务效益与财务费用是财务分析的重要基础，其估算的准确性与可靠程度对项目财务分析影响极大。

项目的财务效益与项目目标有直接的关系，项目目标不同，财务效益包含的内容也不同。市场化运作的经营性项目，项目目标是通过销售产品或提供服务实现赢利，其财务效益主要是指所获取的营业收入。对于某些国家鼓励发展的经营性项目，可以获得增值税的优惠。按照有关会计及税收制度，先征后返的增值税应记做补贴收入，作为财务效益进行核算。

财务分析中应根据国家规定的优惠范围落实是否可采用这些优惠政策。对先征后返的增值税，财务分析中可做有别于实际的处理，不考虑"征"和"返"的时间差。

对于以提供公共产品服务于社会或以保护环境等为目标的非经营性项目，往往没有直接的营业收入，也就没有直接的财务效益。这类项目需要政府提供补贴才能维持正常运转，应将补贴作为项目的财务收益，通过预算平衡计算所需要补贴的数额。

对于为社会提供准公共产品或服务，且运营维护采用经营方式的项目，如市政公用设施项目、交通、电力项目等，其产出价格往往受到政府管制，营业收入可能基本满足或不能满足补偿成本的要求，有些需要在政府提供补贴的情况下才具有财务生存能力。因此，这类项目的财务效益包括营业收入和补贴收入。

7.1.2　财务效益与费用的识别和估算应注意问题

财务效益与费用的识别和估算应注意以下问题。

(1)财务效益与费用的估算应注意遵守现行财务、会计以及税收制度的规定。由于财务效益与费用的识别和估算是对将来情况的预测，经济评价中允许做有别于财会制度的处理，但是要求财务效益与费用的识别和估算在总体上与会计准则和会计以及税收制度相适应。

(2)财务效益与费用的估算应遵守有无对比的原则。"有无对比"是国际上项目评价中通用的效益与费用识别的基本原则，与项目评价的许多方面一样，财务效益与费用的识别和估算同样需要遵循这条原则。所谓"有项目"是指实施项目后的将来状况，"无项目"是指不实施项目时的将来状况。在识别项目的效益和费用时，须注意只有"有无对比"的差额部分才是由于项目的建设增加的效益和费用。采用有无对比的方法，是为了识别那些真正应该算做项目效益的部分，即增量效益，排除那些由于其他原因产生的效益；同时也要找出与增量效益相对应的增量费用，只有这样才能真正体现项目投资的净效益。

(3)财务效益与费用的估算范围应体现效益和费用对应一致的原则。即在合理确定的项目范围内，对等地估算财务主体的直接效益以及相应的直接费用，避免高估或低估项目的净效益。

(4)财务效益与费用的估算应根据项目性质、类别和行业特点，明确相关的政策和其他依据，选取适宜的方法，进行文字说明，并编制相关表格。

7.1.3 财务效益和费用的估算步骤

财务效益和费用的估算步骤应该与财务分析的步骤相匹配。在进行融资前分析时，应先估算独立于融资方案的建设投资和营业收入，然后是经营成本和流动资金。在进行融资后分析时，应先确定初步融资方案，然后估算建设期利息，进而完成固定资产原值的估算，通过还本付息计算求得运营期各年利息，最终完成总成本费用的估算。上述估算步骤只是体现了融资前分析和融资后分析对效益和费用数据的要求，并非实践中必须遵循的顺序。

7.1.4 财务效益与费用估算采用的价格

选取财务效益与费用价格时应正确处理价格总水平变动因素，原则上赢利能力分析应考虑相对价格变化，而偿债能力分析应同时考虑相对价格变化和价格总水平变动的影响。为简化起见，可做如下处理。

(1)在建设期间既要考虑价格总水平变动，又要考虑相对价格变化。在建设投资估算中价格总水平变动是通过涨价预备费来体现。

(2)项目运营期内，一般情况下赢利能力分析和偿债能力分析可以采用同一套价格，即预测的运营期价格。

(3)项目运营期内，可根据项目的具体情况，选用固定价格(项目经营期内各年价格不变)或考虑相对价格变化的变动价格(项目运营期内各年价格不同，或某些年份价格不同)。

(4)当有要求或价格总水平变动较大时，项目偿债能力分析采用的价格应考虑价格总水平变动因素。

项目投资估算应采用含增值税价格，包括建设投资、流动资金和运营期内的维持运营投资。

项目运营期内投入与产出采用的价格可以是含增值税的价格，也可以是不含增值税的价格。为与企业实际财务报表数字相匹配，本章与第 8 章(财务分析)的表格编制统一采用不含增值税价格。若采用含增值税价格时,需要正确调整部分表格(主要是“利润与利润分配表”、“财务计划现金流量表”、“项目投资现金流量表”与“项目资本金现金流量表”)的相关科目,以不影响项目净效益的估算。但无论采用哪种价格,项目效益估算与费用估算所采用的价格体系应当协调一致。

在计算期内同一年份,无论是有项目还是无项目的情况,原则上同种(质量、功能无差异)产出或投入的价格应取得一致。

7.2 营业收入及税金的估算

项目经济评价中的营业收入包括销售产品或提供服务所获得的收入,是“现金流量表”中现金流入的主体,也是“利润表”的主要科目。营业收入是财务分析的重要数据,其估算的准确性极大地影响着项目财务效益的估计。

营业收入估算的基础数据,包括产品或服务的数量和价格。都与市场预测密切相关。营业收入估算应分析、确认产品或服务的市场预测分析数据,特别要注重目标市场有效需求的分析;说明项目建设规模、产品或服务方案;分析产品或服务的价格,采用的价格基点、价格体系、价格预测方法;论述采用价格的合理性。

在估算营业收入的同时,往往还要完成相关流转税金,主要指营业税、增值税、消费税以及营业税金附加等的估算。

7.2.1 营业收入的估算

1. 确定各年运营负荷

运营负荷是指项目运营过程中负荷达到设计能力的百分数,它的高低与项目复杂程度、产品生命周期、技术成熟程度、市场开发程度、原材料供应、配套条件、管理因素等都有关系。在市场经济条件下,如果其他方面没有大的问题,运营负荷的高低应主要取决于市场。在项目评价阶段,通过对市场和营销策略所做研究,结合其他因素研究确定分年运营负荷,作为计算各年营业收入和成本费用的基础。常见的做法是:设定一段低负荷的投产期,以后各年均按达到设计生产能力计算。

运营负荷的确定一般有两种方式:①经验设定法,即根据以往项目的经验,结合该项目的实际情况,粗估各年的运营负荷,以设计能力的百分数表示;②营销计划法,通过制订详细的分年营销计划,确定各种产出物各年的生产量和商品量。应提倡采用第二种方式。

2. 确定产品或服务的数量

明确产品销售或服务市场,根据项目的市场调查和预测分析结果,分别测算出外销和内销的产品数量或服务数量。工业项目评价中为计算简便,营业收入的估算基于一项重要假定,即年生产量即为年销售量,不考虑库存。主副产品(或不同等级产品)的销售收入应全部计入营业收入,其中某些行业的产品成品率按行业习惯或规定;其他行业提供的不同类型服务收入也应同时计入营业收入。对于生产出口产品的项目,应根据有利于提高外汇效果的原则合理确定内销与外销的比例。

3. 确定产品或服务的价格

产品或服务的价格取决于其去向和市场需求,并考虑国内外相应价格变化趋势,确定产品或服务价格水平。为提高营业收入估算的准确性,应遵循稳妥原则,采用适宜的方法,合理确定产品或服务的价格。产品销售价格一般采用出厂价。

4. 确定营业收入

营业收入是销售产品或提供服务取得的收入，为数量和相应价格的乘积，即

营业收入 = 产品或服务数量 × 单位价格

对于生产多种产品和提供多项服务的项目，应分别估算各种产品及服务的营业收入。对那些不便于按详细的品种分类计算营业收入的项目，也可采取折算为标准产品的方法计算营业收入。

5. 编制“营业收入估算表”

营业收入估算表格可因行业和项目而异，项目的“营业收入估算表”可同时列出各种应交营业税金及附加以及增值税。

7.2.2 相关税金的估算

项目评价涉及的税费主要包括关税、增值税、营业税、消费税、所得税、资源税、城市维护建设税和教育费附加等，有些行业还包括土地增值税。税种和税率的选择，应根据相关税法和项目的具体情况确定。如有减免税优惠，应说明依据及减免方式并按相关规定估算。在会计处理上，营业税、消费税、资源税、土地增值税、城市维护建设税和教育费附加等含在营业税金及附加中。营业税金及附加应作为“利润和利润分配表”中的科目。

1. 营业税金及附加

营业税金及附加是指包含在营业收入之内的营业税、消费税、资源税、土地增值税、城市维护建设税、教育费附加等内容。

1) 营业税

交通运输、建筑、邮电通信、服务等行业应按税法规定计算营业税。营业税是价内税，包含在营业收入之内。

2) 消费税

我国对部分货物征收消费税。项目评价中对适用消费税的产品应按税法规定计算消费税。

3) 城市维护建设税

城市维护建设税是一种地方附加税，目前以流转税额（包括增值税、营业税和消费税）为计税依据，税率根据项目所在地分市区，县、镇，县、镇以外三个不同等级。

4) 教育费附加

教育费附加是地方收取的专项费用，计税依据也是流转税额，税率由地方确定，项目评价中应注意当地的规定。

5) 土地增值税

土地增值税是按转让房地产取得的增值额征收的税种。房地产开发项目应按规定计算土地增值税。

6) 资源税

资源税是国家对开采特定矿产品或者生产盐的单位和个人征收的税种。通常按矿产的产量计征。

2. 增值税

财务分析应按税法规定计算增值税。须注意当采用含增值税价格计算销售收入和原材料、燃料动力成本时，“利润和利润分配表”以及“现金流量表”中应单列增值税科目；采用不含增值税价格计算时，“利润和利润分配表”以及“现金流量表”中不包括增值税科目。应明确说明采用何种计价方式，同时注意涉及出口退税（增值税）时的计算及与相关报表的联系。目前我国正在进行税制改革，项目评价中须注意按相关法规采用适宜的计税方法。

3. 企业所得税

企业所得税是针对企业应纳税所得额征收的税种。项目评价中应注意按有关税法对所得税前扣除项目的要求，正确计算应纳税所得额，并采用适宜的税率计算企业所得税，同时注意正确使用有关的所得税优惠政策，并加以说明。

4. 关税

关税是以进出口的应税货物为纳税对象的税种。项目评价中涉及引进设备、技术和进口原材料时，可能需要估算进口关税。项目评价中应按有关税法和国家的税收优惠政策，正确估算进口关税。我国仅对少数货物征收出口关税，而对大部分货物免征出口关税。若项目的出口产品属征税货物，应按规定估算出口关税。

对以上营业收入、增值税和营业税金及附加进行估算，根据估算结果编制“营业收入、营业税金及附加和增值税估算表”，见表7-1。

表7-1　营业收入、营业税金及附加和增值税估算　　万元

序号	项　目	合计	计算期					
			1	2	3	4	…	n
1	营业收入							
1.1	产品A营业收入							
	单价							
	数量							
	销项税额							
1.2	产品B营业收入							
	单价							
	数量							
	销项税额							
	……							
2	营业税金及附加							
2.1	营业税							
2.2	消费税							
2.3	城市维护建设税							
2.4	教育费附加							
3	增值税							
	销项税额							

续表

序号	项　目	合计	计算期					
			1	2	3	4	…	n
	进项税额							

注:(1)本表适用于新设法人项目与既有法人项目的“有项目”、“无项目”和增量的营业收入、营业税金与附加和增值税估算;

(2)根据行业或产品的不同可增减相应税收科目。

7.2.3 补贴收入

对于先征后返的增值税、按销量或工作量等依据国家规定的补助定额计算并按期给予的定额补贴以及属于财政扶持而给予的其他形式的补贴等,应按相关规定合理估算,记做补贴收入。以上几类补贴收入,应根据财政、税务部门的规定,分别计入或不计入应税收入。

按照《企业会计准则》,企业从政府无偿取得货币性资产或非货币性资产称为政府补助,并按照是否形成长期资产区分为与资产相关的政府补助和与收益相关的政府补助。

在项目财务分析中,作为运营期财务效益核算的应是与收益相关的政府补助,主要用于补偿项目建成(企业)以后期间的相关费用或损失。按照《企业会计准则》,这些补助在取得时应确认为递延收益,在确认相关费用的期间记入当期损益(营业外收入)。

由于在项目财务分析中通常可忽略营业外收入科目,特别是非经营性项目财务分析,往往要推算为了维持正常运营或实现微利所需要的政府补助,操作上需要单列一个财务效益科目,称为“补贴收入”,同营业收入一样,应列入“利润与利润分配表”、“财务计划现金流量表”、“项目投资现金流量表”与“项目资本金现金流量表”。

7.3 成本与费用的估算

7.3.1 总成本费用构成与估算

总成本费用是指在运营期内为生产产品或提供服务所发生的全部费用,等于经营成本与折旧费、摊销费和财务费用之和。总成本费用的构成和估算通常采用以下两种方法。

7.3.1.1 生产要素估算法

生产要素估算法从各种生产要素的费用入手,汇总得到总成本费用,如图 7-1 所示。将生产和销售过程中消耗的外购原材料、燃料、动力费,人工工资及福利费,当期应计提的折旧和摊销以及应付的财务费用相加,得出总成本费用,而不管其具体应归结到哪个产品上。采用此方法,不必计算内部各生产环节成本转移,也较容易计算可变成本和固定成本。

项目评价中通常采用生产要素法估算总成本费用,计算公式为

总成本费用 = 外购原材料、燃料及动力费 + 人工工资及福利费 + 折旧费 + 摊销费 + 修理费 + 财务费用(利息支出) + 其他费用

各分项的内容和估算要点有如下方面。

- 总成本费用
  - 可变成本
    - 外购原材料
    - 外购燃料、动力
    - 计件工资及福利费
  - 固定成本
    - 计时工资及福利费
    - 修理费
    - 其他费用
    - 折旧费
    - 摊销费
    - 利息支出
- 经营成本：外购原材料、外购燃料、动力、计件工资及福利费、计时工资及福利费、修理费、其他费用

图 7-1　生产要素估算法计算总成本费用的构成

1. 外购原材料和燃料动力费估算

按“生产要素法”估算总成本费用时，原材料和燃料动力费系指外购的部分，外购原材料和燃料动力费的估算需要相关专业所提出的外购原材料和燃料动力年耗用量以及在选定价格体系下的预测价格，该价格应按入库价格计算。采用的价格时点和价格体系应与营业收入的估算一致。外购原材料和燃料动力费估算要充分体现行业特点和项目具体情况。估算结果列入“外购原材料费估算表”和“外购燃料和动力费估算表”，见表 7-2 和表 7-3。

表 7-2　外购原材料费估算　　万元

序号	项　目	合计	计算期					
			1	2	3	4	…	n
1	外购原材料费							
1.1	原材料 A							
	单价							
	数量							
	进项税额							
1.2	原材料 B							
	单价							
	数量							
	进项税额							
	……							
2	辅助材料费用							
	进项税额							
3	其他							
	进项税额							
	外购原材料费合计							
	外购原材料进项税额合计							

注：本表适用于新设法人项目与既有法人项目的“有项目”、“无项目”和增量外购原材料费的估算。

表7-3　外购燃料和动力费估算

万元

序号	项　目	合计	计算期					
			1	2	3	4	…	n
1	燃料费							
1.1	燃料A							
	单价							
	数量							
	进项税额							
	……							
2	动力费							
2.1	动力A							
	单价							
	数量							
	进项税额							
	……							
3	外购燃料及动力费合计							
	外购燃料及动力进项税额合计							

注:本表适用于新设法人项目与既有法人项目的“有项目”、“无项目”和增量外购燃料和动力费的估算。

2. 人工工资及福利费估算

财务分析中的人工工资及福利费,是指企业为获得职工提供的服务而给予各种形式的报酬,通常包括职工工资、奖金、津贴和补贴以及职工福利费。医疗保险费、养老保险费、失业保险费、工伤保险费、生育保险费等社会保险费和住房公积金中由企业缴付的部分,应按规定计入其他管理费用。按“生产要素法”估算总成本费用时,人工工资及福利费系按项目全部人员数量估算。确定人工工资及福利费时需考虑项目性质、项目地点、行业特点等因素。依托老企业的项目,还要考虑原企业工资水平。

根据不同项目的需要,财务分析中可视情况选择按项目全部人员年工资的平均数值计算或者按照人员类型和层次分别设定不同档次的工资进行计算。估算结果列入“工资及福利费估算表”,见表7-4。

表7-4　工资及福利费估算

万元

序号	项　目	合计	计算期					
			1	2	3	4	…	n
1	工人							
	人数							
	人均年工资							
	工资额							
2	技术人员							

续表

序号	项目	合计	计算期					
			1	2	3	4	…	n
	人数							
	人均年工资							
	工资额							
3	管理人员							
	人数							
	人均年工资							
	工资额							
4	工资总额(1+2+3)							
5	福利费							
6	合计(4+5)							

注:(1)本表适用于新设法人项目工资及福利费的估算以及既有法人项目的“有项目”、“无项目”和增量工资及福利费的估算;

(2)外商投资项目取消福利费科目。

3. 固定资产原值及折旧费的估算

1)固定资产原值

计算折旧,需要先计算固定资产原值。固定资产原值是指项目投产时(达到预定可使用状态)按规定由投资形成固定资产的部分。

按照《企业会计准则——租赁》,融资租赁的固定资产,承租人应将租赁开始日租赁资产的公允价值与最低租赁付款额的现值两者中较低者作为租入资产的入账价值。计算最低租赁付款额的现值所用的折现率,应首先选择出租人的租赁内含利率,其次使用租赁合同规定的利率,如都无法知悉,应用同期银行贷款利率。项目评价中条件不清楚的,也可直接按该资产公允价值计算。

2)固定资产折旧

固定资产在使用过程中会受到磨损,其价值损失通常是通过提取折旧的方式得以补偿。按财税制度规定,企业固定资产应当按月计提折旧,并根据用途计入相关资产的成本或者当期损益。财务分析中,按生产要素法估算总成本费用时,固定资产折旧可直接列支于总成本费用。固定资产的折旧方法可在税法允许的范围内由企业自行确定,一般采用直线法,包括年限平均法和工作量法。我国税法也允许对某些机器设备采用快速折旧法,即双倍余额递减法和年数总和法。

固定资产折旧年限、预计净残值率可在税法允许的范围内由企业自行确定,或按行业规定。项目评价中一般应按税法明确规定的分类折旧年限,也可按行业规定的综合折旧年限。

对于融资租赁的固定资产,如果能够合理确定租赁期届满时承租人会取得租赁资产所有权,即可认为承租人拥有该项资产的全部尚可使用年限,因此应以其作为折旧年限;否则,则应以租赁期与租赁资产尚可使用年限两者中较短者作为折旧年限。

我国允许的固定资产折旧方法有如下几种。

(1)年限平均法,计算公式为

$$年折旧率 = \frac{1-预计净残值率}{折旧年限} \times 100\% \tag{7-1}$$

年折旧额 = 固定资产原值 × 年折旧率

(2)工作量法分两种:①按照行驶里程计算折旧,②按照工作小时计算折旧。计算公式如下:

按照行驶里程计算折旧的公式为

$$单位里程折旧额 = \frac{原值 \times (1-预计净残值率)}{总行驶里程} \tag{7-2}$$

年折旧额 = 单位里程折旧额 × 年行驶里程

按照工作小时计算折旧的公式为

$$每工作小时折旧额 = \frac{原值 \times (1-预计净残值率)}{总工作小时} \tag{7-3}$$

年折旧额 = 每工作小时折旧额 × 年工作小时

(3)双倍余额递减法,计算公式为

$$年折旧率 = \frac{2}{折旧年限} \times 100\% \tag{7-4}$$

年折旧额 = 固定资产净值 × 年折旧率

实行双倍余额递减法的,应在折旧年限到期前两年内,将固定资产净值扣除净残值后的净额平均摊销。

(4)年数总和法,计算公式为

$$年折旧率 = \frac{折旧年限-已使用年数}{折旧年限 \times (折旧年限+1) \div 2} \times 100\% \tag{7-5}$$

年折旧额 = (固定资产原值 − 预计净残值) × 年折旧率

固定资产折旧费的估算结果列入"固定资产折旧费估算表",见表 7-5。

表 7-5 固定资产折旧费估算 万元

序号	项目	合计	计算期					
			1	2	3	4	…	*n*
1	房屋、建筑物							
	原值							
	当期折旧费							
	净值							
2	机器设备							
	原值							
	当期折旧费							
	净值							
	……							
3	合计							

续表

序号	项　　目	合计	计算期					
			1	2	3	4	…	n
	原值							
	当期折旧费							
	净值							

注:本表适用于新设法人项目固定资产折旧费的估算以及既有法人项目的“有项目”、“无项目”和增量固定资产折旧费的估算。当估算既有法人项目的“有项目”固定资产折旧费时,应将新增和利用原有部分固定资产分别列出,并分别计算折旧费。

4. 无形资产和其他资产原值及摊销费的估算

无形资产原值是指项目投产时按规定由投资形成无形资产的部分。按照有关规定,无形资产从开始使用之日起,在有效使用期限内平均摊入成本。法律和合同规定了法定有效期限或者受益年限的,摊销年限从其规定,否则摊销年限应注意符合税法的要求。无形资产的摊销一般采用平均年限法,不计残值。

其他资产的摊销可以采用平均年限法,不计残值,摊销年限应注意符合税法的要求。

无形资产和其他资产摊销费的估算结果列入“无形资产和其他资产摊销估算表”,见表7-6。

表7-6　无形资产和其他资产摊销估算　　万元

序号	项　　目	合计	计算期					
			1	2	3	4	…	n
1	无形资产							
	原值							
	当期摊销费							
	净值							
2	其他资产							
	原值							
	当期摊销费							
	净值							
	……							
3	合计							
	原值							
	当期摊销费							
	净值							

注:本表适用于新设法人项目固定资产折旧费的估算以及既有法人项目的“有项目”、“无项目”和增量摊销费的估算。当估算既有法人项目的“有项目”摊销费时,应将新增和利用原有部分的资产分别列出,并分别计算摊销费。

5. 固定资产修理费的估算

修理费是指为保持固定资产的正常运转和使用,充分发挥使用效能,对其进行必要修理所发生的费用,按修理范围的大小和修理时间间隔的长短可以分为大修理和中小修理。

修理费允许直接在成本中列支,如果当期发生的修理费用数额较大,可实行预提或摊销的办法。

当按"生产要素法"估算总成本费用时,固定资产修理费是指项目全部固定资产的修理费,可直接按固定资产原值(扣除所含的建设期利息)的一定百分数估算。百分数的选取应考虑行业和项目特点。在生产运营的各年中,修理费率的取值,一般采用固定值。根据项目特点也可以间断性地调整修理费率,开始取较低值,之后取较高值。

6. 利息支出

按照会计法规,企业为筹集所需资金而发生的费用称为借款费用,又称财务费用,包括利息支出(减利息收入)、汇兑损失(减汇兑收益)以及相关的手续费等。在大多数项目的财务分析中,通常只考虑利息支出。

利息支出的估算包括长期借款利息(建设投资借款在投产后需支付的利息)、流动资金借款利息和短期借款利息三部分。

1)建设投资借款利息

建设投资借款利息一般是长期借款。建设投资借款利息是指建设投资借款在还款起始年年初(通常也是运营期初)的余额(含未支付的建设期利息)应在运营期支付的利息,项目评价中可以选择等额还本付息方式或者等额还本利息照付方式来计算长期借款利息。

(1)等额还本付息,这种方法是指在还款期内,每年偿付的本金利息之和是相等的,但每年支付的本金数和利息数均不相等。计算公式为

$$A = I_c \frac{i(1+i)^n}{(1+i)^n - 1} \tag{7-6}$$

式中 A——每年还本付息额(等额年金);

I_c——还款起始年年初的借款余额(含未支付的建设期利息);

i——年利率;

n——预定的还款期;

$\frac{i(1+i)^n}{(1+i)^n - 1}$——资金回收系数,可自行计算或查"复利系数表"。

其中 每年应支付的利息 = 年初借款余额 × 年利率

本年偿还本金 = A - 每年支付利息

年初借款余额 = I_c - 本年以前各年偿还的本金累计

采用等额还本付息法,利息将随偿还本金后欠款的减少而逐年减少,而偿还的本金恰好相反,将由于利息减少而逐年加大。此方法适用投产初期效益较差,而后期效益较好的项目。

【例 7-1】 已知某项目建设期末贷款本利和累计为 1 000 万元,按照贷款协议,采用等额还本付息的方法分 5 年还清,已知年利率为 6%,求该项目还款期每年的还本额、付息额和还本付息总额。

解 每年的还本付息总额

$$A=P\frac{i(1+i)^n}{(1+i)^n-1}=1\ 000\times\frac{6\%\times(1+6\%)^5}{(1+6\%)^5-1}=237.40\text{ 万元}$$

还款期各年的还本额、付息额和还本付息总额见表7-7。

表7-7 等额还本付息方式下各年的还款数据 万元

年 份	1	2	3	4	5
年初借款余额	1 000	822.60	634.56	435.23	223.94
利率	6%	6%	6%	6%	6%
年利息	60.00	49.36	38.07	26.11	13.46
年还本额	177.40	188.04	199.33	211.29	223.94
年还本付息总额	237.40	237.40	237.40	237.40	237.40
年末借款余额	822.60	634.56	435.23	223.94	0

(2)等额还本利息照付,这种方法是指在还款期内每年等额偿还本金,而利息按年初借款余额和利息率的乘积计算,利息不等,而且每年偿还的本利和不等。

设A_t为第t年的还本付息额,则有

$$A_t=\frac{I_c}{n}+I_c\times(1-\frac{t-1}{n})\times i \tag{7-7}$$

其中 每年支付利息=年初借款余额×年利率

即 第t年支付的利息$=I_c\times(1-\frac{t-1}{n})\times i$

每年偿还本金$=\frac{I_c}{n}$

此方法由于每年偿还的本金是等额的,计算简单,但项目投产初期还本付息的压力大。因此,此法适用于投产初期效益好,有充足现金流的项目。

【例7-2】 仍以【例7-1】为例,求在等额还本、利息照付方式下每年的还本额、付息额和还本付息总额。

解 每年的还本额$A=1\ 000/5=200$万元

还款期各年的还本额、付息额和还本付息总额见表7-8。

表7-8 等额还本、利息照付方式下各年的还款数据 万元

年 份	1	2	3	4	5
年初借款余额	1 000	800	600	400	200
利率	6%	6%	6%	6%	6%
年利息	60	48	36	24	12
年还本额	200	200	200	200	200
年还本付息总额	260	248	236	224	212
年末借款余额	800	600	400	200	0

2)流动资金借款还本付息估算

项目评价中估算的流动资金借款从本质上说应归类为长期借款,但目前企业往往有可能与银行达成共识,按期末偿还、期初再借的方式处理,并按一年期利率计息。流动资金借款利息可以按下式计算

$$年流动资金借款利息 = 年初流动资金借款余额 \times 流动资金借款年利率 \tag{7-8}$$

财务分析中对流动资金的借款可以在计算期最后一年偿还,也可在还完长期借款后安排。

3)短期借款还本付息估算

项目财务评价中的短期借款系指运营期间由于资金的临时需要而发生的短期借款,短期借款的数额应在"财务计划现金流量表"中得到反映,其利息应计入"总成本费用表"的利息支出中。短期借款利息的计算与流动资金借款利息的计算相同,短期借款本金的偿还按照随借随还的原则处理,即当年借款尽可能于下年偿还。

根据不同借款的还本付息方式编制"借款还本付息计划表",见表7-9。

表7-9 借款还本付息计划表 万元

序号	项目	合计	计算期					
			1	2	3	4	…	n
1	借款1							
1.1	期初借款余额							
1.2	当期还本付息							
	其中:还本							
	付息							
1.3	期末借款余额							
2	借款2							
2.1	期初借款余额							
2.2	当期还本付息							
	其中:还本							
	付息							
2.3	期末借款余额							
3	债券							
3.1	期初债务余额							
3.2	当期还本付息							
	其中:还本							
	付息							
3.3	期末债务余额							
4	借款和债券合计							
4.1	期初余额							
4.2	当期还本付息							
	其中:还本							
	付息							
4.3	期末余额							

续表

序号	项目	合计	计算期					
			1	2	3	4	…	n
计算指标	利息备付率							
	偿债备付率							

注:(1)本表与“建设期利息估算表”可合二为一;

(2)本表直接适用于新设法人项目,如有多种借款或债券,必要时应分别列出;

(3)对于既有法人项目,在按有项目范围进行计算时,可根据需要增加项目范围内原有借款的还本付息计算;在计算企业层次的还本付息时,可根据需要增加项目范围外借款的还本付息计算;当简化直接进行项目层次新增借款还本付息计算时,可直接按新增数据进行计算;

(4)本表可另加流动资金借款的还本付息计算。

7.其他费用估算

其他费用包括其他制造费用、其他管理费用和其他营业费用三项,是指由制造费用、管理费用和营业费用中分别扣除工资及福利费、折旧费、摊销费、修理费以后的其余部分。产品出口退税和减免税项目按规定不能抵扣的进项税额也可包括在内。

1)其他制造费用

按照《企业会计制度》,制造费用指企业为生产产品和提供劳务而发生的各项间接费用,包括生产单位管理人员工资和福利费、折旧费、修理费(生产单位和管理用房屋、建筑物、设备)、办公费、水电费、机物料消耗、劳动保护费、季节性和修理期间的停工损失等。但不包括企业行政管理部门为组织和管理生产经营活动而发生的管理费用。项目评价中的制造费用系指项目包含的各分厂或车间的总制造费用,为了简化计算常将制造费用归类为管理人员工资及福利费、折旧费、修理费和其他制造费用几部分。

其他制造费用是指由制造费用中扣除生产单位管理人员工资及福利费、折旧费、修理费后的其余部分。项目评价中常见的估算方法有:按固定资产原值(扣除所含的建设期利息)的百分数估算;按人员定额估算。具体估算方法可从行业规定。

2)其他管理费用

管理费用是指企业为管理和组织生产经营活动所发生的各项费用,包括公司经费、工会经费、职工教育经费、劳动保险费、待业保险费、董事会费、咨询费、聘请中介机构费、诉讼费、业务招待费、排污费、房产税、车船使用税、土地使用税、印花税、矿产资源补偿费、技术转让费、研究与开发费、无形资产与其他资产摊销、职工教育经费、计提的坏账准备和存货跌价准备等。

为了简化计算,项目评价中可将管理费用归类为管理人员工资及福利费、折旧费、无形资产和其他资产摊销、修理费和其他管理费用几部分。其他管理费用是指由管理费用中扣除工资及福利费、折旧费、摊销费、修理费后的其余部分。

项目评价中常见的估算方法是按人员定额或取工资及福利费总额的倍数估算。若管理费用中的技术转让费、研究与开发费与土地使用税等数额较大,应单独核算后并入其他管理费用,或单独列项。

3)其他营业费用

营业费用是指企业在销售商品过程中发生的各项费用以及专设销售机构的各项经费,

包括应由企业负担的运输费、装卸费、包装费、保险费、广告费、展览费以及专设销售机构人员工资及福利费、类似工资性质的费用、业务费等经营费用。

为了简化计算,项目评价中将营业费用归为销售人员工资及福利费、折旧费、修理费和其他营业费用几部分。其他营业费用是指由营业费用中扣除工资及福利费、折旧费、修理费后的其余部分。

项目评价中常见的估算方法是按营业收入的百分数估算。

4)不能抵扣的进项税额

对于产品出口项目和产品国内销售的增值税减免税项目,应将不能抵扣的进项税额计入总成本费用的其他费用或单独列项。

按生产要素法估算的总成本费用,其结果列入"总成本费用估算表",见表7-10。

表7-10 总成本费用估算(生产要素法)　　万元

序号	项　目	合计	计算期					
			1	2	3	4	…	*n*
1	外购原材料							
2	外购燃料及动力费							
3	工资及福利费							
4	修理费							
5	其他费用							
6	经营成本(1+2+3+4+5)							
7	折旧费							
8	摊销费							
9	利息支出							
10	总成本费用合计(6+7+8+9)							
	其中:固定成本							
	可变成本							

注:本表适用于新设法人项目与既有法人项目的"有项目"、"无项目"和增量成本费用的估算。

7.3.1.2 生产成本加期间费用估算法

采用生产(服务)成本加期间费用法估算总成本费用时,需要各分单元(如分车间、装置或生产线)的有关数据或每种服务的有关数据,主要有原材料和公用工程消耗,各车间、装置或生产线等的定员和固定资产原值等。要先分别估算各分单元的生产(服务)成本,再加总得出总的生产(服务)成本,然后与期间费用(管理费用、营业费用和财务费用)相加得到总成本费用。计算公式为

总成本费用=生产成本+期间费用

其中

生产成本=直接材料费+直接燃料和动力费+直接工资+其他直接支出+制造费用

期间费用=管理费用+财务费用+营业费用

总成本费用构成如图7-2所示，此方法按费用的经济用途将其分为直接材料、直接工资及福利费、其他直接支出、制造费用和期间费用，其中前四项计入产品生产成本，最后一项不计入生产成本。

- 总成本费用
  - 生产成本
    - 直接费用（直接计入成本）
      - 直接材料（含燃料、动力）
      - 直接工资及福利费
      - 其他直接支出
    - 制造费用——间接费用（分摊计入成本）
  - 期间费用（不计入成本）
    - 管理费用
    - 财务费用
    - 营业费用

图7-2　生产成本加期间费用法计算总成本费用的构成

当会计制度与税收制度的相关规定有矛盾时，应按从税原则处理。

按照生产成本加期间费用法，可编制“总成本费用估算表”，见表7-11。

表7-11　总成本费用估算（生产成本加期间费用法）　万元

序号	项　目	合计	计算期					
			1	2	3	4	…	n
1	生产成本							
1.1	直接材料费							
1.2	直接燃料及动力费							
1.3	直接工资及福利费							
1.4	制造费用							
1.4.1	折旧费							
1.4.2	修理费							
1.4.3	其他制造费							
2	管理费用							
2.1	无形资产摊销							
2.2	其他资产摊销							
2.3	其他管理费用							
3	财务费用							
3.1	利息支出							
3.1.1	长期借款利息							
3.1.2	流动资金借款利息							
3.1.3	短期借款利息							
4	营业费用							
5	总成本费用合计（1+2+3+4）							
5.1	其中：可变成本							
5.2	固定成本							

续表

序号	项　　目	合计	计算期					
			1	2	3	4	…	n
6	经营成本 (5 - 1.4.1 - 2.1 - 2.2 - 3.1)							

注:(1) 本表适用于新设法人项目与既有法人项目的"有项目"、"无项目"和增量总成本费用的估算;

(2)生产成本中的折旧费、修理费指生产性设施的固定资产折旧费和修理费;

(3)生产成本中的工资和福利费指生产性人员工资和福利费,车间或分厂管理人员工资和福利费可在制造费用中单独列项或含在其他制造费中;

(4)本表其他管理费用中含管理设施的折旧费、修理费以及管理人员的工资和福利费。

7.3.2　经营成本

经营成本是工程经济学特有的概念,它涉及产品生产及销售、企业管理过程中的物料、人力和能源的投入费用,反映企业的生产水平和管理水平。同类企业的经营成本具有可比性。在项目评价中,它被应用于现金流量分析,作为"项目现金流量表"中运营期现金流出的主体部分,应得到充分的重视。经营成本与融资方案无关,因此在完成建设投资和营业收入估算以后,就可以估算经营成本,为项目融资前分析提供数据。

经营成本的构成可用下式表示

经营成本 = 外购原材料费 + 外购燃料及动力费 + 工资及福利费 + 修理费 + 其他费用　　(7-9)

经营成本与总成本费用的关系为

经营成本 = 总成本费用 - 折旧费 - 摊销费 - 利息支出　　(7-10)

经营成本估算的行业性很强,不同行业在成本构成科目和名称上都可能有较大的不同。估算应按行业规定,没有规定的也应注意反映行业特点。

7.3.3　固定成本与可变成本估算

为了进行盈亏平衡分析和不确定性分析,需将总成本费用分解为固定成本和可变成本。根据成本费用与产量的关系可以将总成本费用分解为可变成本、固定成本和半可变(或半固定)成本:①固定成本是指不随产品产量变化的各项成本费用;②可变成本是指随产品产量增减而成正比例变化的各项费用;③有些成本费用属于半可变(或半固定)成本,例如不能熄灭的工业炉的燃料费用等。

工资、营业费用和流动资金利息等也都可能既有可变因素,又有固定因素。必要时需将半可变(或半固定)成本进一步分解为可变成本和固定成本,使生产成本费用最终划分为可变成本和固定成本。长期借款利息应视为固定成本,流动资金借款和短期借款如果用于购置流动资产,可能部分与产品产量有关,其利息视为半可变半固定成本,需进行分解,但为简化计算,也可视为固定成本。项目评价中一般可以根据行业特点进行简化处理。通常可变成本主要包括外购原材料、燃料及动力费和计件工资等。固定成本主要包括工资或薪酬(计件工资除外)、折旧费、摊销费、修理费和其他费用等。

7.3.4 维持运营投资

某些项目在运营期需要投入一定的固定资产投资才能得以维持正常运营,例如设备更新费用、油田的开发费用、矿山的井巷开拓延伸费用等。不同类型和不同行业的项目投资的内容可能不同,如发生维持运营投资时应将其列入"现金流量表"作为现金流出,参与内部收益率等指标的计算。同时,也应反映在"财务计划现金流量表"中,参与财务生存能力分析。

按照《企业会计准则——固定资产》,该投资是否能予以资本化,取决于其是否能为企业带来经济利益且该固定资产的成本是否能够可靠地计量。项目评价中,如果该投资投入后延长了固定资产的使用寿命,或使产品质量实质性提高,或成本实质性降低等,使可能流入企业的经济利益增加,那么该固定资产投资应予以资本化,即应计入固定资产原值,并计提折旧。否则该投资只能费用化,不形成新的固定资产原值。

7.3.5 非经营性项目的费用估算

对于非经营性项目,无论是否有营业收入都需要估算费用。在费用估算的要求和具体方法上可参照上述说明,并编制费用估算的相关报表。对于没有营业收入的项目,费用估算更显重要,可以用于计算单位功能费用指标,进行方案比选;还可以用来进行财务生存能力分析等。

7.4 "利润与利润分配表"

7.4.1 "利润与利润分配表"的概念与作用

"利润与利润分配表"是反映项目计算期内各年的利润总额、所得税及税后利润的分配情况,用以计算投资利润率、投资利税率、资本金利润率和资本金净利润率等静态财务分析指标的表格。

7.4.2 "利润与利润分配表"的结构

1. 利润总额

利润总额是项目在一定时期内实现盈亏总额,即营业收入扣除营业税金及附加、总成本费用之后和补贴收入加和的数额。用公式表示为

$$利润总额 = 营业收入 - 营业税金及附加 - 总成本费用 + 补贴收入 \tag{7-11}$$

其中,营业收入和营业税金及附加依据"营业收入、营业税金及附加和增值税估算表"填列,总成本费用依据"总成本费用估算表" 填列。

2. 项目亏损及亏损弥补的处理

项目在上一个年度发生亏损,可用当年获得的所得税前利润弥补;当年所得税前利润不足弥补的,可以在5年内用所得税前利润延续弥补;延续5年未弥补的亏损,用缴纳所得税后的利润弥补。

3. 所得税的计算

利润总额按照现行财务制度规定进行调整（如弥补上年的亏损）后，作为计算项目应缴纳所得税税额的计税基数。用公式表示为

$$应纳税所得额 = 利润总额 - 弥补以前年度亏损 \tag{7-12}$$

所得税税率按照国家规定执行。国家对特殊项目有减免所得税规定的，按国家主管部门的有关规定执行。用公式表示为

$$所得税 = 应纳税所得额 \times 所得税税率 \tag{7-13}$$

4. 所得税后利润的分配

利润分配内容和顺序系根据《企业会计制度》(2011)的规定，具体有如下几项。

(1)当期实现的净利润，加上年初未分配利润（或减去年初未弥补亏损）和其他转入后的余额，为可供分配的利润。可供分配的利润，按顺序分配：①提取法定盈余公积；②提取法定公益金。

外商投资企业应当按照法律、行政法规的规定按净利润提取储备基金、企业发展基金、职工奖励及福利基金等。

中外合作经营企业按规定在合作期内以利润归还投资者的投资以及国有工业企业按规定以利润补充的流动资本，也从可供分配的利润中扣除。

(2)可供分配的利润减去提取的法定盈余公积、法定公益金等后，为可供投资者分配的利润。可供投资者分配的利润，按顺序分配：①应付优先股股利，是指企业按照利润分配方案分配给优先股股东的现金股利；②提取任意盈余公积，是指企业按规定提取的任意盈余公积；③应付普通股股利，是指企业按照利润分配方案分配给普通股股东的现金股利，企业分配给投资者的利润，也在本项目核算；④转作资本（或股本）的普通股股利，是指企业按照利润分配方案以分派股票股利的形式转作的资本（或股本），企业以利润转增的资本，也在本项目核算。

可供投资者分配的利润，经过上述分配后，为未分配利润（或未弥补亏损）。未分配利润可留待以后年度进行分配。企业如发生亏损，可以按规定由以后年度利润进行弥补。

未分配利润即为可供分配利润减以上各项应付利润后的余额。未分配利润主要偿还长期借款。按照国家现行财务制度规定，可供分配利润应首先用于偿还长期借款，借款偿还完毕，才可向投资者进行利润分配。净利润及其分配顺序，用公式可表示为

$$净利润 = 应纳税所得额 - 所得税 \tag{7-14}$$

$$可供分配利润 = 净利润 + 期初未分配利润 \tag{7-15}$$

$$可供投资者分配利润 = 可供分配利润 - 提取法定盈余公积 \tag{7-16}$$

$$\begin{aligned}未分配利润 = {}& 可供投资者分配利润 - 应付优先股股利 - 提取任意盈余公积 - \\ & 各投资方利润分配\end{aligned} \tag{7-17}$$

5. 息税前利润

息税前利润(*EBIT*)是指扣除当年利息和所得税前的利润额，等于当年利润总额和当年应付利息之和。计算公式为

$$息税前利润(EBIT) = 利润总额 + 利息支出 \tag{7-18}$$

利息支出依据“总成本费用估算表”中的利息支出科目填列。

6. 息税折旧摊销前利润

息税折旧摊销前利润(*EBITDA*)是指扣除当年利息、所得税、折旧费和摊销费之前的利润额,等于息税前利润加上折旧费和摊销费。用公式表示为

$$\text{息税折旧摊销前利润}(EBITDA)=\text{息税前利润}(EBIT)+\text{折旧费}+\text{摊销费} \tag{7-19}$$

折旧费和摊销费依据“总成本费用估算表”中的相应科目填列。

7.5 财务基础数据测算表及其相互联系

7.5.1 财务基础数据测算表的种类

根据本章财务基础数据估算以及第5章投资估算的几方面内容,可以编制出财务基础数据测算表。为满足项目财务效益评价的要求,必须具备下列测算报表。

(1)“建设投资估算表”。

(2)“建设期利息估算表”。

(3)“流动资金估算表”。

(4)“项目总投资使用计划与资金筹措表”。

(5)“营业收入、营业税金及附加和增值税估算表”。

(6)“总成本费用估算表”(生产要素法或生产成本加期间费用法)。对于采用生产要素法编制的“总成本费用估算表”,应编制基础报表:①“外购原材料费估算表”;②“外购燃料和动力费估算表”;③“固定资产折旧费估算表”;④“无形资产和其他资产摊销估算表”;⑤“工资及福利费估算表”。

(7)“借款还本付息计划表”。

(8)在“借款还本付息计划表”编制过程中还要涉及一张财务分析报表的编制,即“利润与利润分配表”。

上述估算表可归纳为如下三大类。

第一类,预测项目建设期间的资金流动状况的报表:如“投资使用计划与资金筹措表”和“建设投资估算表”。

第二类,预测项目投产后的资金流动状况的报表:如“流动资金估算表”、“总成本费用估算表”、“营业收入和营业税金及附加和增值税估算表”等。

第三类,预测项目投产后用规定的资金来源归还借款本息的情况,即为“借款还本付息计划表”,它反映项目建设期和生产期内资金流动情况和项目投资偿还能力与速度。

7.5.2 财务基础数据测算表的相互联系

财务基础数据测算的几方面内容是连贯的,其中心是将投资成本(包括建设投资和流动资金)、总成本费用与营业收入的预测数据进行对比,求得项目的营业利润,又在此基础上测算贷款的还本付息情况。因此,编制上述三类测算表应按一定程序使其相互衔接起来。各类财务基础数据测算表之间的关系如图7-3所示。

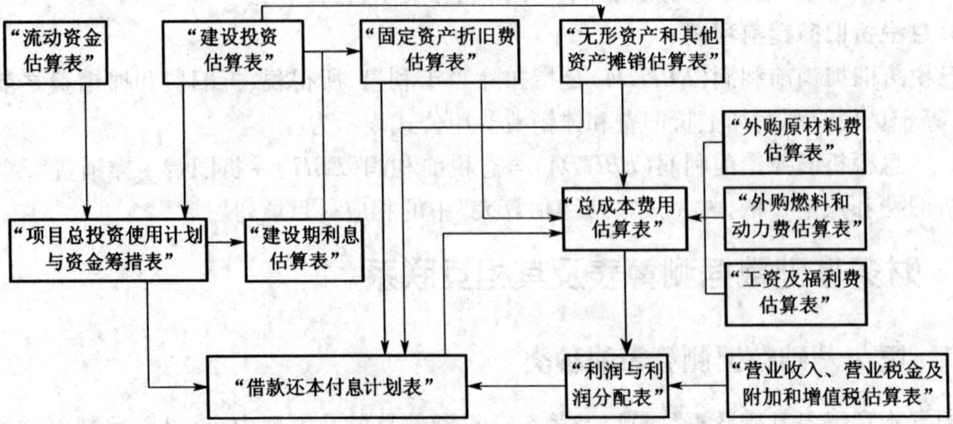

图 7-3 财务基础数据测算表关系

第 8 章　财务分析

8.1　财务分析概述

8.1.1　财务分析的概念

财务分析是在财务效益与费用的估算以及编制财务辅助报表的基础上，编制财务报表，计算财务分析指标，考察和分析项目的赢利能力、偿债能力和财务生存能力，判断财务可行性，明确项目对财务主体的价值以及对投资者的贡献，为投资决策、融资决策以及银行审贷提供依据。

8.1.2　财务分析的目标

财务分析的主要目标是分析投资项目的赢利能力、偿债能力和财务生存能力。

1. 赢利能力

赢利能力主要考察投资项目的赢利水平，是反映项目在财务上可行程度的基本标志。投资项目的赢利能力分析，应当考察拟建项目建成投产后是否有赢利，赢利多少。项目的赢利能力分析主要分析项目各年度投资赢利能力以及项目在整个寿命期内的赢利水平。

2. 偿债能力

投资项目的偿债能力，是指项目按期偿还其债务的能力。项目偿债能力的通常表现为建设投资借款偿还期的长短，利息备付率和偿债备付率的高低，这些指标也是银行进行贷款决策的重要依据。

3. 财务生存能力

在项目（企业）运营期间，确保从各项经济活动中得到足够的净现金流量是项目能够持续生存的条件。财务分析中应根据“财务计划现金流量表”，综合考察项目计算期内各年的投资活动、融资活动和经营活动所产生的各项现金流入和流出，计算净现金流量和累计盈余资金，分析项目是否有足够的净现金流量维持正常运营。为此，财务生存能力分析亦可称为资金平衡分析。

8.1.3　财务分析的内容

财务分析的内容应根据项目的性质和目标确定。对于经营性项目，财务分析应通过编制财务分析报表，计算财务指标，分析项目的赢利能力、偿债能力和财务生存能力，判断项目的财务可接受性，明确项目对财务主体及投资者的价值贡献，为项目决策提供依据。对于非经营项目，财务分析应主要分析项目的财务生存能力。

8.1.4　财务分析的步骤

财务分析的步骤以及与各部分的关系，包括财务分析与投资估算和融资方案的关系如

图 8-1 所示。

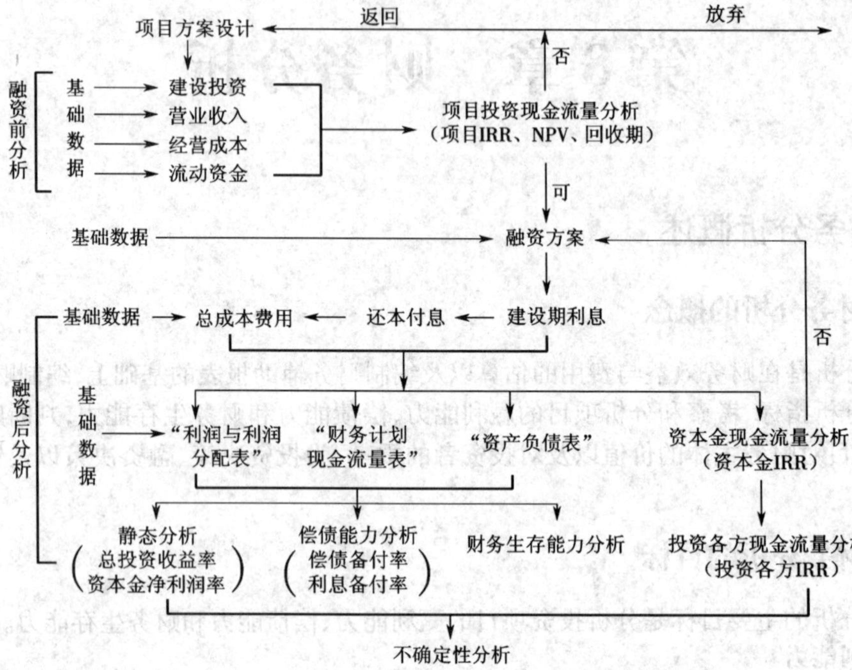

图 8-1 财务分析内容及步骤

8.1.5 财务分析的价格体系

8.1.5.1 财务分析涉及的价格体系

影响价格变动的因素很多，但归纳起来不外乎两类：一类是相对价格变动因素；另一类是绝对价格变动因素。

相对价格是指商品间的价格比例关系。导致商品相对价格发生变化的因素很复杂，例如，供应量的变化、价格政策的变化、劳动生产率的变化等都可能引起商品间比价的改变；消费水平变化、消费习惯改变、可替代产品的出现等引起供求关系发生变化，从而使供求均衡价格发生变化，也可以引起商品间比价的改变等。

绝对价格是指用货币单位表示的商品价格水平。绝对价格变动一般体现为物价总水平的变化，即因货币贬值（通货膨胀）引起的所有商品价格的普通上涨，或因货币升值（通货紧缩）引起的所有商品价格的普遍低落。

在投资项目财务分析中，要对项目整个计算期内的价格进行预测，这必然会涉及如何处理价格变动的问题，包括通货膨胀因素问题。在整个计算期的若干年内，是采用同一个固定价格，还是各年都变动以及如何变动，也就是投资项目的财务分析采用什么价格体系的问题。

财务分析涉及的价格体系有三种，即固定价格体系、时价体系和实价体系。同时涉及三种价格，即基价、时价和实价。

1. 基价

基价，是指以基年价格水平表示的，不考虑其后价格变动的价格，也称固定价格。如果采用基价,项目计算期内各年价格都是相同的,就形成了财务分析的固定价格体系。一般选择评价工作进行的年份为基年,也有选择预计开始建设年份的。例如,某项目财务分析在2002年进行,则一般选择2002年为基年,假定某货物A,在2002年的价格为100元,即其基价为100元,是以2002年价格水平表示的。基价是确定项目涉及的各种货物预测价格的基础,也是估算建设投资的基础。

2. 时价

时价,顾名思义是指某一时期当时的市场价格。它包含了相对价格变动和绝对价格变动的影响,以当时的价格水平表示。以基价为基础,按照预计的各种货物的不同价格上涨率(可称为时价上涨率)分别求出它们在计算期内任何一年的时价。假定货物A的时价上涨率为2%,在2002年基价100元的基础上,2003年的时价应为100×(1+2%),即102元。若2004年货物A的时价上涨率为3%,则2004年货物A的时价为100×(1+2%)×(1+3%),即105.06元。设基价为P_b,时价为P_c,各年的时价上涨率为c_i,$i=1,2,3,\cdots,n$,c_i可以各年相同,也可以不同,则第n年的时价

$$P_{cn}=P_b\times(1+c_1)\times(1+c_2)\times\cdots\times(1+c_n) \tag{8-1}$$

若各年c_i相同,则有

$$P_{cn}=P_b\times(1+c_i)^n \tag{8-2}$$

3. 实价

实价,是以基年价格水平表示的,只反映相对价格变动因素影响的价格。可以在时价中扣除通货膨胀因素影响来求得实价。若通货膨胀率(严格说,只有当物价总水平上涨超过某个幅度时,才称为通货膨胀,故称物价总水平上涨率更合适些)为3.571 4%,则2003年货物A的实价为102/(1+3.571 4%),即98.5元。这可以说明,虽然看起来2003年A的价格比2002年上涨了2%,但扣除通货膨胀影响后,货物A的实际价格反而比2002年降低了,这有可能是由于某种原因使得其相对价格发生了变动。如果把实际价格的变化率称为实价上涨率,那么货物A的实价上涨率为:(1+2%)/(1+3.571 4%)-1=-1.5%。

只有当时价上涨率大于通货膨胀率时,该货物的实价上涨率才会大于0,此时说明该货物价格上涨超过物价总水平的上涨。设第i年的实价上涨率为r_i,通货膨胀率为f_i,各年的时价上涨率c_i和通货膨胀率f_i都不变,则有

$$r_i=(1+c_i)^i/(1+f_i)^i-1 \tag{8-3}$$

如果货物间的相对价格保持不变,即实价上涨率为0,那么实价值就等于基价值,同时意味着各种货物的时价上涨率相同,也即各种货物的时价上涨率等于通货膨胀率。

8.1.5.2 财务分析的取价原则

1. 财务分析应采用预测价格

财务分析是基于对拟建项目未来数年或更长年份的效益与费用的估算,而无论投入还是产出的未来价格都会发生各种各样的变化,为了合理反映项目的效益和财务状况,财务分析应采用预测价格。预测价格应是在选定的基年价格基础上,选择评价当年为基年。至于采用何种价格体系,要视具体情况决定。

2. 现金流量分析原则上应采用实价体系

现金流量分析原则上应采用实价体系。采用实价计算净现值和内部收益率,进行现金流量分析是国际上比较通行的做法。这样做,便于投资者考察投资的实际赢利能力。因为

实价排除了通货膨胀因素的影响，消除了因通货膨胀（物价总水平上涨）带来的“浮肿利润”，能够相对真实地反映投资的赢利能力，为投资决策提供较为可靠的依据。如果采用含通货膨胀因素的时价进行赢利能力分析，特别是当对投入和产出采用同一时价上涨率时，就有可能使未来收益大大增加，因此形成“浮肿利润”，夸大项目的赢利能力。

3. 偿债能力分析原则上应采用的时价体系

偿债能力分析原则上应采用时价体系。用时价进行财务预测，编制损益表、资金来源与运用表及资产负债表，有利于描述项目计算期内各年当时的财务状况，相对合理地进行偿债能力分析，也是国际上比较通行的做法。

为了满足实际投资的需要，在投资估算中必须包含通货膨胀因素引起投资增长的部分，一般通过计算涨价预备费来体现。同样，在融资计划中也应包括这部分费用，在投入运营后的还款计划中自然包括该部分费用的偿还。因此，只有采用既包含了相对价格变化，又包含通货膨胀影响在内的时价表示的投资费用、融资数额，在此基础上进行计算，才能真实反映项目的偿债能力。

4. 对财务分析采用价格体系的简化

在实践中，并不要求对所有项目，或在所有情况下，都必须全部采用上述价格体系进行财务分析，多数情况下都允许根据具体情况适当简化，可以考虑采取以下几种简化方法。

（1）在建设期间既考虑通货膨胀因素，又考虑相对价格变化，包括对投资费用的估算和对经营期投入产出价格的预测。

（2）项目经营期内，赢利能力分析和偿债能力分析可以采用同一套价格，即预测的经营期的价格。

（3）项目经营期内，可根据项目和产出的具体情况，选用固定价格（项目经营期内各年价格不变）或考虑相对价格变化的变动价格（项目经营期内各年价格不同，或某些年份价格不同）。

（4）当有要求或通货膨胀严重时，项目偿债能力分析要采用时价体系。

8.2　融资前财务分析

项目决策可分为投资决策和融资决策两个层次。投资决策重在考察项目净现金流的价值是否大于其投资成本，融资决策重在考察资金筹措方案能否满足要求。根据不同决策的需要，财务分析可分为融资前分析和融资后分析。

财务分析一般宜先进行融资前分析，融资前分析是指在考虑融资方案前就可以开始进行的财务分析，即不考虑债务融资条件下进行的财务分析。在融资前分析结论满足要求的情况下，初步设定融资方案，再进行融资后分析，融资后分析是指以设定的融资方案为基础进行的财务分析。

在项目的初期研究阶段，也可只进行融资前分析。

融资前分析只进行赢利能力分析，即项目投资现金流量分析，从项目投资总获利能力角度，考察项目方案设计的合理性，以动态分析（折现现金流量分析）为主，静态分析（非折现现金流量分析）为辅。根据需要，可从所得税前和（或）所得税后两个角度进行考察，选择计算所得税前和（或）所得税后指标。

计算所得税前指标的融资前分析（所得税前分析）是从息前税前角度进行的分析；计算

所得税后指标的融资前分析(所得税后分析)是从息前税后角度进行的分析。

8.2.1 正确识别选用现金流量

进行现金流量分析应正确识别和选用现金流量,包括现金流入和现金流出。融资前财务分析的现金流量应与融资方案无关。从该原则出发,融资前项目投资现金流量分析的现金流量主要包括建设投资、营业收入、经营成本、流动资金、营业税金及附加和所得税。

为了体现与融资方案无关的要求,各项现金流量的估算中都需要剔除利息的影响。例如采用不含利息的经营成本作为现金流出,而不是总成本费用;在流动资金估算、经营成本中的修理费和其他费用估算过程中应注意避免利息的影响等。

所得税前和所得税后分析的现金流入完全相同,但现金流出略有不同,所得税前分析不将所得税作为现金流出,所得税后分析视所得税为现金流出。

8.2.2 “项目投资现金流量表”的编制

融资前动态分析主要考察整个计算期内现金流入和现金流出,编制“项目投资现金流量表”,见表8-1。

表8-1　项目投资现金流量　　万元

序号	项　目	合计	计　算　期					
			1	2	3	4	…	n
1	现金流入							
1.1	营业收入							
1.2	补贴收入							
1.3	回收固定资产余值							
1.4	回收流动资金							
2	现金流出							
2.1	建设投资							
2.2	流动资金							
2.3	经营成本							
2.4	营业税金及附加							
2.5	维持运营投资							
3	所得税前净现金流量(1-2)							
4	累计所得税前净现金流量							
5	调整所得税							
6	所得税后净现金流量(3-5)							
7	累计所得税后净现金流量							

续表

计算指标：
项目投资财务内部收益率/%（所得税前）
项目投资财务内部收益率/%（所得税后）
项目投资财务净现值（所得税前）（i_c=%）
项目投资财务净现值（所得税后）（i_c=%）
项目投资回收期/年（所得税前）
项目投资回收期/年（所得税后）

注：（1）本表适用于新设法人项目与既有法人项目的增量和"有项目"的现金流量分析；

（2）调整所得税为以息税前利润为基数计算的所得税，区别于"利润与利润分配表"、"项目资本金现金流量表"和"财务计划现金流量表"中的所得税。

1. 现金流入

现金流入主要是营业收入，还可能包括补贴收入，在计算期最后一年，还包括回收固定资产余值及回收流动资金。营业收入的各年数据取自"营业收入、营业税金及附加和增值税估算表"。固定资产余值回收额为"固定资产折旧费估算表"中最后一年的固定资产期末净值，流动资金回收额为项目正常生产年份流动资金的占用额。

2. 现金流出

现金流出主要包括有建设投资、流动资金、经营成本、营业税金及附加、所得税。建设投资和流动资金的数额取自"项目总投资使用计划与资金筹措表"；流动资金投资为各年流动资金增加额；经营成本取自"总成本费用估算表"；营业税金及附加取自"营业收入、营业税金及附加和增值税估算表"。如果运营期内需要发生设备或设施的更新费用以及矿山、石油开采项目的拓展费用等（记做维持运营投资），也应作为现金流出。

尤其需要注意的是，"项目投资现金流量表"中的"所得税"应根据息税前利润（*EBIT*）乘以所得税率计算，称为"调整所得税"。原则上，息税前利润的计算应完全不受融资方案变动的影响，即不受利息多少的影响，包括建设期利息对折旧的影响（因为折旧的变化会对利润总额产生影响，进而影响息税前利润），但如此将会出现两个折旧和两个息税前利润（用于计算融资前所得税的息税前利润与利润表中的息税前利润）。为简化起见，当建设期利息占总投资比例不是很大时，也可按利润表中的息税前利润计算调整所得税。

3. 净现金流量

项目计算期各年的净现金流量为各年现金流入量减对应年份的现金流出量，各年累计净现金流量为本年及以前各年净现金流量之和。

8.2.3 项目投资赢利能力分析指标

根据项目投资现金流量表，可以计算项目投资财务内部收益率（*FIRR*）和项目投资财务净现值（*FNPV*）。

财务分析中，一般将内部收益率的判别基准（i_c）和计算净现值的折现率采用同一数值，可使 $FIRR \geqslant i_c$ 对项目效益的判断和采用 i_c 计算的 $FNPV \geqslant 0$ 对项目效益的判断结果一致。

作为项目投资判别基准的财务基准收益率或计算项目投资净现值的折现率，应主要依据"资金机会成本"和"资金成本"确定，并充分考虑项目可能面临的风险。项目的投资目标、投资人的偏好、项目隶属的行业对确定基准收益率或折现率有重要影响。实际工作中，应根据项目的性质使用有关部门发布的行业财务基准收益率，或参考使用有关主管部门发布的财务基准收益率。

计算净现值的折现率也可取不同于内部收益率判别基准的数值。折现率的取值应十分谨慎，因为折现率的微小差异，会带来净现值数以万计的差异。依据不充分时或可变因素较多时，可取几个不同数值的折现率，计算多个净现值，以给决策者提供全面的信息。

在判别基准的设定中是否考虑价格总水平变动因素，应与指标计算时对价格总水平变动因素的处理相一致。在“项目投资现金流量表”的编制中一般不考虑价格总水平变动因素，所以在判别基准的设定中通常要剔除价格总水平变动因素的影响。

在判别基准的设定中是否考虑所得税因素，应与指标的内涵相对应。设定所得税前指标的判别基准时，应含所得税；而设定所得税后指标的判别基准时，应剔除所得税。

另外还可以借助该表计算项目投资回收期，可以分别计算静态和动态的投资回收期，我国的评价方法只规定计算静态投资回收期。

8.2.4 所得税前分析和税后分析的作用

按所得税前的净现金流量计算的相关指标，即所得税前指标，是投资赢利能力的完整体现，用以考察由项目方案设计本身所决定的财务赢利能力，它不受融资方案和所得税政策变化的影响，仅仅体现项目方案本身的合理性。所得税前指标可以作为初步投资决策的主要指标，用于考察项目是否基本可行，并值得去为之融资。所谓“初步”是相对而言，意指根据该指标投资者可以做出项目实施后能实现投资目标的判断，此后再通过融资方案的比选分析，有了较为满意的融资方案后，投资者才能决定最终出资。所得税前指标应该受到项目有关各方（项目发起人、项目业主、项目投资人、银行和政府管理部门）广泛的关注。所得税前指标还特别适用于建设方案设计中的方案比选。

所得税后分析是所得税前分析的延伸。由于所得税作为现金流出，可用于非融资的条件下判断项目投资对企业价值的贡献，是企业投资决策依据的主要指标。

进行财务分析首先要进行融资前分析。它与融资条件无关，其依赖数据少，报表编制简单，但其分析结论可满足方案比选和初步投资决策的需要。如果分析结果表明项目效益符合要求，再考虑融资方案，继续进行融资后分析；如果分析结果不能满足要求，可以通过修改方案设计完善项目方案，必要时甚至可据此做出放弃项目的建议。

8.3 融资后财务分析

只有通过了融资前分析的检验，才有必要进一步进行融资后分析。融资后分析应以融资前分析和初步的融资方案为基础，主要针对项目资本金折现现金流量和投资各方折现现金流量进行分析，考察项目在拟投资融资条件下的赢利能力分析、偿债能力分析和财务生存能力分析，判断项目方案在融资条件下的可行性。融资后分析用于比选融资方案，帮助投资者做出融资决策。可行性研究阶段必须进行融资后分析，但只是阶段性的。实践中，在可行性研究报告完成之后，还需要进一步深化融资后分析，才能完成最终融资决策。

8.3.1 融资后赢利能力分析

融资后的赢利能力分析,包括动态分析(折现现金流量分析)和静态分析(非折现赢利能力分析)。

1. 动态分析

动态分析是通过编制"财务现金流量表",根据资金时间价值原理,计算财务内部收益率、财务净现值等指标,分析项目的获利能力。融资后的动态分析可分为两个层次。

1)项目资本金现金流量分析

项目资本金现金流量分析是从项目权益投资者整体的角度,考察项目给项目权益投资者带来的收益水平。它是在拟定的融资方案基础上进行的息税后分析,依据的报表是"项目资本金现金流量表"。

项目资本金现金流量分析,应在拟定的融资方案下,从项目资本金出资者整体的角度,确定其现金流入和现金流出,编制"项目资本金现金流量表",见表8-2。

表8-2 项目资本金现金流量 万元

序号	项目	合计	计算期					
			1	2	3	4	…	n
1	现金流入							
1.1	营业收入							
1.2	补贴收入							
1.3	回收固定资产余值							
1.4	回收流动资金							
2	现金流出							
2.1	项目资本金							
2.2	借款本金偿还							
2.3	借款利息支付							
2.4	经营成本							
2.5	营业税金及附加							
2.6	所得税							
2.7	维持运营投资							
3	净现金流量(1-2)							

计算指标:

资本金财务内部收益率/%

注:(1)项目资本金包括用于建设投资、建设期利息和流动资金的资金;

(2)对外商投资项目,现金流出中应增加职工奖励及福利基金科目;

(3)本表适用于新设法人项目与既有法人项目"有项目"的现金流量分析。

(1)现金流入各项的数据来源与全部投资现金流量表相同。

(2)现金流出项目包括项目资本金、借款本金偿还、借款利息支付、经营成本、营业税金及附加、所得税和维持运营投资。其中,现金流入和现金流出的有关数据,可以依据"营业收入、营业税金及附加和增值税估算表"、"建设投资估算表"、"流动资金估算表"、"项目总投资使用计划与资金筹措表"、"总成本费用估算表"、"借款还本付息计划表"和"利润与利润分配表"等有关财务报表填列。

(3)项目计算期各年的净现金流量为各年现金流入量减对应年份的现金流出量。

(4)"项目资本金现金流量表"将各年投入项目的项目资本金作为现金流出,各年缴付的所得税和还本付息也作为现金流出,因此其净现金流量可以表示在缴税和还本付息之后的剩余,即项目(或企业)增加的净收益,也是投资者的权益性收益。因此计算的项目资本金内部收益率指标反映从投资者整体权益角度考察赢利能力的要求,也就是从项目发起人(或企业)角度对赢利能力进行判断的要求。在依据融资前分析的指标对项目基本获利能力有所判断的基础上,项目资本金内部收益率指标体现了在一定的融资方案下,投资者整体所能获得的权益性收益水平。该指标可用来对融资方案进行比较和取舍,是投资者整体做出最终融资决策的依据,也可进一步帮助投资者最终决策出资。

项目资本金内部收益率的判别基准是项目投资者整体对投资获利的最低期望值,即最低可接受收益率。当计算的项目资本金内部收益率大于或等于该最低可接受收益率时,说明投资获利水平大于或达到了要求,是可以接受的。最低可接受收益率的确定主要取决于当时的资本收益水平以及投资者对权益资金收益的要求。它与资金机会成本和投资者对风险的态度有关。

2)投资各方现金流量分析

对于某些项目,为了考察投资各方的具体收益,还应从投资各方实际收入和支出的角度,确定其现金流入和现金流出,编制"投资各方现金流量表",见表8-3,计算投资各方的内部收益率指标。

表8-3 投资各方现金流量 万元

序号	项目	合计	计算期					
			1	2	3	4	…	n
1	现金流入							
1.1	实分利润							
1.2	资产处置收益分配							
1.3	租赁费收入							
1.4	技术转让或使用收入							
1.5	其他现金流入							
2	现金流出							
2.1	实缴资本							
2.2	租赁资产支出							
2.3	其他现金流出							
3	净现金流量(1-2)							

续表

序号	项　　目	合计	计　算　期					
			1	2	3	4	…	n
计算指标：								
	投资各方财务内部收益率/%							

(1)“投资各方现金流量表”中现金流入是指出资方因该项目的实施将实际获得的各种收入；现金流出是指出资方因该项目的实施将实际投入的各种支出。表中科目应根据项目具体情况调整，表中各科目的含义为：①实分利润是指投资者由项目获取的利润；②资产处置收益分配是指对有明确的合营期限或合资期限的项目，在期满时对资产余值按股比或约定比例的分配；③租赁费收入是指出资方将自己的资产租赁给项目使用所获得的收入，此时应将资产价值作为现金流出，列为租赁资产支出科目；④技术转让或使用收入是指出资方将专利或专有技术转让或允许该项目使用所获得的收入。

(2)投资各方的内部收益率表示了投资各方的收益水平。一般情况下，投资各方按股本比例分配利润和分担亏损及风险，因此投资各方的利益一般是均等的，没有必要计算投资各方的内部收益率。只有投资者中的各方有股权之外的不对等的利益分配时(契约式的合作企业常常会有这种情况)，投资各方的收益率才会有差异，此时常常需要计算投资各方的内部收益率。计算投资各方的内部收益率可以看出各方收益是否均衡，或者其非均衡性是否在一个合理的水平上，有助于促成投资各方在合作谈判中达成平等互利的协议。

2. 静态分析

除了进行现金流量分析以外，还可以根据项目具体情况进行静态分析，静态分析是不采取折现方式处理数据，主要依据“利润与利润分配表”，并借助现金流量表计算相关赢利能力指标，包括项目资本金净利润率(*ROE*)、总投资收益率(*ROI*)等。

静态分析编制的报表是“利润与利润分配表”，“利润与利润分配表”中损益栏目反映项目计算期内各年的营业收入、总成本费用支出、利润总额情况；利润分配栏目反映所得税及税后利润的分配情况，见表8-4。

“利润与利润分配表”中利润分配内容和顺序系根据《企业会计制度》(2011)的规定，具体有如下几项。

(1)当期实现的净利润，加上年初未分配利润(或减去年初未弥补亏损)和其他转入后的余额，为可供分配的利润。可供分配的利润，按顺序分配：①提取法定盈余公积；②提取法定公益金。

外商投资企业应当按照法律、行政法规的规定按净利润提取储备基金、企业发展基金、职工奖励及福利基金等。

中外合作经营企业按规定在合作期内以利润归还投资者的投资以及国有工业企业按规定以利润补充的流动资本，也从可供分配的利润中扣除。

(2)可供分配的利润减去提取的法定盈余公积、法定公益金等后，为可供投资者分配的利润。可供投资者分配的利润，按顺序分配：①应付优先股股利，是指企业按照利润分配方案分配给优先股股东的现金股利；②提取任意盈余公积，是指企业按规定提取的任意盈余公积；③应付普通股股利，是指企业按照利润分配方案分配给普通股股东的现金股利，企业分配给投资者的利润，也在本项目核算；④转作资本（或股本）的普通股股利，是指企业按照利润分配方案以分派股票股利的形式转作的资本（或股本），企业以利润转增的资本，也在本项目核算。

表8-4 利润与利润分配

万元

序号	项目	合计	计算期					
			1	2	3	4	…	n
1	营业收入							
2	营业税金及附加							
3	总成本费用							
4	补贴收入							
5	利润总额（1－2－3＋4）							
6	弥补以前年度亏损							
7	应纳税所得额（5－6）							
8	所得税							
9	净利润（5－8）							
10	期初未分配利润							
11	可供分配的利润（9＋10）							
12	提取法定盈余公积							
13	提取法定公益金							
14	可供投资者分配的利润（11－12－13）							
15	应付优先股股利							
16	提取任意盈余公积							
17	应付普通股股利（14－15－16）							
18	各投资方利润分配							
	其中：××方							
	××方							
19	未分配利润（14－15－16－18）							
20	息税前利润（利润总额＋利息支出）							
21	息税折旧摊销前利润 （息税前利润＋折旧＋摊销）							

注：(1)对外商投资项目由第11项减去储备基金、职工奖励与福利基金和企业发展基金（外商独资项目可不列入企业发展基金）后，得出可供投资者分配的利润；

(2)法定盈余公积按净利润计提。

可供投资者分配的利润，经过上述分配后，为未分配利润（或未弥补亏损）。未分配利润可留待以后年度进行分配。企业如发生亏损，可以按规定由以后年度利润进行弥补。

企业未分配的利润（或未弥补的亏损）应当在资产负债表的所有者权益项目中单独反映。

8.3.2 融资后偿债能力分析

对筹措了债务资金的项目,偿债能力考察项目能否按期偿还借款的能力。根据“借款还本付息计划表”、“利润与利润分配表”的有关数据,通过计算利息备付率、偿债备付率指标,判断项目的偿债能力。

1. 借款偿还期的计算

“借款还本付息计划表”在以往章节利息支出的估算中已经做了介绍。

如果能够得知或根据经验设定所要求的借款偿还期,可以直接计算利息备付率、偿债备付率指标;如果难以设定借款偿还期,也可以先大致估算出借款偿还期,再采用适宜的方法计算出每年需要还本和付息的金额,代入公式计算利息备付率、偿债备付率指标。需要估算借款偿还期时,可按下式估算

$$借款偿还期=\frac{借款偿还后开始}{出现盈余的年份}-开始借款年份+\frac{当年借款}{当年可用于还款的资金额} \tag{8-4}$$

需要注意的是,该借款偿还期只是为估算利息备付率和偿债备付率指标所用,不应与利息备付率和偿债备付率指标并列。

按照有关法规,融资租赁固定资产可视同购置的固定资产一样计提折旧,同时按税法规定,融资租赁费用不应在所得税前扣除,因此项目评价中融资租赁费用的支付,可视做偿还本金处理,按要求的期限和数额逐年偿还。

2. “资产负债表”的编制

“资产负债表”通常按企业范围编制,企业“资产负债表”是国际上通用的财务报表,表中数据可由其他报表直接引入或经适当计算后列入,以反映企业某一特定日期的财务状况。编制过程中资产负债表的科目可以适当简化,反映的是各年年末的财务状况,见表8-5。

表8-5 资产负债 万元

序号	项目	合计	计算期					
			1	2	3	4	…	n
1	资产							
1.1	流动资产总额							
1.1.1	货币资金							
1.1.2	应收账款							
1.1.3	预付账款							
1.1.4	存货							
1.1.5	其他							
1.2	在建工程							
1.3	固定资产净值							
1.4	无形及其他资产净值							
2	负债及所有者权益(2.4+2.5)							
2.1	流动负债总额							

续表

序号	项　目	合计	计　算　期					
			1	2	3	4	…	n
2.1.1	短期借款							
2.1.2	应付账款							
2.1.3	预收账款							
2.1.4	其他							
2.2	建设投资借款							
2.3	流动资金借款							
2.4	负债小计(2.1+2.2+2.3)							
2.5	所有者权益							
2.5.1	实收资本							
2.5.2	资本公积							
2.5.3	累计盈余公积							
2.5.4	累计未分配利润							
计算指标： 资产负债率/%								

注:(1)对外商投资项目,第2.5.3项改为累计储备基金和企业发展基金；

(2)对既有法人项目,一般只针对法人编制,可按需要增加科目,此时表中资本金是指企业全部实收资本,包括原有和新增的实收资本；必要时,也可针对"有项目"范围编制,此时表中资本金仅指"有项目"范围的对应数值；

(3)货币资金包括现金和累计盈余资金。

1)资产

资产由流动资产、在建工程、固定资产净值、无形及其他资产净值四项组成。

流动资产为货币资金、应收账款、预付账款、存货、其他之和。应收账款、预付账款和存货三项数据来自"流动资金估算表"；货币资金数据则取自"财务计划现金流量表"的累计资金盈余与"流动资金估算表"中现金项之和。

在建工程是指建设投资和建设期利息的年累计额。

固定资产净值和无形及其他资产净值分别从"固定资产折旧费估算表"和"无形和其他资产摊销估算表"取得。

2)负债及所有者权益

(1)负债包括流动负债、建设投资借款和流动资金借款。流动负债中的应付账款、预收账款数据可由"流动资金估算表"直接取得。后两项需要根据"财务计划现金流量表"中的对应项及相应的本金偿还项进行计算。

(2)所有者权益包括资本金、资本公积、累计盈余公积及累计未分配利润。其中,累计未分配利润可直接来自"利润表"；累计盈余公积金也可由"利润表"中盈余公积项计算各年份的累计值,但应根据是否用盈余公积弥补亏损或转增资本金的情况进行相应调整；资本金为项目投资中累计自有资金(扣除资本溢价),当存在由资本公积或盈余公积转增资本金的情况时应进行相应调整。资本公积为累计资本溢价及赠款,转增资本金时进行相应调整。

资产负债表满足等式

资产=负债+所有者权益

8.3.3 财务生存能力分析

在项目(企业)运营期间,确保从各项经济活动中得到足够的净现金流量是项目能够持续生存的条件。财务分析中应根据"财务计划现金流量表",综合考察项目计算期内各年的投资活动、融资活动和经营活动所产生的各项现金流入和流出,计算净现金流量和累计盈余资金,分析项目是否有足够的净现金流量维持正常运营。为此,财务生存能力分析亦可称为资金平衡分析。"财务计划现金流量表"见表8-6,其中绝大部分数据可来自其他表格。

表8-6 财务计划现金流量 万元

序号	项目	合计	计算期					
			1	2	3	4	…	n
1	经营活动净现金流量(1.1－1.2)							
1.1	现金流入							
1.1.1	营业收入							
1.1.2	增值税销项税额							
1.1.3	补贴收入							
1.1.4	其他流入							
1.2	现金流出							
1.2.1	经营成本							
1.2.2	增值税进项税额							
1.2.3	营业税金及附加							
1.2.4	增值税							
1.2.5	所得税							
1.2.6	其他流出							
2	投资活动净现金流量(2.1－2.2)							
2.1	现金流入							
2.2	现金流出							
2.2.1	建设投资							
2.2.2	维持运营投资							
2.2.3	流动资金							
2.2.4	其他流出							
3	筹资活动净现金流量(3.1－3.2)							
3.1	现金流入							
3.1.1	项目资本金投入							
3.1.2	建设投资借款							
3.1.3	流动资金借款							
3.1.4	债券							

续表

序号	项目	合计	计算期					
			1	2	3	4	…	n
3.1.5	短期借款							
3.1.6	其他流入							
3.2	现金流出							
3.2.1	各种利息支出							
3.2.2	偿还债务本金							
3.2.3	应付利润(股利分配)							
3.2.4	其他流出							
4	净现金流量(1+2+3)							
5	累计盈余资金							

注:(1)对于新设法人项目,本表投资活动的现金流入为0;

(2)对于既有法人项目,可适当增加科目;

(3)必要时,现金流出中可增加应付优先股股利科目;

(4)对外商投资项目应将职工奖励与福利基金作为经营活动现金流出。

财务生存能力分析应结合偿债能力分析进行,如果拟安排的还款期过短,致使还本付息负担过重,导致为维持资金平衡必须筹借的短期借款过多,可以调整还款期,减轻各年还款负担。

通常因运营期前期的还本付息负担较重,故应特别注重运营期前期的财务生存能力分析。

通过以下相辅相成的两个方面可具体判断项目的财务生存能力。

(1)拥有足够的经营净现金流量是财务可持续的基本条件,特别是在运营初期。一个项目具有较大的经营净现金流量,说明项目方案比较合理,实现自身资金平衡的可能性大,不会过分依赖短期融资来维持运营;反之,一个项目不能产生足够的经营净现金流量,或经营净现金流量为负值,说明维持项目正常运行会遇到财务上的困难,项目方案缺乏合理性,实现自身资金平衡的可能性小,有可能要靠短期融资来维持运营;或者是非经营项目本身无能力实现自身资金平衡,提示要靠政府补贴。

(2)各年累计盈余资金不出现负值是财务生存的必要条件。在整个运营期间,允许个别年份的净现金流量出现负值,但不能容许任一年份的累计盈余资金出现负值。一旦出现负值时应适时进行短期融资,该短期融资应体现在"财务计划现金流量表"中,同时短期融资的利息也应纳入成本费用和其后的计算。较大的或较频繁的短期融资,有可能导致以后的累计盈余资金无法实现正值,致使项目难以持续运营。

8.4 财务分析指标体系与方法

8.4.1 财务分析指标体系

投资项目财务分析结果的好坏,一方面取决于基础数据的可靠性,另一方面则取决于所选取的指标体系的合理性。只有选取正确的指标体系,项目的财务分析结果才能与客观实际情况相吻合,才具有实际意义。一般来讲,投资者的投资目标不止一个,因此项目财务指标体系也不是唯一的。根据不同的评价深度要求和可获得资料的多少以及项目本身所处条件与性质的不同,可选用不同的指标。这些指标也有主次之分,可从不同侧面反映项目的经济效益状况。

投资项目财务分析指标体系是按照财务分析的内容建立起来的,同时也与编制的财务分析报表密切相关。建设项目财务分析内容、财务报表、评价指标之间的关系见表8-7。

表8-7 建设项目财务分析指标与基本报表关系

评价内容	基本报表		评价指标	
			静态指标	动态指标
赢利能力分析	融资前分析	“项目投资现金流量表”	项目投资回收期	项目投资财务内部收益率 项目投资财务净现值
	融资后分析	“项目资本金现金流量表”		项目资本金财务内部收益率
		“投资各方现金流量表”		投资各方财务内部收益率
		“利润与利润分配表”	总投资收益率 项目资本金净利润率	
偿债能力分析	“借款还本付息计划表”		偿债备付率 利息备付率	
	“资产负债表”		资产负债率 流动比率 速动比率	
财务生存能力分析	“财务计划现金流量表”		累计盈余资金	

8.4.2 项目财务赢利能力评价指标

财务赢利能力评价主要考察投资项目投资的赢利水平。按照是否考虑资金的时间价值,反映项目赢利能力的指标分为静态指标和动态指标。静态赢利能力指标的计算,主要根据利润与利润分配表等进行。

1. 静态指标的计算

静态赢利能力指标是指不考虑资金时间价值因素的影响而计算的赢利能力指标,主要包括总投资收益率、项目资本金净利润率和静态投资回收期。静态赢利能力指标可以根据“建设投资估算表”、“项目总投资使用计划与资金筹措表”、“利润与利润分配表”和“现金流量表”中的有关数据计算。

1)总投资收益率

总投资收益率(ROI)表示总投资的赢利水平,是指项目达到设计能力后正常年份的年息税前利润或运营期内年平均息税前利润($EBIT$)与项目总投资(TI)的比率。计算公式为

$$ROI = \frac{EBIT}{TI} \times 100\% \tag{8-5}$$

式中 $EBIT$——项目正常年份的年息税前利润或运营期内年平均息税前利润;

TI——项目总投资。

如果项目的生产期较短，且年息税前利润额波动较大，可以选择生产期的平均年息税前利润额；如果项目的生产期较长，年息税前利润额在生产期又没有较大的波动，可选择正常生产年份的年息税前利润额。

式中的总投资为建设投资、建设期利息和流动资金之和。

计算出的总投资收益率要与同行业的总投资收益率进行比较，判断项目的获利能力和水平。若计算出的总投资收益率高于同行业的总投资收益率，则认为项目赢利能力满足要求。

2）项目资本金净利润率

项目资本金净利润率（ROE）表示项目资本金的赢利水平，是指项目达到设计能力后正常年份的年净利润或运营期内年平均净利润（NP）与项目资本金（EC）的比率，计算公式为

$$ROE=\frac{NP}{EC} \tag{8-6}$$

式中 NP——项目正常年份的年净利润或运营期内年平均净利润；

EC——项目资本金。

年净利润是选择正常生产年份的税后利润，还是选择生产期平均年税后利润，原理同于总投资收益率的计算。式中的资本金也是指项目的全部注册资本金。资本金净利润率应该是投资者最关心的一个指标，因为它反映了投资者自己的出资所带来的净利润。

项目资本金净利润率高于同行业的净利润率参考值，表明用项目资本金净利润率表示的赢利能力满足要求。

3）静态投资回收期

静态投资回收期（P_t）是指以项目的净效益回收项目投资所需要的时间，一般以年为单位，项目投资回收期宜从项目建设开始年算起，若从项目投产开始年计算，应予以特别说明。其表达式为

$$\sum_{t=1}^{P_t}(CI-CO)_t=0 \tag{8-7}$$

式中 P_t——静态投资回收期；

CI——现金流入量；

CO——现金流出量；

$(CI-CO)_t$——第 t 年的净现金流量。

项目静态投资回收期可借助“项目投资现金流量表”计算。“项目投资现金流量表”中累计净现金流量由负值变为0 的时点，即为项目的投资回收期。可用下式计算，即

$$P_t=T-1+\frac{\left|\sum_{i=1}^{T-1}(CI-CO)_i\right|}{(CI-CO)_T} \tag{8-8}$$

式中 T——各年累计净现金流量首次为正值或0 的年数。

静态投资回收期短，表明项目投资回收快，抗风险能力强。求出的静态投资回收期（P_t）可与行业基准投资回收期（P_c）比较：如果 $P_t\leqslant P_c$，可以考虑接受该项目；如果 $P_t>P_c$，可以考虑拒绝接受该项目。

总之,静态的赢利能力指标的计算比较简单,但由于没有考虑资金的时间价值,因此在进行项目财务分析时,还需计算动态赢利能力指标。

2. 动态指标的计算

动态赢利能力指标是指考虑资金时间价值因素的影响而计算的赢利能力指标,主要包括财务净现值和财务内部收益率。动态指标需要根据"现金流量表"计算。

1)财务净现值

财务净现值($FNPV$)是指按设定的折现率(一般采用基准收益率 i_c)计算的项目计算期内的净现金流量现值之和,其计算公式为

$$FNPV = \sum_{t=1}^{n} (CI - CO)_t (1 + i_c)^{-t} \tag{8-9}$$

式中 n——计算期($1,2,3,\cdots,n$);

i_c——设定的折现率;

$(1+i_c)^{-t}$——第 t 年的折现系数;

其他符号含义同式 8-7。

一般情况下,财务赢利能力分析只计算项目投资财务净现值,可根据需要选择计算所得税前净现值或所得税后净现值。

财务净现值是评价项目赢利能力的绝对指标,它反映项目在满足按设定折现率要求的赢利能力之外,获得的超额赢利的现值。计算出的财务净现值可能有三种结果,即 $FNPV>0$,$FNPV=0$,或 $FNPV<0$。当 $FNPV>0$ 时,说明项目的赢利能力超过了按设定的基准折现率计算的赢利能力,从财务角度考虑,项目是可以接受的;当 $FNPV=0$ 时,说明项目的赢利能力刚好达到按设定的基准折现率计算的赢利能力,项目可以考虑接受;当 $FNPV<0$ 时,说明项目的赢利能力达不到按设定的基准折现率计算的赢利能力,一般从财务角度判断项目是不可行。

财务净现值指标计算简便,只要编制了"现金流量表",确定好折现率,净现值的计算仅是一种简单的算术方法。另外,该指标的计算结果稳定,不会因算术方法的不同而带来任何差异。

财务净现值虽然考虑了项目整个寿命期的经济数据,全面地反映了项目的赢利能力,但财务净现值指标也有不足。主要体现在两个方面:①财务净现值指标是一个绝对数指标,只能反映项目是否有赢利,并不能反映拟建项目的实际赢利水平;②需要事先确定 i_c,i_c是部门或行业的基准收益率或者是我们设定的一个基准收益率,作为计算净现值的折现率。在项目所有经济数据不变的情况下,使 i_c从小到大变化,就会发现作为 i_c的函数,同一现金流量的净现值随着 i_c的增大,发生由大到小的变化。如图 8-2 与图 8-3 所示,在 $i_c = i^*$ 处,财务净现值等于 0;当 $i_c < i^*$ 时,财务净现值大于 0,当 $i_c > i^*$ 时;财务净现值小于 0。可见,项目选择的折现率过高,可行的项目可能被否定;选择的折现率过低,不可行的项目就可能被选中,特别对那些投资收益水平居中的项目。所以,在运用财务净现值指标时,要选择一个比较客观的折现率,否则,评价的结果往往"失真",可能造成决策失误。

为了克服利用财务净现值指标评价方案或筛选方案时可能产生的误差,在财务分析中,往往选择财务内部收益率作为主要的评价指标。

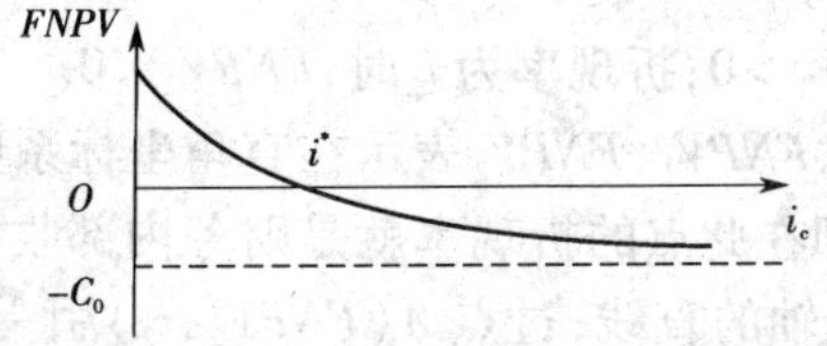

图8-2 只有一期投资的常规投资项目的净现值函数曲线

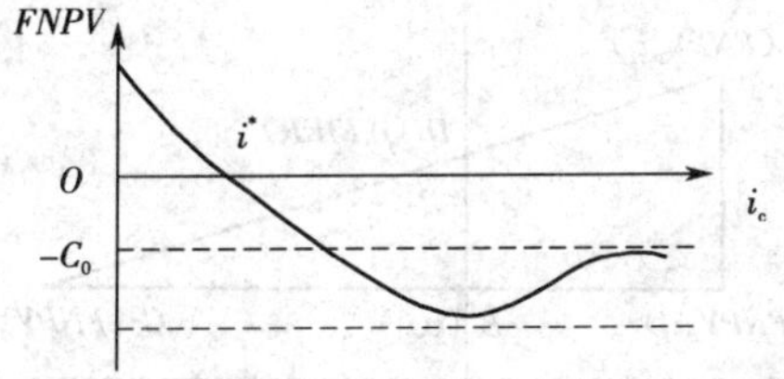

图8-3 多期投资的常规投资项目的净现值函数曲线

2)财务内部收益率

财务内部收益率(*FIRR*)是指项目在整个计算期内各年净现金流量现值之和为0时的折现率,也就是使计算期内各年净现值之和等于0时的折现率。它是评价项目赢利能力的一个重要动态评价指标,表示项目的实际赢利水平。其表达式为

$$\sum_{t=1}^{n}(CI-CO)_t\cdot(1+FIRR)^{-t}=0 \tag{8-10}$$

式中 *FIRR*——财务内部收益率;

其他符号含义同式(8-7)。

财务内部收益率与财务净现值的表达式基本相同,但计算程序却截然不同。在计算财务净现值时,预先设定折现率,并以此折现率将各年净现金流量折算成现值,然后累加得出净现值。在计算财务内部收益率时,要经过多次试算,使得净现金流量现值累计等于0。财务内部收益率的计算比较繁杂,一般可借助专用软件的财务函数或有特定功能的计算器完成,如果用手工计算,应先采用试算法,后采用插入法。

运用手工计算项目财务内部收益率的基本步骤如下。

(1)第一步,用估计的某一折现率对拟建项目整个计算期内各年财务净现金流量进行折现,并得出净现值。如果得到的净现值等于0,则所选定的折现率即为财务内部收益率。如所得财务净现值为一正数,则再选一个更高一些的折现率再次进行试算,直至正数财务净现值接近0为止。

(2)第二步,在第一步的基础上,再继续提高折现率,直至计算出接近0的负数财务净现值为止。

(3)第三步,根据上两步计算所得的正、负财务净现值及其对应的折现率,运用插入法计算财务内部收益率。因为内部收益率与净现值之间不是线性关系,如果两个折现率之间的差太大,计算结果会有较大的误差,所以,为保证计算的准确性,一般规定,两个折现率之差最好是在2% ~5%之内。

插入法是将试算法得出的数据代入插入法计算公式来求财务内部收益率的一种方法。

插入法的计算公式推导如下。

设:折现率为 i_1时,$FNPV_1>0$;折现率为 i_2时,$FNPV_2<0$。

如图 8-4 所示,将 i_1, i_2,$FNPV_1$,$FNPV_2$表示在直角坐标系中,连接 AC 与纵轴相交于 D 点,在这一点上,$FNPV=0$,即在此点的折现率就是财务内部收益率,用 $FIRR$ 表示。过点 $C(FNPV_1,i_1)$引一条平行于横轴的直线,过点 $A(FNPV_2,i_2)$引一条平行于纵轴的直线,两条直线相交于点 $B(FNPV_2,i_1)$。

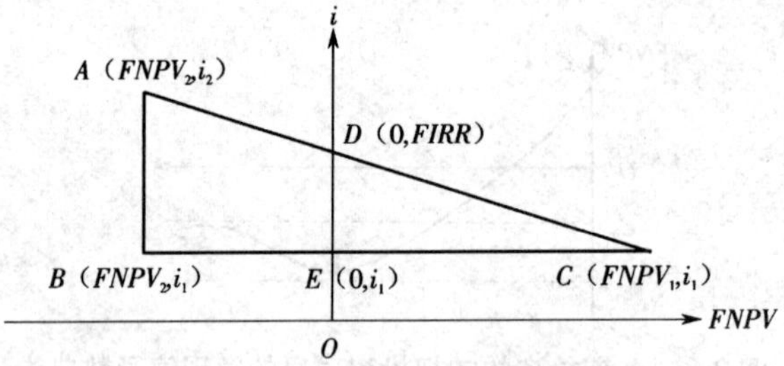

图 8-4 财务内部收益率的计算

$\triangle ABC$ 与$\triangle DEC$ 是两个相似三角形,其对应边成比例,即

$$\frac{FIRR-i_1}{i_2-i_1}=\frac{FNPV_1}{FNPV_1+|FNPV_2|} \tag{8-11}$$

将上式整理,得

$$FIRR=i_1+(i_2-i_1)\frac{FNPV_1}{FNPV_1+|FNPV_2|} \tag{8-12}$$

式中 i_1——偏低折现率;

i_2——偏高折现率;

$FNPV_1$——正的净现值;

$FNPV_2$——负的净现值。

按分析内容不同,财务内部收益率分为项目投资财务内部收益率、项目资本金财务内部收益率和投资各方的财务内部收益率,但所用的现金流入和现金流出不同。

项目投资财务内部收益率是考察项目确定融资方案前整个项目的赢利能力。计算出的项目财务内部收益率要与行业发布或财务分析人员设定的基准折现率,或投资者的目标收益率(i_c)进行比较,如果计算的 $FIRR\geqslant i_c$,则说明项目的赢利能力能够满足要求,因而是可以考虑接受的;否则,不能满足项目赢利能力的要求,认为该项目从财务角度分析是不可行的。

资本金财务内部收益率是以项目资本金为计算基础,考察所得税税后资本金可能获得的收益水平。

投资各方财务内部收益率,是以投资各方出资额为计算基础,考察投资各方可能获得的收益水平。资本金财务内部收益率和投资各方财务内部收益率应与出资方最低期望收益率对比,判断投资方的收益水平。

财务内部收益率的概念明晰,反映项目的实际赢利率,并且计算时不用事先确定基准收益率或者设定一个折现率 i_1,但财务内部收益率的计算过程还是比较烦琐的。特别是财务内部收益率是数学表达式,是一个求解高次方程的过程,因此财务内部收益率可能出现这样几种情况:财务内部收益率是唯一的、财务内部收益率有多个(即有多个根)和无实数财务内部收益率(即无解)。多个根与无解是财务内部收益率的重要特性。

为了说明财务内部收益率的多根或无解,有必要了解常规项目与非常规项目的区别。常规项目是指计算期内各年净现金流量在开始一年或数年为负值,在以后各年为正值的项目;非常规项目是指计算期内各年净现金流量的正负符号的变化超过一次的项目。一般来讲,常规项目有唯一实数内部收益率,非常规项目可能会出现多根内部收益率或无实数内部收益率。例如,某拟建项目各年净现金流量见表8-8。

表8-8 某拟建项目各年净现金流量 万元

年份	1	2	3
净现金流量	-100	+320	-240

直觉告诉我们,该项目是一个亏损项目,因为其累计净现金流量为 -20,亦即该项目在既定的时期内无法收回全部投资,更谈不上有什么赢利。然而,计算结果表明,该项目有两个财务内部收益率20%和100%。对于任何大于20%而小于100%的折现率,其净现值为正值。当折现率为60%时,净现值达到极大值。

因此,使用财务内部收益率指标,需持慎重态度。如果项目有多根财务内部收益率或无实数财务内部收益率,则运用财务内部收益率指标将会使投资决策误入歧途,在此情况下,应当运用其他财务分析指标。

财务分析中,一般将内部收益率的判别基准(i_c)和计算净现值的折现率采用同一数值,可使 $FIRR \geqslant i_c$ 对项目效益的判断和采用 i_c 计算的 $FNPV \geqslant 0$ 对项目效益的判断结果一致。

作为项目投资判别基准的财务基准收益率或计算项目投资净现值的折现率,应主要依据“资金机会成本”和“资金成本”确定,并充分考虑项目可能面临的风险。项目的投资目标、投资人的偏好、项目隶属的行业对确定基准收益率或折现率有重要影响。实际工作中,应根据项目的性质使用有关部门发布的行业财务基准收益率,或参考使用有关主管部门发布的财务基准收益率。

在判别基准的设定中是否考虑价格总水平变动因素,应与指标计算时对价格总水平变动因素的处理相一致。在“项目投资现金流量表”的编制中一般不考虑价格总水平变动因素,所以在判别基准的设定中通常要剔除价格总水平变动因素的影响。

总之,由于动态指标考虑了资金的时间价值,因此项目财务分析过程中,应作为主要的赢利能力评价指标,同时辅以静态指标进行分析。

8.4.3 偿债能力评价指标

投资项目的资金构成一般可分为借入资金和自有资金。自有资金可长期使用,而借入资金必须按期偿还。不仅项目的投资者会关心项目偿债能力,借入资金的所有者——债权人也非常关心贷出资金能否按期收回本息。因此,偿债分析是财务分析中的一项重要内容。

投资项目的偿债能力分析,是指根据有关财务报表,计算反映偿债能力的指标,考察项目借款偿还能力的过程。

反映项目清偿能力的指标包括利息备付率、偿债备付率和资产负债率。通过计算这些指标，可以判断项目的偿债能力。

1. 利息备付率

利息备付率（ICR）是指在借款偿还期内的息税前利润（$EBIT$）与应付利息（PI）的比值，它从付息资金来源的充裕性角度反映项目偿付债务利息的保障程度。其计算公式为

$$ICR=\frac{EBIT}{PI} \tag{8-13}$$

式中 $EBIT$——息税前利润；

PI——计入总成本费用的应付利息。

其中，息税前利润是指“利润与利润分配表”中未扣除利息费用和所得税之前的利润；当期应付利息费用是指记入总成本本期发生的全部应付利息。

利息备付率表示项目的利润偿付利息的保证倍率，利息备付率高，说明利息偿付的保证度大。对于正常运营的企业，利息备付率应当大于1，利息备付率低于1，表示没有足够资金支付利息，偿债风险很大。

利息备付率应分年计算。

2. 偿债备付率

偿债备付率（$DSCR$）是指项目在借款偿还期内，用于计算还本付息的资金（$EBITDA-T_{AX}$）与应还本付息金额（PD）的比值，它表示可用于还本付息的资金偿还借款本息的保障程度。其计算公式为

$$DSCR=\frac{EBITDA-T_{AX}}{PD} \tag{8-14}$$

式中 $EBITDA$——息税前利润加折旧和摊销；

T_{AX}——企业所得税；

PD——应还本付息金额，包括还本金额和计入总成本费用的全部利息，融资租赁费用可视同借款偿还，运营期内的短期借款本息也应纳入计算。

如果项目在运行期内有维持运营的投资，可用于还本付息的资金应扣除维持运营的投资。

偿债备付率表示可用于还本付息的资金偿还借款本息的保证倍数。正常情况下，偿债备付率应当大于1，且越高越好。偿债备付率低，说明还本付息的资金不足，偿债风险大。当指标值小于1时，表示当年资金来源不足以偿还当期债务，需要通过短期借款偿付已到期的债务。

3. 资产负债率

资产负债率（$LOAR$）是指各期末负债总额（TL）同资产总额（TA）的比率，应按下式计算

$$LOAR=\frac{TL}{TA}\times 100\% \tag{8-15}$$

式中 TL——期末负债总额；

TA——期末资产总额。

适度的“资产负债表”，表明企业经营安全、稳健，具有较强的筹资能力，也表明企业和债权人的风险较小。对该指标的分析，应结合国家宏观经济状况、行业发展趋势、企业所处

竞争环境等具体条件判定。项目财务分析中,在长期债务还清后,可不再计算资产负债率。

8.5 非经营性项目的财务分析

8.5.1 非经营性项目的概念

非经营性项目是指旨在实现社会目标和环境目标,为社会公众提供产品或服务的非营利性投资项目,包括社会公益事业项目(如教育项目、医疗卫生保健项目)、环境保护与环境污染治理项目、某些公用基础设施项目(如市政项目)等。

这些项目经济上的显著特点是为社会提供的服务和使用功能不收取费用或只收取少量费用。

8.5.2 非经营性项目分析的目的

由于建设项目的目的是服务于社会,进行财务分析的目的不一定是为了作为投资决策的依据,而是为了考察项目的财务状况,了解是赢利还是亏损,以便采取措施使其能维持运营。

8.5.3 非经营性项目财务分析的要求

对于非经营性项目,财务分析可按下列要求进行。

1)对没有营业收入的项目

对项目不进行赢利能力分析,主要考察项目财务生存能力。此类项目通常需要政府长期补贴才能维持运营,应合理估算项目运营期各年所需的政府补贴数额,并分析政府补贴的可能性与支付能力。对有债务资金的项目,还应结合借款偿还要求进行财务生存能力分析。

2)对有营业收入的项目

对项目进行财务分析应根据收入抵补支出的程度,区别对待。收入补偿费用的顺序应为:补偿人工、材料等生产经营耗费,缴纳流转税,偿还借款利息,计提折旧和偿还借款本金。有营业收入的非经营性项目可分为下列两类。

(1)营业收入在补偿生产经营耗费、缴纳流转税、偿还借款利息、计提折旧和偿还借款本金后尚有盈余,表明项目在财务上有赢利能力和生存能力,其财务分析方法与一般项目基本相同。

(2)对一定时期内收入不足以补偿全部成本费用,但通过在运行期内逐步提高价格(收费)水平,可实现其设定的补偿生产经营耗费、缴纳流转税、偿还借款利息、计提折旧和偿还借款本金的目标,并预期在中、长期产生盈余的项目,可只进行偿债能力分析和财务生存能力分析。由于项目运营前期需要政府在一定时期内给予补贴,以维持运营,因此应估算各年所需的政府补贴数额,并分析政府在一定时期内可能提供财政补贴的能力。

第9章　经济分析

9.1　经济分析概述

9.1.1　经济分析的概念

经济分析，又称为国民经济评价，是在合理配置社会资源的前提下，从国民经济整体利益的角度出发，用一套国家参数（包括影子价格、影子工资、影子汇率和社会折现率等）计算、分析项目对国民经济的贡献，分析项目的经济效率、效果和对社会的影响，评价项目在宏观经济上的合理性。经济分析是项目评估的重要组成部分，是投资决策的重要依据。

经济分析较财务分析更为复杂，有的项目是直接进行经济分析，有的项目是在财务分析的基础上进行经济分析。财务分析所使用的数据都是根据现行财税、会计等制度和规定估算出来的，而经济分析则是遵守社会资源合理配置的原则，用一系列参数对估算的财务数据进行调整。经济分析从国民经济整体角度考察项目的效益和费用，既要考虑项目自身的费用和效益，又要考虑整个国民经济因项目存在而付出的代价和取得的利益。经济分析的方法与财务分析基本相同，也是用一系列技术经济指标评价项目的经济合理性。

9.1.2　经济分析的意义

为了实现加快经济增长速度，提高经济增长质量和人民生活水平，达到充分就业等社会经济目标，国家在一定时期总要投入一定量的人力、物力和财力资源进行项目建设。为了实现社会经济目标，需要在短期内实施数目众多的项目，但受资源的约束，不可能百业俱兴。所以，最佳配置资源就成为最大可能地实现社会经济目标的关键所在。进行项目经济评价，直接目的是为了比较方案，筛选项目，最终是为了最佳配置和有效利用投资资源。

在经济评价中，仅仅做财务分析是不够的，还要进行经济分析。财务分析是用现行价格计算项目的效益和成本，由于各方面的原因，我国有些现行价格严重“失真”，主要表现在比价不合理。用这些价格评价项目，不能客观地反映项目的经济效果，即不能客观地反映投入的资源给社会所带来的效益。另外，财务分析只局限于以现行价格计算的项目自身的效益和成本，而没有考虑因项目建成使国民经济其他部门所产生的效益和付出的代价。也就是说，财务分析只考虑了内部效益和内部费用，而没有考虑项目所带来的外部效益和外部费用。所以，财务分析不能全面地反映项目的经济效果。经济分析用调整过的价格，即一套影子价格计算项目的效益和费用，调整过的价格基本克服了“失真”因素。经济分析是把国民经济作为一个整体来考察项目，即把项目放在国民经济“一盘棋”上来考察、分析、评价项目给整个国民经济带来的效益和为此而付出的代价。这样，不但考察了项目的内部效益和内部费用，而且考察了项目的外部效益和外部费用。可见，只有进行经济分析，才能全面、客观地反映项目的经济效果。拟建项目在经济上是否可行，国家是否要投入一定的资源，首先要看它能否满足国民经济平衡发展的需要,能否为整个国民经济带来尽可能大的净效益,然后才看它能否给企业带来一定的净效益。在我国价格、税收体制和利益协调机制还不完善的情况下,建设一个项目,可能会给企业带来一定的净效益,但不一定能给整个国民经济带来净效益;反之亦然。所以,进行经济评价,不但要进行财务分析,而且还要进行经济分析,从微观和宏观两个角度考察项目。既要考察项目给企业带来的净效益,又要考察项目给整个国民经济所带来的净效益。

9.1.3 经济分析与财务分析的主要区别

1. 分析的角度与基本出发点不同

经济分析是从国民经济角度考察项目需要国家付出的费用和对国家产生的效益,以确定投资项目的经济合理性;财务分析是站在项目的层次,从项目的投资者、债权人、经营者的角度,分析项目在财务上能够生存的可能性,分析各方的实际收益和损失,分析投资或贷款的风险及收益。

2. 项目的费用和效益的含义和范围划分不同

经济分析是对项目所涉及的所有成员或群体的费用和效益做全面分析,考察项目所消耗的有用社会资源和对社会提供的有用产品,不仅考虑直接的费用和效益,还用考虑间接的费用和效益,某些转移支付项目,例如流转税等,应视情况判断是否计入费用和效益;财务分析指根据项目直接发生的财务收支,计算项目的直接费用和效益。

3. 所使用的价格体系不同

经济分析使用影子价格体系;而财务分析使用预测的财务收支价格。

4. 主要的评价参数不同

财务分析采用的是各部门、各行业的基准收益率或者是综合平均利率加风险报酬率,不同的项目有不同的折现率。而经济分析一般采用社会资本的机会成本,也称社会折现率。财务分析的折现率一般不是唯一的,不同的投资项目有不同的折现率;经济分析采用的是全国统一的、反映政府价值取向的社会折现率。

5. 分析的内容不同

经济分析通常只有赢利能力分析,没有清偿能力分析;而财务分析通常包括赢利能力分析、清偿能力分析和财务生存能力分析等。

9.1.4 经济分析的方法

建设项目的经济分析方法,包括经济费用效益分析、费用效果分析和区域经济与宏观经济影响分析。对于财务现金流量不能全面、真实地反映其经济价值,但是效益和费用可以货币化的项目,可以进行经济费用效益分析。对于效益难于货币化的项目,可采用费用效果分析方法进行经济分析。对于一些对区域经济和宏观经济有重大影响的项目,需要进行区域经济与宏观经济影响分析。

9.2 经济费用效益分析

对于财务现金流量不能全面、真实地反映其经济价值,需要进行经济费用效益分析的项目,应将经济费用效益分析的结论作为项目决策的主要依据之一。经济费用效益分析应从资源合理配置的角度,分析项目投资的经济效率和对社会福利所做出的贡献,评价项目的经济合理性。

在加强和完善宏观调控,建立社会主义市场经济体制的过程中,应重视建设项目的经济费用效益分析,主要理由如下。

(1)经济费用效益分析是项目评价方法体系的重要组成部分,市场分析、技术方案分析、财务分析、环境影响分析、组织机构分析和社会评价都不能代替经济费用效益分析的功能和作用。

(2)经济费用效益分析是市场经济体制下政府对公共项目进行分析评价的重要方法,是市场经济国家政府部门干预投资活动的重要手段。

(3)在新的投资体制下,国家对项目的审批和核准重点放在项目的外部效果、公共性方面,经济费用效益分析强调从资源配置经济效率的角度分析项目的外部效果,通过费用效益分析及费用效果分析的方法判断建设项目的经济合理性,是政府审批或核准项目的重要依据。

9.2.1 经济费用效益分析的目的

经济费用效益分析是项目投资决策(包括不同角度的分析和评价)的主要内容之一。要求从资源合理配置的角度,分析项目投资的经济效率和对社会福利所做出的贡献,评价项目的经济合理性。其主要目的包括以下方面。

(1)全面识别整个社会为项目付出的代价以及项目为提高社会福利所做出的贡献,评价项目投资的经济合理性。

(2)分析项目的经济费用效益流量与财务现金流量存在的差别以及造成这些差别的原因,提出相关的政策调整建议。

(3)对于市场化运作的基础设施等项目,通过经济费用效益分析来论证项目的经济价值,为制定财务方案提供依据。

(4)分析各利益相关者为项目付出的代价及获得的收益,通过对受损者及受益者的经济费用效益分析,为社会评价提供依据。

9.2.2 需要进行经济费用效益分析的项目范围

9.2.2.1 经济费用效益分析的理论基础

经济费用效益分析的理论基础是新古典经济学有关资源优化配置的理论。

从经济学的角度看,经济活动的目的是通过配置稀缺经济资源用于生产产品和提供服务,尽可能地满足社会需要。当经济体系功能发挥正常、社会消费的价值达到最大时,就认为是取得了“经济效率”,达到了帕累托最优。

9.2.2.2 经济费用效益分析所依靠的基本机制

在现实经济中,依靠以下两种基本机制来实现这种目的。

(1)市场定价机制,通过此种机制,厂商对由市场供求水平决定的价格做出反应,并据此从事自利的经济活动。

(2)政府部门通过税收补贴、政府采购、货币转移支付以及为企业运行制定法规等,进行资源配置的决策活动,从而影响社会资源的配置状况。

在完全竞争的完善的市场经济体系下,竞争市场机制能够对经济资源进行有效配置,产出品市场价格将以货币形态反映边际社会效益,而投入品的市场价格将反映边际社会机会成本。利润最大化自然会导致资源的有效配置,财务分析与经济费用效益分析的结论一致,不需单独进行经济费用效益分析。

在现实经济中,由于市场本身的原因及政府不恰当的干预,都可能导致市场配置资源的失灵,市场价格难以反映建设项目的真实经济价值,客观上需要通过经济费用效益分析来反映建设项目的真实经济价值,判断投资的经济合理性,为投资决策提供依据。

9.2.2.3 需要进行经济效益分析的项目分类

1. 从投资项目性质的角度分类

从投资项目的性质的角度,需要进行经济费用效益分析的项目有如下几类。

1)自然垄断项目

对于电力、电信、交通运输等行业的项目,存在着规模效益递增的产业特征,企业一般不会按照帕累托最优规则进行运作,从而导致市场配置资源失效。

2)公共产品项目

公共产品项目,即项目提供的产品或服务在同一时间内可以被共同消费,具有“消费的非排他性”(未花钱购买公共产品的人不能被排除在此产品或服务的消费之外)和“消费的非竞争性”特征(一人消费一种公共产品并不以牺牲其他人的消费为代价)。由于市场价格机制只有通过将那些不愿意付费的消费者排除在该物品的消费之外才能得以有效运作,因此市场机制对公共产品项目的资源配置失灵。

3)具有明显外部效果的项目

外部效果是指一个个体或厂商的行为对另一个体或厂商产生了影响,而该影响的行为主体又没有负相应的责任或没有获得应有报酬的现象。产生外部效果的行为主体由于不受预算约束,因此常常不考虑外部效果结果承受者的损益情况。这样,这类行为主体在其行为过程中常常会低效率甚至无效率地使用资源,造成消费者剩余与生产者剩余的损失及市场失灵。

4)涉及国家控制的战略性资源开发及国家经济安全的项目

对于涉及国家控制的战略性资源开发及涉及国家经济安全的项目,往往具有公共性、外部效果等综合特征,不能完全依靠市场配置资源。

政府对经济活动的干预,如果干扰了正常的经济活动效率,也是导致市场失灵的重要因素。

2. 从投资管理的角度分类

从投资管理的角度,现阶段需要进行经济费用效益分析的项目可以分为以下几类。

(1)政府预算内投资(包括国债资金)的用于关系国家安全、国土开发和市场不能有效配置资源的公益性项目和公共基础设施建设项目、保护和改善生态环境项目、重大战略性资源开发项目。

(2)政府各类专项建设基金投资的用于交通运输、农林水利等基础设施、基础产业建设项目。

(3)利用国际金融组织和外国政府贷款,需要政府主权信用担保的建设项目。

(4)法律、法规规定的其他政府性资金投资的建设项目。

(5)企业投资建设的涉及国家经济安全、影响环境资源、公共利益、可能出现垄断、涉及整体布局等公共性问题,需要政府核准的建设项目。

对于上述无法完全依靠市场配置资源的项目,往往具有下列特征:①项目的产出物不具有市场价格,由于公共产品和外部效果等因素的影响,无法对其进行市场定价;②市场价格虽然存在,但无法确切地反映投入物和产出物的边际社会效益和成本,因而在竞争性市场上提供这些服务得到的收益将无法充分地反映这些供给所产生的社会净效益。

9.2.3 经济效益和费用的识别

在经济费用效益分析中,应尽可能全面地识别建设项目的经济效益和费用,并需要注意以下几点。

(1)对项目涉及的所有社会成员的有关费用和效益进行识别和计算,全面分析项目投资及运营活动耗用资源的真实价值以及项目为社会成员福利的实际增加所做出的贡献:①分析体现在项目实体本身的直接费用和效益以及项目引起的其他组织、机构或个人发生的各种外部费用和效益;②分析项目的近期影响以及项目可能带来的中期、远期影响;③分析与项目主要目标直接联系的直接费用和效益以及各种间接费用和效益;④分析具有物资载体的有形费用和效益以及各种无形费用和效益。

(2)效益和费用的识别应遵循以下原则。

①增量分析的原则。项目经济费用效益分析应建立在增量效益和增量费用识别和计算的基础之上,不应考虑沉没成本和已实现的效益。应按照“有无对比”增量分析的原则,通过项目的实施效果与无项目情况下可能发生的情况进行对比分析,作为计算机会成本或增量效益的依据。

②考虑关联效果原则。应考虑项目投资可能产生的其他关联效应。

③以本国居民作为分析对象的原则。对于跨越国界,对本国之外的其他社会成员产生影响的项目,应重点分析对本国公民新增的效益和费用。项目对本国以外的社会群体所产生的效果,应进行单独陈述。

④剔除转移支付的原则。转移支付代表购买力的转移行为,接受转移支付的一方所获得的效益与付出方所产生的费用相等,转移支付行为本身没有导致新增资源的发生。在经济费用效益分析中,税赋、补贴、借款和利息属于转移支付。一般在进行经济费用效益分析时,不得再计算转移支付的影响。

(3)一些税收和补贴可能会影响市场价格水平,导致包括税收和补贴的财务价格可能并不反映真实的经济成本和效益。在进行经济费用效益分析中,转移支付的处理应区别对待:①剔除企业所得税或补贴对财务价格的影响;②一些税收、补贴或罚款往往是用于校正项目“外部效果”的一种重要手段,这类转移支付不可剔除,可以用于计算外部效果;③项目投入与产出中对流转税应具体问题具体处理。

(4)项目费用与效益识别的时间范围应足以包含项目所产生的全部重要费用和效益,而不应仅根据有关财务核算规定确定。如财务分析的计算期可根据投资各方的合作期进行计算,而经济费用效益分析不受此限制。

(5)应对项目外部效果的识别是否适当进行评估,防止漏算或重复计算。对于项目的投入或产出可能产生的第二级乘数波及效应,在经济费用效益分析中一般不予考虑。

9.2.4 经济效益和经济费用的计算原则

项目投资所造成的经济费用或效益的计算，应在利益相关者分析的基础上，研究在特定的社会经济背景条件下相关利益主体获得的收益及付出的代价，计算项目相关的费用和效益。

1. 支付意愿原则

项目产出物的正面效果的计算遵循支付意愿（WTP）原则，用于分析社会成员为项目所产出的效益愿意支付的价值。

2. 受偿意愿原则

项目产出物的负面效果的计算遵循接受补偿意愿（WTA）原则，用于分析社会成员为接受这种不利影响所得到补偿的价值。

3. 机会成本原则

项目投入的经济费用的计算应遵循机会成本原则，用于分析项目所占用的所有资源的机会成本。机会成本应按资源的其他最有效利用所产生的效益计算。

4. 实际价值计算原则

项目经济费用效益分析应对所有费用和效益采用反映资源真实价值的实际价格进行计算，不考虑通货膨胀因素的影响，但应考虑相对价格变动。

9.2.5 经济效益和经济费用的计算

经济费用效益分析中投入物或产出物使用的计算价格称为"影子价格"。影子价格应是能够真实反映项目投入物或产出物真实经济价值的计算价格。

影子价格的概念是20世纪30年代末、40年代初由荷兰数理经济学、计量经济学创始人之一詹恩·丁伯根和苏联数学家、经济学家康特罗维奇分别提出来的。原来意义上的影子价格是指当社会经济处于某种最优状态下时，能够反映社会劳动的消耗、资源稀缺程度和对最终产品需求情况的价格，也就是说，影子价格是人为确定的、比交换价格更为合理的价格。这里所说的"合理"的标志，从定价原则来讲，应该能更好地反映产品的价值，反映市场供求关系，反映资源的稀缺程度；从价格产出的效果来讲，应该能使资源配置向优化的方向发展。

这种原来意义上的影子价格是通过线性规划计算出来的，规划从优化资源配置出发，本身并不含资源的价格，但由于对偶规划的存在，一旦实现了资源的最佳配置，各种资源的最优计划价格也就如影随形地产生了。这就是影子价格这一用语的由来，也就是我们通常所说的"影子价格是线性规划对偶解"的含义。这种求影子价格的方法在理论上比较严密，但因为受各方面条件的限制，很难用这种方法计算出来。

影子价格的测算在建设项目的经济费用效益分析中占有重要地位。考虑到我国仍然是发展中国家，整个经济体系还没有完成工业化过程，国际市场和国内市场的完全融合仍然需要一定时间等具体情况，将投入物和产出物区分为外贸货物和非外贸货物，并采用不同的思路确定其影子价格。

9.2.5.1 具有市场价格的项目产品或服务的影子价格

具有市场价格的货物或服务，其费用或效益的计算应遵循如下原则。

(1)若该货物或服务处于竞争性市场环境中,市场价格能够反映支付意愿或机会成本,应采用市场价格作为计算项目投入物或产出物影子价格的依据。

(2)如果项目的投入物或产出物的规模很大,项目的实施将足以影响其市场价格,导致"有项目"和"无项目"两种情况下市场价格不一致,在项目评价实践中,取二者的平均值作为测算影子价格的依据。

(3)投入与产出的影子价格中流转税按下列原则处理。

①对于产出品:增加供给满足国内市场供应的,影子价格按支付意愿确定,含流转税;顶替原有市场供应的,影子价格按机会成本确定,不含流转税。

②对于投入品:用新增供应来满足项目的,影子价格按机会成本确定,不含流转税;挤占原有用户需求来满足项目的,影子价格按支付意愿确定,含流转税。

③在不能判别产出或投入是增加供给还是挤占(替代)原有供给的情况下,可简化处理为:产出的影子价格一般包含实际缴纳流转税,投入的影子价格一般不含实际缴纳流转税。

(4)对于可外贸货物,其投入物或产出物价格应基于口岸价格进行计算,以反映其价格取值具有国际竞争力。计算公式为

出口产出的影子价格(出厂价)=离岸价(*FOB*)×影子汇率-出口费用　　(9-1)

进口投入的影子价格(到厂价)=到岸价(*CIF*)×影子汇率+进口费用　　(9-2)

式中　离岸价(*FOB*)——出口货物运抵我国出口口岸交货的价格;

到岸价(*CIF*)——进口货物运抵我国进口口岸交货的价格,包括货物进口的货价、运抵我国口岸之前所发生的境外的运费和保险费。

进口或出口费用是指货物进出口环节在国内所发生的所有相关费用,包括运输、储运、装卸、运输保险等各种费用支出及物流环节的各种损失、损耗等。

如果可外贸货物以财务成本或价格为基础调整计算经济费用和效益,应注意两点:①如果不存在关税、增值税、消费税、补贴等转移支付因素,则项目的投入物或产出物价值直接采用口岸价格进行调整计算;②如果在货物的进出口环节存在转移支付因素,应区分不同情况处理。

9.2.5.2 不具有市场价格或市场价格难以反映其经济价格的项目产品或服务的影子价格

当项目的产出效果不具有市场价格,或市场价格难以真实反映其经济价值时,对项目的产品或服务的影子价格进行重新测算应采用如下方法。

按照消费者支付意愿的原则,通过其他相关市场价格信号,按照"显示偏好"的方法,寻找揭示这些影响的隐含价值,对其效果进行间接估算。如项目的外部效果导致关联对象产出水平或成本费用的变动,通过对这些变动进行客观量化分析,作为对项目外部效果进行量化的依据。

根据意愿调查评估法,按照"陈述偏好"的原则进行间接估算。一般通过对被评估者的直接调查,直接评价调查对象的支付意愿或接受补偿的意愿,从中推断出项目造成的有关外部影响的影子价格。应注意调查评估中可能出现的以下偏差。

(1)调查对象相信他们的回答能影响决策,从而使他们实际支付的私人成本低于正常条件下的预期值时,调查结果可能产生的策略性偏倚。

(2)调查者对各种备选方案介绍得不完全或使人误解时,调查结果可能产生的资料性偏倚。

(3)问卷假设的收款或付款方式不当,调查结果可能产生的手段性偏倚。

(4)调查对象长期免费享受环境和生态资源等所形成的"免费搭车"心理,导致调查对象将这种享受视为天赋权利而反对为此付款,从而导致调查结果的假想性偏倚。

9.2.5.3 特殊投入物的影子价格

1. 人力资源

项目占用的人力资源,是项目实施所付出的代价。如果财务工资与人力资源的影子价格之间存在差异,应对财务工资进行调整计算,以反映其真实经济价值。

影子工资是指建设项目使用劳动力、耗费劳动力资源而使社会付出的代价,在建设项目的经济分析中以影子工资计算劳动力费用。影子工资按下式计算

影子工资(人力资源投入的影子价格)=劳动力机会成本+新增资源消耗　(9-3)

1)劳动力机会成本

劳动力机会成本是拟建项目占用的人力资源由于在本项目使用而不能再用于其他地方或享受闲暇时间而被迫放弃的价值,应根据项目所在地的人力资源市场及劳动力就业状况,按下列原则分析确定。

(1)过去受雇于别处,由于本项目的实施而转移过来的人员,其影子工资应是其放弃过去就业机会的工资(含工资性福利)及支付的税金之和。

(2)对于自愿失业人员,影子工资应等于本项目的使用所支付的税后净工资额,以反映边际工人投入到劳动力市场所必须支付的金额。

(3)非自愿失业劳动力的影子工资应反映他们为了工作而放弃休闲愿意接受的最低工资金额,其数值应低于本项目的使用所支付的税后净工资并大于支付的最低生活保障收入。当缺少信息,可以按非自愿失业人员接受的最低生活保障收入和税后净工资率的平均值近似测算。

2)新增资源耗费

新增资源耗费是指劳动力在本项目新就业或由其他就业岗位转移到本项目而发生的经济资源消耗,而这种消耗与劳动者生活水平的提高无关。在分析中应根据劳动力就业的转移成本测算。

2. 土地

土地是一种重要的经济资源,项目占用的土地无论是否需要实际支付财务成本,均应根据土地用途的机会成本原则或消费者支付意愿的原则计算其影子价格。

1)生产性用地

生产性用地主要指农业、林业、牧业、渔业及其他生产性用地,按照这些生产用地未来可以提供的产出物的效益及因改变土地用途而发生的新增资源消耗进行计算,其公式为

土地的影子价格(土地的经济成本)=土地机会成本+新增资源消耗　(9-4)

其中,土地的机会成本应按照社会对这些生产用地未来可以提供的消费产品的支付意愿价格分析计算,一般按照项目占用土地在"无项目"情况下的"最佳可行替代用途"的生产性产出的净效益现值计算。

新增资源耗费应按照在"有项目"情况下土地的征用造成原有地上附属物财产的损失及其他资源耗费计算。土地平整等开发成本应计入工程建设成本中,在土地经济成本估算中不再重复计算。

2)非生产性用地

非生产性用地如住宅、休闲用地等,应按照支付意愿的原则,根据市场交易价格测算其影子价格。

在经济费用效益分析中,应根据项目计算期内未来土地用途的可能变化,合理预测项目占用土地的影子价格。对土地机会成本的计算应按以下要求进行。

(1)通过政府公开招标取得的国有土地出让使用权以及通过市场交易取得的已出让国有土地使用权,应按市场交易价格计算其影子价格。

(2)未通过正常市场交易取得的土地使用权,应分析价格优惠或扭曲情况,参照当地正常情况下的市场交易价格,调整或类比计算其影子价格。

(3)当无法通过正常市场交易价格类比确定土地影子价格时,应采用收益现值法或以土地开发成本加开发投资应得收益确定。

(4)由于土地开发规划许可的取得,会对土地市场价格产生影响,土地价值的估算应反映实际的或潜在的规划批准情况,应分析规划得到批准的可能性及其对地价的影响。如果土地用途受到限制,其影子价格就会被压低。应分析这些限制被解除的可能性以及解除限制对土地价值的影响。

(5)项目征用农村用地,应按土地征用费调整计算其影子价格。其中耕地补偿费及青苗补偿费应视为土地机会成本,地上建筑物补偿费及安置补偿费应视为新增资源消耗。这些费用如果与农民进行了充分协商并获得认可,可直接按财务成本计算其影子价格;若存在征地费优惠,或在征地中没有进行充分协商,导致补偿和安置补助费低于市场定价,应按当地正常征地补偿标准调整计算土地的影子价格。

(6)在征地过程中收取的征地管理费、耕地占用税、耕地开垦费、土地管理费、土地开发费等各种税费,应视为转移支付,不列入土地经济费用的计算。

3. 自然资源

自然资源是指自然形成的,在一定的经济、技术条件下可以被开发利用以提高人们生活福利水平和生存能力,并同时具有某种“稀缺性”的实物性资源的总称,包括土地资源、森林资源、矿产资源和水资源等。项目经济费用效益分析将自然资源分为资源资产和非资产性自然资源,在影子价格的计算中只考虑资源资产。

资源资产是指所有权已经界定,或者随着项目的实施可以界定,所有者能够有效控制并能够在目前或可预见的将来产生预期经济效益的自然资源。资源资产属于经济资产范畴,包括土地资产、森林资产、矿产资产、水资产等。经济费用效益分析中,项目的建设和运营需要投入的自然资源,是项目投资所付出的代价,这些代价要用资源的经济价值而不是市场价格表示,可以用项目投入物的替代方案的成本、对这些资源资产用于其他用途的机会成本等分析测算。

9.2.5.4　产出效果表现为对人力资本、生命延续或疾病预防等方面的影响的项目的影子价格

如果项目的产出效果表现为对人力资本、生命延续或疾病预防等方面的影响,如教育项目、卫生项目、环境改善工程或交通运输项目等,应根据项目的具体情况,测算人力资本增值的价值、可能引起的死亡增加或减少的价值以及对健康影响的价值,并将量化结果纳入项目经济费用效益分析的框架之中。如果货币量化缺乏可靠依据,应采用非货币的方法进行量化。

(1)对于项目的实施可能引起人力资本增值的效果,如教育项目引起的人才培养和素质提高,在劳动力市场发育成熟的情况下,其价值应根据"有项目"和"无项目"两种情况下的税前工资率的差别进行估算。

(2)对于项目的效果表现为增加或减少死亡的价值,应尽可能地分析由于死亡风险的增加或减少的价值,根据社会成员为避免死亡而愿意支付的价格进行计算。在缺乏估算人们对生命的支付意愿的资料时,可通过人力资本法,通过分析人员死亡所带来的为社会创造收入的减少来评价死亡引起的损失,以测算生命的价值,或者通过分析不同工种的工资差别来测算人们对生命价值的支付意愿。

(3)对于项目的效果表现为对人们健康的影响时,一般应通过分析疾病发病率与项目影响之间的关系,测算发病率的变化所导致的收入损失,看病、住院、医药等医疗成本及其他各种相关支出的变化,并综合考虑人们对避免疾病而获得健康生活所愿意付出的代价,测算其经济价值。

9.2.5.5 表现为费用节约的项目的影子价格

一些项目的效益表现为费用的节约,在计算中需要注意如下几点。

(1)按照"有无对比"原则,分析"有项目"和"无项目"两种情况下的费用变动趋势,尤其应重视对"无项目"情况下费用变动状况进行合理预测,通过增量分析估算费用节约的效益。

(2)从整个项目周期费用的角度进行分析,既要分析初始建设投资费用,也应分析运营期费用。

(3)从广义费用的角度进行分析,既要分析项目实体付出的费用,也要分析各种间接费用、次级波及费用;既要分析货币量化的费用,又要分析非货币化的费用。

(4)在费用分析中应注意避免重复计算。

9.2.5.6 表现为时间节约的项目的影子价格

对于表现为时间节约的项目效果,应按照有无对比的原则分析"有项目"和"无项目"情况下的时间耗费情况,区分不同人群、货物,根据项目具体特点测算时间节约的价值。

1. 出行时间节约的价值

出行时间节约的价值,是指为了得到这种节约受益者所愿意支付的货币数量。在项目经济费用效益分析中,应根据所节约时间的具体性质分别测算。

(1)如果所节约的时间用于工作,时间节约的价值应为将节约的时间用于工作带来的产出增加,由企业负担的所得税前工资、保险、退休金及有关的其他劳动成本综合分析计算。

(2)如果所节约的时间用于闲暇,应从受益者个人的角度,综合考虑个人家庭情况、收入水平、对闲暇的偏好等因素,采用意愿调查评估的方法估算。

2. 货物时间节约的价值

货物时间节约的价值,是指应为得到这种节约受益者所愿意支付的货币数量。在项目经济费用效益分析中,应根据不同货物对时间的敏感程度测算其时间节约价值。

9.2.5.7 项目外部效果

项目外部效果是指项目可能会对其他社会群体产生正面或负面影响,而项目本身却不会承担相应的货币费用或享有相应的货币效益。

以往经济费用效益分析对项目产生的有利影响(正面影响)的分析比较多,而对项目会带来不利影响(主要是对环境、生态和社会的负面影响)的分析较少考虑,这种做法既不利于充分认识项目外部效果以便采取成本最小措施,也不能在危害的预防与接受之间进行权衡。

外部效果计算的范围应考虑环境及生态影响效果、技术扩散效果和产业关联效果。一般计算一次性的外部影响效果。

计算外部效果应明确项目"范围"的边界。根据具体项目情况,合理确定项目扩展的边界。有条件时可将具有相互关联的项目拴在一起作为"项目群"进行评价,使外部效果的处理内部化。对无法量化的外部效果,应进行定性分析。

9.2.5.8 环境外部效果的定量计算

为对建设项目进行全面的经济费用效益分析,应重视对环境影响外部效果的经济费用效益分析,尽可能地对环境成本与效益进行量化,在可行的情况下赋予经济价值,并纳入整个项目经济费用效益分析的框架体系之中。对于建设项目环境影响的量化分析,应从社会整体角度对建设项目环境影响的经济费用和效益进行识别和计算。

(1)如果项目对环境的影响可能导致受影响的区域生产能力发生变化,可以根据项目所造成的相关产出物的产出量变化,对环境影响效果进行量化。如果产出物具有完全竞争的市场价格,应直接采用市场价格计算其经济价值;如果存在市场扭曲现象,应对其市场价格进行相应调整。

(2)如果不能直接估算拟建项目环境影响对相关产出量的影响,可以通过有关成本费用信息来间接估算环境影响的费用或效益。

①替代成本法。分析为了消除项目对环境的影响,可采取其他方案来替代拟建项目方案,需要增加的投资作为项目方案环境影响的经济价值。

②预防性支出法。以受影响的社会成员为了避免或减缓拟建项目对环境可能造成的危害,所愿意付出的费用,作为对环境影响的经济价值进行计算的依据。

③置换成本法。对项目实际造成的生产性资产的损失,通过测算其置换成本,即为恢复其生产能力必须投入的价值,作为对环境影响进行量化的依据。

④机会成本法。通过评价因保护某种环境资源而放弃某项目方案所损失的机会成本,来评价该项目方案环境影响的损失。

⑤意愿调查评估法。通过对利益相关者的支付意愿或接受补偿的意愿进行调查,作为估算环境价值的依据。

(3)对于无法通过产出物市场价格或成本变化测算其影响的环境价值,应采用各种间接评估的方法进行量化。

①隐含价值分析法。通过对受项目环境影响的一些对象的隐含价值分析,间接地测算环境影响的经济价值。

②产品替代法。对人们愿意换取某种环境质量的其他替代物品的价值进行分析,间接测算人们对环境影响价值的支付意愿。

③成果参照法。通过参照其他方面对环境影响经济费用效益分析的研究成果,作为估算本项目环境影响经济价值的参考依据。

9.2.5.9 影子汇率

如果存在明显的迹象表明本国货币对外币的比价存在扭曲现象,在将外汇折算成本币时,应采用影子汇率。

影子汇率是指单位外汇的经济价值,区分于外汇的财务价格和市场价格。在项目经济分析中使用影子汇率,是为了正确计算外汇的真实经济价值,影子汇率代表着外汇的影子价格。

影子汇率是项目经济分析的重要参数,应当由国家统一测定发布,并且定期调整。影子汇率的发布有两种形式,一种是直接发布影子汇率,另一种则是将影子汇率与国家外汇牌价挂钩,发布影子汇率换算系数。

影子汇率应能正确反映国家外汇的经济价值,计算公式为

$$影子汇率 = 外汇牌价 \times 影子汇率换算系数 \tag{9-5}$$

9.2.6　社会折现率的经济含义和作用

经济费用效益分析以国家公布的社会折现率作为对未来经济费用效益流量进行折现的折现率项目的所有费用和效益,包括不能货币化的效果均可根据需要予以折现。

社会折现率是用以衡量资金时间经济价值的重要参数,代表资金占用的机会成本,并且用做不同年份之间资金价值换算的折现率。社会折现率应根据经济发展的实际情况、投资效益水平、资金供求状况、资金机会成本、社会成员的费用效益时间偏好以及国家宏观调控目标取向等因素进行综合分析测定。社会折现率应该采用不考虑通货膨胀因素影响的实际折现率,而不应该是名义折现率。

社会折现率在项目经济分析中的使用,使得它具有双重职能,即:作为项目费用—效益的不同时间价值之间的折算率,同时作为项目经济效益要求的最低经济收益率。

(1)作为项目费用—效益不同时间价值之间的折算率,社会折现率反映了对于社会费用效益价值的时间偏好。社会费用或效益的时间偏好代表人们对于现在的社会价值与未来价值之间的权衡。社会费用效益的时间偏好在一定程度上受到社会经济增长的影响,但并非完全由经济增长所决定,而经济增长也并不是完全由社会投资所带来的。

(2)作为项目经济效益要求的最低经济收益率,社会折现率代表着社会投资所要求的最低收益率水平。项目投资产生的社会收益率如果达不到这一最低水平,项目不应当被接受。社会投资所要求的最低收益率,理论上认为应当由社会投资的机会成本决定,也就是由社会投资的边际收益率决定。

由社会资本投资的机会成本所决定的社会折现率,并不一定会等于由社会时间偏好所决定的社会折现率。一般认为,社会时间偏好率应当低于社会资本投资机会成本。由于这种偏差的存在以及社会折现率在项目经济分析中的这种双重作用,使得评价结果不可避免地存在一定的偏差。这是评价方法本身的局限性所决定的。

作为基准收益率,社会折现率的取值高低直接影响项目经济可行性的判断结果。社会折现率如果取值过低,将会使得一些经济效益不好的项目投资得以通过,经济评价不能起到应有的作用。社会折现率取值提高,会使一部分本来可以通过评价的项目因达不到判别标准而被舍弃,从而间接起到调控投资规模的作用。

在项目的选优和方案比选中,社会折现率的取值高低会影响比选的结果。较高的取值,将会使远期收益在折算为现值时发生较高的折减,因此有利于社会效益产生在近期,但在远期有比较高的社会成本的方案和项目人选,而社会效益主要产生在远期的项目被淘汰。这

可能会导致对评价结果的误导。比如对生态环境造成破坏的项目,高折现率将未来环境污染的成本负担折减计算。

在实践中,国家根据宏观调控意图和现实经济状况,制定发布统一的社会折现率,以利于统一评价标准,避免参数选择的随意性。项目评价人员应当充分理解社会折现率在项目经济分析中的作用,理解社会折现率取值对评价结果的影响,避免对评价结果的误导。

在实际工作中,可根据项目产出效果的特性、项目所在地区经济发展的情况、项目投资管理的要求等因素,在国家公布的社会折现率的基础上,可适当调整社会折现率的取值,但调整幅度不宜太大。

9.2.7 “经济费用效益流量表”的编制

“经济费用效益流量表”的编制,可以按照经济费用效益识别和计算的原则和方法直接进行,也可以在财务分析的基础上将财务现金流量转换为反映真正资源变动状况的经济费用效益流量,具体形式见表 9-1。编制“经济费用效益流量表”所需的辅助报表见表 9-2 ~ 表 9-6。

表 9-1 项目投资经济费用效益流量 万元

序号	项 目	合计	计算期					
			1	2	3	4	…	n
1	效益流量							
1.1	项目直接效益							
1.2	资产余值回收							
1.3	项目间接效益							
2	费用流量							
2.1	建设投资							
2.2	维持运营投资							
2.3	流动资金							
2.4	经营费用							
2.5	项目间接费用							
3	净效益流量(1-2)							

计算指标:

经济内部收益率/%

经济净现值(i_s =%)

表9-2 经济费用效益分析投资费用估算调整

万元

序号	项目	财务分析			经济费用效益分析			经济费用效益分析比财务分析增减
		外币	人民币	合计	外币	人民币	合计	
1	建设投资							
1.1	建筑工程费							
1.2	设备购置费							
1.3	安装工程费							
1.4	其他费用							
1.4.1	其中:土地费用							
1.4.2	专利及专有技术费							
1.5	基本预备费							
1.6	涨价预备费							
1.7	建设期利息							
2	流动资金							
	合计(1+2)							

注:若投资费用是通过直接估算得到的,本表应略去财务分析的相关栏目。

表9-3 经济费用效益分析经营费用估算调整

万元

序号	项目	单位	投入量	财务分析		经济费用效益分析	
				单价(元)	成本	单价(元)	费用
1	外购原材料						
1.1	原材料A						
1.2	原材料B						
1.3	原材料C						
1.4	……						
2	外购燃料及动力						
2.1	煤						
2.2	水						
2.3	电						
2.4	重油						
2.5	……						
3	工资及福利费						
4	修理费						
5	其他费用						
	合计						

注:若经营费用是通过直接估算得到的,本表应略去财务分析的相关栏目。

表 9-4 项目直接效益估算调整 万元

产出物名称			投产第一期负荷/%				投产第二期负荷/%				……	正常生产年份/%			
			A 产品	B 产品	……	小计	A 产品	B 产品	……	小计		A 产品	B 产品	……	小计
年产出量	计算单位														
年产出量	国内														
年产出量	国际														
年产出量	合计														
财务分析	国内市场	单价(元)													
财务分析	国内市场	现金收入													
财务分析	国际市场	单价(美元)													
财务分析	国际市场	现金收入													
经济费用效益分析	国内市场	单价(元)													
经济费用效益分析	国内市场	直接效益													
经济费用效益分析	国际市场	单价(美元)													
经济费用效益分析	国际市场	直接效益													
合计(万元)															

注:若直接效益是通过直接估算得到的,本表应略去财务分析的相关栏目。

表 9-5 项目间接费用估算 万元

序号	项　目	合计	计算期					
			1	2	3	4	…	n

表 9-6 项目间接效益估算 万元

序号	项　目	合计	计算期					
			1	2	3	4	…	n

续表

序号	项　　目	合计	计算期					
			1	2	3	4	…	n

1. 直接进行经济费用效益流量的识别和计算

直接进行经济费用效益流量的识别和计算,其基本步骤如下。

(1)对于项目的各种投入物,应按照机会成本的原则计算其经济价值。

(2)识别项目产出物可能带来的各种影响效果。

(3)对于具有市场价格的产出物,以市场价格为基础计算其经济价值。

(4)对于没有市场价格的产出效果,应按照支付意愿及接受补偿意愿的原则计算其经济价值。

(5)对于难以进行货币量化的产出效果,应尽可能地采用其他量纲进行量化。难以量化的,进行定性描述,以全面反映项目的产出效果。

2. 在财务分析基础上进行经济费用效益流量的识别和计算

在财务分析基础上进行经济费用效益流量的识别和计算,基本步骤如下。

(1)剔除财务现金流量中的通货膨胀因素,得到以实价表示的财务现金流量。

(2)剔除运营期财务现金流量中不反映真实资源流量变动状况的转移支付因素。

(3)用影子价格和影子汇率调整建设投资各项组成,并剔除其费用中的转移支付项目。

(4)调整流动资金,将流动资产和流动负债中不反映实际资源耗费的有关现金、应收、应付、预收、预付款项,从流动资金中剔除。

(5)调整经营费用,用影子价格调整主要原材料、燃料及动力费用、工资及福利费等。

(6)调整营业收入,对于具有市场价格的产出物,以市场价格为基础计算其影子价格;对于没有市场价格的产出效果,以支付意愿或接受补偿意愿的原则计算其影子价格。

(7)对于可货币化的外部效果,应将货币化的外部效果计入经济效益费用流量;对于难以进行货币化的外部效果,应尽可能地采用其他量纲进行量化。难以量化的,进行定性描述,以全面反映项目的产出效果。

9.2.8 经济费用效益分析指标

1. 经济净现值

经济净现值($ENPV$)是项目按照社会折现率将计算期内各年的经济净效益流量折现到建设期初的现值之和,是经济费用效益分析的主要评价指标。计算公式为

$$ENPV = \sum_{i=1}^{n} (B - C)_t (1 + i_s)^{-t} \tag{9-6}$$

式中 B——经济效益流量;

C——经济费用流量;

$(B-C)_t$——第 t 期的经济净效益流量；

n——项目计算期；

i_s——社会折现率。

在经济费用效益分析中，如果经济净现值等于或大于0，说明项目可以达到社会折现率要求的效率水平，认为该项目从经济资源配置的角度可以被接受。

2. 经济内部收益率

经济内部收益率（$EIRR$）是项目在计算期内经济净效益流量的现值累计等于0时的折现率，是经济费用效益分析的辅助评价指标。计算公式为

$$\sum_{i=1}^{n}(B-C)_t(1+EIRR)^{-t}=0 \tag{9-7}$$

式中　B——经济效益流量；

C——经济费用流量；

$(B-C)_t$——第 t 期的经济净效益流量；

n——项目计算期；

$EIRR$——经济内部收益率。

如果经济内部收益率等于或者大于社会折现率，表明项目资源配置的经济效率达到了可以被接受的水平。

3. 效益费用比

效益费用比（R_{BC}）是项目在计算期内效益流量的现值与费用流量的现值的比率，是经济费用效益分析的辅助评价指标。计算公式为

$$R_{BC}=\frac{\sum_{t=1}^{n}B_t(1+i_s)^{-t}}{\sum_{t=1}^{n}C_t(1+i_s)^{-t}} \tag{9-8}$$

式中　R_{BC}——经济内部收益率；

B_t——经济效益流量；

C_t——经济费用流量。

如果效益费用比大于1，表明项目资源配置的经济效率达到了可以被接受的水平。

9.2.9　经济费用效益分析的对策建议

经济费用效益分析一方面应从资源优化配置的角度，分析项目投资的经济合理性，另一方面应通过财务分析和经济费用效益分析结果的对比，分析市场的扭曲情况，判断政府公共投资是否有必要介入本项目的投资建设，并为改善本项目的财务状况、进行政策调整提出分析意见。因此，在建设项目的经济费用效益分析中，必须重视对策建议的分析。

（1）经济费用效益分析强调以受益者支付意愿原则测算项目产出效果的经济价值，对于基础设施项目，是分析建设投资的经济价值及市场化运作能力的重要依据。

（2）通过财务现金流量与经济费用效益流量的对比分析，判断二者出现的差异及其原因，分析项目所在行业或部门存在的导致市场失灵的现行政策，提出纠正政策干预失当、改革现行政策法规制度、提高部门效率的政策建议。

(3)通过项目费用及效益在不同利益相关者之间分布状况的分析,评价项目对不同利益相关群体的影响程度,分析项目利益相关群体受益及受损状况的经济合理性。

9.2.10 经济费用效益分析方法的选用

经济费用效益分析强调站在整个社会的角度,分析社会资源占用的经济效率,其分析方法应根据项目的具体情况选用。

1. 经济费用效益分析的主要方法

经济费用效益分析的主要方法包括如下几种。

(1)经济费用效益比较的分析方法,如经济费用效益分析方法(CBA)、经济费用效果分析方法(CEA)。

(2)多准则分析方法(MCA):将项目视为多目标的投资决策问题,将经济费用效益分析纳入多目标决策的框架体系中。

(3)定性分析方法,对项目的各种经济影响进行全面陈述,为投资决策提供依据。

(4)其他还有总费用分析法、完全费用效益分析法及项目周期费用分析法等。

2. 建设项目的经济费用效益分析

对于建设项目的经济费用效益分析,原则上应尽可能地采用费用效益分析方法。对于效益进行货币量化的项目,应尽可能地采用非货币的量纲进行量化,采用费用效果分析的方法对项目建设方案进行经济合理性评价。对于效益和费用均量化的项目,应进行定性经济费用效益分析。

3. 项目影响效果的量化分析

经济费用效益分析应尽可能对项目的产出进行货币量化,以便为政府投资决策及对企业项目的核准提供必要的依据。如果完全货币量化,应做到如下几点。

(1)全面列举货币化的或不能货币化的各类效益和费用,以便对项目的经济影响进行全面评价。

(2)对于一些效益和费用赋予其货币价值的,应尽可能予以物理量化,以便为方案比选等其他分析提供经过量化的依据。例如卫生项目的效果,可采用项目的实施对受影响人群的健康水平的改善对其效用进行量化。

(3)对于项目效果难以进行货币量化,在项目效益一定的情况下,应采用费用效果分析的方法,计算项目寿命周期费用现值,选择费用最低的项目方案。对于费用相同而效益不同的项目,应通过计算效益的现值,选择接受效益现值最大的备选方案。

9.3 费用效果分析

9.3.1 费用效果分析的定义

费用效果分析,也称成本效果分析、成本效用分析等,有广义和狭义之分。

广义的费用效果分析泛指通过比较所达到的效果与所付出的耗费,用以分析判断所付出的代价是否值得。它是项目经济评价的基本原理。广义费用效果分析并不刻意强调采用何种计量方式。狭义的费用效果分析专指耗费采用货币计量,效果采用非货币计量的分析方法。而效果和耗费均用货币计量的称为费用效益分析。项目评价中一般采用狭义的概念。

费用效果分析是通过比较项目预期的效果与所支付的费用,判断项目的费用有效性或经济合理性。效果难于或不能货币化,或货币化的效果不是项目目标的主体时,在经济评价中应采用费用效果分析法,其结论作为项目投资决策的依据之一。

费用效果分析中的费用是指为实现项目预定目标所付出的财务代价或经济代价,采用货币计量;效果系指项目的结果所起到的作用、效应或效能,是项目目标的实现程度。按照项目要实现的目标,一个项目可选用一个或几个效果指标。

9.3.2 费用效益分析和费用效果分析的优缺点和使用领域

根据社会和经济发展的客观需要直接进行费用效果分析的项目,一般情况下,在充分论证项目必要性的前提下,重点是制定实现项目目标的途径和方案,并根据以尽可能少的费用获得尽可能大的效果原则,通过多方案比选,提供优先选定方案或进行方案优先次序排队,以供决策。正常情况下,进入方案比选阶段,不再对项目的可行性提出质疑,不可能得出无可行方案的结论。费用效果分析只能比较不同方案的优劣,不能像费用效益分析那样保证所选方案的效果大于费用,因此,更加强调充分挖掘方案的重要性。

费用效益分析的优点是简洁、明了、结果透明,易于被人们接受。在市场经济中,货币是最为统一和认可的参照物,在不同产出物(效果)的叠加计算中,各种产出物的价格往往是市场认可的公平权重。总收入、净现金流量等是效果的货币化表达。财务赢利能力、偿债能力分析必须采用费用效益分析方法。在项目经济分析中,当项目效果或其中主要部分易于货币化时也采用费用效益分析方法。

费用效果分析回避了效果定价的难题,直接用非货币化的效果指标与费用进行比较,方法相对简单,最适用于效果难以货币化的领域。在项目经济费用效益分析中,当涉及代内公平(发达程度不同的地区、不同收入阶层等)和代际公平(当代人福利和未来人福利)等问题时,对效益的价值判断将十分复杂和困难。环境的价值、生态的价值、生命和健康的价值、人类自然和文化遗产的价值、通过义务教育促进人的全面发展的价值等等,往往很难定价,而且不同的测算方法可能有数十倍的差距。勉强定价,往往引起争议,降低评价的可信度。另外,在可行性研究的不同技术经济环节,如厂址选择、工艺比较、设备选型、总图设计、环境保护、安全措施等等,无论进行财务分析,还是进行经济费用效益分析,都很难直接与项目最终的货币效益直接挂钩测算。在这些情况下,都适宜采用费用效果分析。

费用效果分析既可以应用于财务现金流量,也可以用于经济费用效益流量。用于前者,主要用于项目各个环节的方案比选,项目总体方案的初步筛选;用于后者,除了可以用于上述方案比选、筛选以外,对于项目主体效益难于货币化的,则取代费用效益分析,并作为经济分析的最终结论。

9.3.3 进行费用效果分析的项目需要满足的条件

费用效果分析遵循多方案比选的原则,所分析的项目应满足下列条件。

(1)备选方案不少于两个,且为互斥方案或可转化为互斥型的方案。

(2)备选方案应具有共同的目标,目标不同的方案、不满足最低效果要求的方案不可进行比较。

(3)备选方案的费用应能货币化,且资金用量不应突破资金限制。

(4)效果应采用同一非货币计量单位衡量,如果有多个效果,其指标加权处理形成单一综合指标。

(5)备选方案应具有可比的寿命周期。

9.3.4　费用效果分析的步骤

费用效果分析应按下列步骤进行。

(1)确立项目目标。各个方案必须具有共同的既定实物目标。所谓实物目标是指不以货币计量的一项具体的使命。目标不同的方案,不满足目标最低要求的方案不可比。

(2)构想和建立备选方案。根据项目目标探索不同的实现途径,构想和建立比较方案。比较方案多,则优选余地大。但方案应是切实可行的,较优秀的。不能满足项目最低要求的方案不可作为比较方案。

(3)将项目目标转化为具体的可量化的效果指标。应当尽可能将项目目标转化为具体的可量化的指标,并有明确的最低要求。项目目标既可能是单一的,也可能是多目标的。多目标要分清目标的主次,选择必备目标作为考核内容,将其他次要目标仅作为项目的附带效果进行适当分析。

(4)识别费用与效果要素,并估算各个备选方案的费用与效果。

(5)利用相关指标,综合比较、分析各个方案的优缺点。

(6)推荐最佳方案或提出优先采用的次序。

9.3.5　费用和效果的测算

9.3.5.1　费用的测算

费用的测算强调采用寿命周期费用,它是项目从建设投资开始到项目终结整个过程期限内所发生的全部费用,包括投资、经营成本、末期资产回收和拆除、恢复环境的处置费用。寿命周期费用一般按现值计算或按年值计算。

1. 费用现值

费用现值(PC)按下式计算

$$PC = \sum_{t=1}^{n} (CO)_t (P/F,i,t) \tag{9-9}$$

式中　$(CO)_t$——第 t 期现金流出量;

n——计算期;

i——折现率;

$(P/F,i,t)$——现值系数$\left[\frac{1}{(1+i)^n}\right]$。

2. 费用年值

费用年值(AC)按下式计算

$$AC = \left[\sum_{t=1}^{n} (CO)_t (P/F,i,t)\right](A/P,i,n) \tag{9-10}$$

式中 $(A/P,i,n)$——资金回收系数$\left[\frac{i(1+i)^n}{(1+i)^n-1}\right]$；

其他符号同式(9-9)。

备选方案的计算期不一致时，应采用费用年值公式。

9.3.5.2 效果的测算

项目的效果可以采用有助于说明项目收效的任何量纲。计量单位的选择，既要能够切实度量项目目标的实现程度，又要便于计算。

效果用非货币指标计算，应选择能真实反映项目目标实现程度的指标。例如，供水工程选用供水量(t)、教育项目选用受教育人数等。若项目的目标不止一个，或项目的效果难以直接度量，需要建立次级分解目标加以度量时，需要用科学的方法确定权重。效果指标有时可能是多个，需要采用层次分析法或加权平均等方法处理为一个统一的当量，形成统一的综合指标。

9.3.6 费用效果分析指标

费用效果分析可采用效果费用比为基本指标，按下式计算

$$R_{E/C}=\frac{E}{C} \tag{9-11}$$

式中 $R_{E/C}$——效果费用比；

E——项目效果；

C——项目的计算期费用，用现值或年值表示。

有时为方便或习惯起见，也可采用费用效果比指标，按下式计算

$$R_{C/E}=\frac{C}{E} \tag{9-12}$$

9.3.7 费用效果分析的基本方法

费用效果分析可采用下列基本方法。

1. 最小费用法

最小费用法也称固定效果法，在效果相同的条件下，应选取费用最小的备选方案。在项目的效果有明确数量要求时，例如需要增加的供水量或污水处理量，采用达到相同目标所需费用最低的方案。

2. 最大效果法

最大效果法也称固定费用法，在费用相同的条件下，应选取效果最大的备选方案。当对费用有明确的规定时，例如扶贫款计划额度，采用相同费用的条件下效果最大的方案。

3. 增量分析法

当效果与费用均不固定，且分别具有较大幅度的差别时，应比较两个备选方案之间的费用差额和效果差额，分析获得增量效果所付出的增量费用是否值得，不可盲目选择效果费用比($R_{E/C}$)大的方案或费用效果比($R_{C/E}$)小的方案。

采用费用效果增量分析时应先确定基准指标(截止指标)$[E/C]_0$或$[C/E]_0$。$[E/C]_0$是该类项目的基准指标，即该类项目可行的最低要求。它用单位费用所应该达到的效果值

表示。基准指标也可以采用其倒数形式,即单位效果可接受的费用,项目不得突破。

基准指标是项目可以接受的效果费用比的最低要求。基准指标决定因素较为复杂,受经济实力、技术水平、社会需求等多方面的影响,需按项目行业类别等专门制定。有些行业定额,可以作为测定基准指标的重要参考。基准指标有时也采用倒数形式,例如每吨供水的费用、每吨污水处理的费用、学校每个学生的费用等,使用时要注意与分析计算公式保持一致。这里所说的费用是寿命周期费用,原则上要避免简单化地用单位投资或单位运营成本代替。

如果增加的效果能够抵补增加的费用,选择费用高的方案;否则,选择费用低的方案。

如果项目有两个以上的备选方案进行增量分析,宜按下列步骤选优。

(1)将方案费用由小到大排队。

(2)从费用最小的两个方案开始比较,通过增量分析选择优势方案。

(3)将优胜方案与紧邻的下一个方案进行增量分析,并选出新的优势方案。

(4)重复第三步,直至最后一个方案。最终被选定的优势方案为最优方案。

9.4 区域经济与宏观经济影响分析

9.4.1 特大型建设项目区域经济影响和宏观经济影响分析的含义

特大型建设项目的区域经济影响分析是指从区域经济的角度出发,综合分析特大型建设项目的建设对项目所在区域乃至较大区域的经济活动的各方面影响,包括对区域现存发展条件、经济结构、城镇建设、劳动就业、土地利用、生态环境等方面现实和长远影响的分析。

特大型建设项目的宏观经济影响分析是指从国民经济整体角度出发,综合分析特大型建设项目的建设对国家宏观经济的各方面影响,包括对国民经济总量增长、产业结构调整、生产力布局、自然资源开发、劳动就业结构变化、物价变化、收入分配等方面影响的分析以及国家承担项目建设的能力即国力的分析、项目时机选择对国民经济影响的分析等。

直接影响范围限于局部区域的项目应进行区域经济影响分析,直接影响国家经济全局的项目应进行宏观经济影响分析。

9.4.2 特大型建设项目的特征与类型

9.4.2.1 特大型建设项目的特征

特大型建设项目有如下特征。

(1)在国民经济和社会发展中占有很重要的战略地位。

(2)建设工期或实施周期长。

(3)投资总额或人力、物力、财力的投入量大,而且年度投入量的分布非常不均匀。

(4)项目上马前和完成后国家经济发展水平有很大变化,潜在需求变化大,因而导致效益的突变性大。

(5)项目的技术风险大。

(6)对生态环境会产生很大影响。

(7)对国家经济安全带来较大影响。

9.4.2.2 特大型建设项目具体类型

特大型建设项目具体类型有如下几类。

(1)特大型基础设施项目,如铁路、高速公路、水利工程、港口等。

(2)特大型资源开发项目,如油田开发,气田开发,其他矿藏开采,油、气长距离管道输送等。

(3)特大型重型工业企业建设。

(4)大规模区域开发项目。

(5)特大型高科技攻关项目,如尖端科研国际合作项目,航空、航天、国防等高科技关键技术攻关项目等。

(6)特大型生态保护工程。

特大型建设项目也是一个相对性的概念。随着经济发展、生产力水平的不断提高,一些在当时被认为投资规模巨大可称得上特大型的建设项目,在后来却只能算做一般工程。但在实际进行分析评估时,应以当时的情况为准进行取舍。

9.4.3 特大型建设项目区域经济影响和宏观经济影响分析的目的

特大型建设项目区域经济影响分析的目的在于通过分析做到有效地开发利用资源,合理配置人、财、物力,使部门之间、企业之间、生产性建设和非生产性建设之间在地区分布上协调组合,提高社会经济效果,保持良好的生态环境,促进地区开发建设顺利进行。

特大型建设项目宏观经济影响分析的目的在于通过分析判断国家承担项目投资建设的能力,项目对国民经济总量增长和结构改善的贡献,项目对劳动就业、收入分配、物价变化等方面的影响,项目可能存在的各种风险,从而选择有利的投资机会和上马时机,促进项目开发建设顺利进行,实现生产力在宏观范围内合理布局,推动国民经济协调发展。

9.4.4 特大型建设项目的区域经济和宏观经济影响分析与一般经济费用效益分析的异同

9.4.4.1 相同点

相同的方面表现在,两者都是着眼于项目对经济整体的影响,分析项目可能带来的各方面效益和需要的各种投入,都具有旨在促进资源优化配置,实现社会福利最大化的目的。

9.4.4.2 不同点

两者的不同方面更多,具体表现在如下方面。

(1)一般项目经济分析的核心是费用效益分析,即从全社会的角度出发,考察项目能否有利于资源最优化配置并实现国民收入(社会福利)最大增长,主要通过货物影子价格、影子工资、影子汇率和社会折现率等经济参数分析、计算项目对国民经济的净贡献,评价项目的经济合理性。一般经济费用效益分析中,通常通过采用考虑到时间价值的社会折现率来体现动态分析要求,但费用和效益的加总仍然基于现行价格和评价价格的不变性,同时还假定了时间因素的不变性。仅以社会折现率指标对费用和效益进行时间贴现,实际上没有完全体现动态特征。

对于特大型建设项目,由于建设周期相当长,资源的供求关系变化很大,在建设期间巨大的物力、人力和财力的投入就有可能改变资源供求格局,以致当工程投产时所面临的经济态势已完全改变了。一般经济费用效益分析的假设和分析方法显然已不适用,需要进行多方面的分析和考虑。特大型建设项目的效益也是多方面的,既包括正效益,也包括负效益。如果仅用社会折现率一个指标,则会低估某些效益,高估另一些效益,无法反映效益的真实性。

(2)一般项目的经济费用效益分析将国际市场价格视为评价价格的比较基础,以此达到实现引导投资、调整产业结构的目的,这有可能对我国特定的产业结构造成不利的影响。对特大型建设项目的宏观经济分析则要立足于我国的现实国情,具体情况具体分析。

(3)一般项目的财务分析可采用总量指标(如净产值、社会纯收入、国内生产总值等)来衡量项目的经济效益。对特大型建设项目来说,仅采用总量指标是不完全的,还需要进行结构分析才能真正把握项目的经济效益。

(4)一般项目经济费用效益分析忽略不同利益主体的偏好差异,认为只要项目有净效益,就必然对各个利益主体(或者对社会的每一个人)都有利,不必考虑各利益主体之间的矛盾以及最终分配。特大型建设项目涉及的利益主体复杂,不仅包括中央政府或主管的政府部门,而且包括项目所在地区的政府、项目所在地区的居民、项目主持单位、项目受益单位等,彼此价值判断不同,因而要全面权衡,使各主体利益协调一致。

9.4.5 特大型建设项目对区域和宏观经济的影响分析

9.4.5.1 特大型建设项目对区域和宏观经济的影响

特大型建设项目对区域和宏观经济的影响是多方面的,既有有利的影响(正效益),也有不利的影响(负效益)。不利影响表明了特大型建设项目除了实际发生的投资外,区域范围内及国民经济整体为项目建设所付出的代价。项目总的效益应为正效益与负效益相抵并扣除实际投资后的余额。特大型建设项目对区域和宏观经济影响的多方面性还表现在:既有总量影响,也有结构影响;既有对资源开发的影响,也有对资源利用的影响;既有经济影响,也有社会影响、环境影响等。

特大型建设项目影响的广泛性也意味着对其分析更多的是采用个案分析,从实际出发,具体问题具体分析;还意味着要强调专项分析,对某一方面影响进行专门分析,如对国力承担能力的分析等。

1. 对所在区域的影响

特大型建设项目对所在区域的影响表现在如下几方面。

(1)特大型建设项目可能改变其所在区域的功能与发展条件。伴随着特大型建设项目的建设,所在区域的基础设施如交通、能源供应条件等首先得到相应的发展,其他有利于投资建设的环境条件也会相应而生,如有专业技能的劳动力供给、生活及服务设施的改善等。

(2)特大型建设项目的建设可能改变所在区域的产业结构。在一个原有基础比较薄弱的地区,特大型建设项目的建设可能建立起一套全新的经济结构,通过国家强制性布置产业,迅速推进地方经济的成长与进步。在原有经济基础较好、经济实力较强的地区,特大型建设项目所在区可能会分离而成某城市的卫星城、大功能区或新城区,促进城市规模迅速扩大,从而改变原有经济结构,推动经济发展。

(3)特大型建设项目可以促进区域产业循环的形成。特大型建设项目由于投资大、产出多、占地广、技术水平高等特点,很容易形成所在区域的核心产业,并可能围绕核心产业出现一系列辅助性产业,或者利用特大型建设项目的建设提供的基础设施形成一定规模的地方产业集聚,有利于推动所在区域的整体发展。

(4)特大型建设项目对所在区域也可能带来负面影响。主要表现在耕地减少、环境污染、人与环境关系紧张、历史文化遗产遭到破坏、冲击区域经济、削弱地方原有优势等。这些影响有的是直接的并立即表现出来的,有些则是间接的,而且缓慢地表现出来。

2. 对宏观经济的影响

特大型建设项目对宏观经济的影响主要表现在如下方面。

(1)特大型建设项目建成后,通过项目自身发挥效益,促进国民经济总量增长;通过带动所在区域经济结构调整和经济总量增长,导致国民经济结构优化和总量增长;通过吸纳有一定专长的劳动力和其他类型劳动力,增加劳动就业,改变就业结构(包括就业的产业结构、知识结构等);通过提供国民经济发展急需的基础设施或能源或技术等,减轻乃至消除经济发展中的“瓶颈”制约因素的作用;推进国家的城市化进程,从而提升国民经济整体实力,促进现代化建设。特大型建设项目还有利于改变地区发展不平衡的现状,促进地区之间产业合理布局协调发展,有利于改变国民收入分配格局,帮助贫困落后地区脱贫致富。由于特大型建设项目一般都采用先进技术设备和最新技术成果,因而也有利于加快技术进步,提高技术进步对经济增长的贡献份额。

(2)特大型建设项目由于建设规模巨大,需要大量的人力、财力、物力,一方面可以通过投资拉动作用促进经济增长,另一方面也由于大量增加了对某些类型投入资源或物品的需求,导致这些资源或物品价格上涨,进而影响到价格总水平。项目建成后,由于其产量巨大,会改变某些物品的供求格局,可能导致这些物品供应的瓶颈制约作用的消除或者供给大大超过需求,对国家经济安全带来有利影响或不利影响。

(3)特大型建设项目还由于在规划建设的过程中越来越强调以人为本,追求人与环境的和谐统一,因而会有利于环境保护,生态改善。特大型建设项目建成后提供的产出物一般应具有档次高、质量好、资源利用率高等特点,这也为环境保护和资源开发与保护更加协调提供了有利条件。当然,也可能情形相反,某些特大型建设项目也可能在短期和局部范围内造成环境污染,破坏生态平衡。

9.4.5.2 需进行区域经济或宏观经济影响分析的项目

具备下列部分或全部特征的特大型建设项目应进行区域经济或宏观经济影响分析。

(1)项目投资巨大、工期超长(跨五年计划或十年规划)。

(2)项目实施前后对所在区域或国家的经济结构、社会结构以及群体利益格局等有较大改变。

(3)项目导致技术进步和技术转变,引发关联产业或新产业群体的发展变化。

(4)项目对生态与环境影响大,范围广。

(5)项目对国家经济安全影响较大。

(6)项目对区域或国家长期财政收支影响较大。

(7)项目的投入或产出对进出口影响大。

(8)其他对区域经济或宏观经济有重大影响的项目。

9.4.5.3 特大型建设项目的区域经济与宏观经济影响的分析原则

特大型建设项目的区域经济与宏观经济影响分析应遵循系统性、综合性、定量分析与定性分析相结合的原则。

1. 系统性原则

特大型建设项目本身就是一个系统,但从国民经济的全局看,它又是国民经济这个大系统中的一个子系统。一个子系统的产生与发展,对于原有的大系统内部结构和运行机制将会带来冲击。原来的大系统会由于特大型建设项目的加入而改变原来的运行轨迹或运行规律。按照协同学理论,系统总是可以按照自身的结构与机制,使得原有的大系统能够"容忍"或"接纳"特大型建设项目的存在。这种协调的过程,或者使特大型建设项目与国民经济融为一体,或者特大型建设项目适当改变自己的结构与机制,以适应国民经济大系统的运行规律,或者甚至使特大型建设项目被排除在国民经济大系统之外,后者就意味着特大型建设项目的失败。为了保证特大型建设项目的建设成功和国民经济系统稳定运行,对特大型建设项目一定要从全局的观点,用系统论的方法来分析其可能带来的各方面的影响,尤其是对区域经济和宏观经济的影响。

2. 综合性原则

特大型建设项目建设周期长,投资巨大,影响面广泛。特大型项目的投入(包括建设和投产)将给原有经济系统的结构(包括产业结构、投资结构、就业结构、供给结构、消费结构、价格体系和区域经济等)、状态和运行带来重大的变化。它不仅影响到经济总量,而且影响到经济结构;不仅影响到资源开发,而且影响到资源利用和人力、物力、财力配置;不仅对局部区域有影响,而且对国民经济整体产生影响。因此,分析特大型建设项目对区域经济与宏观经济的影响要坚持综合性原则,进行综合分析,不能只分析某一方面的影响而忽略其余。

3. 定量分析与定性分析相结合原则

特大型建设项目对区域经济与宏观经济的影响是广泛而深刻的,既包括实实在在的有形效果和经济效果,可以用价值型指标进行量化;也包括更大量的无形效果和非经济效果,难以用价值型指标进行量化。对于前者无疑要以定量分析为主,把握其数值大小;对于后者必须进行定性分析或进行比较性描述,或者用其他类型指标或指标体系进行描述或数量分析,以便对其做出准确评价,为项目决策提供充分依据。

9.4.5.4 特大型建设项目区域经济与宏观经济影响分析的内容

特大型建设项目区域经济与宏观经济影响分析应立足于项目的实施能够促进和保障经济有序高效运行和可持续发展,分析重点应是项目与区域发展战略和国家长远规划的关系。分析内容应包括直接贡献和间接贡献、有利影响和不利影响。

(1)项目对区域经济或宏观经济的直接贡献通常表现在:促进经济增长,优化经济结构,提高居民收入,增加就业,减少贫困,扩大进出口,改善生态环境,增加地方或国家财政收入,保障国家经济安全等方面。

(2)项目对区域经济或宏观经济影响的间接贡献表现在:促进人口合理分布和流动,促进城市化,带动相关产业,克服经济瓶颈,促进经济社会均衡发展,提高居民生活质量,合理开发、有效利用资源,促进技术进步,提高产业国际竞争力等方面。

(3)项目可能产生的不利影响包括:非有效占用土地资源、污染环境、损害生态平衡、危害历史文化遗产;出现供求关系与生产格局的失衡,引发通货膨胀;冲击地方传统经济;产生新的相对贫困阶层及隐性失业;对国家经济安全可能带来不利影响等。

9.4.5.5 特大型建设项目对区域经济与宏观经济影响的评价指标体系

1. 总量指标

经济总量指标反映项目对国民经济总量的贡献,评价特大型建设项目对区域经济与宏观经济影响的总量指标包括增加值、净产值、社会纯收入等经济指标。总量指标可使用当年值、净现值总额和折现年值。

增加值是指项目投产后对国民经济的净贡献,即每年形成的国内生产总值。对项目而言,按收入法计算增加值较为方便。计算公式为

$$增加值 = 项目范围内全部劳动者报酬 + 固定资产折旧 + 生产税净额 + 营业盈余 \tag{9-13}$$

净产值是指项目全部效益扣除各项费用(不包括工资及附加费)后的余额。

社会纯收入是指净产值扣除工资及附加费后的余额。

增加值、净产值和社会纯收入的年值可分别由各自的总现值折算。

由于特大型建设项目一般均为综合性项目,具有多种效益,具体计算时,应根据项目发挥效益的类别逐项计算。

2. 结构指标

评价特大型建设项目对区域经济与宏观经济影响的结构指标主要包括影响力系数、三次产业结构、就业结构等。

1)影响力系数

影响力系数也被称为带动度系数,是指特大型建设项目所在的产业,当它增加产出满足社会需求,每增加一个单位最终需求时,对国民经济各部门产生的增加产出的影响。用公式表示为

$$影响力系数 = \sum_{i=1}^{n} b_{ij}/(\sum_{j=1}^{n}\sum_{i=1}^{n} b_{ij}/n) \tag{9-14}$$

式中 b_{ij}——列昂惕夫逆矩阵系数,即完全消耗系数,表示生产第 j 个部门的一个最终产品对第 i 个部门的完全消耗量;

n——国民经济的产业部门总数。

影响力系数大于1表示该产业部门增加产出对其他产业部门产出的影响程度超过社会平均水平。影响力系数越大,该产业部门对其他产业部门的带动作用越大,对经济增长的影响越大。

2)三次产业结构

产业结构可以按各产业增加值计算,反映各产业在国内生产总值中所占份额大小。特大型建设项目建设前后产业结构的变化反映了项目对产业结构的影响。

3)就业结构

就业结构包括就业的产业结构、就业的知识结构等,前者指各产业就业人数的比例,后者指不同知识水平就业人数的比例。特大型建设项目建设前后就业结构的变化反映了项目对就业结构的影响。

3. 社会与环境指标

社会与环境指标主要包括就业效果指标、收益分配效果指标、资源合理利用指标和环境影响效果指标等。为了分析项目对贫困地区经济的贡献,可设置贫困地区收益分配比重

指标。

1)就业效果指标

实现社会充分就业是宏观经济致力于实现的重要目标之一。评价特大型建设项目的就业效果对存在大量过剩劳动力的我国尤其具有意义。劳动力就业效果一般用项目单位投资带来的新增就业人数表示,即

$$单位投资就业效果=\frac{新增总就业人数(包括本项目与相关项目)}{项目总投资(包括直接投资与间接投资)} \quad 人/万元 \tag{9-15}$$

总就业效果可分为直接投资所产生的直接就业效果和与该项目直接相关的其他项目的投资产生的间接就业效果。计算公式分别为

$$直接就业效果=\frac{本项目新增的就业人数}{本项目的直接投资} \quad 人/万元 \tag{9-16}$$

$$间接就业效果=\frac{相关项目新增就业人数}{相关项目投资} \quad 人/万元 \tag{9-17}$$

2)收益分配效果指标

分配效果指标用于检验项目收益分配在国家、地方、企业、职工间的分配比重是否合理。主要有以下几项

$$国家收益分配比重=\frac{项目上缴国家的收益}{项目的总收益}\times 100\% \tag{9-18}$$

$$地方收益分配比重=\frac{项目上缴地方的收益}{项目的总收益}\times 100\% \tag{9-19}$$

$$企业收益分配比重=\frac{企业的收益}{项目的总收益}\times 100\% \tag{9-20}$$

$$职工收益分配比重=\frac{职工的收益}{项目的总收益}\times 100\% \tag{9-21}$$

为体现国家对老、少、边、穷等贫困地区的重视,使这类地区的项目得以优先通过,也可设置贫困地区收益分配指标,通过对贫困地区赋予较高的收益分配权重,判定其对贫困地区收益分配的贡献。

3)对资源和环境的影响效果指标

对资源和环境的影响效果指标主要有节能效果指标、节约时间效果指标、节约用地效果指标、节约水资源效果指标等几类。

(1)节能效果以项目的综合能耗水平(可折合成"年吨标煤消耗")来反映。计算公式为

$$项目的综合能耗水平=\frac{项目的综合能耗}{项目的净产值} \tag{9-22}$$

项目的综合能耗水平低于社会平均能耗水平,则说明项目具有较好的节能效果。

(2)节约时间的效果分析应结合具体项目进行。此类指标对交通运输类特大型建设项目尤其具有意义。

(3)节约用地效果用单位投资占地反映。计算公式为

$$单位投资占地=\frac{项目的土地占用量}{项目总投资} \quad m^2/万元 \tag{9-23}$$

项目单位投资占地低于社会平均水平,则说明项目具有较好的节约用地效果。

(4)类似地，节约用水效果以项目单位产值或产品耗水量来反映。计算公式为

$$项目单位产值耗水量 = \frac{项目总耗水量}{项目总产值} \quad m^3/人 \cdot 日 \tag{9-24}$$

项目单位产值耗水量和国家与地区规定的定额比较，可判定项目的节水效果。对生产性项目应分别计算单位产品生产用水和项目人均耗水量，单位产品耗水量应与行业规定的定额进行比较。

4. 国力适应性指标

国力适应性指标表示国家的人力、物力和财力承担重大项目的能力，一般用项目使用的资源占全部资源总量的百分比或财政资金投入占财政收入或支出的百分比表示。

特大型建设项目由于建设规模巨大，需要耗费大量的人力、物力、财力、自然资源等，这自然会产生国力能否承受的问题。因为特大型建设项目耗费过多，必然会影响到国民经济其他地区、其他部门的建设和发展。如果特大型建设项目挤占资源过多，导致其他领域所需资源无法满足，阻碍了项目的发展进程；或者由于特大型建设项目使用的投入品过多，引发该物品供应紧张，抬升了重要物品的价格，乃至加剧通货膨胀水平，则说明国力承担该项目的能力不足。

1)国家人力

由于我国劳动力资源极其丰富，因而对国力承担能力即国力适应性的评价主要分析财力和物力，这也是需要重点分析的。但项目对特殊技能人才的需求、项目对人才资源的开发和利用等也需做专门分析。

2)国家财力

国家财力是指一定时期内国家拥有的资金实力，其构成要素包括：国内生产总值(或国民收入)、国家财政收入、信贷总额、外汇储备、可利用的国外资金等。其中最主要的指标是国内生产总值(或国民收入)和国家财政收入。国内生产总值(或国民收入)水平和增长速度反映了国家当前的经济实力和未来实力增长趋势，对特大型建设项目的投资规模具有直接影响。财力承担能力一般通过国内生产总值(或国民收入)增长率、特大型建设项目年度投资规模分别占国内生产总值(或国民收入)、全社会固定资产投资和国家预算内投资等指标的比重等来衡量。对运用财政资金的项目，财政投入占财政收入比例的高低反映财政对项目资金需求承受能力的大小。

3)国家物力

国家物力是指国家所拥有的物质资源，包括工农业主要产品及储备量，矿产资源储备量，森林、草场以及水资源等。物力取决于国家可供追加的生产资料和消费资料的数量和构成。一般特大型建设项目物力承担能力主要指能源、钢材、水泥和木材等主要物资能否支持项目兴建。物力承担能力评价一般通过特大型建设项目对这几类主要物资的年度需要量占同期产量的比重来衡量。

特大型建设项目的国力承担能力评价需要结合对国家未来经济发展的预测来进行。

以上各项指标应与国家统计部门的统计口径一致。

9.4.5.6 特大型建设项目的区域经济与宏观经济影响分析常用的几类经济数学模型

区域经济与宏观经济的影响分析，可将项目的总产出、总投入、资源、劳动力、进出口总额等作为区域或宏观经济的增量，通过建立各种既有科学依据，又反映项目特点的经济数学

模型,分别计算“有项目”与“无项目”时的经济总量指标、经济结构指标、社会与环境指标及国力适应性指标,并根据有无对比原则进行分析。

常用的经济数学模型包括经济计量模型、经济递推优化模型、全国或地区投入产出模型、系统动力学模型和动态系统计量模型等。区域经济与宏观经济影响分析通常宜做专题研究。

1. 宏观经济计量模型

宏观经济计量模型是在一定的经济假设下,依据一定的经济理论,建立众多经济变量之间的关系式,利用变量的历史序列数据对关系方程式组成的联立方程组进行回归分析运算,确定方程式中的经济参数和其他参数数值,从而得出方程的确定形式,并在此基础上预测未来经济发展趋势,或者判定经济变量或经济参数对经济发展的影响。模型一般包括生产、收入、投资、消费、劳动力、财政、金融、价格、贸易、能源等模块,能较全面地反映现实经济结构及其数量关系。模型还应包括受特大型建设项目影响的区域经济模型块,并进行联立计算求解。利用宏观经济计量模型分析特大型建设项目对区域经济与宏观经济的影响,主要是考察有无该项目的两种情况下宏观经济计量模型的运算结果,从而判定项目对区域经济与宏观经济影响的大小和好坏。

2. 经济递推优化模型

经济递推优化模型是将国家长远战略目标和短期平衡发展目标有机结合起来,在国力约束和供需平衡下,以年度国民收入最大为目标函数的模型。具体约束还包括产业间投入产出均衡、年度产业产出能力、消费基金年增长水平、积累率上下限、非生产性和更新改造投资比例、外资平衡、必要性进口等。模型通过调整投资、消费结构和状态转移方程,使产业结构趋于合理化,在影响国力环境的因素约束下寻找特大型建设项目对宏观经济的有利影响和国民经济发展的合理途径。

3. 动态投入产出模型

投入产出模型是指依据美国著名经济学家列昂惕夫(W. Leontief)创立的投入产出经济学的原理,利用大量实际经济数据,构造反映国民经济各部门之间生产联系的投入产出表,根据该表可计算出各部门的投入系数(即直接消耗系数)和完全消耗系数,并进一步可计算各部门的影响力系数和感应度系数,分析判断各部门对国民经济其他部门的影响或其他部门发展对某一部门的影响。简言之,投入产出分析可以从数量上系统地研究一个复杂经济实体的各不同部门之间的相互关系。这个经济实体可以大到一个国家,甚至整个世界,小到一个省、市或企业部门的经济。

动态投入产出模型通过引入投资具有一个多年延迟的生效过程以及不同部门的投资具有对其他部门不同的实物需求,使动态投入产出模型可以从时间上反映国民经济在某一个时期的发展轨迹,表述国民经济各部门之间实物上的平衡和结构上的协调。应用动态投入产出模型可以分析特大型建设项目对国民经济各部门的增长和结构的影响。在时间上可以考虑从准备期、建设期到建成后这一较长时间跨度。

4. 系统动力学模型

经济系统的动力学模型可以动态地模拟经济发展趋势。系统动力学模型不是建立纯数学符号的数学模型,而是借助于DYNAMO语言编写面向计算机的仿真程序,再借助于计算机的模拟技术定量地进行系统结构、功能与行为的模拟。模型可考虑短缺对国民经济的影响,还可以通过对比其他工程项目,分析其财力承受能力。在处理特大型建设项目时,以不同集资方式和不同投资时机,动态模拟国民经济发展状况,对比有无此项工程国民经济的状态,再分析判断国家财力对特大型建设项目的承受能力。

5. 动态系统计量模型

动态系统计量模型是专为长远模拟开发的一种模型。它按照一定的规则,把经济计量模型的构模思想和方法、系统动力学模型的构模思想和方法、优化搜索的技巧和控制思想组合为一体,使模型能够更加合理地反映系统的长期理性行为,描述系统的长期变化。

模型由主导结构、时变参数和决策结构的方程以及控制结构组成。模型可用来考察特大型建设项目对国民经济的长期影响(包括有利的影响和不利的影响)。

第 10 章　不确定性分析和风险分析

项目经济评价所采用的数据大部分来自预测和估算,具有一定程度的不确定性,为分析不确定性因素变化对评价指标的影响,估计项目可能承担的风险,应进行不确定性分析与经济风险分析,提出项目风险的预警、预报和相应的对策,为投资决策服务。

不确定性分析主要包括盈亏平衡分析和敏感性分析。经济风险分析应采用定性与定量相结合的方法,分析风险因素发生的可能性及给项目带来经济损失的程度,其分析过程包括风险识别、风险估计、风险评价与风险应对。

10.1　不确定性和风险的区别与联系

10.1.1　不确定性与风险产生的原因

10.1.1.1　不确定性与风险

项目的风险和不确定性是两个不同的概念。1921 年,芝加哥学派的创始人奈特在其经典名著《风险、不确定性和利润》一书中首次明确提出风险与不确定性之间的关系,并进行了区分:"风险"一词代表可度量的不确定性,"不确定性"代表不可度量的不确定性。按照奈特的说法,风险是可量度的,其事实中的结果分布是已知或是可确定概率的。因为可以确定概率,所以风险可以通过保险转给他人如保险公司负担。这样风险就可以转化为固定的成本。

由此,出现了基于概率的风险分析以及未知概率的不确定性分析这两种决策分析方法。

10.1.1.2　不确定性与风险产生的原因

1. 由主观原因导致的不确定性与风险

1)信息的不完全性和不充分性

在对投资项目进行分析时所采集的信息在质量和数量上不可能是完全准确和完全充足的。花费过量的时间和资金获得大量准确的信息是不经济的,消耗在信息采集上的经济资源的边际效率大大降低。

2)人的有限理性

人的有限理性决定了人在现有的条件下不可能准确无误地预测未来所发生的一切。因此,由人进行的对未来的预测总和实际存在着一定的偏差。

2. 由客观原因导致的不确定性与风险

1)市场供求状况的影响

投资项目都要在市场上实现其最终产品,而一个投资项目的建设和生产周期往往都比较长,少则数年,多则数十年。在如此长的一个周期中,生产者的状况可能发生很大变化,如生产商急剧增加,项目产品的供给大量增加;消费者的情况也有可能发生变化,如居民的收入和偏好发生的变化;另外,市场条件同样也可能发生较大的变化,如新的政策及法规的制定。

2)技术变化所带来的影响

现代科学技术的发展日新月异,各个研究机构和企业都投入大量的资源进行研发,新技术、新工艺不断地涌现。一项新技术在投资项目投产时也许是最新的技术,但有可能很快就被更加尖端的技术所取代。技术的更新,有可能使现有项目的生产成本较其他项目更高,从而使得项目产品在市场竞争中处在不利的位置。在对项目进行评价时,分析人员不可能对未来将要发生的技术更新做出准确的预测,这就导致了投资项目的不确定性。

3)经济环境变化的影响

在市场经济条件下,国家进行宏观经济调控有可能导致项目评价中的一系列重要参数发生变化。如价格的变化、利率的变化和汇率的变化。这些参数的变化都有可能影响到项目的经济效益。

4)社会、政治、法律和文化方面的影响

社会、政治、法律和文化的环境也可以称为投资的软环境。这些因素对投资项目的效益也有着很大的影响。由于我国正处在市场经济建设的初期,尤其在加入 WTO 后,随着全球经济一体化进程的发展,我国的许多政策法规需要和国际接轨,大量新法规和新规定的不断出台,使得项目的不确定性大大增加。因此,在对项目进行评价时应该尽量多考虑到这些因素的影响。

5)自然条件和资源的影响

任何投资项目的建设都需要以一定的自然条件和自然资源作为保证才可以顺利地进行。而自然条件和资源在项目周期中是有可能发生变化的。例如资源开发型项目,资源的情况直接关系到项目的经济效益。分析人员在对项目进行评价时必须考虑到自然条件和资源有可能对项目造成的影响。

10.1.2 不确定性分析与风险分析的区别与联系

1. 不确定性分析

项目经济评价所采用的基本变量都是对未来的预测和假设,因而具有不确定性。在不确定性存在的情况下,决策所导致结果的数目是不可知的,其概率的大小也是不可测的。如果说某个事件具有不确定性,则意味着对于可能的情况无法估计其可能性。

通过对拟建项目具有较大影响的不确定性因素进行分析,计算基本变量的增减变化引起项目财务或经济效益指标的变化,找出最敏感的因素及其临界点,预测项目可能承担的风险,使项目的投资决策建立在较为稳妥的基础上。

2. 风险分析

风险是指未来发生不利事件的概率或可能性。投资建设项目经济风险是指由于不确定性的存在导致项目实施后偏离预期财务和经济效益目标的可能性。与不确定性相比较,风险中虽然存在着不确定性,但却是可以测度的不确定性。风险是指事先通过预测等手段可以知道各种可能情况及其发生的概率,因此有人将风险称为“可测定的不确定性”。

经济风险分析是通过对风险因素的识别,采用定性或定量分析的方法估计各风险因素发生的可能性及对项目的影响程度,揭示影响项目成败的关键风险因素,提出项目风险的预警、预报和相应的对策,为投资决策服务。经济风险分析的另一重要功能还在于它有助于在可行性研究的过程中,通过信息反馈,改进或优化项目设计方案,直接起到降低项目风险的作用。风险分析的程序包括风险因素识别、风险估计、风险评价与防范应对。

3. 不确定性分析与风险分析的关系

不确定性分析与风险分析既有联系,又有区别。由于人们对未来事物认识的局限性、可获信息的有限性以及未来事物本身的不确定性,使得投资建设项目的实施结果可能偏离预期目标,这就形成了投资建设项目预期目标的不确定性,从而使项目可能得到高于或低于预期的效益,甚至遭受一定的损失,导致投资建设项目“有风险”。通过不确定性分析可以找出影响项目效益的敏感因素,确定敏感程度,但不知这种不确定性因素发生的可能性及影响程度。借助于风险分析可以得知不确定性因素发生的可能性以及给项目带来经济损失的程度。不确定性分析找出的敏感因素又可以作为风险因素识别和风险估计的依据。

10.2　不确定性分析

投资项目的不确定性分析主要包括盈亏平衡分析和敏感性分析。

10.2.1　盈亏平衡分析

盈亏平衡是指项目当年的收入扣除销售税金及附加后等于其总成本费用,即项目在当年既没有赢利,也没有亏损。

盈亏平衡分析是指通过计算盈亏平衡点(*BEP*, Break-Even-Point)处的产量或生产能力利用率,分析拟建项目的成本与收益的平衡关系,判断拟建项目适应市场变化的能力和风险大小的一种分析方法。所以,盈亏平衡分析也叫做量本利分析。盈亏平衡点是项目赢利与亏损的分界点,它反映了项目不盈不亏时的产量或生产能力利用率的临界水平,也反映了项目在一定的生产水平下的收益和成本的平衡关系。

盈亏平衡分析实际上是敏感性分析的特例,将敏感性分析由全寿命期缩为 1 年时即为盈亏平衡分析。

根据项目的收益和成本之间的函数关系,将盈亏平衡分析分为线性盈亏平衡分析和非线性盈亏平衡分析。

10.2.1.1　线性盈亏平衡分析

线性盈亏平衡分析适用于项目的收益和成本都是产量的线性函数的情况。

1. 总成本费用的划分

在进行线性盈亏平衡分析时,首先必须要把项目建成投产后的正常年份的总成本费用划分为变动成本和固定成本。值得注意的是,从长期角度看,并不存在绝对的固定总成本。只有当产量在适度的范围内变动时,固定总成本才会是基本不变的。如果产量的变化超出了一定的范围,固定总成本也会相应地发生较大的变化。

2. 盈亏平衡分析的假设条件

盈亏平衡分析是基于以下一些假设条件的。

(1)产量等于销量。

(2)成本是产量的函数。

(3)单位变动成本随产量按比例变化。

(4)在盈亏平衡分析的产量范围内,固定总成本维持不变。

(5)销售价格不随销售量的变化而变化,因此,销售收入是销售价格和销售数量的线性函数。

(6)计算所采用的数据均为项目达到设计能力生产期的数据。

3. 线性盈亏平衡分析图

根据上述假设条件和有关生产成本的形态分析资料,可以形象地用图示的方法,把项目的营业收入、总成本费用和产量三者之间的变动关系反映出来,便于比较和分析。

在盈亏平衡图中,横坐标表示产量,纵坐标表示收入或成本金额。先确定固定成本线,再在图表上作出总成本和营业收入线。在营业收入线与总成本线的相交处,即为盈亏平衡点;从盈亏平衡点画一条垂直线与横坐标相交处,即以产量表示的盈亏平衡点;从盈亏平衡点画一条垂直线与纵坐标相交处,即以金额表示的盈亏平衡点。在盈亏平衡点右侧,营业收入线与总成本线之间的区域,表示企业可能获得利润的区域;在盈亏平衡点左侧,营业收入线与总成本线之间的区域,表示企业可能发生亏损的区域。

项目产量—成本—利润之间的制约关系可用图 10-1 表示。

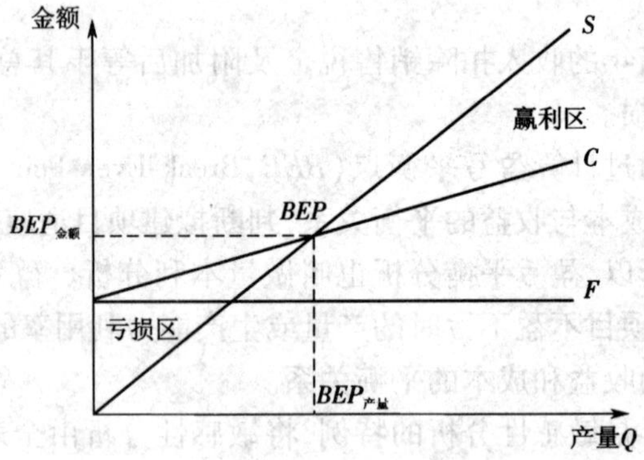

图 10-1 盈亏平衡

F—固定成本曲线;*C*—总成本曲线;*S*—营业收入曲线

由于项目在取得营业收入的同时,要缴纳增值税以及营业税金及附加,因此,必须对上图进行修正,如图 10-2 所示。

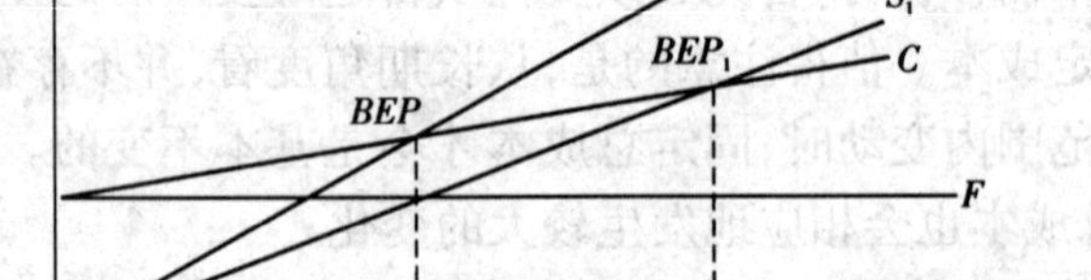

图 10-2 修正后的盈亏平衡

S_1—扣税后的营业收入;*S*、*F*、*C* 曲线同图 10-1

4. 线性盈亏平衡的计算

1）盈亏平衡产量的计算

从图 10-2 可以看出，当企业在小于 $BEP_{产量}$ 的产量下组织生产，则项目亏损；在大于 $BEP_{产量}$ 的产量下组织生产，则项目赢利。显然，$BEP_{产量}$ 是项目盈亏平衡点的一个重要的表现形式。

根据盈亏平衡分析的假设条件可知

$$S = P \times Q \tag{10-1}$$

$$C = F + V \times Q \tag{10-2}$$

式中　S——产品营业收入；

P——产品单价；

Q——年产量；

C——产品总成本费用；

F——年固定总成本；

V——每单位产品的变动成本。

设 T 为在盈亏平衡点处的单位产品营业税金及附加（若采用含增值税价格时，还应该包括增值税），由于处在盈亏平衡点上的项目收益正好抵偿其成本费用，因而可得基本损益方程式

$$S = C + T \times Q \tag{10-3}$$

则

$$P \times Q = F + V \times Q + T \times Q \tag{10-4}$$

将式 10-4 整理，并以 $BEP_{产量}$ 替代 Q，得

$$BEP_{产量} = \frac{F}{P - V - T} \tag{10-5}$$

上式表明，当产量达到 $BEP_{产量}$ 时，项目即可达到盈亏平衡。以产量表示的盈亏平衡点，表明企业不发生亏损时必须达到的最低限度的产量，即 $BEP_{产量}$ 是企业生产达到保本点时的产量。

2）盈亏平衡生产能力利用率的计算

生产能力利用率的盈亏平衡点是指盈亏平衡点时的销售量占企业正常销售量的比例。

设 $BEP_{生产能力利用率}$ 为以生产能力利用率表示的盈亏平衡点，得

$$BEP_{生产能力利用率} = \frac{F}{Q(P - V - T)} \times 100\% \tag{10-6}$$

上式表明，当生产能力利用率达到 $BEP_{生产能力利用率}$ 时，项目即可达到盈亏平衡点。以生产能力利用率表示的盈亏平衡点，表明企业不发生亏损时必须达到的最低限度的生产能力，即 $BEP_{生产能力利用率}$ 是企业生产达到保本点时的生产负荷。

进行项目评估时，生产能力利用率表示的盈亏平衡点，常常根据正常生产年份的产品产量或者销售量、变动成本、固定成本、产品价格以及营业税金及附加等数据计算，即

$$BEP_{生产能力利用率} = \frac{年固定成本}{年营业收入 - 年可变成本 - 年营业税金及附加} \times 100\% \tag{10-7}$$

当采用含增值税价格时，式中分母还应扣除增值税。

以产量和生产能力利用率表示的盈亏平衡点低，说明项目生产少量产品即可不发生亏

损,表示项目适应市场变化的能力、抗风险能力都比较强,获利能力大。

通过上述分析,可以看出,项目的固定成本、产品销售价格和变动成本是确定盈亏平衡点的决定性因素。

【例 10-1】 某生产服装项目年设计生产能力为 20 万件,预计市场售价为每件 50 元,年增值税和营业税金及附加合计为 200 万元,年总成本费用为 500 万元,其中固定成本为 200 万元。假定项目的营业收入、总成本费用均与产量呈线性关系,计算该项目的盈亏平衡点。

解 (1)根据题意,可知

$$V=\frac{5\ 000\ 000-2\ 000\ 000}{200\ 000}=15\text{ 元/件}$$

$$T=\frac{2\ 000\ 000}{200\ 000}=10\text{ 元/件}$$

(2)根据公式,可知

$$BEP_{产量}=\frac{F}{P-V-T}=\frac{2\ 000\ 000}{50-15-10}=80\ 000\text{ 件}$$

$$BEP_{生产能力利用率}=\frac{Q_{BEP}}{Q}\times 100\%=\frac{80\ 000}{200\ 000}\times 100\%=40\%$$

(3)盈亏平衡分析结论。针对本例,通过盈亏平衡分析,可以判断项目不发生亏损的条件为:如果产品价格、变动成本和固定成本保持不变,则年销售量或者年产量应满足大于 80 000 件,生产能力利用率应不低于 40%。由此可以看出,该项目以产量和生产能力利用率表示的盈亏平衡点是比较低的,项目的抗风险能力比较强。

10.2.1.2 非线性盈亏平衡分析

在实际生产经营过程中,产品的销售收入与销售量之间,成本费用与产量之间,并不一定呈现出线性的关系。例如当项目的产量在市场中占有较大的份额时,其产量的高低可能会明显影响生产的供求关系,从而使得生产加工发生变化;再如根据报酬递减规律,变动成本随着生产规模的不同而与产量呈非线性关系,在生产中还有一些辅助性的生产费用通常指半可变成本随着产量的变化呈梯形分布。由于这些原因,造成产品的销售收入和总成本与产量之间存在着非线性的关系,在这种情况下,进行的盈亏平衡分析称为非线性盈亏平衡分析,如图 10-3 所示。

这里设定销售收入是产量的非线性函数(二次函数)

$$TR(x)=a_1x+a_2x^2+a \tag{10-8}$$

式中 $a_2<0$,通常 a_2 很小。

设定总成本是产量的非线性函数(二次函数)

$$TC(x)=F+b_1x+b_2x^2 \tag{10-9}$$

式中:$b_2>0$;F 表示固定成本;x 表示产量;而 a_1,a_2,b_1 和 b_2 为常数,主要源于市场预测或经验数据。

这时利润的函数为

$$P(x)=TR(x)-TC(x)=(a_1x+a_2x^2+a)-(F+b_1x+b_2x^2) \tag{10-10}$$

根据盈亏平衡的定义

$$P(x)=TR(x)-TC(x)=0 \tag{10-11}$$

代入整理后，得到

$$(a_2 - b_2)x^2 + (a_1 - b_1)x + (a - F) = 0 \tag{10-12}$$

解此二次方程，得到两个解，即 x_1 和 x_2，即项目的两个盈亏平衡点。

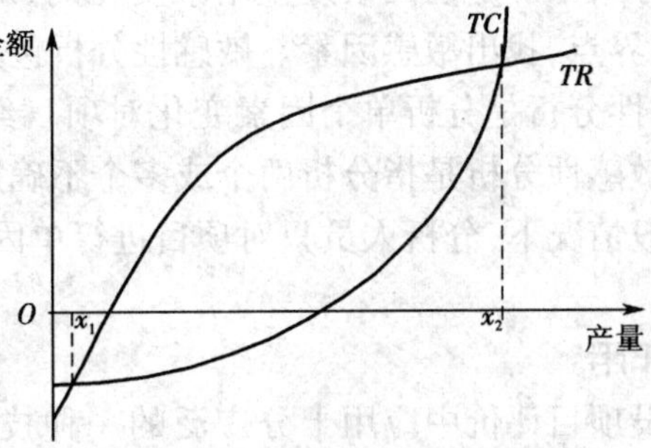

图 10-3　非线性盈亏平衡

另外，通过对 $P(x)$ 求导，可求得项目的最大赢利点，即

$$P'(x) = 2(a_2 - b_2)x + (a_1 - b_1) = 0 \tag{10-13}$$

式中的 x，就是项目的最大赢利点。

【例 10-2】　某工程项目计划生产一种新产品，经过市场调研及历年来的历史数据分析，预计生产该产品的销售收入函数及成本函数分别为

$$TR = 3\,100x - 0.6x^2$$

$$TC = 3\,187\,500 + 600x - 0.2x^2$$

试确定该项目产品的盈亏平衡点及最大赢利点。

解　这是一个非线性盈亏平衡分析的问题。

根据盈亏平衡点的定义，可知在盈亏平衡时，有

$$TR = TC$$

即　$$3\,100x - 0.06x^2 = 3\,187\,500x + 600x - 0.2x^2$$

对上述方程求解，可得：$x_1 = 1\,785$，$x_2 = 4\,465$，即产品的赢利区域为产量介于 1 785 到 4 465 之间。

根据最大赢利点的含义，当产量水平达到最大赢利点时，应有

$$P'(x) = 0.4x^2 - 2\,500x + 3\,187\,500 = 0$$

解得：$x = 3\,125$，即当产量水平达到 3 125 时，该产品将获得最大的利润。

通过盈亏平衡分析，可以看到产量、成本、销售收入三者的关系，预测经济形势变化带来的影响，分析工程项目抗风险的能力，从而为投资方案的优劣分析与决策提供重要的科学依据。但是由于盈亏平衡分析仅仅是讨论价格、产量、成本等不确定因素的变化对工程项目赢利水平的影响，却不能从分析中判断项目本身赢利能力的大小。另外，盈亏平衡分析是一种静态分析，没有考虑货币的时间价值因素和项目计算期的现金流量的变化，因此，其计算结果和结论是比较粗略的，还需要采用其他的能分析判断出因不确定因素变化而引起项目本身赢利水平变化幅度的、动态的方法进行不确定性分析。

10.2.2 敏感性分析

10.2.2.1 敏感性分析的概念

敏感性分析是指通过分析不确定性因素发生增减变化时,对财务或经济评价指标的影响,并计算敏感度系数及临界点,找出敏感因素。敏感性分析包括单因素敏感性分析和多因素敏感性分析,单因素敏感性分析是分析单个因素变化对项目经济效益指标的影响程度的敏感性分析方法。多因素敏感性分析是指分析两个或多个不确定因素的变化对项目经济效益指标的影响程度。但一般情况下,分析人员只对项目进行单因素敏感性分析。所以,这里只介绍单因素敏感性分析。

10.2.2.2 敏感性分析的作用

敏感性分析是投资建设项目评价中应用十分广泛的一种技术,用以考察项目涉及的各种不确定因素对项目基本方案经济评价指标的影响,找出敏感因素,估计项目效益对它们的敏感程度,粗略预测项目可能承担的风险,为进一步的风险分析打下基础。

一个项目在其建设与生产经营的过程中,由于项目内外部环境的变化,许多因素都会发生变化。一般将产品价格、生产成本、产品数量、主要原材料价格、建设投资、工期、汇率等作为考察的不确定因素。

通过敏感性分析,可以研究各种不确定因素变动对方案经济效果的影响,了解投资项目的风险根源和风险大小,还可筛选出若干最为敏感的因素,有利于对它们集中力量研究,重点调查和搜集资料,尽量降低因素的不确定性,进而减少方案风险。因此,敏感性分析可以帮助决策者了解不确定因素对评价指标的影响,从而提高决策的准确性。

另外,通过敏感性分析,可以确定不确定因素在什么范围内变化能使项目的经济效益情况最好,在什么范围内变化时能使项目的经济效益情况最差等这类最乐观和最悲观的边界条件或边界数值,可以启发评估人员对那些敏感的因素重新进行分析研究,以提高预测的准确性。

10.2.2.3 敏感性分析的一般步骤

1. 敏感性分析中不确定因素的选取

不确定因素是指那些在投资项目评估过程中,对项目效益有一定影响的基本因素。

根据项目特点,结合经验判断选择对项目效益影响较大且重要的不确定因素进行分析。经验表明,主要对产出物价格、建设投资、主要投入物价格或可变成本、生产负荷、建设工期及汇率等不确定因素进行敏感性分析。

2. 敏感性分析中效益指标的选取

由于敏感性分析是在确定性分析的基础上进行的,故一般敏感性分析指标应与确定性分析所使用的指标相一致。建设项目经济评价有一整套指标体系,敏感性分析可选取其中一个或者几个主要指标进行。最基本的分析指标是财务内部收益率(*FIRR*),根据项目的实际情况也可选择财务净现值(*FNPV*)和投资回收期(P_t)等指标。

3. 研究并设定不确定因素的变动范围

敏感性分析通常是针对不确定因素的不利变化进行,为绘制敏感性分析图的需要也可考虑分析不确定因素的有利变化。一般是选择不确定因素按照一定的变化幅度(如5%、10%和20%等)发生变化的,通常选择10%;对于那些不便用百分数表示的因素,例如建设期，可采用延长一段时间表示，通常延长一年。

4. 敏感性分析的计算指标

敏感性分析的计算指标包括敏感度系数和临界值。

1）敏感度系数

敏感度系数也称灵敏度，是指项目效益指标变化的百分率与不确定因素变化的百分率之比。敏感度系数高，表示项目效益对该不确定因素敏感程度高，提示应重视该不确定因素对项目效益的影响。敏感度系数计算公式如下

$$\beta = \frac{\Delta Y/Y}{\Delta X/X} \tag{10-14}$$

式中 $\Delta X/X$——不确定因素 X 的变化率，%；

$\Delta Y/Y$——不确定因素 X 发生 ΔX 变化率时，评价指标 Y 的相应变化率，%；

β——评价指标 Y 对于不确定因素 X 的敏感度系数。

敏感度系数的计算结果可能受到不确定因素变化百分率取值不同的影响，即随着不确定因素变化百分率取值的不同，敏感度系数的数值会有所变化。但其数值大小并不是计算该项指标的目的，重要的是各不确定因素敏感度系数的相对值，借此了解各不确定因素的相对影响程度，以选出敏感度较大的不确定因素。因此，虽然敏感度系数有以上缺陷，但在判断各不确定因素对项目效益的相对影响程度上仍然具有一定的作用。

2）临界值

临界值也称临界点，是指不确定因素的极限变化值。以财务内部收益率为例，即该不确定因素使项目内部收益率等于基准收益率或净现值变为零时的变化百分率，临界值也可用该百分率对应的具体数值表示。当不确定因素的变化超过了临界点所表示的不确定因素的极限变化时，项目内部收益率指标将会转而低于基准收益率，表明项目由可行变为不可行。

临界点的高低与设定的基准收益率有关，对于同一个投资项目，随着设定基准收益率的提高，临界点就会变低，即临界点表示的不确定因素的极限变化变小。而在一定的基准收益率下，临界点越低，说明该因素对项目效益指标影响越大，项目对该因素就越敏感。

可以通过敏感性分析图求得临界点的近似值，但由于项目效益指标的变化与不确定因素变化之间不是直线关系，有时误差较大，因此最好采用计算机的专用函数来求解临界点。

5. 确定敏感性因素

各因素的变化都会引起效益指标的一定变化，但其影响程度却各不相同。有些因素小幅度的变化，就能引起经济评价指标发生较大幅度的波动；而另一类因素即使发生了较大幅度的变化，对经济效益评价指标的影响也不是很大。我们把前一类因素称为敏感性因素，后一类因素称为非敏感性因素。敏感性分析的目的就是要找出哪些不确定因素是敏感性因素，哪些是非敏感性因素。敏感性因素的确定，可以采取上面介绍的两种方法，一是求敏感度系数，也称相对测定法；二是求各个不确定因素变动的临界值，也称绝对测定法。在实践中，通常是将这两种方法结合起来使用。

6. 绘制敏感性分析图，综合分析得出结论

将敏感性分析的结果进行汇总，编制“敏感性分析表”，见表10-1；编制“敏感度系数与临界点分析表”，见表10-2；绘制敏感性分析图，如图10-4所示；并对分析结果进行文字说明，将不确定因素变化后计算的经济评价指标与基本方案评价指标进行对比分析，结合敏感

度系数及临界点的计算结果，按不确定性因素的敏感程度进行排序，找出最敏感的因素，分析敏感因素可能造成的风险，并提出应对措施。当不确定因素的敏感度很高时，应进一步通过风险分析，判断其发生的可能性及对项目的影响程度。

如果进行敏感性分析的目的是对不同的投资项目进行比选，一般应选择敏感程度小、承受风险能力强、可靠性大的项目或方案。

表 10-1　敏感性分析

变化因素 \ 变化率/%	-30	-20	0	10	20	30
基准折现率 i_c						
建设投资						
原材料成本						
汇率						
……						

表 10-2　敏感度系数和临界点分析

序号	不确定因素	变化率/%	内部收益率	敏感度系数	临界点/%	临界值
	基本方案					
1	产品产量（生产负荷）					
2	产品价格					
3	主要原材料价格					
4	建设投资					
5	汇率					
	……					

10.2.2.4　敏感性分析图基本作图法

单因素敏感性分析图是指通过在坐标图上作出各个不确定性因素的敏感性曲线，进而确定各个因素的敏感程度的一种图解方法，其基本作图方法如下。

(1)以纵坐标表示项目的经济评价指标（项目敏感性分析的对象），横坐标表示各个变量因素的变化幅度（以百分数表示）。

(2)根据敏感性分析的计算结果绘出各个变量因素的变化曲线，其中与横坐标相交角度较大的变化曲线所对应的因素就是敏感性因素。

(3)在坐标图上作出项目经济评价指标的临界曲线(如 $FNPV=0, FIRR=i_c$ 等),求出变量因素的变化曲线与临界曲线的交点,则交点处的横坐标就表示该变量因素允许变化的最大幅度,即项目由盈到亏的极限变化值。

图10-4所示的即为敏感性分析图。图中,每一条斜率反映内部收益率对该不确定因素的敏感程度,斜率越大敏感度越高。一张图可以反映多个因素的敏感性分析结果。每条斜线与基准收益率的相交点即所对应的不确定因素变化率,图中 C_1, C_2, C_3, C_4 等即为该因素的临界点,将不确定因素在临界点上的变化率转化为绝对值,即为不确定因素的临界值。

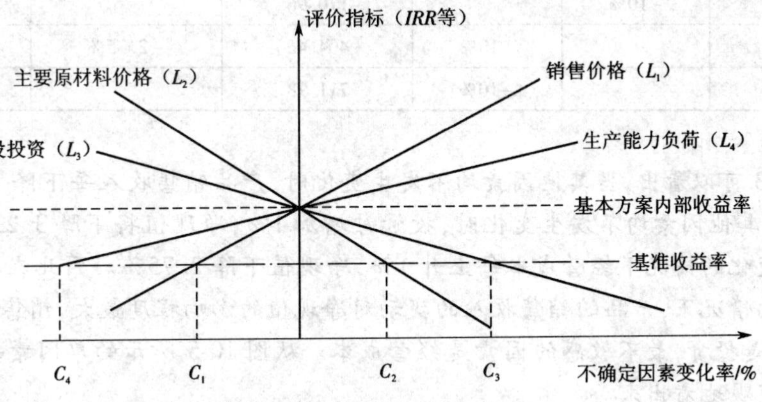

图10-4　敏感性分析

10.2.2.5　敏感性分析结果在项目决策分析中的应用

【例10-3】　某项目设计年生产能力为10万t,计划总投资为1 800万元,建设期1年,投资期初一次性投入,产品销售价格为每吨63元,年经营成本为250万元,项目生产期为10年,期末预计设备残值收入为60万元,基准收益率为10%。试就投资额、产品价格(销售收入)和经营成本等影响因素对该投资方案进行敏感性分析。

解　选择净现值为敏感性分析的对象,根据净现值的计算公式可计算出项目的净现值,即

$$FNPV = -1\,800 + (63\times10-250)(P/A,10\%,10) + 60(P/F,10\%,10)$$
$$= 558.07 \text{ 万元}$$

由于 $FNPV>0$,从财务分析角度,该项目是可行的。

以下进行敏感性分析(见表10-3)。

第一步,选定三个不确定因素:投资额、产品价格和经营成本。

第二步,为简单起见,选定 $FNPV$ 作为项目效益的分析指标。

第三步,确定不确定因素的变动范围 ±10%。

第四步,分别计算相对应的净现值的变化情况,得出结果。

第五步,绘制敏感性分析图,计算临界值和敏感度系数。

表 10-3 敏感性分析表

序号	调整项目			分析结果		
	投资额	销售收入	经营成本	*FNPV*/万元	平均+1%	平均-1%
0				558.07		
1	+10%			378.07	-3.23%	
2	-10%			738.07		+3.23%
3		+10%		945.17	+6.94%	
4		-10%		170.96		-6.94%
5			+10%	404.45	-2.75%	
6			-10%	711.98		+2.75%

从表 10-3 可以看出，当其他因素均不发生变化时，产品销售收入每下降 1%，净现值下降 6.94%；当其他因素均不发生变化时，投资每增加 1%，净现值将下降 3.23%；在其他因素均不发生变化的情况下经营成本每上升 1%，净现值下降 2.75%。因此在各个变量因素变化率相同的情况下，产品的销售收入的变动对净现值的影响程度最大，销售收入是最敏感的因素，其次是投资，最不敏感的因素是经营成本。从图 10-5 所示的单因素敏感性分析图中能够更加直观地看出来。

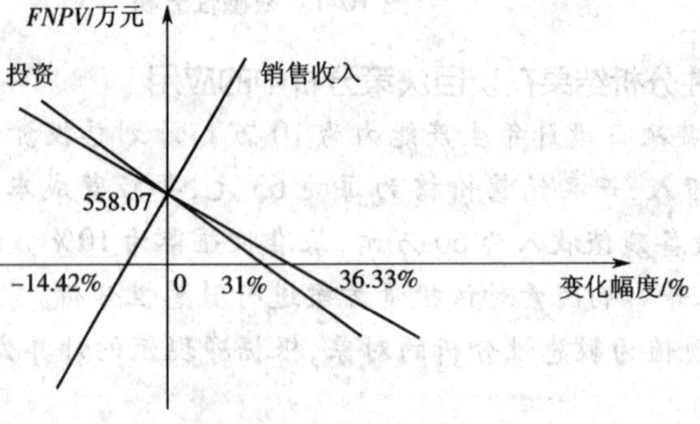

图 10-5 单因素敏感性分析

由图 10-4 可以看出，当产品价格下降幅度超过 14.42% 时，净现值由正变负，也即项目由可行变为不可行；当投资额增加的幅度超过 31% 时，净现值由正变负，项目变为不可行；当经营成本上升幅度超过 36.33% 时，净现值由正变负，项目变为不可行。因此，通过图 10-4 的敏感性分析就可以计算出允许变量因素变动的临界值，即产品销售收入的下降不能超过 14.42%，投资的增加不能超过 31%，经营成本的增加不能超过 36.33%。如果这三个变量的变化超过上述极限，项目就不可行。

第六步，根据敏感性分析的结果，提出建议。

根据敏感性分析得知，销售收入是最敏感的因素，因此从项目决策的角度讲，应当对产品价格做进一步、更准确的测算。因为从项目风险的角度讲，如果未来产品销售收入发生变化的可能性较大，则意味着这一投资项目的风险性也较大。

最后，我们必须注意，敏感性分析在使用中也存在着一定的局限性。敏感性分析不能说明不确定因素发生变动的可能性是大还是小,也就是没有考虑不确定因素在未来发生变动的概率,而这种概率是与项目的风险大小密切相关的。我们经常会碰到这样的情况,某些因素在未来发生不利变动的可能性很小,虽然它可能是一个敏感因素,但实际上它给项目带来的风险并不大,而另外有一些因素,虽然它们不太敏感,不是敏感因素,但由于它们在未来发生不利变化的可能性很大,因而实际上给项目带来的风险可能比敏感因素还要大。对于此类问题,必须借助风险分析来解决。

10.3　风险分析

风险分析是指考察一个投资项目可能的风险,对风险进行衡量或评估以及制定防范风险的措施。由于一个决策可能导致的结果有很多种,所以,为了避免决策失误,就有必要对投资项目进行风险分析。

10.3.1　风险分析的含义

风险分析,是使用概率研究预测各种不确定因素和风险因素对项目经济效益指标影响的一种定量分析方法。概率就是可发生事件的次数与发生机会的比例,即可能事件发生的频率。项目评估中的概率分析,是估计基本参数或变量可能值的发生概率,然后,经过数理统计处理对项目指标的概率进行衡量。

通常,把以客观统计数据为基础的概率称为客观概率,以人为预测和估计为基础的概率称为主观概率。在项目评估中,客观概率非常难以获得,因而往往依靠主观概率,因而,确定主观概率应十分慎重,否则会对分析结果产生不利影响。

根据概率的计算,我们就可以对项目的风险进行评估。正如我们在10.1节所提到的,这里的风险指的是“可测定的不确定性”。

10.3.2　影响项目效益的风险因素

影响项目实现预期经济目标的风险因素来源于法律法规及政策、市场供需、资源开发与利用、技术的可靠性、工程方案、融资方案、组织管理、环境与社会、外部配套条件等一个方面或几个方面。影响项目效益的风险因素可归纳为下列内容。

(1)项目收益风险:产出品的数量(服务量)与预测(财务与经济)价格。

(2)建设风险:建筑安装工程量,设备选型与数量,土地征用和拆迁安置费,人工、材料价格、机械使用费及取费标准等。

(3)融资风险:资金来源、供应量与供应时间等。

(4)建设工期风险:工期延长。

(5)运营成本费用风险:投入的各种原料、材料、燃料、动力的需求量与预测价格,劳动力工资,各种管理费取费标准等。

(6)政策风险:税率、利率、汇率及通货膨胀率等。

10.3.3　风险识别

风险的识别,指首先认识和确定项目可能会存在的风险因素,再分析这些风险因素会给项目带来的影响及原因,同时结合风险程度的估计,确定项目的主要风险因素。

风险识别应采用系统论的观点对项目全面考察综合分析,找出潜在的各种风险因素,并对各种风险进行比较、分类,确定各因素间的相关性与独立性,判断其发生的可能性及对项目的影响程度,按其重要性进行排序,或赋予权重。敏感性分析是初步识别风险因素的重要手段。

风险识别应根据项目的特点选用适当的方法。常用的方法有问卷调查、专家调查法和情景分析等。在具体操作中,一般通过问卷调查或专家调查法完成,建立项目风险因素调查表。

10.3.4 风险估计

风险估计又称风险测定、测试、衡量和估算等。风险估计是在风险识别之后,通过定量分析的方法测度风险发生的可能性及对项目的影响程度。

1. 风险估计与概率

风险估计是估算风险事件发生的概率及其后果的严重程度,因此,风险与概率密切相关。概率是度量某一事件发生的可能性大小的量,它是随机事件的函数。必然发生的事件,其概率为1,不可能事件,其概率为0,一般的随机事件,其概率在0与1之间。风险估计分为主观概率(估计)和客观概率(估计)两种。

1)主观概率(估计)

主观概率(估计)是指人们对某一风险因素发生可能性的主观判断,用介于0到1的数据来描述。这种主观估计基于人们所掌握的大量信息或长期经验的积累,而不是随意"拍脑袋"。

2)客观概率(估计)

客观概率(估计)是根据大量的试验数据,用统计的方法计算某一风险因素发生的可能性,它是不以人的主观意志为转移的客观存在的概率,客观概率计算需要足够多的试验数据做支持。

在项目评价中,要对项目的投入与产出进行从机会研究到投产运营全过程的预测。由于不可能获得足够时间与资金对某一事件发生的可能性做大量的试验,又因事件是将来发生的,也不可能做出准确的分析,很难计算出该事件发生的客观概率,但决策又需要对事件发生的概率做出估计,因此项目前期的风险估计最常用的方法是由专家或决策者对事件出现的可能性做出主观估计。

2. 风险估计与概率分布

风险估计的一个重要方面是确定风险事件的概率分布。概率分布用来描述损失原因所致各种损失发生可能性的分布情况,是显示各种风险事件发生概率的函数。概率分布函数给出的分布形式、期望值、方差、标准差等信息,可直接或间接用来判断项目的风险。

常用的概率分布类型有离散概率分布和连续概率分布。当输入变量可能值为有限个数,这种随机变量称为离散随机变量,其概率称离散概率,它适用于变量取值个数不多的输入变量。当输入变量的取值充满一个区间,无法按一定次序一一列举出来时,这种随机变量称连续随机变量,其概率称连续概率,常用的连续概率分布有正态分布、对数正态分布、泊松分布、三角分布、二项分布等。各种状态的概率取值之和等于1。

在风险估计中,确定概率分布时,需要注意充分利用已获得的各种信息进行估测和计算，在获得的信息不够充分的条件下则需要根据主观判断和近似的方法确定概率分布，具体采用何种分布应根据项目风险特点而定。确定风险事件的概率分布常用的方法有概率树、蒙特卡罗模拟及 CIM 模型等分析法。

10.3.5　风险评价

风险评价是对项目经济风险进行综合分析，是依据风险对项目经济目标的影响程度进行项目风险分级排序的过程。它是在项目风险识别和估计的基础上，通过建立项目风险的系统评价模型，列出各种风险因素发生的概率及概率分布，确定可能导致的损失大小，从而找到该项目的关键风险，确定项目的整体风险水平，为如何处置这些风险提供科学依据。风险评价的判别标准可采用两种类型。

1）以经济指标的累计概率、标准差为判别标准

对于 *FNPV*，其大于 0 的概率越大，标准差越小，则说明风险越小。

对于 *FIRR*，其大于等于基准收益率的概率越大，标准差越小，则说明风险越小。

2）以综合风险等级作为判别标准

为了评估风险的大小，一般都要对风险程度进行分级。风险程度包括风险损失的大小和发生的可能性两个方面，可以综合考虑这两个方面的因素对项目风险程度进行分类。

风险等级的划分既要考虑风险因素出现的可能性又要考虑风险出现后对项目的影响程度，有多种表述方法，一般应选择矩阵列表法划分风险等级。矩阵列表法简单直观，将风险因素出现的可能性及对项目的影响程度构造一个矩阵，表中每一单元对应一种风险的可能性及其影响程度。为适应现实生活中人们往往以单一指标描述事物的习惯，将风险的可能性与影响程度综合起来，用某种级别表示，见表10-4。所示风险等级亦可采用数学推导和专家判断相结合的方法确定。

表10-4　风险的综合等级

综合风险等级		风险影响的程度			
		严重	较大	适度	低
风险的可能性	高	K	M	R	R
	较高	M	M	R	R
	适度	T	T	R	I
	低	T	T	R	I

综合风险等级分为 K、M、T、R、I 五个等级：K(Kill)表示项目风险很强，出现这类风险就要放弃项目；M(Modify plan)表示项目风险强，需要修正拟议中的方案，通过改变设计或采取补偿措施等；T(Trigger)表示风险较强，设定某些指标的临界值，指标一旦达到临界值，就要变更设计或对负面影响采取补偿措施；R(Review and reconsider)表示风险适度(较小)，适当采取措施后不影响项目；I(Ignore)表示风险弱，可忽略。

表10-4 所示的风险评价如下。

(1)落在该表左上角的风险会产生严重后果。

(2)落在这个表左下角的风险,发生的可能性相对低,必须注意临界指标的变化,提前防范与管理。

(3)落在该表右上角的风险影响虽然相对适度,但是发生的可能性相对高,也会对项目产生影响,应注意防范。

(4)落在该表右下角的风险,损失不大,发生的概率小,可以忽略不计。

以上所介绍的风险等级的划分标准并不是唯一的,其他可供选择的划分标准有很多,如常用的风险等级划分为1~9级等。

10.3.6　风险应对

一个投资项目可能面临各种各样的风险,因此在项目评估过程中,不仅要了解项目可能面临的风险,而且还要有针对性地提出风险应对的方法,避免风险的发生或将风险损失降低到最低程度,才能有助于提高投资的安全性,促使项目获得成功。

1. 选择风险应对的原则

1)贯穿于项目可行性研究的全过程

可行性研究是一项复杂的系统工程,而经济风险来源于技术、市场、工程等各个方面,因此,应从规划设计上就采取规避防范风险的措施,才能防患于未然。

2)针对性

风险对策研究应有很强的针对性,应结合行业特点,针对特定项目主要的或关键的风险因素提出必要的措施,将其影响降低到最低程度。

3)可行性

可行性研究阶段所进行的风险应对研究应立足于现实客观的基础之上,提出的风险应对应在财务、技术等方面是切实可行的。

4)经济性

规避防范风险是要付出代价的,如果提出的风险应对所花费的费用远大于可能造成的风险损失,该对策将毫无意义。在风险应对研究中应将规避防范风险措施所付出的代价与该风险可能造成的损失进行权衡,旨在寻求以最少的费用获取最大的风险效益。

2. 决策阶段的风险应对

决策阶段的风险应对有如下几种。

(1)提出多个备选方案,通过多方案的技术、经济比较,选择最优方案。

(2)对有关重大工程技术难题潜在风险因素提出必要研究与试验课题,准确地把握有关问题,消除模糊认识。

(3)对影响投资、质量、工期和效益等有关数据,如价格、汇率和利率等风险因素,在编制投资估算、制定建设计划和分析经济效益时,应留有充分的余地,谨慎决策,并在项目执行过程中实施有效监控。

3. 建设或运营期的风险应对

1)风险回避

风险回避是彻底规避风险的一种做法,即断绝风险的来源。例如,风险分析显示产品市场存在严重风险,若采取回避风险的对策,就会做出缓建(待市场变化后再予以考虑)或放弃项目的决策。但这样做固然避免了可能遭受损失的风险,同时也放弃了投资获利的可能。

因此,风险回避对策的采用一般都是很慎重的,只有在对风险的存在与发生及对风险损失的严重性有把握的情况下才有积极意义。风险回避一般适用于以下两种情况:①某种风险可能造成相当大的损失,且发生的频率较高;②应用其他的风险防范对策应对风险代价昂贵,得不偿失。

2)风险控制

风险控制是针对可控性风险采取的防止风险发生、减少风险损失的对策,也是绝大部分项目采用的主要风险防范对策。风险对策应十分重视风险控制措施的研究,应就识别出的关键风险因素逐一提出技术上可行、经济上合理的预防措施,以尽可能低的风险成本降低风险发生的可能性,并将风险损失控制在最低限度。风险控制措施必须针对项目具体情况提出,既可以是项目内部采取的技术措施、工程措施和管理措施等,也可以采取向外分散的方式来减少项目承担的风险。

3)风险转移

风险转移是将项目可能面临的风险转移给他人承担,以避免风险损失的一种方法。转移风险有两种方式:①将风险源转移出去;②只把部分或全部风险损失转移出去。就投资项目而言,第一种风险转移方式是风险回避的一种特殊形式。第二种风险转移方式又可细分为保险转移方式和非保险转移方式两种。

(1)保险转移是采取向保险公司投保的方式将项目风险损失转嫁给保险公司承担,如对某些人力难以控制的灾害性风险就可以采取保险转移方式。

(2)非保险转移方式是项目前期工作中涉及较多的风险对策,如采用新技术可能面临较大的风险,可以在技术合同谈判中提出加上保证性条款,如达不到设计能力或设计消耗指标时的赔偿条款等,以将风险损失全部或部分转移给技术转让方,在设备采购和施工合同中也可以采用转嫁部分风险的条款。

4)风险自担

顾名思义,风险自担就是将风险损失留给项目承担。这适用于两种情况:①已知有风险但由于可能获利,必须保留和承担这种风险;②已知有风险,但若采取某种风险措施,其费用支出会大于自担风险的损失时,常常主动自担风险。通常适用于风险损失小、发生频率高的风险。

以上所述的风险防范对策不是互斥的,实践中常常组合使用。在采取措施降低风险的同时并不排斥其他的风险防范对策,如向保险公司投保。项目评估中应结合实际情况,研究并选用相应的风险对策。

10.3.7 风险分析的基本方法

风险分析可以采用定量方法、定性方法或混合方法进行评估。本节将介绍几种常用方法的基本原理和基本操作步骤。

1. 专家评估法

专家评估法是以发函、开会或其他形式向专家进行调查,对项目风险因素及其风险程度进行评定,将多位专家的经验集中起来形成分析结论的一种方法。由于它比一般的经验识别法更具客观性,因此应用更广泛。采用专家定性评定法时,所聘请的专家应熟悉该行业和所评估的风险因素,并能做到客观公正。为减少主观性,专家个数一般应有10~20位。

在运用这种方法时,可以根据专家的经验,对项目的了解程度,对专家评分的权威性确定一个适宜的权重。最后的风险值为每位专家评定的风险值乘以各自的权重,所得积和再除以全部专家的权重值的和。把风险因素、风险程度评估归纳起来,见表10-5。

表10-5 风险因素和风险程度评估

序号	风险因素名称	风险程度				说明
		灾难性	严重	较大	一般	
1	市场因素					
	价格					
	市场需求量					
	竞争能力					
2	技术因素					
	先进性					
	可靠性					
	适用性					
	可得性					
	匹配性					
3	资源风险					
	资源储存量					
	开采成本					
	品位					
	资源来源					
4	工程风险					
	工程地质					
	水文地质					
	工程量					
5	投资风险					
	汇率					
	利率					
	工期					
6	融资风险					
	汇率					
	利率					
	资金来源					
	资金可靠性					
7	政策风险					
	政治条件变化					

续表

序号	风险因素名称	风险程度				说明
		灾难性	严重	较大	一般	
	经济条件变化					
	政策调整					
8	外部协作条件风险					
	供水系统					
	供电系统					
	交通运输					
9	社会风险					
10	其他					

2. 风险因素取值评定法

这是一种专家定量评定方法，是估计风险因素的最乐观、最悲观和最可能值，计算期望值，将期望值的平均值与可行性研究中所采用的数值相比较，求出两者的偏差值和偏差程度，以此来评判风险程度。显然，偏差值和偏差程度越大，风险程度越高。具体方法归纳为如表10-6。

表10-6　风险因素取值评定表可研采用值

专家号 i	最乐观值 A	最悲观值 B	最可能值 C	期望值 D $D=(A+4C+B)/6$
1				
2				
3				
…				
n				
期望平均值	$[\sum_{i=1}^{n}(D_i)]/n$			
偏差值	期望平均值 - 可研采用值			
偏差程度	偏差值/可研采用值			

专家评估法、风险因素取值评定法只能就单个风险因素进行风险程度判别。如果希望了解风险因素导致项目的影响程度时，就要采用概率分析法。

3. 概率分析法

1）概率分析概述

概率分析是运用概率理论和数理统计原理，借助概率来研究预测不确定因素和风险因素对项目经济评价指标影响的一种定量分析技术。一般应用于大中型工程投资项目。

概率分析的一般做法是:首先预测风险因素发生各种变化的可能性即概率,将风险因素作为自变量,预测其取值范围和概率分布,再将选定的经济评价指标作为因变量,测算评价指标随风险因素变动的相应取值范围和概率分析,计算评价指标的数学期望值和项目成功或失败的概率。概率分析的步骤如图 10-5 所示。

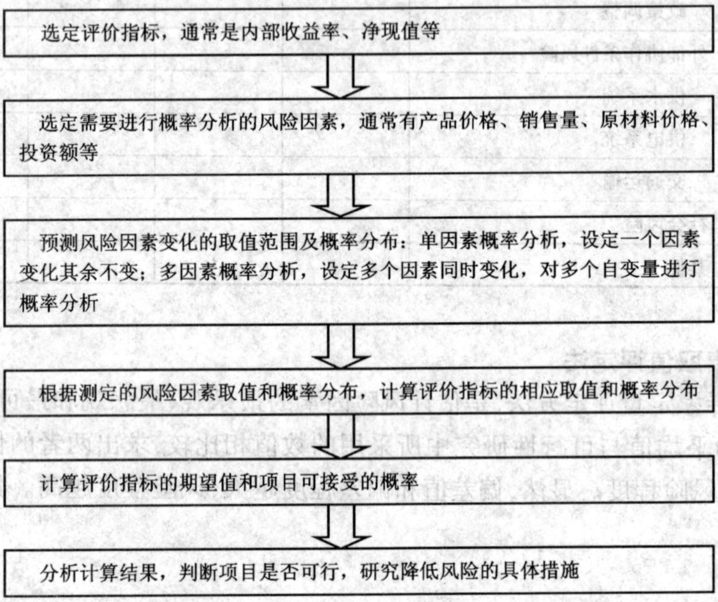

图 10-5　概率分析步骤

在项目评价中,期望值分析是概率分析中最为基本的评价方法,该方法一般是计算项目净现值的期望值及净现值大于或等于 0 的累计概率,为项目决策提供依据。

项目评价中的概率是指各种基本变量(如投资、成本、价格等)出现的频率。概率分析中主要是应用主观先验概率,也即在事件发生前,按过去发生的经验数据人为预测和估计为基础的概率。通常是请专家根据已往同类企业或项目的历史数据,进行参照比较分析得到的经验概率,带有一定程度的主观随意性。

2)期望值分析法的步骤与公式

期望值分析的一般步骤如下。

(1)确定 1 个或 2 个不确定因素(如收益、成本等)。

(2)估算每个不确定因素可能出现的概率。这种估算需借助历史统计资料和评价人员的丰富经验与知识,以先验概率为依据进行估测和推算。

(3)按下列公式计算变量的期望值

$$E(x) = \sum_{i=1}^{n} x_i p_i \tag{10-15}$$

式中　$E(x)$——变量 x 的期望值;

$p_i = p(x_i)$——变量 x_i 所对应的概率值;

x_i——随机变量的各取值。

(4)根据各变量因素的期望值,求项目经济评价指标的期望值,如

$$E[NPV(i)] = \sum_{t=0}^{n} E_t(x)(1+i)^{-t} \tag{10-16}$$

式中 $E[NPV(i)]$——净现值期望值;

$E_t(x)$——第 t 年净现值期望;

i——项目的不包括风险的折现利率。

(5)根据期望值来判断项目的抗风险能力,如根据 $E[NPV(i)] \geqslant 0$ 或 $NPV \geqslant 0$ 的累计概率。

【例10-4】 某工程项目建设期为2年,有两种可能状态,数据见表10-7。试求此项目的期望投资回收期 $E(P_t)$。

表10-7 项目指标及概率

项目指标及概率	状态1	状态2
投资额 I/万元	1 050	950
概率/%	40	60
年净现金流量		
3~10年 R/万元	270	200
11~30年 R/万元	250	190
概率/%	30	70

解 $E(I) = 1\,050 \times 40\% + 950 \times 60\% = 990$ 万元

$E_1(R) = 270 \times 30\% + 200 \times 70\% = 221$ 万元(3~10年)

$E_2(R) = 250 \times 30\% + 190 \times 70\% = 208$ 万元(11~30年)

$E(P_t) = 2 + \dfrac{990}{221} = 6.48 \approx 6.5$ 年

包括建设期在内,投资可望在6.5年之内收回。

由于项目投资的历时性,应考虑资金时间价值,也就是说应该采用动态评价方法。通常选用简单的概率分析,即计算项目净现值的期望值或净现值大于等于0的累计概率。

3)期望值分析法的应用

【例10-5】 某投资项目的主要风险变量有投资额、销售收入和经营成本,他们的估计值分别为8 800万元、3 800万元和1 800万元。且每个风险变量有3个状态,其概率分布见表10-8。共有27个组合,如图10-6所示为27个分支,圆圈里的数字表示变量在各种状态下发生的概率。图上第一个分支表示建设投资、销售收入、经营成本同时增加20%的情况,可称之为第一事件,依此类推。

表 10-8　变量概率分布表

不确定因素的变化概率	+20%	估计值	-20%
建设投资	50%	40%	10%
销售收入	60%	30%	10%
经营成本	40%	50%	10%

解　(1)计算各可能事件的概率,计算过程与方法如图 10-6 所示。

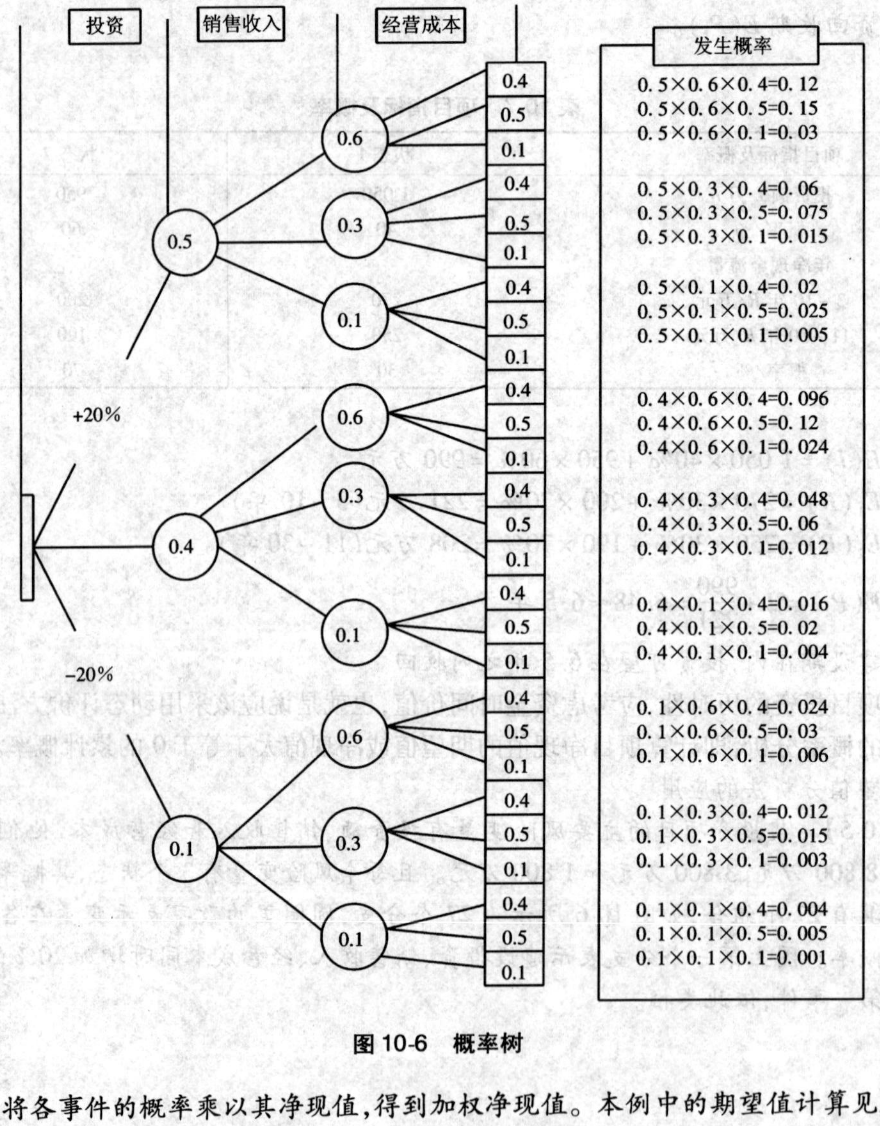

图 10-6　概率树

(2)将各事件的概率乘以其净现值,得到加权净现值。本例中的期望值计算见表 10-9。

表10-9　期望值计算

事件	建设投资	销售收入	经营成本	概率	净现值	加权净现值
1	+20%	+20%	+20%	0.12	3 350	402
2	+20%	+20%	估计值	0.15	4 400	660
3	+20%	+20%	-20%	0.03	5 012	150.36
4	+20%	估计值	+20%	0.06	-386	-23.16
5	+20%	估计值	估计值	0.075	465	34.875
6	+20%	估计值	-20%	0.015	1 356	20.34
7	+20%	-20%	+20%	0.02	-4 053	-81.06
8	+20%	-20%	估计值	0.025	-3 189	-79.725
9	+20%	-20%	-20%	0.005	-2 324	-11.62
10	估计值	+20%	+20%	0.096	5 000	480
11	估计值	+20%	估计值	0.12	5 756	690.72
12	估计值	+20%	-20%	0.024	6 620	158.88
13	估计值	估计值	+20%	0.048	1 340	64.32
14	估计值	估计值	估计值	0.06	2 105	126.3
15	估计值	估计值	-20%	0.012	3 096	37.152
16	估计值	-20%	+20%	0.016	-2 301	-38.816
17	估计值	-20%	估计值	0.02	-1 464	-29.28
18	估计值	-20%	-20%	0.004	-578	-2.312
19	-20%	+20%	+20%	0.024	6 653	159.672
20	-20%	+20%	估计值	0.03	7 609	228.27
21	-20%	+20%	-20%	0.006	8 296	49.776
22	-20%	估计值	+20%	0.012	3 100	37.2
23	-20%	估计值	估计值	0.015	3 887	58.305
24	-20%	估计值	-20%	0.003	4 798	14.394
25	-20%	-20%	+20%	0.004	-557	-2.228
26	-20%	-20%	估计值	0.005	289	1.445
27	-20%	-20%	-20%	0.001	1 034	1.034
合计				1.000		3 106.842

(3)计算净现值大于或等于0的概率。从该概率值的大小可以估计项目承受风险的程度,概率值越接近1,说明项目风险越小,反之,项目风险越大。计算步骤为:将计算出的各可能发生事件的净现值按数值从小到大排列,并将可能发生事件的概率按同样的顺序累加,求得累计概率,见表10-10。

表 10-10 净现值大于或等于 0 的概率计算

事件	净现值	概率	累计概率	加权净现值	方差
7	-4 053	0. 02	0. 02	-81. 06	1 025 267
8	-3 189	0. 025	0. 045	-79. 725	990 941
9	-2 324	0. 005	0. 05	-11. 62	147 470
16	-2 301	0. 016	0. 066	-38. 816	467 916
17	-1 464	0. 02	0. 086	-29. 28	417 852
18	-578	0. 004	0. 09	-2. 312	54 312
25	-557	0. 004	0. 094	-2. 228	53 695
4	-386	0. 06	0. 154	-23. 16	731 997
26	289	0. 005	0. 159	1. 445	39 701
5	465	0. 075	0. 234	34. 875	523 450
27	1 034	0. 001	0. 235	1. 034	4 297
13	1 340	0. 048	0. 283	64. 32	149 843
6	1 356	0. 015	0. 298	20. 34	45 982
14	2 105	0. 06	0. 358	126. 3	60 221
15	3 096	0. 012	0. 370	37. 152	1. 41
22	3 100	0. 012	0. 382	37. 2	0. 562
1	3 350	0. 12	0. 502	402	7 095
23	3 887	0. 015	0. 517	58. 305	9 130
2	4 400	0. 15	0. 667	660	250 839
24	4 798	0. 003	0. 670	14. 394	8 580
10	5 000	0. 096	0. 766	480	344 069
3	5 012	0. 03	0. 796	150. 36	108 889
11	5 756	0. 12	0. 916	690. 72	842 165
12	6 620	0. 024	0. 94	158. 88	296 215
19	6 653	0. 024	0. 964	159. 672	301 806
20	7 609	0. 03	0. 994	228. 27	608 083
21	8 296	0. 006	1. 000	49. 776	161 564
期望值					3 106. 842
方差					10 240. 369
标准差					3 200
离散系数					1. 03

由表 10-10 可知，净现值小于 0 的概率 =0. 154 +（0. 159 -0. 154）×386/（386 +289）=0. 157 即项目不可行的概率为 0. 157，净现值大于或等于 0 的概率为 1 -0. 157 =0. 843，离散系数 =3 200/3 106. 842 =1. 03，项目有较大的风险。

4. 层次分析法

层次分析法(The Analytic Hierarchy Process)是美国著名运筹学家、匹兹堡大学教授T. L. Saaty于20世纪70年代中期提出的一种定性与定量相结合的决策分析方法,简称AHP方法。层次分析法是一种多准则决策分析方法,在风险分析中它有两种用途:①将风险因素逐层分解识别,如图10-7所示,直至最基本的风险因素,也称正向分解;②两两比较同一层次风险因素的重要程度,列出该层风险因素的判断矩阵(判断矩阵可由专家调查法得出),判断矩阵的特征根就是该层次各个风险因素的权重,利用权重与同层次风险因素概率分布的组合,求得上一层风险的概率分布,直至求出总目标的概率分布,也称反向合成。运用层次分析法解决实际问题一般包括如下步骤。

(1)建立所研究问题的递阶层次结构。

(2)构造两两比较判断矩阵。

(3)单一准则下元素的相对权重。

(4)层次综合排序。

(5)将各子项的权重与子项的风险概率分布加权叠加,即得出项目的经济风险概率分布。

层次分析法的最终结果是得到相对于总目标的各方案的优先顺序权重,在判断的一致性基本满足要求的前提下,做出相应的评价与选择。

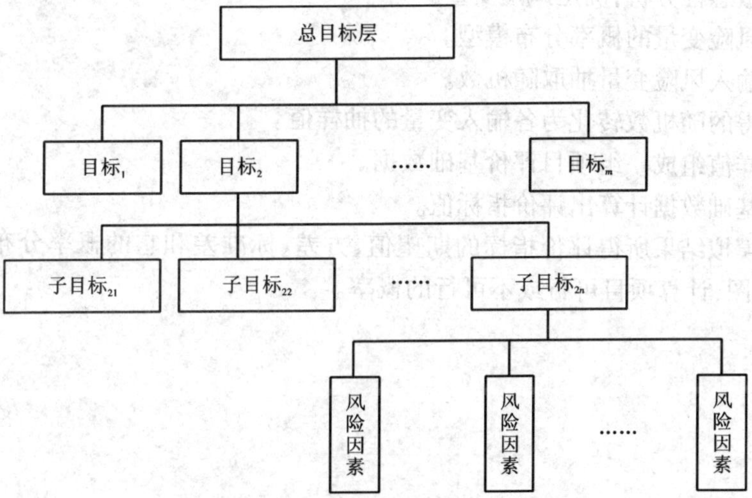

图10-7 递阶层次示意

5. CIM法

CIM(Controlled Interval and Memory)模型是控制区间和记忆模型,也称概率分布的叠加模型,或“记忆模型”。它是C. 钱伯曼(C. Chapman)和D. 库泊(D. Cooper)在1983年提出的。CIM模型包括串联响应模型和并联响应模型,它们分别是以随机变量的概率分布形式进行串联、并联叠加的有效方法。

CIM方法的主要特点是:用离散的直方图表示随机变量概率分布,用和代替概率函数的积分,并按串联或并联响应模型进行概率叠加。在概率叠加的时候,CIM方法可将直方图的变量区间进行调整,即所谓的区间控制,一般是缩小变量区间,使直方图与概率解析分布的误差显著减小,提高了计算的精度。CIM 模型同时也可用“记忆”的方式考虑前后变量的相互影响,把前面概率分布叠加的结果记忆下来,应用“控制区间”的方法将其与后面变量的概率分布叠加,直至最后一个变量为止。应用 CIM 方法解决实际问题时,可参照层次分析法的应用步骤进行。

6. 蒙特卡罗模拟法

蒙特卡罗模拟法(Monte-Carlo Simulation)又称随机模拟法或统计试验法,是一种通过对随机变量进行统计试验和随机模拟,求解数学、物理以及工程技术等有关问题的近似的数学求解方法。

蒙特卡罗模拟技术,是用随机抽样的方法抽取一组满足输入变量的概率分布特征的数值,输入这组变量计算项目评价指标,通过多次抽样计算可获得评价指标的概率分布及累计概率分布、期望值、方差、标准差,计算项目可行或不可行的概率,从而估计项目投资所承担的风险。

通常做决策分析时,最关心的问题是系统的动态性。但目前各种定量计算所运用的数学模型很少能反映随时间变化的复杂过程,尤其当变量本身牵涉到不确定性的问题时,使所考虑的问题更复杂,构造数学模型也更加困难。蒙特卡罗法可以随即模拟各种变量间的动态关系,解决某些具有不确定性的复杂问题,被公认为是一种经济而有效的方法。

蒙特卡罗法的模拟步骤如下。

(1)通过敏感性分析,确定风险变量。

(2)构造风险变量的概率分布模型。

(3)为各输入风险变量抽取随机数。

(4)将抽得的随机数转化为各输入变量的抽样值。

(5)将抽样值组成一组项目评价基础数据。

(6)根据基础数据计算出评价指标值。

(7)整理模拟结果所得评价指标的期望值、方差、标准差和它的概率分布及累计概率,绘制累计概率图,计算项目可行或不可行的概率。

第 11 章　方案经济比选

项目方案经济比选是寻求合理的经济和技术方案的必要手段,也是项目评价的重要内容。建设项目的投资决策以及项目可行性研究的过程是方案比选和择优的过程,在可行性研究和投资决策过程中,对涉及的各决策要素和研究方面,都应从技术和经济相结合的角度进行多方案分析论证、比选优化,如产品或服务的数量、技术和设备选择、原材料供应、运输方式、厂(场)址选择、资金筹措等方面,根据比较的结果,结合其他因素进行决策。

方案比选可按各个备选方案的全部因素计算各方案的全部经济效益和费用,进行全面的对比,也可以就不同因素计算相对经济效益和费用,进行局部的对比。要特别注意各个方案之间的可比性,遵循效益和费用计算口径一致的原则。

进行比较的备选方案应满足下列条件。

(1)备选方案的整体功能应达到目标要求。

(2)备选方案的经济效率应达到可以被接受的水平。

(3)备选方案包含的范围和时间应一致,效益和费用计算口径应一致。

本章只介绍从项目经济效益的角度来比较和选择投资方案。其他方面的内容,可参考有关书籍。

11.1　方案类型

在进行投资方案的比较和选择时,首先应明确项目的投资方案属于何种类型,然后才能考虑用适宜的评价指标和方法进行方案的比较。

备选方案之间的关系不同,决定了所采用的评价方法也会有所不同。按照方案相互之间的经济关系和有无约束条件,投资方案可按如图 11-1 所示内容分类:资金约束条件主要体现在独立方案中。

- 投资方案
  - 互斥方案
  - 独立方案
    - 有资金约束
    - 无资金约束
  - 相关方案
    - 先决方案
    - 不完全方案
    - 互补方案

图 11-1　投资项目的分类

11.1.1　互斥方案

互斥方案是指互相关联、互相排斥的方案,即一组方案中的各个方案彼此可以是相互代替,采纳方案中的某一方案,就会自动排斥这组方案中的其他方案。因此,互斥方案具有排他性。例如,购买一套住宅,是选择在市中心购买,还是在郊区购买,选择其中一个地点,就意味着排斥了另一个地点,这样的一组方案就是互斥方案。互斥型方案又可称为排他型方案、对立型方案、替代型方案等。一般来说,工程技术人员遇到的多为互斥型方案的选择问题。

11.1.2 独立方案

独立方案是指方案的采纳与否只受自身条件的制约,方案之间不具有排斥性。也就是说,在独立方案中,选择某一方案并不排斥另一方案,他们在经济上互不相关,接受或放弃某个方案并不影响其他方案的取舍。相互独立方案之间的效果具有可加性,即投资、经营费用与投资收益之间具有可加性。由于可能存在的资金约束条件,独立型方案的选择可能出现以下两种情况。

(1)企业可利用的资金足够多,即通常所说的无资金限制条件,这时方案的选择和前面章节所介绍的单方案的经济评价方法相同。只要分别计算各方案的 *NPV* 或 *IRR*,选择所有 $NPV \geqslant 0$ 或 $IRR \geqslant i_c$ 的项目即可。

(2)企业可利用的资金是有限制的。在不超出资金限额的条件下,要选择出最佳的方案组合,在这种情况下,独立关系转化为一定程度上的互斥关系,这样就可以参照互斥型方案的比选方法选择出最佳方案。

一般情况下,企业高层决策人员遇到的多属独立型方案的选择问题。如施工企业购置挖土机、采购运输车辆、登广告等,这些项目之间就是独立关系。

11.1.3 相关方案

相关方案是指在各个投资方案之间,其中某一个方案的采用与否会对其他方案的现金流量带来一定的影响,进而影响其他方案的采用或拒绝。

例如在两地之间修建通道,两种可选方案分别是修建铁路和修建公路,则任一方案的实施或放弃都会影响另一方案的现金流量,此两种方案即为相关方案。

相关方案又包括先决方案、不完全方案和互补方案。

投资方案中最常见的是互斥方案和独立方案,相关方案亦可化为这两种方案。独立方案的比选比较容易,一般通过财务评价和国民经济评价进行。互斥方案的比选则要有专门的方法,在投资项目评估过程中,经常遇到的问题就是互斥方案的比较和选择。

11.2 互斥型方案的比较和选择

在投资方案的比较和选择中,经常会使用的是互斥型方案的比较和优选。在方案互斥条件下,只要方案的投资额在规定的投资额内,各个方案均可参加评选。对于评选的方案,经济效果的评价通常包含两方面的内容:①首先评价各个方案自身的经济效果,即用前面章节介绍的有关知识进行方案的绝对效果检验;②在参选的各个方案经济上都可行的条件下,对各个备选方案选优,即进行相对效果检验。

本书只考虑互斥型方案的时间可比性问题。把互斥型方案的选择根据各个方案寿命期是否相同分为两部分:①各方案寿命期相等;②各方案寿命期不全相等。讨论中所使用的评价指标既可以是价值性指标,也可以是比率性指标。依据方案分类和投资方案比选的原则与要求,互斥型方案进行经济评估比选时可采用下列方案的比选方法,如图 11-2 所示。

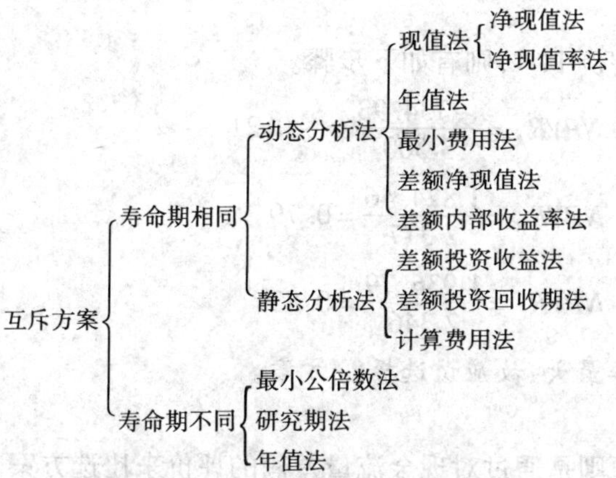

图 11-2 互斥方案的经济比选方法

11.2.1 寿命期相同方案的比较和选择

对于寿命期相同的互斥方案,计算期通常设定为其寿命期,这样,在利用资金等值原理进行经济效果评价时,方案在时间上才具有可比性。本书中的例题,如果没有特殊说明,投资都是发生在年初,成本和收入发生在年末。

1. 现值法(*NPV*)

在进行多方案比选时,现值法可以分为单独分析和增量分析(即差额净现值法)两种方法,其中单独分析又包括净现值法和净现值率(*NPVR*)法。

首先介绍单独分析法。此种方法是多方案比选中最常用的方法,它的基本步骤如下。

(1)计算各个备选方案的净现值,检验各个方案的绝对经济效果,去掉 $NPV<0$ 的方案。

(2)对绝对经济效果合格的方案,比较其净现值,以净现值最大的方案为最优方案。

1)净现值法

【例 11-1】 现有 A,B,C 三个互斥方案,其寿命期内各年的净现金流量见表 11-1,已知 $i_c=10\%$,试用净现值法选择出最佳方案。

表 11-1 互斥方案 A,B,C 的净现金流量 万元

年末 方案	0	1~10
A	-3 500	454
B	-2 317	674
C	-2 346	697

解 计算各方案的净现值:

$$NPV_A = -3\,500 + 454 \times (P/A, 10\%, 10) = -3\,500 + 454 \times 6.144\,6 = -734.93 \text{ 万元}$$

$$NPV_B = -2\,317 + 674 \times (P/A, 10\%, 10) = 1\,824.46 \text{ 万元}$$

$$NPV_C = -2\,346 + 697 \times (P/A, 10\%, 10) = 1\,936.79 \text{ 万元}$$

A 方案的净现值小于0,故舍去;C 方案的净现值大于 B 方案的净现值,故方案 C 为最优方案。

2)净现值率法

若用净现值率法解例11-1,则有如下步骤。

解 $I_A = 3\ 500 \qquad NPVR_A = \frac{-734.93}{3\ 500} = -0.21$

$I_B = 2\ 317 \qquad NPVR_B = \frac{1\ 824.46}{2\ 317} = 0.79$

$I_C = 2\ 346 \qquad NPVR_C = \frac{1\ 936.79}{2\ 346} = 0.83$

方案C的净现值率最大,故应该选择C方案。

3)差额净现值法

此种方法比较的原则是通过对现金流量差额的评价来比选方案。一般情况下比选方案时需要有一个基准,即相对于某一给定的基准贴现率而言,看一看投资大的方案比投资小的方案所增加的投资是否值得。具体地说,如果是在两个方案中选优,首先要计算这两个方案的现金流量之差,形成一个差额现金流量,然后考虑某一方案比另一方案增加的投资在经济上是否合算,即计算新形成的差额现金流量的净现值,这个净现值也称为投资增额净现值,如果这个值大于0,表明由投资增额所引起的收益按基准贴现率计算的现值大于所增加的投资的现值,说明投资的增加是合算的,差额现金流量所形成的方案在经济上是可行的,这时,应选择投资大的方案;反之,如果投资增额净现值小于0,则应选择投资小的方案。如果我们是对三个或三个以上的方案进行比较,也可用投资增额净现值进行评选,方法是先将各参选方案按投资额从小到大排列,并增设一个基础方案。当基础方案可靠时,把基础方案和投资额最小的方案进行比较,计算投资增额净现值,若投资增额净现值大于0,选择投资大的方案作为下一步比较的基础方案;若投资增额净现值小于0,则选择投资小的方案作为下一步比较的基础方案,依此类推,直到比完所有方案,最后保留的方案即为最优方案。

若用差额净现值法解例11-1,则有如下步骤。

解 (1)先把各方案按投资额由小到大排列,并增设一个基础方案A_0,也叫维持现状或不投资方案。有时所有参选的互斥方案均不符合条件,而在方案比选时,总能选出一个相对较优的方案,而这个相对较优的方案也是不可取的,为了避免这种情况的发生,增设了A_0方案,作为比选时的基础方案,A_0方案是假设已有的资金投放在其他的机会上,这时也可以获得基准收益率。

(2)计算方案B与维持现状方案A_0的投资增额净现值。

$$NPV_{B-A0} = -2\ 317 + 674 \times (P/A, 10\%, 10) = 1\ 824.46 \text{ 万元}$$

由于$NPV_{B-A0} > 0$,说明方案B优于方案A_0;应保留方案B作为下一步继续比较的基础方案。差额净现值大于0,说明追加的投资是合理的。

(3)以方案B作为临时最优方案,C作为竞赛方案。

$$NPV_{C-B} = -2\ 346 - (-2\ 317) + (697 - 674) \times (P/A, 10\%, 10) = 112.33 \text{ 万元}$$

由于$NPV_{C-B} > 0$,说明追加投资是合理的,去掉方案B,把方案C作为临时最优方案。

(4)计算方案C和方案A的投资增额净现值。

$$NPV_{A-C} = -3\ 500 - (-2\ 346) + (454 - 697) \times (P/A, 10\%, 10) = -2\ 647.14 \text{ 万元}$$

由于$NPV_{A-C} < 0$,说明再追加投资是不合理的,应保留方案C。C是最后的最优方案。

由此可以看出,用净现值法、净现值率法和差额净现值法分析比选方案会得出完全一致的结论。

2. 差额内部收益率法

内部收益率指标是项目经济评价中经常使用的指标之一,是衡量项目综合能力的重要指标。但是在进行多方案比选时,必须使用内部收益率法中的增量分析,即计算差额内部收益率来比选方案。如果直接按各个方案内部收益率的高低来评选方案有时会得出错误的结论。

【例11-2】 方案A,B是互斥方案,其现金流量见表11-2,设 $i_c=10\%$,试选择出最佳方案。

表11-2　方案A,B的净现金流量　　万元

方案＼年末	0	1~10
A	−2 000	385
B	−1 000	200

解　(1)用净现值法对方案进行比较,计算A,B方案的 NPV。

$$NPV_A=-2\,000+385\times(P/A,10\%,10)=365.67\text{ 万元}$$

$$NPV_B=-1\,000+200\times(P/A,10\%,10)=228.92\text{ 万元}$$

计算结果表明,两个方案经济上均可行,按照净现值最大的原则,方案A为最优方案。

(2)采用内部收益率指标来进行比选,看看结果怎样。

根据内部收益率的定义和各方案的现金流量情况,得

$$-2\,000+385(P/A,IRR_A,10)=0$$

$$-1\,000+200(P/A,IRR_B,10)=0$$

求得　$IRR_A=14.11\%$

$IRR_B=15\%$

由于 IRR_A 和 IRR_B 均大于基准折现率10%,故两个方案均是可行的方案,如果按照内部收益率最大的原则来评选方案,方案B为最优方案,这一结论和按净现值法得出的结论是矛盾的。

那么究竟哪一种结论正确,要想解决这一问题就要正确理解净现值和内部收益率这两个指标的经济含义。由于 NPV 指标的设计充分体现了企业利润最大化目标,又由于在该指标计算中可根据实际情况灵活选用折现率 i,可见根据 NPV 的大小判断方案优劣的标准,能充分体现投资的机会成本原则,因而无论在理论上还是在实务中,NPV 标准都是互斥方案(不考虑其他约束条件)比较理想的优选标准。由于 NPV 属于绝对量指标,不能准确反映投资的相对效果,故在投资资金有明确限制而投资人又很看重资金利用效率时,可选择 $NPVR$ 较高的方案。

NPV 标准、IRR 标准都能全面地考虑待选方案的现金流量和实践价值,本质上都是对照机会成本决策的,按理说都应该是一种理想的择优标准。但为何会出现前面这种情况,原因是 IRR 评价方法未能完全遵循机会成本原则以及参选方案现金流量的不规则分布,是导致

IRR 标准可能有误的主要原因。内部收益率是表明投资方案所能承受的最高利率,或最高的资金成本,它指的是方案的净现金流量所具有的机会成本就是该方案本身所产生的内部收益率。内部收益率指标隐含着再投资收益率假设,虽然 *IRR* 指标设计的意愿是完全按机会成本行事,但机会成本本身可能随时间、空间和有关条件的变化而变化,并非是一个肯定不变的常量,因此 *IRR* 指标设计的再投资收益率假定,事实上使 *IRR* 标准很难真正遵循机会成本原则。

如图 11-3 所示的两个项目的净现值曲线与横轴的两个交点即为两项目的内部收益率。净现值曲线的交点 *C* 的横坐标作为折现率的分界点,在其左侧亦即机会成本较低时,按净现值标准比较项目 *A* 优于 *B*。当机会成本较高时,则项目 *B* 优于 *A*,即在 *C* 点右侧。但是如果按照 *IRR* 越大越优的标准去选择,因为 IRR_B 高于 IRR_A,则无论机会成本高低,均是 B 优于 A,可见两种标准的优选结果是相矛盾的。在这种情况下可以采用净现值法或差额内部收益率法。

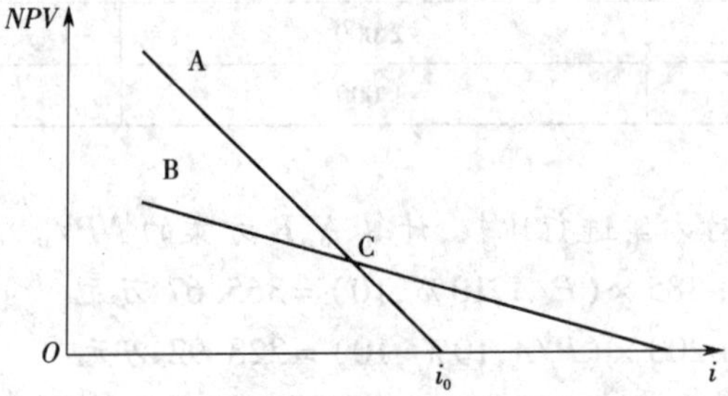

图 11-3　两个项目的净现值曲线

采用差额内部收益率来比选方案时,实质是分析判断投资大的方案和投资小的方案相比,其所增加的投资能否被其增量的收益抵偿,即分析判断增量的现金流量的经济合理性。可以计算用这个增量的现金流量的内部收益率来分析增量的现金流量的经济合理性,这个内部收益率就是差额内部收益率,这样就能够保证方案比选结论的正确性。在方案寿命期相同的情况下,差额内部收益率的表达式为

$$\sum_{t=0}^{n}(\Delta CI-\Delta CO)_t(1+\Delta IRR)^{-t}=0 \tag{11-1}$$

式中　ΔIRR——差额内部收益率;

ΔCI——两个互斥方案的差额现金流入(CI_1-CI_2);

ΔCO——两个互斥方案的差额现金流出(CO_1-CO_2)。

采用差额内部收益率指标对互斥方案进行比选的基本步骤和投资增额净现值的做法基本相同。只是取舍方案的标准不一样。差额内部收益率评选方案的标准是:若 $\Delta IRR \geqslant i_c$,则说明投资大的方案优于投资小的方案,保留投资大的方案;反之,若 $\Delta IRR < i_c$ 则保留投资小的方案。

【例 11-3】　有两个互斥方案 A,B,其寿命期相同,有关数据见表 11-3,设基准收益率 i_c $=15\%$,试用差额内部收益率法比较和选择最优可行方案。

表11-3 互斥方案A,B的净现金流量 万元

方案	投资	年收入	年支出	残值	寿命期
A	50	16	4	2	10
B	60	20	6	0	10

解 (1)首先单方案比选。

$NPV_A = -50 + (16-4)(P/A,15\%,10) + 2\ (P/F,15,10) = 10.72 > 0$

$NPV_B = -60 + (20-6\ )(P/A,15\%,10) = 10.26 > 0$

说明两个方案均是可行方案,再进一步比较选出最优方案。

(2)增设一个全不投资方案,计算全不投资方案与A方案的差额内部收益率,进行取舍。

$-50 + (16-4) \times (P/A,\Delta IRR,10) + (P/F,\Delta IRR,10) = 0$

得 $\triangle IRR = 20.42\% > 15\%$

说明A方案较全不投资方案的追加投资是合理的,故应保留A方案作为下一步比较的基础方案,舍去全不投资方案。

(3)计算B方案较A方案的差额投资内部收益率,决定取舍。

$-(60-50) + [(20-16)-(6-4)] \cdot (P/A,\Delta IRR,10) - 2(P/F,\triangle IRR,10) = 0$

得 $\Delta IRR = 13.76\% < 15\%$

说明B方案较A方案的追加投资不合算,应选取A方案。

需要说明的是,差额内部收益率只能说明增量投资部分的经济合理性,即 $\Delta IRR \geqslant i_c$,并不能说明全部投资的经济效果,所以在采用差额内部收益率进行方案的比选时,首先应对备选方案进行单方案检验,只有可行的方案才能参加方案的评选。

3. 最小费用法

首先需要说明的是,最小费用法是年值法的一种特殊情况。它包括费用现值法和费用年值法,在这里只介绍费用现值法,费用年值法可参考寿命期不同方案的比选方法。

在工程项目的经济评价中经常会遇到这种情况,即参加评选的方案其所产生的效益无法或很难用货币来计量,比如一些教育、环保等项目,对这些方案进行比选时,由于得不到方案的净现金流量,所以也就无法采用现值法和差额内部收益率法对方案进行经济评价。在这种情况下,假设各方案产生的收益是相同的,对各方案的费用进行比较,以参选方案的费用最小者为最优方案,这种评选方案的方法称为最小费用法。顾名思义,费用现值法是指利用此方法所计算出的净现值只包括费用部分,即只计算各备选方案的费用现值,并进行对比,以费用现值最低的方案为最佳方案。其表达式为

$$PC = \sum_{t=0}^{n} CO_t\ (1+i_c)^{-t} = \sum_{t=0}^{n} CO_t (P/F,i_c,t) \tag{11-2}$$

【例11-4】 甲、乙两项目的有关费用支出见表11-4,已知 $i_c = 10\%$,试用费用现值法选择最佳方案。

表 11-4 甲、乙两方案的净现金流量 万元

项目＼费用	投资（第一年末）	年经营成本（2～10 年末）	寿命期/年
甲	700	320	10
乙	850	300	10

解 $PC_{甲}=700(P/F,10\%,1)+320(P/A,10\%,9)(P/F,10\%,1)=2\ 311.73$ 万元

$PC_{乙}=850(P/F,10\%,1)+300(P/A,10\%,9)(P/F,10\%,1)=2\ 343.39$ 万元

计算结果表明，甲方案为最佳方案。

4. 静态分析法

静态分析法包括差额投资收益率法和差额投资回收期法，它用于投资方案产量相同或基本相同时的方案比选。由于在本章开始时已经说明了不考虑产量等问题，所以在这里就不详加介绍了。计算费用法和前面介绍的最小费用法的计算原理基本相同，所以也不详加介绍。下面只介绍其计算公式作为参考。

静态差额投资收益率计算公式为

$$R_a=\frac{C_1-C_2}{I_1-I_2}\times 100\% \tag{11-3}$$

静态差额投资回收期计算公式为

$$P_a=\frac{I_1-I_2}{C_1-C_2} \tag{11-4}$$

式中 C_1,C_2——两个比较方案的年经营总成本；

I_1,I_2——两个比较方案的投资。

5. 经济性工学的解法

对于寿命相同的互斥型投资方案的选优，目前日本的经济性工学方法在实际中被应用较多。这种方法能实现所选方案的净现值 *NPV* 最大的目标。日本学者千住镇雄、伏见多美雄于 20 世纪 50 年代开创了经济性工学的解法。在互斥方案的比选中，他们提出了“无资格方案”的概念，但是并没有给出这个概念的准确定义，只是用图 11-4 的形式来说明无资格方案的含义。在图 11-4 中，横轴表示项目的投资 *I*，纵轴表示项目的收益 *R*。

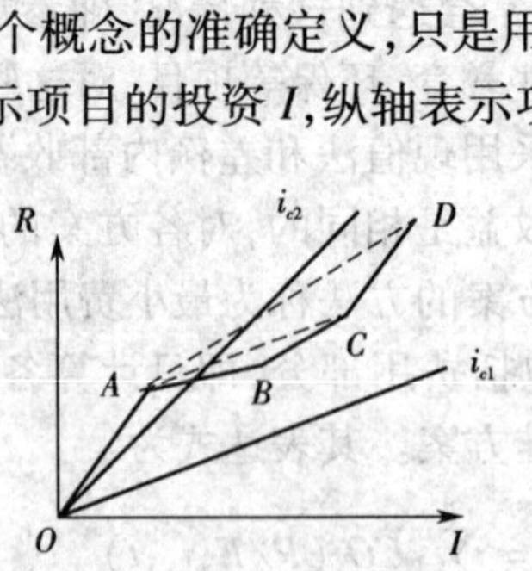

图 11-4 淘汰无资格方案

日本学者对无资格方案的使用前提界定为：“起初投资 C_0，以后的效益持续为 $R_1,R_2,\cdots,R_n$ 的标准类型的投资方案。”因此其使用前提是只有一期初始投资的常规投资项目，但并不仅限于年金型的常规投资项目。

根据现金流类型的不同，投资项目可以分为常规投资项目和非常规投资项目两大类。

无资格方案的淘汰是需要计算差量项目的 *IRR*,若差量项目为非常规投资项目,可能就会出现无法计算 *IRR* 的困境。也就是说必须要求两个常规投资项目的差量项目也是常规投资项目。因此无资格方案的使用前提应该修正为差量项目也是常规投资项目的常规投资项目。

1)年金型现金流

在经济性工学的理论篇《经济工程学基础——决策用经济性分析》一书中,针对各投资方案的效益每年均为年金型时,采用使追加投资利润率(即差量内部收益率)呈单调减少,把无资格方案清理出来的方法。

经济性工学互斥方案的解法程序如下。

(1)按投资额由小到大排序后,先根据静态数据淘汰无资格方案,以减少比选方案。

(2)在淘汰完无资格方案后,根据基准收益率 i_c,从剩余方案中直接比选最优方案。

在图 11-4 淘汰无资格方案时,计算的是差量内部收益率 ΔIRR,而非静态数据的增量投资收益率,但是在此种情况下,求 ΔIRR 和求其增量投资收益率的效果相同。因为此时 ΔIRR 和增量投资收益率是单调递增的,所以可以使用增量投资收益率按几何学的方法来淘汰无资格方案,方法如例 11-5 所示。

【例 11-5】 4 种具有相同功能的设备 A,B,C,D,其使用寿命均为 10 年,残值均为 0,初始投资和年净收益见表 11-5。若基准收益率 $i_c=10\%$,试选择最有利设备。

表 11-5 设备的投资与净收益 万元

项目(设备)	A	B	C	D
初始投资 *I*	3 000	3 800	4 500	5 000
年净收益 *R*	1 320	1 470	1 770	1 930

解 (1)通过静态数据淘汰无资格方案,见表 11-6。

由表 11-6 的计算可以看出,方案 B,C 均为无资格方案。

表 11-6 静态数据淘汰无资格方案的计算 万元

设备	投资 *I*	年净收益 *R*	$\Delta R/\Delta I$	淘汰无资格方案 重算 $\Delta R/\Delta I$	淘汰无资格方案 重算 $\Delta R/\Delta I$
A	3 000	1 320	$\frac{1\,320}{3\,000}=0.44$	$\frac{1\,320}{3\,000}=0.44$	$\frac{1\,320}{3\,000}=0.44$
B	3 800	1 470	$\frac{1\,470-1\,320}{3\,800-3\,000}=0.19$	B	
C	4 500	1 770	$\frac{1\,770-1\,470}{4\,500-3\,800}=0.43$	$\frac{1\,770-1\,320}{4\,500-3\,000}=0.3$	C
D	5 000	1 930		$\frac{1\,930-1\,770}{5\,000-4\,500}=0.32$	$\frac{1\,930-1\,320}{5\,000-3\,000}=0.31$

(2)从剩余方案中比选最优方案。

经济性工学淘汰掉无资格方案后,可以根据基准收益率 i_c 来直接确定选择哪一个项目最优。如图 11-4 所示,当 $i_c=i_{c1}$ 时,选择 D 方案;当 $i_c=i_{c2}$,选择 A 方案。

按照互斥方案的选优标准,选择净现值最大的项目为最优项目。从上述例题对无资格方案的淘汰可以看出,方案 B,C 在方案 D 存在的情况下,不管基准收益率取何值,B,C 的净现值都不可能大于 D 的净现值,所以可以先把 B,C 淘汰掉。而方案 A,D 净现值的大小必须根据基准收益率的取值来确定,因此不能事前被淘汰。无资格方案的方法遵循的是决策中的优势原则,即甲方案无论在什么状态下总是优于乙方案,则甲方案相对于乙方案来说是优势方案,乙方案相对于甲方案来说是劣势方案,劣势方案一旦认定,就应从备选方案中剔除。

经济性工学为什么使用这样的方法作为互斥方案的选优方法呢?因为在实际的项目评价中,基准收益率 i_c 是很难准确确定的,但是可以把 i_c 大体确定为一个区间。如果基准收益率 i_c 可以准确确定的话,直接计算项目的净现值 *NPV* 进行取舍就可以了,完全没有必要如此麻烦,通过计算项目的 ΔIRR 来选择项目。从图 11-4 可以看出,当 i_c 在一定范围波动时,并不影响最终的选择结果。因此从经济性工学无资格方案的解法可以看出,区别于工程经济学的解法,经济性工学的方法更加偏重于实际应用。

从上述解法可以看出,使用静态数据计算增量投资收益率淘汰无资格方案仅仅适用于年金型的现金流。

2)非年金型现金流

对于非年金型的现金流,是无法通过计算 $\Delta R/\Delta I$ 来淘汰无资格方案的,只能通过计算 ΔIRR 来实现。

11.2.2　寿命期不同方案的比较和选择

寿命期不同与寿命期相同的互斥方案,在经济效果的评价内容和评价程序方面是一样的。但是,计算期不同的互斥方案的比选,需要对各备选方案的计算期和计算公式进行适当的处理,使各方案在相同的条件下进行比较。

由于方案的使用寿命不同,评价指标在时间上没有比较基础,不具有可比性,因此,方案的评价必须在相等的时间段(互斥方案的分析期)内比较它们的费用和收益才有意义。满足时间可比条件而进行处理的方法很多,按照分析期的不同,常用的有最小公倍数法、研究期法和年值法等。

1. 最小公倍数法

最小公倍数法又称方案重复法,是以各备选方案计算期的最小公倍数作为各方案的共同计算期,假设各个方案均在这样一个共同的计算期内重复进行,对各方案计算期内各年的净现金流量进行重复计算,直至与共同的计算期相等,以净现值较大的方案为优。

例如有 A,B 两个方案,A 方案的寿命期为 10 年,B 方案的寿命期为 5 年,则其共同的分析期为 10 年,在这个分析期内 B 方案需实施两次,分别对其净现金流量进行重复计算,计算出在共同的计算期内各个方案的净现值,以净现值最大的方案为最佳方案。

【例 11-6】　A,B 两个方案,各年的净现金流量见表 11-7,设 $i_c=10\%$,试用最小公倍数法对方案进行比选。

表11-7　寿命期不等的互斥型方案A,B的净现金流量　　万元

方案	投资	每年净收益	寿命/年
A	10	4	4
B	20	5	6

解　A方案寿命期4年,B方案寿命期6年,则其最小公倍数为12年。在此期间,A方案重复实施2次,B方案重复实施1次,现金流量如图11-5所示。

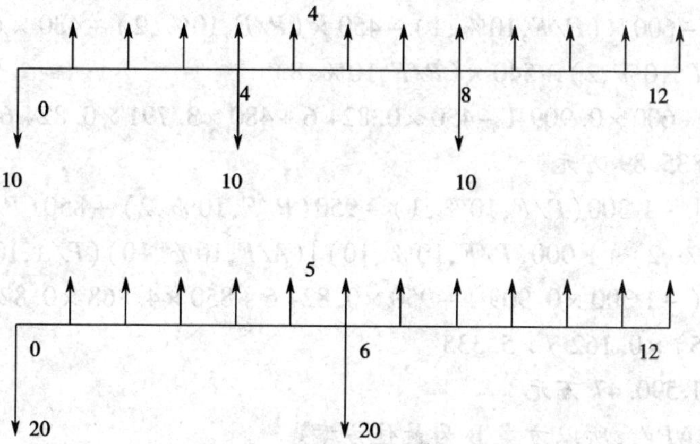

图11-5　最小公倍数寿命期现金流量

计算在共同的计算期12年的情况下,A,B两方案的净现值。

$$NPV_A = -10 + 4(P/A,10\%,12) - 10(P/F,10\%,4) - 10(P/F,10\%,8)$$
$$= -10 + 4 \times 6.814 - 10 \times 0.683 - 10 \times 0.4665 = 5.761 \text{ 万元}$$
$$NPV_B = -20 + 5(P/A,10\%,12) - 20(P/F,10\%,6)$$
$$= -20 + 5 \times 6.814 - 20 \times 0.5645 = 2.78 \text{ 万元}$$

因为$NPV_A > NPV_B$,所以选择A方案更为有利。

用最小公倍数法比较方案,是假设方案在共同的计算期间反复实施。如果有A,B两个方案,A方案寿命期是8年,B方案寿命期是9年,则其最小公倍数寿命为72年,这就需要对A,B两方案进行多次重复的计算,而这样做显然不符合实际。因为技术进步往往使完全重复是不经济的,甚至是不可能的,况且计算过程也十分复杂。这时就需要一种比较可行的方法,即研究期法。

2. 研究期法

研究期法是通过研究分析,直接选取一个适当的计算期作为各个方案共同的计算期,计算各个方案在该计算期内的净现值,以净现值较大的为优。在实际应用中,为方便起见,往往直接选取诸方案中最短的计算期作为各方案的共同计算期,所以研究期法也可以称为最小计算期法,计算简便,而且完全可以避免重复性假设。在计算时要注意的是,寿命期未结束方案的未使用价值不能忽略,应并入计算。

【例11-7】　有A,B两个方案的净现金流量见表11-8,若已知$i_c = 10\%$,试用研究期法对方案进行比选。

表 11-8 A,B 两个方案的净现金流量 万元

方案＼年序	1	2	3～7	8	9	10
A	-600	-450	480	540		
B	-1 300	-950	850	850	850	1 000

解 取 A,B 两方案中较短的寿命期为共同的研究期,即 $n=8$ 年,分别计算当计算期为 8 年时 A,B 两方案的净现值。在计算时应该注意的是第一年的投资一定要折到第零年。

$$NPV_A=-600\times(P/F,10\%,1)-450\times(P/F,10\%,2)+480\times(P/A,10\%,5)(P/F,10\%,2)+540\times(P/F,10\%,8)$$
$$=-600\times0.909\ 1-450\times0.824\ 6+480\times3.791\times0.824\ 6+540\times0.466\ 5$$
$$=835.89\text{ 万元}$$

$$NPV_B=[-1\ 300(P/F,10\%,1)-950(P/F,10\%,2)+850(P/A,10\%,7)(P/F,10\%,2)+1\ 000(P/F,10\%,10)](A/F,10\%,10)(P/A,10\%,8)$$
$$=(-1\ 300\times0.909\ 1-950\times0.824\ 6+850\times4.868\times0.824\ 6+1\ 000\times0.385\ 5)\times0.162\ 7\times5.335$$
$$=1\ 590.47\text{ 万元}$$

由于 $NPV_B>NPV_A$,所以方案 B 为最佳方案。

3. 年值法

年值法(AW)是通过分别计算各备选方案净现金流量的等额年值并进行比较的方法,以 $AW\geqslant0$,且 AW 最大者为最优方案。它是对使用寿命不同的互斥方案进行比选的一种常用的方法,也是最为简单的分析方法。

净年值的表达式为

$$AW=\left[\sum_{t=0}^{n}(CI-CO)_t(P/F,i_c,t)\right](A/P,i_c,n) \tag{11-5}$$

【例 11-8】 设互斥方案 A,B 的寿命期分别为 5 年和 3 年,设 $i_c=10\%$,各自寿命期内的净现金流量见表 11-9,试用净年值法评价选择。

表 11-9 方案 A,B 的净现金流量 万元

方案＼年末	0	1	2	3	4	5
A	-400	120	120	120	120	120
B	-200	100	100	100		

解 先求出两方案的净现值

$$NPV_A=-400+120(P/A,10\%,5)=54.90\text{ 万元}$$
$$NPV_B=-200+100(P/A,10\%,3)=48.70\text{ 万元}$$

然后求出两方案的净年值

$$AW_A=54.90(A/P,10\%,5)=54.90\times0.263\ 8=14.48\text{ 万元}$$

$AW_B = 48.7(A/P,10\%,3) = 48.7 \times 0.4021 = 19.58$ 万元

由于 $AW_B > AW_A$，且 AW_A 和 AW_B 均大于 0，故方案 B 为最佳方案。

11.3　独立型方案的比较和选择

在本章的开始介绍过，某些比选方案之间存在着独立关系，对于独立方案而言，如果资金对所有项目不构成约束，那么其比选的方法与单个项目的检验方法是基本一致的，即只要项目本身的 $NPV \geqslant 0$ 或 $IRR \geqslant i_c$ 等，则项目就可行。如果资金不足以分配到全部 $NPV \geqslant 0$ 的项目时，就形成所谓的资金约束条件下的优化组合问题。对一般项目来说，资金总额和资金成本之间存在着如图 11-6 所示的关系。

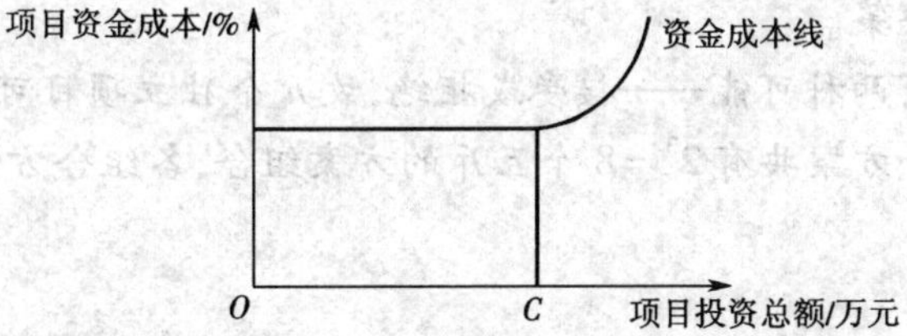

图 11-6　项目资金成本与投资总额的关系

由此可见，企业不能按某一固定的资金成本无限制地增加其资金，而存在着某个资金总额（C 为临界点），在这点外，企业要付出越来越高的资金费用。原因可能是贷款人觉得进一步增大对企业的贷款会冒较大的风险。对于这类问题，比选的目标没有变化，仍然是要达到收益最大化，即取得最佳的经济效益，在有资金约束的情况下选择项目组合，使总体收益最大化。常用的在资金约束条件下独立方案的比选方法有两种，即互斥组合法和净现值率排序法。

11.3.1　互斥组合法

互斥组合法是工程经济分析的传统方法，它是指在有资金约束的条件下，将相互独立的方案组合成总投资额不超过投资限额的组合方案，这样，各个组合方案之间的关系就变成了互斥的关系，利用前述互斥方案的比较方法，就可以选择出最优的组合方案。

其具体实现步骤如下。

（1）所有各种可能的互斥方案组合，把所有的项目组合全部列举出来，每个组合都代表一个满足约束条件的相互排斥的项目组合中的一个方案。

（2）按各方案组合的投资从小到大排列起来。

（3）在总的初始投资小于投资限额的方案组合中，按互斥方案的比选原则选择最优的方案组合。

本章之前所介绍的各种投资经济效益评价方法都适用于直接对互斥项目进行评选。所以，当若干项目之间存在非互斥关系时，有时需要把它们转换为一系列互斥的组合项目，以便利用前述各种方法对项目进行评价。

【例 11-9】　某企业有三个独立的投资方案 A，B，C，其净现金流量情况见表 11-10，已知总投资限额为 7 000 万元，$i_c = 10\%$，试做出最佳投资决策。

表 11-10　A,B,C 三方案的净现金流量　　万元

方案	投资	年净收益	寿命/年	净现值
A	2 000	460	8	454.05
B	3 000	600	8	200.94
C	5 000	980	8	228.20

解　首先计算 A,B,C 三个方案的净现值,计算结果见表 11-10。A,B,C 三个方案的净现值均大于 0,从单方案检验的角度看 A,B,C 三个方案均可行。但已知投资限额为 7 000 万元,A,B,C 三个方案同时实施的总投资为 1 亿元,超过了投资限额,在这里采用独立方案的互斥组合法来进行决策。

因为每个方案都有两种可能——接受或拒绝,故 n 个独立项目可以构成 2^n 个互斥型方案,本例中 A,B,C 三个方案共有 $2^3=8$ 个互斥的方案组合,各组合方案的投资、年净收益及净现值见表 11-11。

表 11-11　组合方案投资、年净收益及净现值　　万元

组合号	方案组合	投资总额	年净收益	净现值
1	0	0	0	0
2	A	2 000	460	454.05
3	B	3 000	600	200.94
4	C	5 000	980	228.20
5	AB	5 000	1 060	654.99
6	AC	7 000	1 440	682.25
7	BC	8 000	1 580	429.14
8	ABC	10 000	2 040	883.19

根据表 11-11 的数据,方案组合 7,8 的投资总额超出投资限额,故不予考虑,对于满足投资限额条件的 6 个方案组合 AC 的净现值为最大,故方案 A 与方案 C 的组合为最佳投资组合,也即投资决策为投资方案 A 与 C。

当参选项目个数较少时,这种方法简便实用,但当项目个数增加时,其组合方案数将成倍增加,用这种方案就显得相当麻烦。不过,这种方法可以保证得到已知条件下最优的方案组合。

11.3.2　净现值率排序法

净现值率是净现值与总投资现值的比率,反映单位投资所带来的净收益,净现值率越大,说明资金的使用效率越高。因此在资金紧张的情况下,对于若干个独立方案,应优先选用净现值率大的方案。净现值率排序法是在一定资金限制下,根据各方案的净现值率的大小确定各方案的优先次序并分配资金,直到资金限额分配完为止的一种方案选择方法。具体做法如下。

(1)首先计算各项目的净现值率(*NPVR*)。

(2)按净现值率由大到小排序。

(3)按净现值率排序选择项目至资金约束条件为止。

【例11-10】 6个独立投资项目,其净现金流量见表11-12,设 $i_c = 14\%$,投资限额为36 000元,试按净现值率排序法进行最佳项目组合的选择。

表11-12 独立项目净现金流量 万元

项目	投资	寿命/年	净收益
A	10 000	6	2 870
B	15 000	9	2 930
C	8 000	5	2 680
D	21 000	3	9 500
E	13 000	10	2 600
F	6 000	4	2 540

解 (1)计算出各项目的*NPVR*并排序,可得表11-13。

表11-13 项目的*NPVR*排序

项目	投资/元	*NPVR*	累计投资额/元
F	6 000	0.42	6 000
C	8 000	0.23	14 000
A	10 000	0.12	24 000
D	21 000	0.11	—
E	13 000	0.04	—
B	15 000	-0.03	—

(2)根据排序和资金约束条件,方案的选择顺序为F—C—A,由于资金限额为36 000元,故最佳投资决策为方案F—C—A的组合。但这一选择比按*NPV*排序的选择F—C—D的组合少819元的*NPV*,用这种方法评选独立方案,一般能得到投资经济效果较大的方案组合,但不一定是最优的方案组合。

净现值率排序法的优点是计算简便,选择方法简明扼要;缺点是由于投资方案的不可分性,经常会出现资金没有被充分利用的情况,因而不一定能保证获得最佳组合方案。

11.4 相关型方案的比较和选择

当各备选方案之间的现金流具有相关性,方案之间又不完全互斥时,则既不能根据独立方案的判别准则进行决策,也不能按互斥方案的评价方法进行方案选择。这里介绍一种常用的方法——组合互斥方案法。这种方法的基本思想是:由于各方案的现金流量之间相互影响,对现金流量之间具有正的影响的方案,等同于独立方案看待;对相互之间具有负的影响的方案，等同于互斥方案看待。根据方案之间的关系，把方案组合成互斥的组合方案。方法是把所有可行的组合全部列举出来，其中每一个组合都代表一个相互排斥的组合，这样就可以用前述的互斥方案比较方法来选定最好的方案组合。

【例 11-11】 某劳动服务部门为满足游客的需要，拟在本区旅游景点修建旅馆。备选的馆址有两处(A,B)，若只建一个旅馆，其现金流量见表 11-14；若两个旅馆都建，因受旅游淡季的影响，两个旅馆都将减少营业收入，其净现金流见表 11-15。设 $i_c = 10\%$，应如何选择方案？

表 11-14 建一个旅馆的净现金流量 万元

方案＼年末	0	1 ~ 20
A	-200	80
B	-100	50

表 11-15 建两个旅馆的净现金流量 万元

方案＼年末	0	1 ~ 20
A	-200	60
B	-100	35
A + B	-300	95

解 先将两个相关方案组合成三个互斥方案，再分别计算其净现值，结果见表 11-16。

表 11-16 组合互斥方案及其净现值 万元

方案＼年末	0	1 ~ 20	净现值
A	-200	80	481.12
B	-100	50	325.70
A + B	-300	95	508.38

根据净现值最大的判别标准，由于 $NPVA + B > NPVA > NPVB > 0$，故第三方案即两个旅馆都建为最优方案。

第12章　部分项目经济评价特点

对于不同行业不同类型的项目,由于项目本身独具的特点,其经济评价也表现出各自不同的特点。本章主要介绍改扩建项目与并购项目经济评价特点和部分行业项目经济评价的特点。

12.1　改扩建项目经济评价

12.1.1　改扩建项目的范畴和特点

改扩建项目是指既有企业利用原有资产与资源,投资形成新的生产(服务)设施,扩大或完善原有生产(服务)系统的活动,包括改建、扩建、迁建和停产复建等,目的在于增加产品供给,开发新型产品,调整产品结构,提高技术水平,降低资源消耗,节省运行费用,提高产品质量,改善劳动条件,治理生产环境等。

改建、扩建、技术改造、迁建、停产复建等项目都可以归入改扩建项目的范畴。改扩建项目的效益与其目的有关,有些效益可以用目的直接体现,有些效益要通过间接途径来表现。

改扩建项目具有下列特点。

(1)项目是既有企业的有机组成部分,同时项目的活动与企业的活动在一定程度上是有区别的。

(2)项目的融资主体是既有企业,项目的还款主体也是既有企业。

(3)项目一般要利用既有企业的部分或全部资产与资源,且不发生资产与资源的产权转移。

(4)建设期内既有企业的生产(运营)与项目建设一般同时进行。

12.1.2　分析改扩建要使用到的五种数据

改扩建项目经济评价应正确识别与估算"无项目"、"有项目"、"现状"、"新增"、"增量"等五种状态下的资产、资源、效益与费用。"无项目"与"有项目"的口径与范围应当保持一致。避免费用与效益误算、漏算或重复计算。对于难以计量的费用和效益,可做定性描述。

1."有项目"

"有项目"(With Project)指既有企业进行投资活动后,在项目的经济寿命期内,在项目范围内可能发生的效益与费用流量。"有项目"的流量是时间序列的数据。

2."无项目"

"无项目"(Without Project)指既有企业利用拟建项目范围内的部分或全部原有生产设施(资产),在项目计算期内可能发生的效益与费用流量。"无项目"的流量是时间序列的数据。

3.“增量”

“增量”(Increment)是“有项目”的流量减“无项目”的流量,是时间序列的数据。“有项目”的投资减“无项目”的投资是“增量”投资;“有项目”的效益减“无项目”的效益是“增量”效益;“有项目”的费用减“无项目”的费用是“增量”费用。

4.“现状”

“现状”数据是项目实施前的资产与资源、效益与费用数据,也可称基本值(Baseline),是一个时点数。“现状”数据对于比较“项目前”(Before Project)与“项目后”(After Project)的效果有重要作用。现状数据也是预测“有项目”和“无项目”的基础。现状数据一般可用实施前一年的数据,当该年数据不具有代表性时,可选用有代表性年份的数据或近几年数据的平均值。其中,特别是对生产能力的估计,应慎重取值。

5.“新增”

“新增”(Additional)数据是项目实施过程各时点“有项目”的流量与“现状”数据之差,也是时间序列的数据。新增建设投资包括建设投资和流动资金,还包括原有资产的改良支出、拆除、运输和重新安装费用。新增投资是改扩建项目筹措资金的依据。

“无项目”时的效益由“老产品”产生,费用是为“老产品”投入;“有项目”时的效益一般由“新产品”与“老产品”共同产生;“有项目”时的费用包含为“新产品”的投入与为“老产品”的投入。“老产品”的效益与费用在“有项目”与“无项目”时可能有较大差异。

12.1.3 改扩建项目应明确界定项目效益和费用范围

在财务分析中,效益和费用的范围指项目活动的直接影响范围。局部改扩建项目范围只包括既有企业的一部分,整体改扩建项目范围包含整个既有企业。

在经济费用效益分析中,效益和费用范围指项目活动的直接和间接影响的范围。

项目范围的界定是改扩建项目经济评价中非常重要的一环。范围界定合适与否与项目的经济效益和评价的繁简程度有直接关系。

1.对于“整体改扩建”的项目

对于“整体改扩建”项目,项目范围包括整个既有企业,除要使用既有企业的部分原有资产、场地、设备,还要另外新投入一部分资金进行扩建或技术改造。企业的投资主体、融资主体、还债主体、经营主体是统一的,项目的范围就是企业的范围。“整体改扩建项目”不仅要识别和估算与项目直接有关的费用和效益,而且要识别和估算既有企业其余部分的费用和效益。

2.对于“局部改扩建”项目

对于“局部改扩建”项目,项目范围只包括既有企业的一部分,只使用既有企业的一部分原有资产、资源、场地、设备,加上新投入的资金,形成改扩建项目;企业的投资主体、融资主体与还债主体仍然是一致的,但可能与经营主体分离。整个企业只有一部分包含在项目“范围内”,还有相当一部分在“企业内”但属于项目“范围外”。

在保证项目的费用与效益口径一致以及不影响分析结果的情况下,应尽可能缩小项目的范围,有可能的话,只包括与项目直接关联的财务费用与效益。在界定了项目的范围后,就应当正确识别与估算项目范围内、外的费用与效益。

12.1.4 改扩建项目的财务分析

12.1.4.1 改扩建项目财务分析的两个层次

改扩建项目财务分析采用一般建设项目财务分析的基本原理和分析指标。由于项目与既有企业既有联系又有区别,一般可进行下列两个层次的分析。

1. 项目层次

赢利能力分析,遵循"有无对比"的原则,利用"有项目"与"无项目"的效益与费用计算增量效益与增量费用,用于分析项目的增量赢利能力,并作为项目决策的主要依据之一;清偿能力分析,分析"有项目"的偿债能力,若"有项目"还款资金不足,应分析"有项目"还款资金的缺口,即既有企业应为项目额外提供的还款资金数额;财务生存能力分析,分析"有项目"的财务生存能力。符合简化条件时,项目层次分析可直接用"增量"数据和相关指标进行分析。

2. 企业层次

分析既有企业以往的财务状况与今后可能的财务状况,了解企业生产与经营情况、资产负债结构、发展战略、资源利用优化的必要性、企业的信用等。特别关注企业为项目的融资能力、企业自身的资金成本或同项目有关的资金机会成本。有条件时要分析既有企业包括项目债务在内的还款能力。

12.1.4.2 改扩建项目财务分析的内容

改扩建项目在完成财务费用效益识别和估算以后,要进行融资分析、赢利能力分析、项目层次的偿债能力分析、企业层次偿债能力分析以及生存能力分析。

1. 融资分析

改扩建项目的资金筹措是比较复杂的。从法律上来讲,项目的所有资金都来源于既有企业,因为项目要用的债务资金是以既有企业的名义去借的,项目的权益资金也全部来源于既有企业。既有企业的债务资金包括既有企业自身运行和发展需要的贷款,也包括为实施项目的贷款。银行在为项目贷款时,一方面考虑项目未来的现金流量,项目是否有可能赢利;另一方要考虑企业的信用与还款能力,而且后者的影响可能重于前者的影响。项目的权益资金由两个部分组成,一部分是既有企业资产(含固定资产和流动资产),如既有企业的土地或现金盈余;另一部分是既有企业定向募集的股本,这部分股本对于既有企业和项目来说都是增量股本。

2. 赢利能力分析

项目经济评价的基本原则是利用时间价值的原理,通过比较"有项目"与"无项目"的净现金流,求出增量净现金流,并依此计算内部收益率,考察项目实施的效果。由于既有企业不实施改扩建项目的"无项目"数据是固有的且是非零的,在进行既有企业改扩建项目的赢利能力分析时,要将"有项目"的现金流量减去"无项目"的现金流量,得出"增量"现金流量,依"增量"现金流量判别项目的赢利能力。"增量"现金流量包括"增量权益资金"、"增量借贷资金"、"增量营业收入"、"增量补贴收入"、"增量经营成本"、"增量所得税"等。既有企业改扩建项目的赢利能力分析是"增量分析"的最好体现。

3. 偿债能力分析

从法律上讲,改扩建项目是由既有企业出面向银行借款,当然还款的财务主体是既有企业,也就只应考虑既有企业的偿债能力。然而,既有企业借款是为了项目,不管项目将来是否独立核算,都应当考察项目本身的还款能力,这是企业财务管理本身的需要。因此,改扩建项目的偿债能力分析宜进行如下两个层次的分析。

1)项目层次的偿债能力分析

编制“借款还本付息计划表”并分析拟建项目“有项目”时的收益偿还新增债务的能力,计算利息备付率和偿债备付率,考察还款资金来源(折旧、摊销、利润)是否能按期足额偿还借款利息和本金,若还款资金来源足以还款或尚有节余,表明项目自身的还款能力强;若项目自身的还款资金来源不足,应由既有企业动用自有资金补足,或采用其他方式还款。计算得到的项目偿债能力指标可以表示项目用自身的各项收益抵偿债务的能力,显示项目对企业整体财务状况的影响。虽然债务偿还是企业行为,但项目层次偿债能力指标可以给企业法人和银行重要的提示:即项目本身收益是否可能完全偿还债务,是否会因此增加企业法人的债务负担。若项目范围内“无项目”时尚有借款(整体改扩建),应用“有项目”的整体收益一并偿还,需要编制“有项目”的“借款还本付息计划表”,包括新增借款和原有借款。

2)企业层次的借款偿还能力分析

项目决策人(既有企业)要根据企业的经营与债务情况,在计入项目借贷及还款计划后,估算既有企业总体的偿债能力。银行等金融部门在做贷款决定之前,往往要了解现有企业财务状况,尤其是企业的债务情况(含原有贷款、其他拟建项目贷款和项目新增贷款),考虑企业的综合偿债能力,企业应根据债权人的要求提供相应的资料。在项目产出与企业产出相同或相近时,企业的资金成本与项目的资金成本相同;在项目资金投向其他行业时,项目的资金成本与其他行业的投资风险或投资机会成本相近。

在项目范围与企业范围一致时(整体改扩建),“有项目”数据与报表都与企业一致,可直接利用企业财务报表进行借款偿还计算、资金平衡分析和资产负债分析。

在改扩建项目范围与企业范围不一致时(局部改扩建),偿债能力分析就有可能出现项目和企业两个层次。

在直接用增量进行简化时,仅有项目一个层次,同时应结合企业现行财务状况进行分析。

对于一些信誉好的公司,或者银行已通过信用评级,并授以一定的授信额度的公司,这些公司的贷款项目一般只需进行项目层次的偿债能力分析。

对于财务状况良好的大公司进行建设的小项目,一般也只需进行项目层次的偿债能力分析。

4. 生存能力分析

改扩建项目只进行“有项目”状态的生存能力分析,分析的内容同一般新建项目。

与迁建同时进行的改扩建和在停产基础上复建、改扩建的项目,当产权不变时,要考察生存能力和总量指标;清偿能力分析有时还要考虑改建前的负债情况。当产权变化时,其经济评价应视同新建项目,原有资产按评估价值计为投入费用。

12.1.4.3 改扩建项目应分析项目对既有企业的贡献

改扩建项目经济评价要考虑项目对企业经济效益的影响。通过计算项目实施后既有企业的营业收入、利润总额等指标的“新增”数据及相关增长率,估算项目投资活动对既有企业财务状况改善的贡献。

改扩建项目是实现既有企业总体战略目标的手段,其目的是通过实施项目,提高既有企业总体经济效益。企业总体经济效益可表现在多个方面。对于有直接财务收益的改扩建项目,项目的增量收入或减少亏损一定会增加既有企业的经济效益;对于环境治理与保护的项目,既有企业不能得到直接的财务收益,但是可能减少排污费,进而节约了生产成本,减少社会为治理污染发生的费用,从而节约了经济费用,最终提高了既有企业的财务与经济效率。改扩建项目对既有企业的生产活动可能还有“乘数效应”,或对既有企业上下游产业链条有带动作用。

分析项目对既有企业经济效益的影响,在财务上主要看营业收入和利润总额的影响,这两个指标比较直观,计算也比较简单。由于有分配的影响,税后利润一般不作为考核指标,净现金流量由于受到既有企业本身现金流量的影响,也不作为考核指标。对于整体改扩建项目,有条件时也可以做财务或经济净现金流分析。

12.1.5　改扩建项目的经济费用效益分析及其他相关事项

改扩建项目的经济费用效益分析应采用一般建设项目的经济费用效益分析原理,其分析指标为增量经济净现值和经济内部收益率。关键是应正确识别“有项目”与“无项目”的经济效益和经济费用。

进行改扩建项目的既有企业条件各异,应根据项目目的、项目层次与企业层次财务分析的结果、经济费用效益分析的结果,结合不确定性分析和风险分析的结果以及项目对企业的贡献等,统筹兼顾,进行多指标投融资决策。

改扩建项目经济评价所用的表格可参照财务分析表格和经济费用效益分析表格,所用指标也与一般建设项目相同。一般情况下,财务(经济)效益与费用宜分别单列“有项目”与“无项目”的流入与流出表格。

12.1.6　改扩建项目经济评价与投资决策

改扩建项目的投资决策要考虑项目与既有企业两方面的因素。首先考虑项目级的因素:能否在预定时间内收回投资?有无赢利能力?如果能赢利,赢利水平是否达到预期的水平?项目是否有能力偿还与项目有关的债务?如果项目自身还款资金不足,需要既有企业支持多少资金?什么时候支持?项目财务持续能力如何?项目的经济合理性是否有保障?资源配置是否合理?

如果说,考虑项目层次的因素是改扩建项目投资决策的“必要条件”,那么项目给既有企业带来的实惠是改扩建项目投资决策的“充分条件”,这就是先做项目分析,然后求出“有项目”与“现状”之差,即“新增”数值。“新增”数值就是项目给企业带来的“实惠”。有些项目,如环境治理或保护项目,本身可能无收益,也不可能靠项目自身的能力偿还借款,但是,污染减少节省了成本,能使企业整体效益提高,为既有企业实现战略目标创造了有利条件。所以,既有企业绩效指标的改善程度也是改扩建项目投资决策的重要因素。

12.1.7　改扩建项目经济评价的简化处理

改扩建项目一般要用到“有项目”、“无项目”、“现状”、“新增”和“增量”数据,增大了数据预测的工作量;在企业规模比较大时,有些必要的企业数据比较难于获得,或即使得到了,可靠性也比较差;还款主体与经营主体异位,一般要进行项目层次与企业层次的分析。因此,改扩建项目经济评价比较复杂,在项目评价的实践中,往往简化处理按新建项目进行评价。

1. 项目与既有企业的生产经营活动相对独立

在这种情况下,项目的边界比较清楚,可以进行独立经济核算,项目的费用与效益比较好识别,现金流入与流出比较好测度,符合新建项目评价的基本条件,可简化处理。

2. 以增加产出为目的的项目,增量产出占既有企业产出比例较小

在这种情况下,既有企业产出规模大,项目的增量产出不会对既有企业现金流量产生较大影响,项目实际上也相对独立,可以简化成新建项目处理。

3. 利用既有企业的固定资产量与新增量相比较小

被使用的既有企业的固定资产量小,意味着"有项目"情况下现金流入与流出基本不受既有企业的影响,新增投资是项目建设期内主要的现金流出,项目其他现金流入和流出也是总现金流的主要组成部分,所以可以简化处理,使用新建项目的评价过程。

4. 效益和费用的增量流量较容易确定

"有无对比"是项目评价的根本原则,对比的结果是求出增量现金流量,增量现金流量可直接用于项目(含新建项目)的赢利能力分析。新建项目实际是改扩建项目的特例,"无项目"的净现金流量为0,也不利用既有企业的任何资产,增量现金流量可以视为"无项目"的流量为0时"有项目"的现金流量。

对于可以进行简化处理的项目,一定要阐明简化处理的理由,不能直接用新建项目的做法进行估算和分析。

12.1.8 改扩建项目经济评价应注意的几个问题

12.1.8.1 计算期的可比性

根据"费用与效益口径一致"的原则,既有企业改扩建项目经济评价的计算期一般取"有项目"情况下的计算期。如果"无项目"的计算期短于"有项目"的计算期,可以通过追加投资(局部更新或全部更新)来维持"无项目"的计算期,延长其寿命期至"有项目"的结束期,并于计算期末回收资产余值;若在经济或技术上延长寿命不可行,则适时终止"无项目"的计算期,其后各期现金流量计为0。

12.1.8.2 原有资产利用的问题

既有企业改扩建项目范围内的原有资产可分为"可利用的"与"不可利用的"两个部分。"有项目"时原有资产无论利用与否,均与新增投资一起计入投资费用。"可利用的"资产要按其净值提取折旧与修理费。"不可利用"的资产如果变卖,其价值按变卖时间和变现价值计为现金流入(新增投资资金来源),不能冲减新增投资。如果"不可利用的"资产不变现或报废,就仍然是资产的一部分,但是计算项目的折旧时不予考虑。

12.1.8.3 停产减产损失

改扩建项目的改建活动与生产活动总是同时进行,但一般总会造成部分生产停止或减产。这一部分停产减产损失的直接结果是减少"老产品"的营业收入,同时也会减少相应的生产费用。这些流量的变化均应在"销售收入表"和"生产成本表"中有所体现,最终反映在"现金流量表"中,因此不必单独估算。

12.1.8.4　沉没成本处理

沉没成本是既有企业过去投资决策发生的、非现在决策能改变(或不受现在决策影响)、已经计入过去投资费用回收计划的费用。如前期工程为后期工程预留的场地与设备,均为前期工程的沉没成本,不计入后期投资决策费用。沉没成本是“有项目”和“无项目”都存在的成本,对于实现项目的效益不会增加额外的费用。对于项目是否应当实施的决策来说,沉没成本不应当包括在项目增量费用之中。改扩建项目的经济效果不取决于项目开始前已经支出多少费用,而仅仅取决于在改扩建过程中新投入的费用。改扩建项目的效益也只能是超出原有项目效益之上的部分。对沉没成本的这种处理办法可能导致项目的内部收益率很高,但这恰恰反映了当前决策的性质。如果为了弄清原来投资决策是否合理,可以计算整个项目(有项目状态,包括已经建成和计划实施的项目)的收益率,这时就应把沉没成本计算在内。

12.1.8.5　机会成本

如果项目利用的现有资产,有明确的其他用途(出售、出租或有明确的使用效益),那么将资产用于该用途能为企业带来的收益被看做项目使用该资产的机会成本,也是无项目时的收入,按照有无对比识别效益和费用的原则,应该将其作为无项目时的现金流入。

12.2　并购项目经济评价

并购项目是指既有企业通过投资兼并或收购目标企业,获得目标企业的部分或全部产权的项目。并购的目的在于扩大既有企业规模,提高既有企业效率,减少竞争对手,取得管理、经营、财务协同效应,增强既有企业的竞争能力,同时维持或改进目标企业原有的生产系统。

12.2.1　并购项目的特点

并购项目包括兼并和收购。兼并是指一个企业采取各种形式有偿接收其他企业的产权,使被兼并方丧失法人资格或改变法人实体的经济行为。企业兼并的形式主要有:承担债务式兼并、购买式兼并、吸收股份式兼并、控股式兼并。收购是指一个企业通过购买公司股份而使公司经营决策权易手的行为,包括企业收购和股权收购。

并购的目的在于取得管理、经营、财务协同效应,降低经营成本,或获得特殊资源,提高市场竞争力。

12.2.2　并购项目的评价内容

并购项目的评价内容有以下方面。

(1)分析目标企业所处行业地位、竞争对手、行业发展趋势、市场格局与前景。

(2)分析目标企业经营管理现状、资产与债务结构、赢利能力、管理水平,并预测发展前景。

(3)分析既有企业管理能力与水平、财务状况、品牌商誉、市场份额、融资能力、企业现状等。

(4)测算并购成本。

(5)测算改组改造所需投资。

(6)预测并购收益和经营费用。

(7)构造并购后的"现金流量表",依据内部收益率等指标判断并购的可行性。

(8)并购风险分析。

12.2.3 并购项目的经济评价

并购项目一般只做财务分析,分析财务效益、资产经营效益和发展速度等。对于影响行业结构和地区发展的重大并购项目,还应做经济费用效益分析,判断并购产生的失业、垄断等后果的社会承受能力。

12.2.3.1 并购成本分析

并购成本包括收购价格、并购后对目标企业的改造、改组、人员安置与遣散费用、咨询费、律师费、佣金等。

12.2.3.2 并购企业价值评估

并购项目评价的核心内容之一是并购企业价值评估,这是决定并购企业股权转让价格的关键。企业价值是公司所有的投资人对于公司资产要求权价值的总和,企业价值可分为三个层次,即企业的基础价值、内在价值和战略价值。

(1)基础价值(Basic Value),即净资产价值,是目标企业转让的价格下限。

(2)内在价值(Internal Value),是目标企业在持续经营的情况下可能创造出的预期的现金流量价值,是目标企业的动态价值。

(3)战略价值(Strategic Value)是指并购完成后,经过总体重组与协同,使得外部交易内部化、生产要素重新组合、市场份额进一步扩展、消除或减轻竞争压力、绕过各种限制或贸易壁垒、规避各种风险和税收、提高垄断地位、拓展新的利润增长点,从而取得的规模经济效益。

确定合理的并购价格区间时,需要综合考虑企业的上述三种价值。并购价格估算方法包括收益现值法、财务比率法、账面价值调整法等,每种方法都有其适用条件。虽然并购价格最终取决于市场,但并购价格的估算为企业并购谈判提供了一个价格基础。

1. 收益现值法

收益现值法是将拟投资企业的未来收益换算成现值的各种评估方法的总称。从投资人、企业的定义来看,收益现值法是评估企业价值的一条最直接、最有效的方法。企业价值的高低主要取决于其未来的获利能力,而不是现实存量资产的多少。

收益现值法是从目标企业未来收益的角度,在企业"持续经营"的假定前提下,将目标企业未来预测的现金流量进行贴现,计算目标企业的价值,并以此为基础确定测算目标企业的最高收购价格。采用收益现值法估算目标企业价值的收购价格,可由下式计算

$$MAP = \sum_{t=1}^{n} \frac{CF_t}{(1+k)^t} + \frac{CF_{n+1}/(k-g)}{(1+k)^n} - L \tag{12-1}$$

式中 MAP——应付兼并方的最高购买价格;

k——被兼并企业的加权平均资本成本;

n——被兼并企业预期成长的计算时间;

CF_t——被兼并企业在兼并后第 t 期所有资本产生的税后净现金流量;

g——被兼并企业第 t 年后的 CF_t 成长率;

L——被兼并企业负债的市场价值。

其中 CF_t 的计算公式为

$$CF_t = 经营利润 \times (1 - 所得税率) + 折旧和其他非现金支出 - 增量营运资金和固定资产等支出$$

2. 账面价值调整法或重置成本法

其评估思路是从企业重建的角度，即在评估点时企业的投入成本之和，或再造一个与被评估企业完全相同的企业所需的投资，并把这个投资额作为被评估的企业价值。

企业账面价值等于企业资产减去企业负债，但由于不能反映通货膨胀、技术贬值和企业组织资本等，基于历史成本记录形成的账面价值很有可能不等于其市场价值。因此需要对账面价值进行调整。

账面价值调整法是从资产成本的角度，以目标企业的资产净值为基础估算确定收购价格，即按照财务报表中的资产净值，采用经过注册会计师审计调整后的资产账面价值进行估算。它是目标企业价值评价估算的基本依据。

账面价值调整的方法通常有重置成本法和资产变现法。

$$企业价值 = 调整后的总资产 - 调整后的总负债$$

账面价值法通常只应用在企业破产清算或资产出售时的价值评估，对企业整体的出售，特别是对高科技企业和服务类企业尤其不适用，因为这些企业的组织资本产生了大量价值。

3. 市场比较法

市场比较法是通过把被评估企业与类似的上市公司或已交易的非上市公司的市盈率（或市净率）作为倍数，乘以被评估企业的当期收益（或净资产），从而计算出企业的市场价值。运用市场比较法需要有高度发达的证券市场为前提，要有足够多的上市公司做备选参照物。

在实际使用市场比较法来评估目标企业的价值时，一般可选定 5 ~ 10 家与目标企业类似的上市公司或已交易的非上市公司，分别求“每股净利润”、“每股息税前利润”加权平均值，再将其股价与两个加权平均值相比，所得的两个比值再分别乘上目标企业的“每股净利润”及“每股息税前利润”即可得出两个股价，作为估算目标企业价值的“上下”限范围。

上述方法中，理想的方法是收益现值法，最简便的方法是比较法。但是，在我国企业并购、股份制改制的估值中，广泛采用的却是重置成本法。原因在于以下方面。

（1）根据中国资产评估协会的专业操作标准规定，企业整体评估一般要求采用成本法，收益法则作为验证法。

（2）我国国有企业资产盘子大，非经营性资产占相当大比例，由于国有企业的法人缺位，运用收益法很容易造成国有资产流失。

（3）我国传统企业效益低下，采用收益现值法缺乏市场基础。

（4）我国的市场机制不完善，企业经营受政府宏观调控的影响大，且法制不健全，未来收益不可控因素多，难以估算未来收益。

12.2.3.3 并购效益评价

并购效益评价包括企业自身的效益和由于并购带来的企业整体协同效应。前者包括资本经营效益、经济增加值、市场增加值三个方面，后者包括财务协同效应和经营协同效应。

1. 自身效益

1）资本经营效益

评价指标包括投资回报率、总资产收益率等，主要反映并购后的当期经营效益。将目标公司并购后的资本经营效益与并购前进行比较，从而衡量并购对目标公司所产生的绩效增长。

2）市场增加值

收购后目标企业的市场价值与收购前的市场价值的比较，其差额为市场增加值。

3）经济增加值（*EVA*）

收购企业将投资于目标企业的资本变现的收益与资本的机会成本进行比较，两者的差额就是企业的增值收益。

$$
\begin{aligned}
EVA &= (ROC - k) \times \text{现有资产的账面价值} \\
&= EBIT(1 - \text{税率}) - k \times \text{现有资产的账面价值} \qquad (12\text{-}2)
\end{aligned}
$$

式中 ROC = 资本收益率 = $EBIT \times (1 - \text{税率})$ / 现有资产的账面价值；

$EBIT$——息税前利润；

k——加权平均的资金成本。

2. 协同效应

协同效应包括财务协同效应和经营协同效应。

1）财务协同效应

财务协同效应包括通过业务多样化来降低经营风险，或是收购一家资金短缺但有投资机会的公司获得的商业机会，或是收购一家享受税收优惠企业带来的税收节余等。

2）经营协同效应

由于目标企业控制着某种关键资源、技能或能力，如果与收购企业资源结合，将产生更大的价值。当处于同一业务领域的两家企业发生水平并购时，由于生产规模提高、成本降低，边际利润水平提高；当收购原材料供应商或产品的分销商或零售商时，协同效应来自对价值链的更完整控制。

利用有无对比和现金流量分析方法，评估经营协同效应：①分别评估收购公司和目标企业的价值，根据各企业的现金流计算现值，汇总得到并购前的企业价值；②考虑并购完成后企业预期增长率或成本的下降，重新评估企业价值；③将“有并购”的企业价值减去“无并购”的公司价值，得到并购协同效应的价值。

12.2.3.4 并购风险分析

并购风险分析包括融资风险分析、经营风险分析、政策风险分析和市场风险分析等；重点应分析资本结构的合理性，并充分考虑并购项目的不可预见成本。

12.3 部分行业项目经济评价的特点

项目经济评价理论和方法不仅能够应用于工业项目中，在其他行业中也能够广泛应用。本节列举交通、电信、农业、教育、卫生、水利、林业、市政、房地产等行业建设项目的特点，项目经济评价的特点以及主要的效益和费用。

12.3.1 交通项目

交通运输项目包括铁路、公路、水运和民航等基础设施项目。交通运输项目一般具有下列特点。

（1）交通运输项目具有前期投资大、建设周期长、网络效益强、受益主体广、外部效果显著等特点。

(2)交通运输项目应以经济费用效益分析为主,有营业收入的项目还应进行财务分析。重大交通运输项目必须进行区域经济与宏观经济影响分析。

(3)交通运输项目的经济效益,主要体现在改善网络结构、扩大网络运输能力而产生的正常运输量、转移运输量和诱发运输量所引起的节约运输费用、节省运输时间、减少交通事故、降低设施设备维护(养护)费用、改善运输服务质量等方面。

(4)交通运输项目的财务效益为收取的道路、桥梁、港口、机场使用费或通行费等。

(5)交通运输项目的区域经济或宏观经济影响效益主要体现在改善路网结构、促进资源利用开发、推动区域社会经济发展等效果。

(6)交通运输项目的费用,主要包括征地拆迁安置费用、线路和枢纽建设费用、相关配套设施设备投资、项目运营费用及维护(养护)费用等。

12.3.2　电信项目

电信项目包括固定通信、移动通信、数据通信、传输网等项目。电信项目一般具有下列特点。

(1)电信项目具有普遍服务性、全程全网、外部效果显著等特点。

(2)全局性的电信项目一般应进行财务分析和经济费用效益分析;涉及局部的电信项目可只进行财务分析。

(3)电信项目的经济效益包括改善通信条件、提高服务质量、优化网络结构、增加服务内容、提高社会生活质量、提高社会生产效率、降低社会生产成本等。

(4)电信项目的财务效益为出售电信产品和提供电信服务的收入以及降低电信成本的效益。

(5)电信项目费用包括网络建设费用、网络运行维护费用以及其他费用。

12.3.3　农业项目

农业项目包括农业生产、农产品加工、农田水利灌溉和畜牧业等项目,通常都是综合开发项目。农业项目一般具有下列特点。

(1)农业项目具有受自然因素影响大、项目收益预见性相对较弱,风险相对较大;项目建设周期长,建设期与生产期可能交错;双层经营管理体制、分级管理分级核算等特点。

(2)农业项目的经济评价应分别对项目层和经营层进行财务分析。项目层的财务分析通过估算费用效益,判断整个项目的财务可行性;经营层的财务分析,考察单个工程财务状况和农民获得的收益和负担的费用。运行费用自给或以收益偿还贷款的项目,应进行费用平衡分析和债务清偿能力分析。无财务收益的农业项目,一般不做财务分析,只估算运行费用,必要时可做经济费用效益分析。

(3)农业项目的效益包括农业产出增加、品种改良、成本节约、质量改善、防洪除涝所避免的损失、水土保持效益及其他有形收益。

(4)农业项目的费用包括建筑工程费,机电设备及安装工程费,临时工程费,水库淹没处理补偿费,土地、种畜和草地改良费等以及运营费和综合经营所发生的各项费用。

(5)农业生产具有明显的季节性和时间性,投入与产出不同步,产出时间较为集中,因而流动资金的估算要根据生产运行情况确定,不能采用工业项目的方法。

12.3.4 教育项目

教育项目包括城市和农村的基础教育、中等教育(包括师范教育和职业教育)、高等教育等项目,其中基础教育主要依靠国家和地方财政支持。教育项目一般具有下列特点。

(1)教育项目具有外部效果显著、收益时间滞后、受益对象广泛等特点。

(2)教育项目分为非经营性和经营性两种。经营性项目应进行财务分析;非经营性项目应以经济费用效益分析为主,主要采用费用效果分析方法和费用效益分析方法,并通过费用平衡分析评价项目的财务可持续性。

(3)教育项目的内部效益一般包括提高教育系统效率、增加教育收入等;外部效益一般包括增加受教育者收入、提高社会劳动生产率、推动社会技术进步、降低犯罪率等社会得到的效益。

(4)教育项目的费用包括土地、设施、设备和材料、教职工的工资、接受教育者的投入以及维护运营费用等。

12.3.5 卫生项目

卫生保健项目包括医院、社区保健站、卫生防疫、疾病控制系统等项目。卫生保健项目一般具有下列特点。

(1)卫生保健项目具有外部效果显著、效益难以用货币计量等特点。

(2)卫生保健项目可以分为非经营性和经营性两种类型。经营项目应进行财务分析;非经营性项目应以经济费用效益分析为主,有条件的可以做财务生存能力分析。

(3)卫生保健项目的经济效益包括降低医疗费用、提高服务效率、改善服务质量、延长社会成员平均寿命、降低患病率和死亡率、缩短患病天数等。

(4)卫生保健项目的费用包括土地费用、房屋建筑费、设备设施费、卫生研究和发展费、医用材料费、医疗业务费、培训费用等。

12.3.6 水利项目

水利项目包括防洪、治涝、灌溉、水土保持、供水、发电、航运等单个项目或综合项目。水利项目一般具有下列特点。

(1)水利项目具有外部效果显著,自身财务效益不明显,建设期和运营期相对较长等特点。

(2)水利项目应以经济费用效益分析为主。供水、发电、灌溉等有一定财务效益的水利项目应进行财务分析。防洪、治涝等公益性水利项目应进行费用平衡分析,以测算补贴额。综合利用水利枢纽项目应作为一个系统进行总体评价,同时对各主要功能按投资分摊结果分别进行经济评价。重大水利项目必须进行区域经济与宏观经济影响分析。

(3)水利项目的效益受水文现象影响较大,应采用频率法或系列法计算多年平均效益,作为项目评价的基础。对于防洪、治涝、灌溉、供水等项目还应计算设计年及特大洪涝年或特大干旱年的效益。

(4)水利项目的经济效益,主要有减少国民经济与社会财产损失(如防洪治涝项目)、为经济社会发展提供水利水电产品、增加经济收入等方面。水利项目的经济效益应按各功能分别计算，综合利用水利枢纽项目还应计算项目的整体效益。

(5)水利项目的财务效益包括出售水利产品及提供服务所得的收入。计算财务收入采用的价格应根据政策规定，遵循补偿成本、合理收益、优质优价、公平负担的原则，并分析用户的承受能力。

(6)水利项目的费用包括移民搬迁安置、土地占用、工程建设、项目运行维护费用等。

12.3.7 林业项目

林业项目包括森林营造、林业加工、林纸一体化、保护区建设、森林旅游等项目。林业项目一般具有下列特点。

(1)林业项目具有公益性、综合性、分类经营、分级管理、建设周期长、受自然影响大等特点。许多林业项目兼具公益性和赢利性。

(2)林业项目应以经济费用效益分析为主。林业加工等有一定财务效益的项目，应进行财务分析；生态林营造等公益性项目，应进行费用平衡分析，以测算补贴额。重大林业项目还必须进行区域经济影响分析。

(3)林业项目的经济效益包括水土保持、防风固沙、涵养水源、净化空气、改善生态环境、增加森林资源、美化自然环境等的效益。

(4)林业项目的财务效益包括出售林业产品、林业加工产品及提供服务所得的收入。

(5)林业项目的费用包括移民搬迁安置、土地土壤改良、造林费用、森林保护、工程建设、项目运行维护费用等。

12.3.8 市政公用设施项目

市政公用设施项目包括给水、排水、道桥、燃气、供热、快速轨道交通、垃圾处理等单个或综合项目。市政公用设施项目一般具有下列特点。

(1)市政公用设施项目具有服务公用性、自然垄断性、网络系统性、外部效果显著以及沉淀资本大、价格受管制等特点。市政项目应与城市规划相结合。

(2)市政公用设施项目应按收费与否选择经济评价内容。收费项目一般要求进行财务分析和经济费用效益分析；不收费项目一般只进行经济费用效益分析，但应安排债务偿还计划及运营费用来源，进行费用平衡分析或费用效果分析。效果难以量化时应进行定性分析。

(3)市政公用设施项目经济评价一般应包括处理厂(设施)与网(管、路)的综合分析，必要时厂与网也可分别进行经济评价。

(4)市政公用设施项目的经济效益表现为促进城镇社会经济发展、合理利用自然资源、减少环境污染损失以及提高人民群众生活水平和生活质量。

(5)市政公用设施项目的财务收入表现为提供营业收入和补贴收入。

(6)市政公用设施项目的费用包括土建费用、设备购置费用、安装工程费、生产(运营)费用及其他费用。

(7)市政公用设施项目的价格应根据政府政策、消费者支付意愿和承受能力，遵循补偿成本、保本微利、节约资源、公平负担原则测算。具备条件时，可分别针对不同用户测算不同价格。

12.3.9 房地产开发项目

房地产开发项目一般由生地、毛地、熟地、在建工程和建成后的物业(含土地)等单个项目或综合项目组成。房地产开发项目一般具有下列特点。

(1)房地产开发项目具有产品不可移动性、保值增值性、区域性、政策影响性、相互影响性、建设与经营同步性等特点,多数房地产项目还具有计算期短的特点。

(2)房地产开发项目一般只进行财务分析,涉及区域开发的项目还应进行综合分析。

(3)房地产开发项目的资金可来源于商品房合法预售所得款。

(4)房地产开发项目分为出售型、出租型和混合型。项目的收益和成本分摊方式依据项目类型而不同。自营部分的投资可转换成项目的固定资产,出售、出租部分的投资转换成开发成本。开发企业大量的资产以流动资产的形式存在。

(5)房地产开发项目不按租售合同而按实际可能得到的财务收入估算现金流入,并依此估算经营成本。

(6)房地产开发项目的效益一般为售房收入、租房收入、土地(生地或熟地)出让收入、配套设施出售(租)收入以及自营收入。

(7)房地产开发项目总成本费用主要包括开发建设期间发生的开发生产成本和经营期间发生的运营费用、修理费用等。

(8)房地产开发项目除缴纳流转税和所得税外,尚需缴纳土地增值税、城镇土地使用税、耕地占用税、房产税等。

第13章　社会评价

13.1　社会评价概述

13.1.1　建设项目社会评价的产生与发展

第二次世界大战后，西方资本主义国家普遍采纳了凯恩斯理论和福利经济学的思想。经济学家们认为，国家的发展包括两个目标：一是经济的增长，一是分配公平。前者称为效率目标，后者称为公平目标，两种合称为国民福利目标。效率目标要求增加国民收入，公平目标要求在不同收入阶层、不同地区以及投资与消费之间合理分配国民收入。作为投资项目而言，不但要追求效率，而且要注重公平。基于这种思想，当时的项目评价把收入分配、就业等社会发展目标引入传统的费用效益分析中，被称为社会费用分析（Social Cost – Benefit Analysis）或现代费用效益分析。这种社会费用分析包括经济效率目标和社会公平分配目标，这两部分合称为社会评价。这种社会评价基本上是在经济学的范畴内，围绕经济发展目标进行的。

自20世纪60年代起，西方发达国家兴起了环境运动，环境问题成为公众关心的热点问题，各国政府开始制定环境保护和环境管理方面的法律、法令。美国国会1969年通过的国家环境政策法令（NEPA）中规定美国联邦政府投资或实施的所有项目和规划必须事先进行环境影响评价（Environmental Impact Assessment），提供环境影响报告书。这里的环境包括自然环境和人文社会环境。可以看出在这种环境评价中包含了社会评价的成分。

近几十年来，传统的工业化、现代化发展道路所产生的一些负面后果，例如，人口剧增、不可再生资源的过度消耗、环境污染、生态破坏、南北差距加大、文化多样性等受到威胁等成为全球性的重大问题。各国也在自己的发展过程中积累了相当多的经验教训，人们开始关注投资项目对社会的影响以及社会条件在项目实施中的作用。一些社会科学家就此提出了"以人为中心的发展观念"，认为发展的目的不是发展物质而是发展人类。人们开始尝试从社会学的角度分析项目对实现国家或地方各项社会发展目标所做的贡献和影响以及项目与当地社会环境的相互影响。此时一个真正意义上的社会评价开始独立出来。从美国的社会影响评价、英国社会分析和世界银行社会评价中，可以看到许多共同之处，即集中分析项目与当地的社会、人文环境之间的相互作用，预测项目实施对人民生活、社区结构、人口、收入分配、福利、健康、安全、教育、文化、娱乐、风俗习惯及社区凝聚力等方面有可能产生的影响及社会问题。

在国内可行性研究与项目评价是在20世纪80年代初期引进的，但是在较长的一段时期，由于政治和历史等因素的影响，项目评价的重心始终放在社会经济效益方面上，而忽略了对项目进行社会评价。

随着改革和开放，社会的中心任务回到了社会全面发展之上，项目建设对社会发展的重要作用也日益突出。一些大型的项目和公益性项目也迫切需要对其做出社会评价,国内对项目社会评价研究日益得到重视,社会评价也逐渐应用于重大建设项目,如举世瞩目的三峡工程和南水北调工程前期均进行了项目社会评价。

13.1.2　建设项目社会评价的概念

当今对项目社会评价还没有统一的认识,各国都有不同的理解。如美国推行环境影响评价和社会影响评价,英国及欧洲经济共同体推行环境评价,包括自然环境影响和社会环境影响评价。

我国对社会评价也有以下多种不同的理解。

(1)包括在国民经济评价中的社会经济效益分析,也就是说在项目的国民经济评价中已考虑了项目的社会效益,但只包括可计量的效益。

(2)经济评价加收入分配分析,在经济评价基础上,通过收入分配分析,分析项目对国家、地区、个人的贡献。

(3)国家宏观经济分析,通过对宏观经济分析,分析项目对国家所做的贡献。

(4)社会评价,分析项目对社会经济、社会环境、自然资源等各个方面的影响。

前三种都属于经济学的范畴,是狭义的社会评价,具有很大的局限性,对于大型投资建设项目是不适合的。第四种是比较全面的社会评价内涵。

建设项目社会评价的含义可概括为:社会评价是识别、监测和评估投资项目的各种社会影响,促进利益相关者对项目建设活动的有效参与,优化项目建设实施方案,规避建设项目社会风险的重要工具和手段。

投资项目社会评价是应用社会学和人类学的基本理论和方法,系统地调查和搜集与项目相关的社会因素和社会数据,了解项目实施过程中可能出现的社会问题,研究、分析对项目成功有影响的社会过程,提出保证项目顺利实施和效果持续发挥的建议和措施的一种方法。

13.1.3　建设项目社会评价的目的

社会评价的目的是消除或者尽量减少因项目的实施所产生的社会负面影响,使项目的内容和设计符合项目所在地区的发展目标、当地具体情况和目标人口的具体发展需要,为项目地区的人口提供更广阔的发展机遇,提高项目实施的效果,并使项目能为项目地区的区域社会发展目标,如减轻或者消除贫困、促进社会公平、维护社会稳定等做出贡献,促进经济与社会的协调发展。其核心目的就是要在项目投资活动中关注各种社会问题,在追求投资项目的财务效益、经济效益和环境效益的同时,关注各种社会发展目标的实现,减少项目投资可能引起的各种社会矛盾和风险,以利于促进社会稳定。

13.1.4　建设项目社会评价的特点

建设项目社会评价相对于财务、经济评价来说,具有以下特点。

1)宏观性

社会发展目标,如经济增长目标、公平分配目标、就业目标等,一般是根据国家的宏观经济与社会发展需要制定的,因而社会评价必须从全社会的宏观角度考察项目的存在对社会带来的贡献与影响。

2)间接效益与间接影响多

项目的社会效益与影响虽然有直接的(如节能效益,就业效益,对教育、文化生活的影响等),但由于社会系统的复杂性及相互关联性,有关社会问题的波及效应比较明显。因此,许多社会效益往往是间接效益或外部效益,如水利建设项目对地方供水,促进地方工农业发展的效益,新建公路减少相关公路拥挤、节约旅客时间的效益等都是项目的间接效益或外部效益。

3)目标的多元性

财务、经济评价目标比较单一,主要是财务赢利与经济增长。而社会评价涉及社会生活各个领域的发展目标,必须分析多个目标,考虑多种社会效益与影响。社会评价由于涉及的社会因素复杂,目标多元化,没有共同度量的标准。

4)难量化性

社会效益与影响多种多样,许多既不能用货币定量,又难以用实物定量。如项目对文化的影响,对增加人们闲暇时间的影响等都不好量化。

5)长期性

经济评价计算期一般为 20～30 年,而社会评价贯穿于项目周期的各个环节和过程,还要考虑近期与远期社会发展目标,项目对生态与自然环境的影响,对居民健康、寿命的影响,可能是几十年,甚至是几代人的问题。因而社会评价的效益与影响往往具有长期性。

6)行业和项目特殊要求明显

不同行业、不同类型项目对国家各层次社会发展目标的贡献与影响有很大差异。同一行业不同类型的项目社会因素也各不同,如大型项目一般涉及国际各项社会发展目标的社会因素很多;中型项目可能涉及省、市社会发展目标多;小型项目社会影响可能只涉及所在社区,并以群众参与法为主要分析法。因此,不同行业、不同类型的项目社会评价分析的内容方法各具特点,差异明显,具有多样性。

13.1.5 社会评价的作用

社会评价的作用有如下方面。

(1)有利于经济发展目标与社会发展目标协调一致,防止单纯追求项目经济效益。

实践证明,项目建设与社会发展能够协调配合,是促进经济发展目标和社会目标实现的基本前提,是建设和谐社会、实现以人为本的科学发展观的基本要求。

(2)有利于项目所在地区利益协调一致,减少社会矛盾和纠纷,防止可能产生的不利社会影响和后果,促进社会稳定。

分析有利影响和不利影响的大小,判断有利影响和不利影响在项目投资效果中的分布情况,是社会评价中判断一个项目好坏的重要尺度之一。

(3)有利于避免或减少项目建设和运营的社会风险,提高投资效益。

社会评价侧重于分析:①项目是否适合当地人群的文化生活需要,包括文化教育、卫生健康、宗教信仰、风俗习惯等;②考察当地人群的需求状况,对项目的态度如何,支持还是反对。

分析要广泛、深入、实际,并提出合理的针对性建议以减少项目的社会风险。

13.1.6 投资项目社会评价的适用范围

任何投资项目都与人和社会有着密切的联系,因而从理论上讲,投资项目的社会评价适合于各类投资项目的评价。然而,项目的社会评价难度大、要求高,并且需要一定的资金和时间投入,因此也不是任何项目都有必要进行社会评价。一般而言主要是针对对当地居民而言受益较大的社会公益性项目、对人民生活影响较大的基础性项目、容易引起社会动荡的项目和国家地区的大中型骨干项目和扶贫项目进行评价。例如水利灌溉项目、移民和非自愿移民项目、畜牧项目、渔业项目、林业项目以及大型的能源、交通、工业项目。

社会评价应该关注的区域及人群范围如下。

1)区域范围

为了有针对性地开展社会评价工作,需要通过项目建设地点及项目影响区域范围的分析,确定社会评价需要关注的空间区域范围。由于项目之间的区别很大,无法给出判断社会评价空间范围的通用方法。例如,有些项目只在单一地点进行建设,而有些项目可能覆盖多个省市;有些项目预期只会产生很小的社会影响,而有些项目带来的变化将随时间推移越来越大或覆盖越来越多的区域。因此,必须根据项目的具体情况研究其可能影响的区域范围。

2)人群范围

在项目影响区域内居住的人群受到项目影响的方式和程度不可能完全相同,有些人可能没有受到任何影响,有些人虽然受到影响,但影响程度并不大,而有些人则可能受到很大的影响。同时,在所有受到影响的人群中,所受影响的性质又有不同,有些人可能因项目受到不利影响,而有些人却因项目而受益。社会评价应谨慎考虑建设项目对社会和人口影响的分析评价范围,以便恰当评价拟建项目社会影响在年龄、性别、收入水平、民族等方面的差异。

13.1.7 投资项目社会评价的主要内容

社会评价从以人为本的原则出发,研究内容包括项目的社会影响分析、项目与所在地区的互适性分析和社会风险分析三方面。

1. 社会影响分析

1)项目对所在地居民收入的影响

主要分析预测由于项目实施可能造成当地居民收入增加或者减少的范围、程度及其原因,收入分配是否公平,是否扩大贫富收入差距,并提出促进收入公平分配的措施建议。

2)对居民生活水平和生活质量的影响

分析预测项目实施后居民居住水平、消费水平、消费结构、人均寿命的变化及其原因。

3)对居民就业的影响

分析预测项目的建设、运营对当地居民就业结构和就业机会的正面影响与负面影响。其中正面影响是指可能增加就业机会和就业人数。负面影响是指可能减少原有就业机会及就业人数以及由此引发的社会矛盾。

4)对不同利益相关者的影响

分析预测项目的建设和运营使哪些人受益或受损以及对受损群体的补偿措施和途径。

5)对弱势群体利益的影响

分析预测项目的建设和运营对当地妇女、儿童、残疾人员利益的正面影响与负面影响。

6)对文化、教育、卫生的影响

分析预测项目的建设和运营是否可能引起当地文化教育水平、卫生健康程度的变化以及对当地人文环境的影响,提出减小不利影响的措施建议。

7)对基础设施、社会服务容量和城市化进程等的影响

分析预测项目的建设和运营期间,是否可能增加或者占用当地的基础设施,包括道路、桥梁、供电、给排水、服务网点以及产生的影响。

8)对少数民族风俗习惯和宗教的影响

分析预测项目的建设和运营是否符合国家的民族和宗教政策,是否充分考虑了当地民族的风俗习惯、生活方式或者当地居民的宗教信仰,是否会引起民族矛盾、宗教纠纷,影响当地的社会安定。

通过以上分析,对项目的社会影响做出评价,编制"项目社会影响分析表",见表13-1。

表13-1 项目社会影响分析

序号	社会因素	影响的范围、程度	可能出现的后果	措施建议
1	对居民收入的影响			
2	对居民生活水平与生活质量的影响			
3	对居民就业的影响			
4	对不同利益群体的影响			
5	对脆弱群体的影响			
6	对地区文化、教育、卫生的影响			
7	对地区基础设施、社会服务容量和城市化进程的影响			
8	对少数民族风俗习惯和宗教的影响			

2. 互适性分析

主要分析预测建设项目能否为当地的社会环境、人文环境所接纳以及当地政府、居民支持项目存在与发展的程度,考虑项目与当地社会环境的相互适应关系。主要包括如下内容。

(1)分析预测与项目直接相关的不同利益相关者对项目建设和运营的态度及参与程度,选择可以促使项目成功的各利益相关者的参与方式,对可能阻碍项目存在与发展的因素提出防范措施。

(2)分析预测项目所在地区的社会组织对项目建设和运营的态度。

(3)分析预测项目所在地区社会环境、文化状况能否适应项目建设和发展需要。

通过项目与当地社会环境的互适性分析,评价当代社会对项目适应性和可接受程度,编制"社会对项目的适应性和可接受程度分析表",见表13-2。

表 13-2 社会对项目的适应性和可接受程度分析

序号	社会因素	适应程度	可能出现的后果	措施建议
1	不同利益相关者态度			
2	当地组织机构态度			
3	当地技术文化条件			

3. 社会风险分析

对可能影响项目的各项社会因素进行识别和排序，选择影响面大、持续时间长、容易导致较大矛盾的社会因素进行预测，分析可能出现这种风险的社会环境和条件，并提出防范措施，编制“社会风险分析表”，见表 13-3。

表 13-3 社会风险分析

序号	社会风险因素	持续时间	可能导致的后果	措施建议
1	移民安置问题			
2	民族矛盾、宗教问题			
3	弱势群体支持问题			
4	受损补偿问题			
	……			

13.2 社会评价步骤与方法

项目社会评价是把社会分析和公众参与融入建设项目的设计与实施的一种方法及手段。建设项目的社会评价需要按照科学合理的评价流程和评价方法，必须遵循基本工作程序。

13.2.1 社会评价的步骤

社会评价具体可分为以下九个工作步骤。

1. 筹备与计划

项目社会评价应由独立的经国家批准的有资质的咨询评价单位承担，在项目评估机构的统一领导下组成社会评价小组，熟悉项目的基本情况，确定调研地点和内容，制订工作计划，做好分析评价的准备工作。

2. 确定评价的目的与范围

根据项目投资任务与功能，运用逻辑框架法，分析研究项目的内外关系，明确项目的评价目标，分析研究评价范围，包括项目直接影响的空间范围和时间范围。空间范围是指项目所在的社区、县市或更广泛的地域；时间范围是指项目的寿命期与影响年限。

3. 选择评价指标与指标体系

根据不同项目的社会评价范围，选择确定项目社会评价的具体指标与指标体系，这是项目社会评价的第三步工作。在确定项目社会评价指标体系中，应该包括各种项目社会效益与社会影响的定量分析与定性分析指标,并且这些指标要构成一个统一的整体。任何一个项目的社会评价指标体系都应该包括定量分析与定性分析的通用指标和项目独特的专用指标。一般项目涉及的社会影响都应该设定指标从而使其纳入社会评价的范畴。

4. 确定评价的标准

项目社会评价首先要进行详细深入的社会调查,预测项目寿命期(或影响年限)内的社会变化,作为分析评价的基本资料。其主要内容包括项目建设实施前的基准线确定情况,预测项目所在地区(或受影响的社区)的基本社会经济情况,调查了解项目所在地区的社会环境等方面的资料。

调查的内容包括:项目所在地的人口统计资料;基础设施与服务设施状况;当地的风俗习惯、人际关系;各利益群体对项目的反应、要求与接受程度;各利益群体参与项目活动的可能性。如项目所在地区干部、群众对参与项目活动的态度和积极性,可能参与的形式、时间,妇女在参与项目活动方面有无特殊情况等。社会调查可采用多种调查方法,如查阅历史文献、统计资料、问卷调查、现场访问与观察、开座谈会等。

分析社会调查获得的资料,对项目涉及的各种社会因素进行分类。一般可分为三类:即影响人类生活和行为的因素;影响社会环境变迁的因素;影响社会稳定与发展的因素。从中识别与选择影响项目实施和项目成功的主要社会因素,作为社会评价的重点和论证比选方案的内容之一。

5. 制定备选方案

根据项目确定的目标,对项目的建设地点、厂址选择、资源、工艺技术等方面提出若干可供选择的备选方案。

6. 进行项目评价

依据调查预测资料,对每一个备选方案进行定量和定性的分析评价。首先,计算各项社会效益与影响的定量指标,运用“有无对比法”评价其优劣;然后,对项目与社会相互适应性的因素进行定性分析;再次,分析判断各项定量与定性指标对项目实施与社会发展目标的重要程度,确定效益指标与影响因素的权重和排序;最后,采用多目标综合分析评估法对各备选方案进行社会综合分析、评价。

7. 选择最优方案

对各备选方案的综合评价结果,重点抓住关键指标进行对比分析,选出最优方案,并结合项目的财务和经济评估结果,选出财务、经济和社会效益均好,不利影响最小,受损群众最少,社会补偿措施费用最低和社会风险最小的方案为最优方案。如果各项要求产生矛盾,则须通过方案调整,对不利因素和社会风险采取补救措施和解决办法,并将估算的各项费用计入项目总投资中。

8. 行业专家论证

按照项目的不同情况与要求,分别召开不同类型、专题和规模的专家论证会,选出最优方案进行论证,根据专家的论证意见,对优选方案进行修改、调整和完善。

9. 评价总结,编制项目社会评价报告

针对分析论证中的重要问题与有争议的问题,尚未解决的遗留问题以及防止社会风险的措施与费用等情况,写出书面报告,提出项目社会评价的优劣和项目在社会上是否可行的结论与建议。编制项目社会评价报告。

13.2.2 社会评价的主要方法

13.2.2.1 社会评价方法的种类

项目涉及的社会因素、社会影响和社会风险不可能用统一的指标、量纲和判据进行评价，因此，在项目决策分析与评价的不同阶段，根据工作深度要求和受时间限制的不同，社会评价应根据项目的具体情况采用灵活的评价方法。

1. 快速社会评价法、详细社会评价法和参与式评价法

1）快速社会评价法

快速社会评价法是在项目前期准备阶段进行社会评价常用的一种简捷方法，它可以大致了解拟建项目所在地区社会环境的基本状况，识别主要社会影响因素，粗略预测可能出现的情况及其对项目的影响程度。快速社会评价主要是分析现有资料和现有状况，着眼于负面社会因素的分析判断，一般以定性描述为主。方法步骤如下。

（1）识别主要社会因素，对影响项目的社会因素分组，按其与项目之间关系和预期影响程度划分为影响一般、影响较大和影响严重三种等级。侧重分析评价那些影响严重的社会因素。与有知识的人员共同决定选择哪些对象进行排序并对所选择对象的相关性进行讨论。

（2）确定利益相关者，对项目所在地区的受益、受损利益群体进行划分，着重对受损利益群体的情况进行分析。按照受损程度划分为受损一般、受损较大和受损严重三种等级。重点分析受损严重群体的人数、结构以及对项目的态度和可能产生的矛盾。

（3）估计接受程度，大体分析当地现有经济条件、社会条件对项目存在与发展的接受程度，一般分为高、中、低三种等级。侧重分析那些接受程度低的因素，并提出项目与当地社会环境相互适应的措施建议。

2）详细社会评价法

详细社会评价法是在可行性研究阶段广泛应用的一种评价方法。其功能是在快速社会评价的基础上，进一步研究与项目有关的社会因素和社会影响，进行详细论证，并预测风险度。结合项目备选的技术方案、工程方案等，从社会分析角度进行优化。详细社会评价采用定量与定性分析相结合的方法，进行过程分析。主要步骤如下。

（1）识别社会因素并排序，对社会因素按其正面影响与负面影响、持续时间长短、风险度大小、风险变化趋势（减弱或者强化）分组。着重对持续时间长、风险度大、可能激化的负面影响进行论证。

（2）识别利益群体并排序，对利益群体按其直接受益或者受损，间接受益或者受损，减轻或者补偿受损措施的代价分组。在此基础上详细论证各受益群体与受损群体之间，利益群体与项目之间的利害关系以及可能出现的社会矛盾。

（3）论证当地社会环境对项目的适应程度，详细分析项目建设与运营过程中可以从地方获得支持与配合的程度，按好、中、差分组。应着重研究地方利益群体、当地政府和非政府机构的参与方式及参与意愿，并提出协调矛盾的措施。

（4）比选优化方案，将上述各项分析的结果进行归纳，比选，推荐合理方案。

3）参与式评价法

参与式评价法一般在进行详细社会评价时采用。它是吸收公众参与项目方案的设计和实施的一种有效方法。它有利于提高项目方案的透明度;有助于取得项目所在地各有关利益群体的理解支持和合作;有利于提高项目的成功率,预防不良社会后果。

参与式评价可采用下列形式。

(1)咨询式参与:由社会评价人员将项目方案中涉及当地居民生产、生活的有关内容,直接交给居民讨论,征询意见。通常采用问卷调查法。

(2)邀请式参与:由社会评价人员邀请不同利益群体中有代表性的人员座谈,注意听取反对意见,并进行分析。

(3)委托式参与:由社会评价人员将项目方案中特别需要当地居民支持、配合的问题,委托给当地政府或机构,组织有关利益群体讨论,并收集反馈意见。

2. 定性分析方法和定量分析方法

投资项目的社会因素多而复杂,多数是无形的,甚至是潜在的。如项目对社区安全稳定的影响,人们对项目的态度、社区的人际关系,项目对卫生保健、文化生活水平提高的效益,对生态环境的影响,对人口素质提高的影响等,很难采用统一的方法进行评价。有的社会因素可以采用一定的计算公式定量计算,如对就业和收入分配的影响等,而更多的社会因素则难以计量,更难以以一定的量纲用统一的计算公式计算。因此,社会评价通常采用定量分析与定性分析相结合、参数评价与经验判断相结合的方法,其中定性分析在社会评价中占有重要地位。

常用的定性分析和定量分析方法主要有:有无对比分析法、利益相关者分析法、排序打分法、财富排序法、综合分析评价法等。

13.2.2.2 几种常用的分析评价方法

1. 有无对比分析法

有无对比分析法是指对“有项目”情况和“无项目”情况的社会影响对比分析。通过有无对比分析,确定拟建项目可能引起的社会变化,预测各种社会影响的性质、范围和程度。在社会评价中,“无项目”情况,就是指没有拟建项目情况下研究区域的社会情况;“有项目”情况,就是考虑拟建项目建设运营中对社会引起各种社会经济变化后的社会经济状况。“有项目”情况减去同一时刻的“无项目”情况,就是由于项目建设引起的效益增量和各种影响。在对比分析中应分清这些效益和影响中拟建项目的作用及项目以外的作用。如果很难确定拟建项目自身的作用,则可确定一个与项目所在地区条件基本相同,又无其他项目建设的区域作为“无项目区”来进行有无对比。最后,采用“有无对比分析表”进行分析,见表13-4。

表13-4 有无对比分析

指标	有项目	无项目	差别	分析
财务效益				
经济效益				
经济影响				
环境影响				
社会影响				
综合结果				

2. 利益相关者分析法

利益相关者分析法是根据项目单位的要求和项目的主要目标，确定项目包括的主要利益相关者；明确各利益及其与项目关系；分析各相关者之间的关系；分析各相关者参与项目的设计、实施的各种可能方式。

项目利益相关者是指与项目有直接或间接利害关系，并对项目的成功与否有直接或间接影响的所有各方，如项目的受益人、受害人、与项目有关的政府组织和非政府组织等。利益相关者的划分一般是按有关各方与项目的关系及其对项目的影响程度与性质或其受项目影响的程度与性质决定的。

利益相关者一般分为项目受益人、项目受害人、项目受影响人及其他（建设、设计、咨询、有关政府、非政府组织）。

利益相关者分析的主要内容有：根据项目单位的要求和项目的主要目标，确定项目所包括的主要利益相关者；明确各利益相关者的利益所在以及与项目的关系；分析各个利益相关者之间的相互关系；分析各利益相关者参与项目的设计、实施的各种可能方式。

利益相关者分析的步骤是：①构造项目各相关者列表；②评价各方对项目重要作用程度；③根据项目目标，对相关者重要性做出评价；④根据分析结果，提出实施过程中对各利益相关者应采取的措施。

3. 排序打分法

所谓排序和打分就是把所研究或分析的对象按一定的顺序排列起来。排序和打分两者之间的区别在于排序是用序数而打分是用基数对所研究或分析的对象进行排列。

通常，对项目所在地区的社会问题、项目利益相关者的偏好、项目给不同利益相关者所带来的机会进行排序，是迅速鉴别项目地区主要社会问题、利益相关者的重要性和偏好的一种方法。应用这种方法时，一般应遵循以下原则。

(1)确认排序的对象满足所研究问题和环境的需要。

(2)与有知识的人员共同决定选择哪些对象进行排序并对所选择对象的相关性进行讨论。

(3)列出打分的指标。

(4)请参加打分的利益相关者对不同的问题进行打分、排序。

(5)分析打分者对不同的因素给予不同分值的原因。

(6)探讨更多的打分指标。

(7)寻求让不同的利益相关者对一些相同的问题进行打分和排序。

(8)将不同因素排序与不同利益相关者联系起来。

4. 财富排序法

1)遵循原则

财富排序法是在较短的时间内分析村级社区社会分层状况的一种工具。应用这种方法时，一般应遵循如下原则。

(1)确认排序的对象满足所研究问题和环境的需要。

(2)与有知识的人员共同决定选择哪些对象进行排序并对所选择对象的相关性进行讨论。

(3)列出打分的指标。

(4)请参加打分的利益相关者对不同的问题进行打分、排序,例如1代表最好、2代表次好等。

(5)分析打分者对不同的因素给予不同分值的原因。

(6)探讨更多的打分指标。

(7)寻求让不同的利益相关者对一些相同的问题进行打分和排序。

(8)将不同因素排序与不同利益相关者的利益联系起来。

2)分析步骤

财富排序法是在较短时间内分析村级社区社会分层状况的一种工具。其具体分析步骤如下。

(1)分析人员应与当地主要的信息提供者一道列出所分析村庄的所有住户,把所有住户的名称分别写在不同的卡片上。

(2)找一些对所有住户都熟悉的人并让每位根据各户的财富将写有住户名称的卡片分成若干堆,或者请一些对所有住户都熟悉的人根据各自对财富的判别标准给所有的住户打分排序,不同人由于所采用的财富判别标准不同会把住户分成不同的堆数,或者不同的打分排序。这种方法多应用于扶贫取向型的项目中。

5. 综合分析评价法

分析项目的社会可行性时通常要考虑项目的多个社会因素及目标的实现程度。对这种多个目标的评价决策问题,通常选用多目标决策科学方法,如德尔菲法、矩阵分析法、层次分析法、模糊综合评价法、数据包络分析法等。评价人员可以根据项目定量与定性指标的复杂程度,选择合适的评价方法。多目标综合评价法一般都要组织若干专家,包括各行业和各学科的专家学者,根据国家的产业发展政策和地区的社会发展水平和发展目标,结合拟建项目的具体情况,对确定下来的各个分项指标视其对项目的重要程度给予一定的权重,并对每个指标进行分析和打分,最后计算出项目的综合社会评价效果,得出评价的结论。

社会评价综合分析结论不能单独应用,必须与项目社会适应性分析结合起来考虑。项目与社区的互适性分析,研究如何采取措施使项目与社会相互适应,以取得较好的投资效果。对于项目社会评价来说,多项目分析综合评价方法得出的结果,往往只能作为一种分析总结的参与数据,不能据此决策。

13.3　社会评价报告的编写

社会评价的结果应形成社会评价报告,报告内容应能满足进一步明确投资项目应达到的社会目标等要求,并可以作为针对这些目标制定项目方案的依据。在投资项目的研究论证中,社会评价可能以独立的研究报告的形式出现,也可能作为投资项目可行性研究报告或者咨询评估报告等项目论证报告的一个独立章节形式出现。无论以何种形式,其编写的基本要求是一致的。

13.3.1　社会评价报告的编写要求

13.3.1.1　所采用的基础数据应真实可靠

基础数据是评价的基础。如果基础数据有误,尤其是社会经济调查的资料有误,不管选用的分析评价指标多正确,也很难得出正确的评价结论。所以,社会评价非常重视社会经济调查工作,尽可能全面了解项目影响区域的社会经济真实情况。报告采用定量分析,对项目背景及定性分析需要引用的数据资料,应当确保资料引用来源的可靠性,要选取最能支持和说明观点的关键指标和最新权威的数据资料,并明确指出数据来源渠道。对于国家及当地统计部门已经发布的数据,要求至少是上一年度的统计数据。对于统计部门尚未发布,通过其他途径获得的数据,引用时应对数据的准确性进行分析论证。

13.3.1.2　分析方法的选择合理

社会评价应在社会基础数据资料调查研究的基础上,对拟建项目预期可能的社会影响进行分析预测。应当根据项目所在地区的实际情况,通过定性分析和定量分析相结合的方法,对将来可能的社会影响后果进行分析预测。

13.3.1.3　结论观点客观明确可行

结论中必须对拟建项目可能造成的社会影响及所采用的减轻负面影响措施的可行性、合理性做出明确回答,不能模棱两可。结论必须以严谨客观的分析论证为依据。

13.3.1.4　报告格式规范

强调社会评价报告的客观性、科学性、逻辑性和可读性。报告写作应当合理采用图标等形式,使报告的论证分析过程直接明了,简化不必要的文字叙述。语言表达准确、简明、严谨。凡是带有综合性、结论性的图表应放到报告正文中,对于有参考价值的图表应放到报告的附件中,减少正文篇幅。

13.3.2　社会评价报告的编写要点

不同类型的建设项目,对社会评价要求的差别很大。社会评价工作在我国的开展刚刚起步,国外及有关组织对社会评价报告的编写要求也不尽相同,因此没有一个被普遍接受的投资项目社会评价报告标准格式。尽管如此,对投资项目社会评价报告基本内容的要求却相差不大。这里对社会评价报告编写需重点关注的内容加以阐释。

1. 报告摘要

主要阐述评价项目的由来,编制社会评价报告的依据、评价范围、主要工作过程、主要结论及建议等。

2. 建设项目概述

主要阐述建设项目的规模、工程技术及产品方案、原材料、燃料供应、辅助设施建设、项目建设和运营活动的社会影响范围和途径等。

3. 社会影响范围的界定

界定投资项目的社会影响范围是开展社会评价工作的基础和前提。应根据项目的具体特点及当地的社会经济情况,对社会影响范围及对象进行合理界定。重点包括以下内容。

(1)对项目的社会影响区域进行界定。社会影响区域应是可能受到项目直接或间接影响的地区,社会评价的区域范围应能涵盖所有潜在影响的社会因素,而不应受到行政区划等因素的制约。

(2)对项目影响区域内的目标群体和影响群体进行合理界定。目标群体应是项目直接瞄准的期望受益群体;影响群体应包括各类直接或间接受益群体,也包括可能受到潜在负面影响的群体。

(3)分析由项目直接导致的社会影响和间接影响。

（4）对项目可能导致的重要影响因素进行合理界定，以便确定社会评价内容及侧重点。

4. 社会经济调查

在社会影响范围界定基础上，阐述对受项目影响的各类环境进行调查的过程、方法和主要步骤。包括召开各种研讨会、听取弱势群体意见。对受影响的人口、财产、资源、社会组织机构、法律制度环境进行调查的过程。

社会经济调查应重视采用参与式方法，强调通过公众参与，广泛搜集相关社会经济状况资料。

5. 利益相关者分析

通常应结合项目的具体情况，注意对特定利益相关者进行重点分析评价，包括如下群体。

1）贫困人群

当项目的投资建设活动影响到贫困人口时，必须识别贫困人口所面对的社会风险。

（1）当扶贫是投资项目的首要目标时，项目的关键利益相关者就是穷人，则要求制定瞄准机制和制度来保证贫困人口受益。

（2）当扶贫是项目的次要目标时，应在保证主要目标实现的前提下，尽可能地使贫困人口受益。

（3）分析投资项目对贫困人口的影响类型，取得持续性的扶贫效果。

2）妇女群体

若预期项目产生的社会影响对男性和女性可能有所区别，使得社会性别问题成为拟建项目社会评价中不可避免的重要内容时，应当考虑社会性别因素。

应当重点注意以下社会性别问题：设计分性别的数据搜集方案并将其纳入社会调查的范围之内；进行参与式社会性别分析，搜集不同性别的利益相关者对项目建设方案及目标的期望，制定需要达到的社会性别目标；聘请女性项目工作人员、妇联支持性别敏感性工作的非政府组织代表，并评价他们的能力；在调查论证的基础上，项目组专家通过调整优化项目建设方案，制定实现社会性别目标的具体方案；组建确保目标实现的检测评价机构。

3）少数民族群体

对于涉及少数民族项目的社会评价，应当关注投资项目对少数民族的影响。

（1）对于受到少数民族因素影响的项目，应当针对项目的具体情况对涉及少数民族的问题进行相关社会调查：考察历史，理解某个特定少数民族或文化群体的现状；搜集本民族相关信息，了解该民族的特征和内涵。

（2）对于涉及面较广的大型项目，应当选择适当的抽样调查方法，以使用尽可能低的成本获取具有代表性的观点和典型意见。

（3）对少数民族群体应该给予特别的关注，不应该按比例抽样的方式仅选择有代表性的目标群体进行协商。

4）非自愿移民群体

非自愿移民涉及社会、经济、政治、文化、宗教、环境及技术等多方面因素，因征用土地、房屋拆迁而受到影响的人群是项目的主要利益相关者。

（1）结合不同项目的特点，从以下方面分析移民可能造成的社会影响：土地资源的丧失；劳动、生产和管理技能贬值；社会网络和社会资本的丧失；移民安置过程中的社会矛盾；

社区参与和使用公共财产途径的变化；土地资源重新分配中的社会公平问题；土地征用和房屋拆迁对社会性别的不同影响；对文化和社会服务场所造成的影响；对贫困和社会弱势群体的特殊影响。

(2)在社会影响分析的基础上，从以下方面分析移民可能导致的社会风险：失去土地；失业；丧失家园；社会边缘化；发病率和死亡率增加；食物没有保障；失去享有公共资源的权益；社会组织结构的解体。

6. 减轻负面社会影响的措施方案及其可行性

针对重要风险因素，通过工程规划设计方案的调整和变更，或者采用相应的对策措施，有针对性地提出规避社会风险的措施方案。

措施方案应包括损失估算、补偿标准制定、收入恢复计划、补偿措施、实施进度计划、费用预算等相关内容，并结合社会经济调查及利益相关者分析的结果，对措施方案的可行性进行分析论证。

7. 参与、磋商及协调机制

对利益相关者参与社会经济调查、补偿措施方案的制定和实施及项目的实施管理等活动提出措施建议，对相关的沟通协调、意见反馈、申诉及纠偏机制建立提出措施方案。

8. 监测评价

对项目的实施效果及社会风险规避措施实施监测评价，在项目前期论证的社会评价报告中，应对监测评价方案提出明确要求。

9. 重视不同行业项目社会评价的特点

不同行业及不同类型的项目，社会评价的内容及侧重点明显不同，社会评价报告的编写必须反映项目的特点，比如城市交通项目、城市环境项目、能源项目、农村发展项目、水利项目、自然资源保护项目。

10. 附件、附图及参考文献

社会评价报告应当结合项目的具体情况，在报告正文之后提供有关的附件、附图以及参考文献等。附件可能包括项目建议书、可行性研究报告、项目申请报告等项目前期论证报告及其审核批准的文件，社会评价调查大纲、访谈记录等。可以根据项目情况，提供有关地图、反映当地社会经济特征的图表等资料。参考文献应给出作者、文献名称、出版单位、版次、出版日期等相关信息。

第14章　某新建煤炭项目经济评价

专家点评

本案例以某新建煤炭采选项目为背景，完整详细地演示了煤炭行业项目财务分析的全部过程。

(1)按照《建设项目经济评价方法与参数》(第三版)，引用国家和煤炭行业有关现行财税规定，以之为据，全面进行了投资费用、经营费用、营业收入等费用和效益的估算。

(2)进行了较全面的财务分析，包括赢利能力分析、偿债能力分析、财务生存能力分析，盈亏平衡分析、敏感性分析、临界点分析和风险分析。财务分析报表与辅助报表翔实。

(3)按照《建设项目经济评价方法与参数》(第三版)成本估算的原理和要求，结合煤炭行业成本要素构成编制"总成本费用表"，突出了煤炭行业成本估算的特点。

(4)根据国家有关规定，探索了将采矿权价款纳入项目评价的范围，提出在经济评价中采矿权价款"建设期支付的计入建设投资，生产期支付的计入生产运营投资"的处理方法；探索了安全费用在经济评价中的"三七开"分配使用的原则，提出使用安全费用进行安全生产投入所形成资产"即提即用、当期形成固定资产"的处理方法。

(5)利用同行业上市公司的资料，尝试估计煤炭行业的风险系数和资本金的期望收益率，并依此估算项目的资金成本，作为本项目财务分析的基准收益率。

(6)分析了项目可能面临的风险，按照各类风险造成的影响和发生的可能性，尝试利用矩阵表述方式进行风险分析。

14.1　概述

14.1.1　项目概况

本项目为新建矿井及选煤厂工程，由国内A，B两投资方组建的项目公司建设和经营，是本项目的财务分析主体。

井田位于内蒙古西部地区，东西长10.38 km，南北宽4.06 km，井田面积42.14 km^2，煤炭资源储量906.57 Mt，可采储量519.67 Mt，煤种为中灰、低硫、中高热值的长焰煤，煤层顶板以黏土岩、砂质泥岩为主，局部为粗砂岩，低瓦斯，水文地质条件简单，矿井正常涌水量138 m^3/h，最大涌水量190 m^3/h。

经过方案比选后，设计推荐矿井采用斜井开拓方式，布置一个采区一个引进综采设备工作面，井下主运输采用胶带输送机，辅助运输采用无轨胶轮车。选煤厂采用适应性强、分选精度高、自动化程度高、经济效益佳、维护管理方便的重介浅槽分选方法。煤炭产品通过铁路外运销售。

矿井及选煤厂设计生产能力均为6.00 Mt/年。矿井建设准备期6个月，施工工期24个月,项目拟于2006年1月开始准备,2006年7月开工建设,2008年7月建成投产,投产当年生产原煤2.50 Mt,2009年及以后达到设计生产能力,生产原煤6.00 Mt。选煤厂与矿井同步建成。矿井劳动定员523人,选煤厂劳动定员84人。选煤厂产品方案为末煤[粒级25(13)—0 mm、Ad = 23.30%、Q = 4 713.18 kcal/kg]和混煤(粒级50—0 mm、Ad = 13.46%、Q = 5 508.8 kcal/kg)两种产品。

14.1.2 编制依据

本经济评价的编制依据为项目可行性研究报告推荐的技术方案、产品方案、建设条件、建设工期、《建设项目经济评价方法与参数》(第三版)及国家现行财税政策、会计制度与相关法规。

14.1.3 计算期

计算期包括建设期和生产经营期,根据项目实施计划建设期确定为2.5年,生产运营期确定为20.5年,则项目计算期为23年。

14.1.4 目标市场及产品售价

末煤产品经铁路运往附近配套建设的电厂做发电燃料,混煤产品经铁路外运到华东地区销售。

根据当地电煤售价水平及混煤目标市场的煤炭供需情况确定的煤炭产品坑口价为:末煤103.69元/t,混煤137.72元/t。

14.1.5 产销计划

投产后各年最终产品产量根据矿井原煤产量和选煤产品回收率确定。投产第1年末煤产量1.072 Mt,混煤产量0.980 8 Mt;达产后年份末煤产品3.137 3 Mt,混煤产品2.353 9 Mt。

产品产销率按100%考虑。

14.2 费用与效益估算

14.2.1 投资估算

1. 建设投资

1)投资范围

投资范围包括矿井及选煤厂从筹建至达到设计生产能力时,按设计规定的全部井巷工程、土建工程、设备及工器具购置、安装工程、工程建设其他费用的投资以及预备费。

2)投资划分

根据煤炭建设项目的特点和有关规定,井下工程均划归矿井,地面工程从井筒胶带输送机以下至产品装车的全部工艺系统划归选煤厂,矸石系统、铁路专用线及其余地面工程划归矿井,公共建筑全部划归矿井,土地征用费按矿井、选煤厂各自的占地面积分别计算。

3)编制依据

按照煤炭行业现行概算指标(定额)、综合预算定额和配套的取费标准及投资估算编制办法。

4)价格基年

价格基年为2005年。

5)采矿权价款

本项目经过评估确认的需缴纳的采矿权价款为60 000万元,根据《探矿权采矿权使用费和价款管理办法》(1999年6月7日财政部、国土资源部财综字〔1997〕74号)规定,采矿权价款分6年平均缴纳。由于本项目建设期30个月(含准备期6个月),项目建成投产后尚需3年才能缴清,所以投产后3年需要缴纳的采矿权价款不计入项目建设投资,计入生产运营期投资以自有资金支付,自有资金不足以支付时,用短期借款支付。计入建设投资的采矿权价款为30 000万元。

建设投资估算总额为125 317万元,其中矿井106 651万元,选煤厂18 666万元。项目建设投资构成见表14-1、附表14-H"财务分析辅助报表1"和附表14-I"财务分析辅助报表2"。

表14-1 建设投资汇总

万元

序号	费用名称	估算价值			吨煤投资/(元/t)	占总投资比重/%
		矿井	选煤厂	合计		
1	井巷工程	12 983	—	12 983	21.64	10.36
2	土建工程	10 508	7 846	18 354	30.59	14.65
3	设备及工器具购置	28 401	4 868	33 269	55.45	26.55
4	安装工程	6 092	1 541	7 633	12.72	6.09
5	工程建设其他费用	39 849	3 028	42 877	71.46	34.21
	小计	97 833	17 283	115 116	191.86	91.86
6	工程预备费	8 818	1 383	10 201	17.00	8.14
	合计	106 651	18 666	125 317	208.86	100.00
	吨煤投资/(元/t)	177.75	31.11	208.86	—	—
	占总投资比重/%	85.10	14.90	100.00	—	—

2. 建设期利息

本项目债务资金拟使用银行贷款,借款年利率按照2006年4月28日中国人民银行的规定,名义年利率按6.39%计取,每年计息4次,有效年利率为6.54%。建设期利息为5 324万元。

3. 流动资金

流动资金采用分项详细估算法估算,矿井及选煤厂投产第一年流动资金需要量为4 539万元,达到设计生产能力后流动资金需要量为10 155万元。

逐年流动资金占用量见附表14-J"财务分析辅助报表3"。

4. 总投资

项目总投资为140 796万元,其中建设投资为125 317万元,建设期贷款利息为5 324万元,流动资金为10 155万元。

14.2.2 形成资产

1. 固定资产

井巷工程、土建工程、设备及工器具购置和安装工程全部形成固定资产,工程建设其他费用中的土地征用及迁移补偿费、耕地占用税、建设单位管理费、工程监理费、勘察设计费、研究试验费、可行性研究费、联合试运转费、办公及生活家具购置费、生产工器具及生产家具购置费、维修费、绿化费、引进技术和进口设备其他费、补充勘探费、财务费等转入固定资产,分摊计入交付使用资产的价值。

2. 无形资产

根据《财政部关于印发企业和地质勘察单位探矿权采矿权会计处理规定的通知》(1999.11.11)的规定,企业通过交纳采矿权价款取得由国家出资形成的采矿权,按规定应交纳的采矿权价款,应作为无形资产核算。因此,项目法人以支付货币形式取得的以煤炭资源为载体的采矿许可证规定范围内采矿权利所支付的采矿权价款计入无形资产。

3. 其他资产

工程建设其他费用中除计入固定资产和无形资产以外的费用均计入其他资产。

4. 工程预备费与建设期利息

工程预备费按其计取基数平均摊入相应资产价值,建设期利息全部计入固定资产价值。

本项目固定资产原值为100 367万元(井巷工程19 106万元,地面建、构筑物25 653万元,机器设备55 608万元),无形资产原值为30 000万元(不含投产以后支付的30 000万元采矿权价款形成的无形资产),其他资产原值为274万元。

项目资产分类见表14-2。

表14-2 资产分类估算 万元

序号	资产分类	合 计	建设期		
			1	2	3
1	固定资产	100 367	22 891	43 082	34 393
1.1	井巷工程	19 106	6 790	7 419	4 897
1.2	地面建、构筑物	25 653	6 556	14 234	4 863
1.3	机器设备	55 608	9 545	21 429	24 634
1.3.1	综采综掘设备	17 248	—	5 982	11 266
1.3.2	一般采掘设备	970	—	—	970
1.3.3	其他设备	37 390	9 545	15 447	12 398
2	无形资产	30 000	10 000	10 000	10 000
3	其他资产	274	—	—	274
合 计		130 641	32 891	53 082	44 668

14.2.3　总成本费用

参照设计规模、开拓方式、选煤工艺、装备水平、劳动生产率及管理水平相类似的邻近生产矿井及选煤厂实际成本,结合本项目的实际情况,估算矿井及选煤厂采、选成本。

1. 材料费

参照邻近类似生产矿井及选煤厂实际成本,结合本项目实际情况估算。

2. 动力费

按照邻近煤矿生产用电单价[0.38 元/(kW·h)],结合本矿井及选煤厂综合电力电耗估算。矿井综合电力电耗为 15.081 kW·h/t,选煤厂综合电力电耗为 1.974 kW·h/t。

3. 工资及福利费

根据邻近生产煤矿年人均工资水平和拟建项目的劳动生产率情况,工资水平按以下确定:

井下工人 49 200 元/(人·年);

地面工人 19 800 元/(人·年);

管理人员 38 520 元/(人·年);

生产服务人员 17 600 元/(人·年);

生活服务人员 14 900 元/(人·年)。

职工福利费,按工资的 14% 计算。

4. 修理费:

采综掘设备大修理提存率按 5% 计算,其他设备大修理提存率按 2.5% 计。

5. 折旧费

按照直线折旧法计算折旧,各类固定资产折旧年限确定如下:地面建、构筑物折旧年限 40 年,综采综掘设备折旧年限 8 年,一般采掘设备折旧年限 10 年,其他设备折旧年限 15 年。计算折旧费时不考虑固定资产残值。

6. 维简费(含井巷工程费)

根据财政部、国家发展和改革委员会、国家煤矿安全监察局财建〔2004〕119 号文件有关规定,本项目所在区域按 9.5 元/t 提取(含井巷工程费 2.5 元/t)。井巷工程费与维简费在成本中单列科目,单列后维简费标准为 7 元/t,其中 50% 计入经营成本。

7. 摊销费

根据《财政部关于印发企业和地质勘察单位探矿权采矿权会计处理规定的通知》(1999.11.11)的规定,采矿权价款形成无形资产后,应在采矿权受益期内分期平均摊销。本矿井采矿权受益期为 30 年,故采矿权价款按 30 年摊销计算(本项目不存在除采矿权价款之外的其他无形资产)。

参照原煤炭工业部煤规字〔1996〕第 501 号文件的有关规定,其他资产按 10 年摊销。

8. 地面塌陷赔偿费

参照邻近生产矿井地面塌陷赔偿费实际发生数额,结合本项目具体情况,按 0.2 元/t 估算。

9. 安全费用

根据财政部、国家发展和改革委员会、国家安全生产监督管理总局、国家煤矿安全监察局财建〔2005〕168 号文件的有关规定按 5 元/t 计取，专户储存，专款专用。根据安全费用的使用范畴，并通过了解生产矿井安全费用的实际使用情况，按照 30% 进入经营成本考虑。

10. 其他支出

其他支出系指制造费用、管理费用中属于其他支出的费用，包括各种保险费、工会经费与职工教育经费、矿产资源补偿费、采矿权使用费和咨询费、审计费、排污费、办公费、招待费、取暖费、技术开发费、税金、消防费、绿化费、汇兑净损失、班中餐等其他费用。本项费用参照邻近和国内类似生产矿井及选煤厂实际成本资料和相关规定估算。构成如下。

1）劳动保险费等费用

根据《矿井原煤成本计算办法》（采矿设计手册），劳动保险费、待业保险费、工会经费与职工教育经费按成本工资的 27.6% 计算，为 1.00 元/t。

2）矿产资源补偿费

根据《矿井原煤成本计算办法》（采矿设计手册），按销售收入的 1% 计算，为 1.08 元/t。

3）采矿权使用费

按财政部、国土资源部财综字〔1997〕74 号文件规定，采矿权使用费按矿区范围面积逐年缴纳，每平方公里每年 1 000 元。据此计算，采矿权使用费为 0.01 元/t。

4）其他费用

参照邻近和国内类似生产矿井实际成本资料估算，为 15.61 元/t。

11. 财务费用

财务费用包括建设投资借款在生产期间发生的应计入当期损益的利息、流动资金借款利息和其他短期借款利息。

项目达产当年总成本费用为 53 193 万元，单位成本 88.67 元/t，年经营成本为 34 810 万元，单位经营成本 58.02 元/t。偿清长期借款后年总成本费用为 48 182 万元，单位成本 80.30 元/t。

逐年总成本费用估算见附表 14-M“财务分析辅助报表 6”。

14.2.4 销售收入和税金

1. 市场分析

近年来，国内煤炭市场在我国 GDP 高速增长、电力用煤和钢铁用煤等需求大幅增加的背景下出现了煤炭需求量增大、煤炭价格持续大幅上涨的态势，主要原因是动力煤特别是电煤需求增长的强劲拉动。据预测，电力工业用煤 2010 年、2020 年将分别达到 17 亿 t 和 18 亿 t 左右，占全国煤炭消费量的近 70%，因此，未来电力工业用煤仍然是拉动国内煤炭消费增长的主要因素。富煤、贫油、少气的能源资源特点和所处的自主的经济发展阶段，决定了未来相当长的时期内煤炭仍是我国的主要能源。随着我国煤炭资源开发力度的加大，未来煤炭市场将会保持供求基本平衡、适度偏紧的局面，煤炭市场格局及原油及成品油价格的飙升，决定了未来煤炭价格将稳定在较高价位，并呈小幅上扬趋势。

2. 销售收入

本井田煤种为长焰煤，商品煤品种为末煤和混煤，根据产品方案，项目达产后年产末煤 3.137 3 Mt，年产混煤 2.353 9 Mt，末煤经铁路运往附近配套建设的电厂做发电燃料，混煤经铁路外运到华东地区销售。

根据当地电煤售价水平、混煤目标市场的煤炭供需情况及对未来煤炭市场需求的预测，结合本项目煤炭产品质量指标(发热量)情况，确定本项目煤炭产品售价。

按2005年当地电煤平均售价水平折算到本项目坑口价格为0.022元/1 000 kcal，项目产出品末煤的发热量为4 713.18 kcal/kg，以此计算末煤坑口售价为103.69元/t；华东某地区2005年混煤平均售价水平折算到本项目坑口价格(扣除运费与杂费)为0.025元/1 000 kcal，项目产出品混煤的发热量为5 508.8 kcal/kg，以此计算混煤坑口售价为137.72元/t。

项目达产后年销售收入为64 949万元。

3. 税金

1)增值税

根据《中华人民共和国增值税暂行条例》(国务院令第134号)、《中华人民共和国增值税暂行条例实施细则》(财政部1993年12月25日)、《关于调整金属矿、非金属矿采选产品增值税税率的通知》(财税字〔1994〕第022号)的有关规定，销项税按销售收入的13%计取，进项税按成本中应扣税部分(材料费、电力、80%修理费)的17%计取。

2)城市维护建设税与教育费附加

城市维护建设税按增值税税额的5%计取，教育费附加按增值税税额的3%计取。

3)资源税

资源税按照财政部、国家税务总局财税〔2004〕187号文件规定，按原煤产量以2.3元/t缴纳。

逐年销售收入及税金估算见附表14-L"财务分析辅助报表5"。

14.2.5　营业外净支出

参照类似项目实际情况，营业外收入与支出相抵后的净支出部分按原煤产量以1元/t估算。

14.3　资金筹措

14.3.1　项目资本金

根据资金筹措方案，建设投资中资本金占37%，流动资金中资本金(铺底流动资金)占30%。资本金总额为49 415万元，占总投资的35.10%，占建设投资、建设期利息和铺底流动资金的36.96%，满足《国务院关于固定资产投资项目试行资本金制度的通知》(国发〔1996〕35号)的要求。

14.3.2　债务资金

建设投资中债务资金占63%，流动资金中债务资金占70%，债务资金总额为91 381万元。

14.3.3　股权比例

项目资本金由A，B两公司按照6:4的比例出资，故A，B两公司的股权比例为6:4。

14.3.4 筹措计划

1. 建设投资

按照工程进度计划安排各年建设投资使用量,各年度建设投资中的资本金和债务资金等比例同步筹措。

2. 流动资金

流动资金从投产第一年开始安排,各年的资本金和债务资金比例均为3:7。

14.4 资金成本

14.4.1 债务资金成本

债务资金成本包括建设期利息和在融资过程中发生的手续费、承诺费、管理费、信贷保险费等融资费用。本项目债务资金筹资费用率0.2%,实际筹得资金额与名义借贷资金额的比例100%,建设期贷款利率6.54%,借款偿还期10年,则所得税后债务资金成本为4.39%。

14.4.2 资本金成本(权益资金成本)

资本金成本按照资本资产定价模型计算。社会无风险投资收益率参照长期国债利率的平均值取3.3%,社会平均投资收益率取8%,投资风险系数参照可比煤炭上市公司的平均值取1,则资本金成本为8%。

14.4.3 加权平均资金成本

总投资中资本金占35.10%,债务资金占64.90%,则所得税前加权平均资金成本为9.98%,所得税后加权平均资金成本为6.69%。

综上所述,当所得税前项目投资财务内部收益率大于9.98%,所得税后项目投资财务内部收益率大于6.69%,项目资本金财务内部收益率大于8%时,项目即可被接受。

14.5 基准收益率的确定

项目投资“财务现金流量表”是融资前财务分析报表,就是通常所说的全部投资都认为是自有资金(资本金)。如此,则可将资本金成本作为所得税前项目投资财务基准收益率。根据基准收益率是投资人对项目的期望收益率的含义,如果将可比煤炭上市公司的净资产收益率作为投资人对项目的期望收益率,则可比煤炭上市公司的净资产收益率可作为本项目资本金财务基准收益率,亦即项目资本金成本,因此,所得税前项目投资财务基准收益率可与项目资本金财务基准收益率相同。

本项目按照资本资产定价模型计算的资本金成本为8%,则项目资本金财务基准收益率和所得税前项目投资财务基准收益率可取8%;按近5年具有代表性的5家煤炭上市公司净资产收益率平均值计算的资本金成本为10.93%(见表14-3),则项目资本金财务基准收益率和所得税前项目投资财务基准收益率可确定为10.93%,两者平均为9.47%。

表14-3 煤炭上市公司净资产收益率统计 %

序号	证券代码	股票名称	2005年	2004年	2003年	2002年	2001年	5年平均值
1	000983	西山煤电	21.14	16.47	9.04	—	—	—
2	600121	郑州煤电	16.42	10.23	6.13	6.16	6.22	—
3	600188	兖州煤业	14.56	17.75	10.03	10.07	8.84	—
4	600395	盘江股份	5.93	6.01	5.92	5.57	7.59	—
5	600508	上海能源	19.41	19.35	10.58	11.54	11.50	—
年平均			15.49	13.96	8.34	8.34	8.54	10.93

结合上述分析结果,本项目资本金财务基准收益率和所得税前项目投资财务基准收益率设定为10%。

鉴于本项目所得税后加权资金成本为6.69%,为此设定所得税后项目投资财务基准收益率为7%。

14.6 资金来源与保障

债务资金来自银行借款,项目资本金来自项目公司A,B两股东的直接投资。

股东A成立于2004年初,是一家国有大型煤炭企业集团,总投资近100亿元,职工总数近10万人,拥有较强的科技力量和先进的生产设备,2005年集团公司煤炭产量达到50 Mt以上,企业综合实力雄厚,财务状况良好,具有较强的出资能力和融资能力。股东B为创建于1993年的某投资有限公司,是一家以房地产和基础设施投资为主,实行多元化经营的综合性企业集团。集团公司成立以来,投资领域涉及高速公路、桥梁、水电站等大型基础设施项目,投资业绩良好。股东A,B均能够保证所出资金的持续稳定供应。

在项目经济效益和偿债能力的支持下,项目能够取得银行的贷款支持,项目资金来源是可靠的。

14.7 财务分析

14.7.1 有关数据说明

1. 安全生产投入

安全费用的30%进入经营成本的相关费用,70%以购置固定资产的形式投入,由于资金投入的时间受矿井安全生产状况制约,存在预防性与随机性,难以事先做出准确的计划安排,因此,为保障矿井安全投入资金的充足供应,并使经济评价结论稳妥可靠,用于购置固定资产的安全费用采取"即提即用、当期形成固定资产"的方式处理,以"安全生产投入"科目计入现金流出。

2. 所得税

根据《中华人民共和国企业所得税暂行条例》(国务院令第137号)规定,所得税按应纳税所得额的33%计取。

3. 法定盈余公积

按税后净利润的10%提取法定盈余公积,累计盈余公积达到注册资本的50%(10 000

万元)时不再提取。

4. 利润分配

可供分配利润按弥补以前年度亏损、提取法定盈余公积、向投资方分配的顺序进行分配。还款资金短缺时,当期可供投资者分配的利润先用于偿还借款,剩余部分按照投资方A,B各自的股权比例分配。

14.7.2 赢利能力分析

1. 融资前分析

项目达到6.00 Mt原煤产量时年销售收入64 949万元,年上缴销售税金及附加1 807万元,年上缴增值税5 346万元。

各项融资前赢利能力分析指标见表14-4。

表14-4 融资前赢利能力分析指标

序号	指 标 名 称	单位	指 标
1	所得税后项目投资财务内部收益率	—	10.56%
2	所得税前项目投资财务内部收益率	—	13.87%
3	所得税后项目投资财务净现值(i_c=7%)	万元	43 388
4	所得税前项目投资财务净现值(i_c=10%)	万元	37 314
5	所得税后项目投资回收期	年	11.17
6	所得税前项目投资回收期	年	8.99

所得税后项目投资财务内部收益率10.56%,大于设定基准收益率7%,所得税前项目投资财务内部收益率13.87%,大于设定基准收益率10%,项目在财务上可以被接收。

2. 融资后分析

根据拟定的融资方案,项目生产期内年平均利润总额12 661万元,年平均净利润8 215万元,投资者年平均分得利润7 738万元。

各项融资后赢利能力分析指标见表14-5。

项目资本金财务内部收益率13.65%,投资各方财务内部收益率12.86%(由于A,B两投资方的利润分配比例同股权比例,故A,B两投资方的财务内部收益率相同,均为12.86%),大于设定基准收益率10%,因此,无论从项目资本金投入可获得的收益水平,还是从投资各方所获得的投资收益上看,项目都是可以被接受的。

表14-5 融资后赢利能力分析指标

序号	指 标 名 称	指 标/%
1	项目资本金财务内部收益率	13.65
2	投资各方财务内部收益率	12.86
3	总投资收益率	10.13
4	项目资本金净利润率	16.62

14.7.3　偿债能力分析

建设投资借款在项目达产后的10年内，按照“等额偿还本金、利息照付”的方式清偿，流动资金借款、其他短期借款在借入使用后的第2年偿还（使用一年期贷款）。按2006年4月28日中国人民银行规定，流动资金借款和其他短期借款名义年利率为5.85%，每年计息4次，有效年利率为5.98%。

通过计算，项目综合利息备付率4.24，综合偿债备付率1.73。借款偿还期内各年利息备付率均大于2，并随借款本金的偿还而逐年上升，借款偿还期末利息备付率达15.13，项目利息保证程度较高。借款偿还期内除前3年由于需要支付采矿权价款而使偿债备付率小于1外，其余各年偿债备付率均大于1。

计算期内资产负债率最高为64.35%，并随着长期借款的偿还而逐年下降，偿清借款后年份均在10%以下。

各年利息备付率与偿债备付率见附表14-G“财务分析报表7”，各年资产负债率见附表14-F“财务分析报表6”。

14.7.4　财务生存能力分析

财务计划现金流量表见附表14-E“财务分析报表5”。

1. 资金平衡

当期出现还款资金短缺时，先动用以前年度累计盈余资金，累计盈余资金不足时，动用当期可供投资者分配的利润，再不足时，通过借用银行短期贷款解决。

2. 财务生存能力分析

根据附表14-E的“财务计划现金流量表”可以看出，计算期内各年经营活动现金流入均大于现金流出。从经营活动、投资活动和筹资活动全部净现金流量看，除第5、第6两年由于支付采矿权价款而需要借用短期借款，第4、第17、第18年需要调剂使用累计盈余资金弥补当期净现金流量不足外，计算期内其余各年现金流入均大于现金流出。因此，项目具备财务生存能力。

14.8　不确定性分析和风险分析

14.8.1　不确定性分析

1. 盈亏平衡分析

偿清长期借款后用生产能力利用率表现的盈亏平衡点为65.69%（用产量表现的盈亏平衡点为3.94 Mt），小于70%，表明项目对产出品数量变化适应能力和风险能力较强。盈亏平衡图如图14-1所示。

2. 敏感性分析

销售价格、产量、经营成本、建设投资等数据来源于预测，存有变化的可能，具有一定的不确定性，其发生变化对所得税后项目投资财务内部收益率的影响程度见表14-6，敏感度系数见表14-7，敏感性临界点见表14-8。

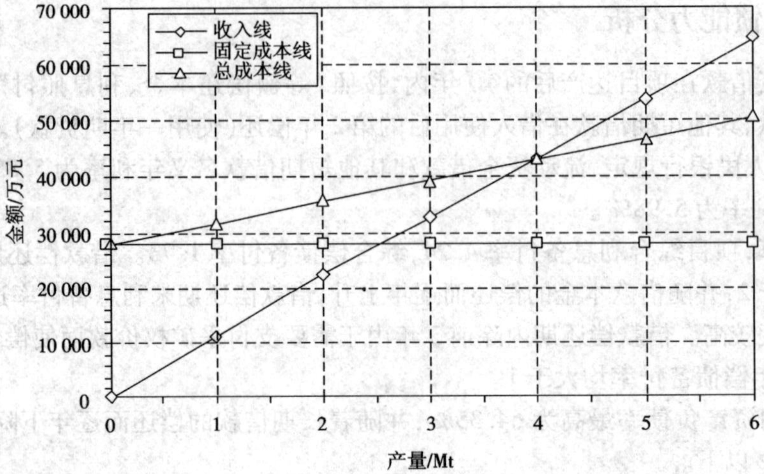

图 14-1　盈亏平衡

表 14-6　所得税后项目投资财务内部收益率敏感性分析　%

序号	变化因素	变动幅度						
		−30%	−20%	−10%	基本方案	+10%	+20%	+30%
1	建设投资	14.98	13.62	12.04	10.56	9.31	8.23	7.28
2	经营成本	15.72	14.04	12.32	10.56	8.76	6.93	5.05
3	售价	0.39	4.06	7.43	10.56	13.51	16.33	19.03
4	产量	6.11	7.66	9.14	10.56	11.93	13.25	14.53

表 14-7　敏感度系数

变动趋势	变动区间	变动因素			
		建设投资	经营成本	售价	产量
增加	0 ~ +10%	−1.189 0	−1.701 2	+2.796 8	+1.296 1
	+10% ~ +20%	−1.160 6	−2.095 4	+2.083 1	+1.108 8
	+20% ~ +30%	−1.145 5	−2.717 2	+1.655 7	+0.967 3
	0 ~ +30%平均	−1.034 6	−1.740 9	+2.674 2	+1.254 2
减少	0 ~ −10%	+1.401 3	+1.666 2	−2.967 0	−1.345 7
	−10% ~ −20%	+1.309 8	+1.395 4	−4.532 0	−1.617 9
	−20% ~ −30%	+0.838 3	+1.197 7	−9.043 3	−2.019 0
	0 ~ −30%平均	+1.393 7	+1.628 8	−3.210 7	−1.403 5

表 14-8　敏感性临界点

序号	指标名称		单位	临界点数值	
				增加	减少
1	建设投资	相对变化率	—	+32.59%	
		相对变化数额	万元	+40 843	
		变化后的数额	万元	166 160	
2	经营成本	相对变化率	—	+19.37%	
		相对变化数额	元/t	+11.24	
		变化后的数额	元/t	69.26	
3	售价	相对变化率	—		-10.50%
		相对变化数额	元/t		-12.42
		变化后的数额	元/t		105.86
4	产量	相对变化率	—		-24.03%
		相对变化数额	Mt		-1.44
		变化后的数额	Mt		4.56

从表 14-6 和表 14-7 中可以看出，各不确定性因素中，产品销售价格的上下波动对指标的影响最大，售价上升时，敏感度系数平均为 +2.674 2，售价降低时，敏感度系数平均为 -3.210 7。对指标影响最小的因素是建设投资。

从表 14 - 8 中可以看出，建设投资增加 32.59%、经营成本增加 19.37%、售价减少 10.50% 或产量减少 24.03% 时，所得税后项目投资财务内部收益率刚好等于设定基准收益率 7%，相应数值则为各因素变化的敏感性临界点。

敏感性分析图如图 14-2 所示。

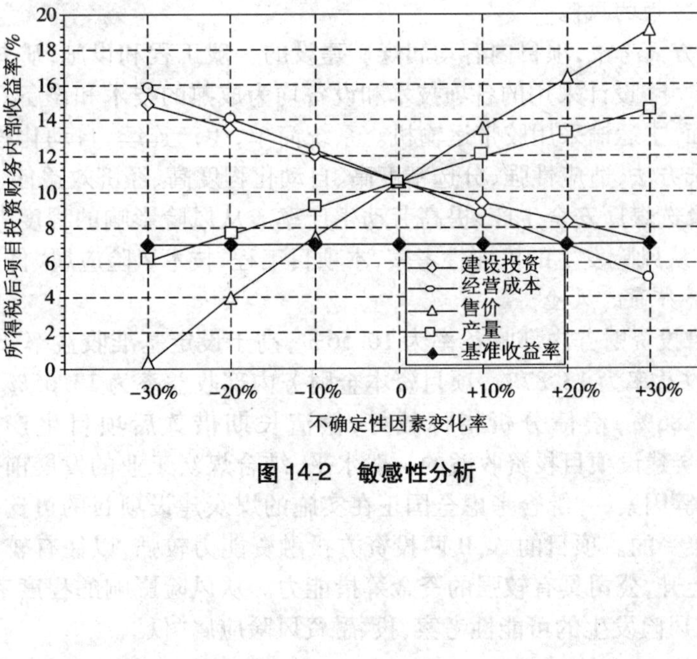

图 14-2　敏感性分析

14.8.2 风险分析

1. 主要风险因素识别与风险等级判断

煤矿建设项目具有一次性和固定性的特点，一旦建成，难于更改，为避免各种风险给项目带来损失，在投资决策过程中，准确地识别风险因素并判断风险等级十分必要。

1）资源方面的风险

对资源开发类项目而言，资源不可靠和资源条件差会给项目带来很大的损失，因此，从风险影响的程度考虑，应属“严重”。

本井田储量可靠，开采的煤层赋存稳定，构造简单，倾角较小，瓦斯低，水文地质条件简单。井田内煤层赋存条件及地质条件表明，煤层开采条件比较优越，生产能力高，本项目从风险发生的可能性考察，应属“低”。

2）市场方面的风险

市场风险主要表现在煤炭产品销路不畅、价格低迷等，从而导致产量和销售收入达不到预期目标。这主要来自三个方面：①实际供求总量与预测值有偏差；②项目产品缺乏市场竞争能力；③实际价格与预测价格的偏差。市场风险是竞争性项目经常遇到的重要风险，从风险影响的程度考虑，应属“较大”。

本矿井主采煤层为中灰、低硫、高热值的长焰煤，系良好的动力用煤，产品定位为发电用煤，配套建设的电厂可消耗其产量的近60%，其余产品已与华东地区3个燃煤电厂签订了供煤意向协议，用户可靠。另一方面，目前国内煤炭市场供不应求，价格走高，未来一段时期，预计煤炭产品仍将处在供不应求的市场环境中。煤炭是不可再生能源，随着煤炭资源的减少、开采难度的加大和电煤市场需求的不断增长，预计我国煤炭紧缺状况将持续较长时间。本矿井利用优越的煤层资源条件，采用先进设备，实现高产高效，可有效降低生产成本，辅以现代化选煤厂的建设，可有效提高煤炭产品质量，增强产品在市场上的竞争力，因此，本项目市场风险发生的可能性应属“低”。

3）工程、技术方面的风险

从工程、技术方面考察，项目内容均属煤矿建设的一般工程和设施，矿井及选煤厂设计生产能力6.00 Mt/年，设计采用的各项技术和设备均为成熟的技术和设备。矿井布置一个综采放顶煤工作面，主运输采用胶带运输机。系统简单，生产连续，自动化程度高。选煤厂采用重介浅槽分选方法，适应性强、分选精度高、自动化程度高、经济效益佳、维护管理方便，可有效保障矿井及选煤厂安全生产，提高劳动生产率。从风险影响的程度考虑，工程、技术风险应属“适度”，从风险发生的可能性考察，本项目工程、技术风险应属“低”。

4）投资及融资方面的风险

所得税后项目投资财务内部收益率为10.56%，高于设定基准收益率7%，所得税前项目投资财务内部收益率为13.87%，项目资本金财务内部收益率为13.65%，投资各方财务内部收益率为12.86%，偿债分析指标较好，偿清长期借款后项目生产能力利用率为65.69%。根据煤炭建设项目投资收益的一般水平，结合煤炭工业的发展前景、煤炭市场走势、项目建设条件等因素，并综合考虑全国正在实施的煤炭建设项目的可比因素，该项目从财务上是可以被接受的。项目的A，B两投资方投融资能力较强，以往有较好的投资业绩，近年来利润逐年上升，公司具有较强的资金筹措能力。从风险影响的程度考虑，投、融资风险应属“适度”，从风险发生的可能性考察，投、融资风险应属“低”。

5) 建设条件的风险

建设条件不落实,会给项目造成很大的损失,从风险影响的程度来看,应属“严重”。

本项目厂址紧邻省级公路,通过省级公路与国道相连,铁路专用线与国铁连通,为煤炭产品的外运和原材料的进场创造了良好的条件。电源一回引自项目附近的 110 kV 变电站,另一回引自配套建设的电厂,电源可靠。施工期间电源可用当地农电解决。项目水源为附近水库,批准的取水配额可满足项目运营需要。从风险发生的可能性角度考虑,应属“低”。

6) 外部环境的风险

外部环境风险因素主要包括自然环境、经济环境和社会环境等因素。项目所在地自然环境较差,风沙较大,冬季漫长,但当地煤炭大规模开发已有十多年历史,劳动力资源丰富,技术人才可采取从东部老矿区引入和接受高校毕业生的办法解决。通过十几年的发展,煤炭已经成为当地的支柱产业,在地方经济发展中起着重要作用,新矿井的建设,符合地方经济和社会发展规划的要求和产业政策,项目实施没有障碍。从风险影响的程度考虑,外部环境风险应属“适度”,从风险发生的可能性考察,外部环境风险也应属“适度”。

根据《建设项目经济评价方法与参数》(第三版)的分类法,以上各个风险因素分类结果见表 14-9。

表 14-9 结合风险等级分类

风险等级		风险影响的程度			
		严重	较大	适度	轻微
风险的可能性	高				
	较高				
	适度			6)	
	低	1)、5)	2)	3)、4)	

2. 防范与降低风险的对策

根据对本项目风险因素的识别与风险等级的判断,项目存在的风险均为 T 级和 R 级风险,不存在 K 级和 M 级风险,且无论是 T 级风险还是 R 级风险,其发生的可能性均为“低”或“适度”,对项目构成威胁的机会较小。对于 T 级风险和 R 级风险,只要足够重视并采取一定措施和投入相应的资金就可以化解。因此,在项目实施过程中和实施完成以后,项目公司应时刻关注与项目相关的风险因素,尽量规避风险的发生,一旦风险发生,应及时采取措施,将风险带来的损失降低到最小限度。

3. 概率分析

设定该项目投资不变,预测计算期内产品销售价格、经营成本可能发生变化的概率分布,对项目进行概率分析。概率分析图如图 14-3 所示。

通过概率分析可知,根据预测的概率分布,该项目销售收入及经营成本在 ±20% 变化时,所得税后项目投资财务净现值大于或等于 0 的概率为 0.75,净现值的期望值为 38 838 万元。累计概率见表 14-10 及如图 14-4 所示。

表 14-10 累计概率

净现值/万元	概率	累计概率
-77 557	0.075	0.075

续表

净现值/万元	概率	累计概率
−33 304	0.125	0.200
−864	0.150	0.350
10 344	0.050	0.400
43 388	0.250	0.650
75 812	0.075	0.025
87 036	0.100	0.825
120 064	0.125	0.950
163 712	0.050	1.000

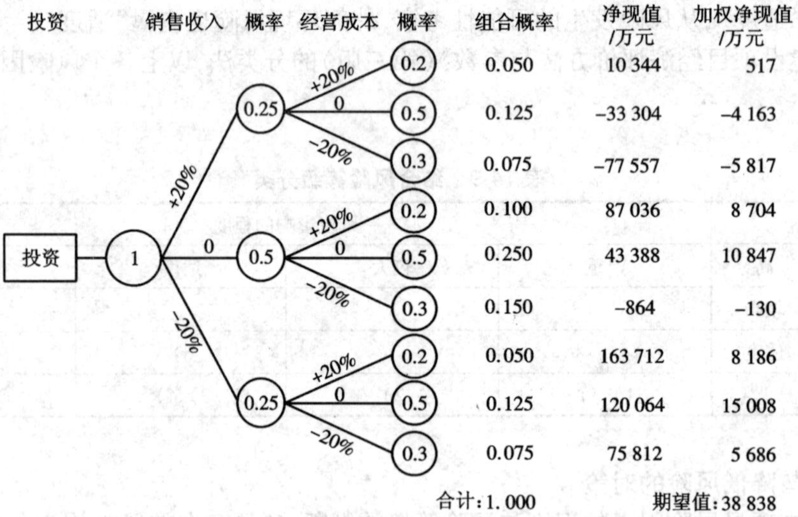

图 14-3 概率分析

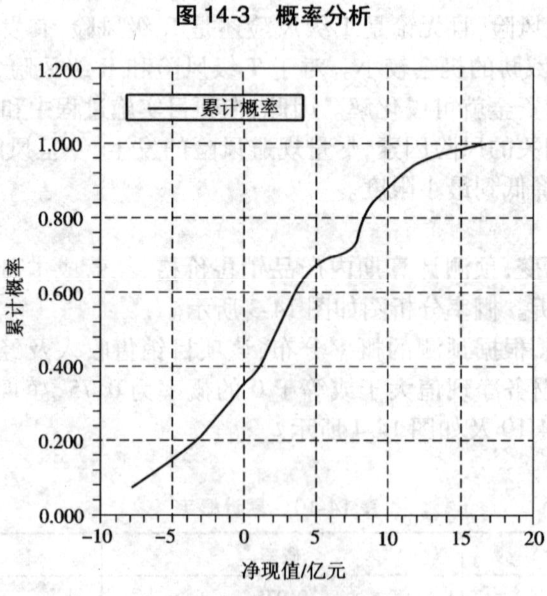

图 14-4 累计概率

14.9　评价结论

本项目所得税后项目投资财务内部收益率为10.56%，高于设定基准收益率7%，所得税前项目投资财务内部收益率12.86%，大于设定基准收益率10%，偿债分析指标较好，偿债能力较强，易于取得贷款机构的贷款支持。偿清长期借款后项目生产能力利用率为65.69%，具有较强的抗风险能力。计算期内各年经营活动现金流量均为正数，除第5、第6两年由于支付采矿权价款而需要借用短期借款弥补项目净现金流量不足外，计算期内其余各年均不需借用短期借款，虽然少数年份当期净现金流量为负数，但可通过调剂使用累计盈余资金满足当期现金流量需要，具备财务生存能力。项目存在的风险均为T级风险或R级风险。不存在K级风险和M级风险，根据预测的概率分布，该项目销售收入及经营成本在±20%变化时，所得税后项目投资财务净现值大于或等于0的概率为0.75，净现值的期望值为38 838万元。根据煤炭建设项目投资收益的一般水平，结合煤炭工业的发展前景、煤炭市场走势、项目建设条件等因素，并综合考虑全国正在实施的煤炭建设项目的可比因素，建议投资方应采取积极的投资战略。

本章附表见表14-A～表14-P。

附表 14-A　财务分析报表 1——项目投资现金流量表

万元

序号	项　目	合计	计 算 期										
			1	2	3	4	5	6	7	8	9	10	11
1	现金流入	1 399 592			27 062	64 949	64 949	64 949	64 949	64 949	64 949	64 949	64 949
1.1	销售收入	1 326 042			27 062	64 949	64 949	64 949	64 949	64 949	64 949	64 949	64 949
1.2	回收资产余值	63 395											
1.2.1	回收固定资产余值	42 895											
1.2.2	回收无形资产余值	20 500											
1.3	回收流动资金	10 155											
2	现金流出	1 028 176	32 227	50 667	65 718	54 333	48 717	48 717	38 717	38 717	38 717	44 364	49 248
2.1	建设投资	125 317	32 227	50 667	42 423								
2.2	流动资金	10 155			4 539	5 616							
2.3	经营成本	713 349			17 149	34 810	34 810	34 810	34 810	34 810	34 810	34 810	34 810
2.4	销售税金及附加	36 872			732	1 807	1 807	1 807	1 807	1 807	1 807	1 807	1 807
2.5	支付采矿权价款	30 000				10 000	10 000	10 000					
2.6	固定资产更新投资	69 608										5 647	10 531
2.7	安全生产投入	42 875			875	2 100	2 100	2 100	2 100	2 100	2 100	2 100	2 100
3	所得税前净现金流量	371 416	−32 227	−50 667	−38 656	10 616	16 232	16 232	26 232	26 232	26 232	20 585	15 701
4	累计所得税前净现金流量		−32 227	−82 894	−121 550	−110 934	−94 702	−78 470	−52 238	−26 006	226	20 811	36 512
5	调整所得税	98 818			1 105	5 044	4 934	4 824	4 824	4 824	4 824	4 824	4 846
6	所得税后净现金流量	272 598	−32 227	−50 667	−39 761	5 572	11 298	11 408	21 408	21 408	21 408	15 761	10 855
7	累计所得税后净现金流量		−32 227	−82 894	−122 655	−117 083	−105 785	−94 377	−72 969	−51 561	−30 153	−14 392	−3 537

续表

序号	项目	计算期											
		12	13	14	15	16	17	18	19	20	21	22	23
1	现金流入	64 949	64 949	64 949	64 949	64 949	64 949	64 949	64 949	64 949	64 949	64 949	138 499
1.1	销售收入	64 949	64 949	64 949	64 949	64 949	64 949	64 949	64 949	64 949	64 949	64 949	64 949
1.2	回收资产余值												63 395
1.2.1	回收固定资产余值												42 895
1.2.2	回收无形资产余值												20 500
1.3	回收流动资金												10 155
2	现金流出	38 717	39 624	38 717	38 717	47 985	53 298	55 953	49 248	38 717	38 717	38 717	39 624
2.1	建设投资												
2.2	流动资金												
2.3	经营成本	34 810	34 810	34 810	34 810	34 810	34 810	34 810	34 810	34 810	34 810	34 810	34 810
2.4	销售税金及附加	1 807	1 807	1 807	1 807	1 807	1 807	1 807	1 807	1 807	1 807	1 807	1 807
2.5	支付采矿权价款												
2.6	固定资产更新投资		907			9 268	14 581	17 236	10 531				907
2.7	安全生产投入	2 100	2 100	2 100	2 100	2 100	2 100	2 100	2 100	2 100	2 100	2 100	2 100
3	所得税前净现金流量	26 232	25 325	26 232	26 232	16 964	11 651	8 996	15 701	26 232	26 232	26 232	98 875
4	累计所得税前净现金流量	62 744	88 069	114 301	140 533	157 497	169 148	178 144	193 845	220 077	246 309	272 541	371 416
5	调整所得税	4 868	4 873	4 879	4 879	4 879	4 879	4 902	4 921	4 922	4 922	4 922	4 923
6	所得税后净现金流量	21 364	20 452	21 353	21 353	12 085	6 772	4 094	10 780	21 310	21 310	21 310	93 952
7	累计所得税后净现金流量	17 827	38 279	59 632	80 985	93 070	99 842	103 936	114 716	136 026	157 336	178 646	272 598
计算指标		所得税前： 项目投资财务内部收益率　13.87% 项目投资财务净现值(i_c=10%)　37 314 万元 项目投资回收期　8.99 年						所得税后： 项目投资财务内部收益率　10.56% 项目投资财务净现值(i_c=7%)　43 388 万元 项目投资回收期　11.17 年					

附表 14-B 财务分析报表 2——项目投资现金流量表

万元

序号	项目	合计	计算期										
			1	2	3	4	5	6	7	8	9	10	11
1	现金流入	1 399 592			27 062	64 949	64 949	64 949	64 949	64 949	64 949	64 949	64 949
1.1	销售收入	1 326 042			27 062	64 949	64 949	64 949	64 949	64 949	64 949	64 949	64 949
1.2	回收资产余值	63 395											
1.2.1	回收固定资产余值	42 895											
1.2.2	回收无形资产余值	20 500											
1.3	回收流动资金	10 155											
2	现金流出	1 164 026	11 924	18 747	38 894	67 850	65 686	66 597	57 175	54 468	54 099	59 377	63 914
2.1	项目资本金	49 415	11 924	18 747	17 059	1 685							
2.2	借款本金偿还	94 966				8 427	8 427	9 764	10 675	8 427	8 427	8 427	8 427
2.2.1	建设投资借款本金偿还	84 273				84 273	84 273	84 273	84 273	84 273	84 273	84 273	84 273
2.2.2	流动资金借款本金偿还	7 108											
2.2.3	短期借款本金偿还	3 585						1 377	2 248				
2.3	借款利息支付	41 973			2 946	5 936	5 385	4 914	4 417	3 732	3 181	2 630	2 079
2.3.1	建设投资借款利息支付	33 069			2 756	5 511	4 960	4 409	3 858	3 307	2 756	2 205	1 654
2.3.2	流动资金借款利息支付	8 690			190	425	425	425	425	425	425	425	425
2.3.3	短期借款利息支付	214						80	134				
2.4	经营成本	713 349			17 149	34 810	34 810	34 810	34 810	34 810	34 810	34 810	34 810
2.5	销售税金及附加	36 872		732	1 807	1 807	1 807	1 807	1 807	1 807	1 807	1 807	
2.6	所得税	84 968			133	3 085	3 157	3 202	3 366	3 592	3 774	3 956	4 160
2.7	支付采矿权价款中的自有资金	30 000				10 000	10 000	10 000					
2.8	固定资产更新投资中的自有资金	69 608										5 647	10 531
2.9	安全生产投入中的自有资金	42 875		875	2 100	2 100	2 100	2 100	2 100	2 100	2 100	2 100	
3	净现金流量	235 566	-11 924	-18 747	-11 832	-2 901	-737	-1 648	-7 774	10 481	10 850	5 572	1 035

续表

序号	项目	计算期											
		12	13	14	15	16	17	18	19	20	21	22	23
1	现金流入	64 949	64 949	64 949	64 949	64 949	64 949	64 949	64 949	64 949	64 949	64 949	138 499
1.1	销售收入	64 949	64 949	64 949	64 949	64 949	64 949	64 949	64 949	64 949	64 949	64 949	64 949
1.2	回收资产余值												63 395
1.2.1	回收固定资产余值												42 895
1.2.2	回收无形资产余值												20 500
1.3	回收流动资金												10 155
2	现金流出	53 035	53 581	43 881	43 881	53 149	58 462	61 140	54 454	43 924	43 924	43 924	51 940
2.1	项目资本金												
2.2	借款本金偿还	8 427	8 430										7 108
2.2.1	建设投资借款本金偿还	8 427	8 430										
2.2.2	流动资金借款本金偿还												7 108
2.2.3	短期借款本金偿还												
2.3	借款利息支付	1 527	976	425	425	425	425	425	425	425	425	425	425
2.3.1	建设投资借款利息支付	1 102	551										
2.3.2	流动资金借款利息支付	425	425	425	425	425	425	425	425	425	425	425	425
2.3.3	短期借款利息支付												
2.4	经营成本	34 810	34 810	34 810	34 810	34 810	34 810	34 810	34 810	34 810	34 810	34 810	34 810
2.5	销售税金及附加	1 807	1 807	1 807	1 807	1 807	1 807	1 807	1 807	1 807	1 807	1 807	1 807
2.6	所得税	4 364	4 551	4 739	4 739	4 739	4 739	4 762	4 781	4 782	4 782	4 782	4 783
2.7	支付采矿权价款中的自有资金												
2.8	固定资产更新投资中的自有资金	907		9 268	14 581	17 236	10 531				907		
2.9	安全生产投入中的自有资金	2 100	2 100	2 100	2 100	2 100	2 100	2 100	2 100	2 100	2 100	2 100	2 100
3	净现金流量	11 914	11 368	21 068	21 068	11 800	6 487	3 809	10 495	21 025	21 025	21 025	86 559

计算指标：

项目资本金财务内部收益　13.65%

附表 14-C　财务分析报表 3——投资各方现金流量表

万元

序号	项　目	合计	计　算　期										
			1	2	3	4	5	6	7	8	9	10	11
1	现金流入	276 316			242	2 919			7 174	9 881	10 250	4 972	435
1. 1	实分利润	162 507			242	2 919			7 174	9 881	10 250	4 972	435
1. 2	资产处置收益分配	113 809											
1. 3	租赁费收入												
1. 4	技术转让或使用收入												
1. 5	其他现金流入												
2	现金流出	49 415	11 924	18 747	17 059	1 685							
2. 1	实缴资本	49 415	11 924	18 747	17 059	1 685							
2. 1. 1	用于建设投资	46 368	11 924	18 747	15 697								
2. 1. 2	用于流动资金	3 047			1 362	1 685							
2. 2	租赁资产支出												
2. 3	其他现金流出												
3	净现金流量	226 901	－11 924	－18 747	－16 817	1 234			7 174	9 881	10 250	4 972	435

续表

序号	项目	计算期											
		12	13	14	15	16	17	18	19	20	21	22	23
1	现金流入	11 314	10 768	18 937	8 659	9 126	9 621	9 668	9 707	9 708	9 708	9 708	123 519
1.1	实分利润	11 314	10 768	18 937	8 659	9 126	9 621	9 668	9 707	9 708	9 708	9 708	9 710
1.2	资产处置收益分配												113 809
1.3	租赁费收入												
1.4	技术转让或使用收入												
1.5	其他现金流入												
2	现金流出												
2.1	实缴资本												
2.1.1	用于建设投资												
2.1.2	用于流动资金												
2.2	租赁资产支出												
2.3	其他现金流出												
3	净现金流量	11 314	10 768	18 937	8 659	9 126	9 621	9 668	9 707	9 708	9 708	9 708	123 519

计算指标：

投资各方财务内部收益率　12.86%

附表 14-D 财务分析报表 4——利润与利润分配表

万元

序号	项目	合计	计算期									
			3	4	5	6	7	8	9	10	11	12
1	销售收入	1 326 042	27 062	64 949	64 949	64 949	64 949	64 949	64 949	64 949	64 949	64 949
2	销售税金及附加	36 872	732	1 807	1 807	1 807	1 807	1 807	1 807	1 807	1 807	1 807
3	总成本费用	1 019 445	25 678	53 193	52 976	52 838	52 341	51 656	51 105	50 554	49 936	49 317
4	营业外净支出	12 250	250	600	600	600	600	600	600	600	600	600
5	利润总额	257 475	402	9 349	9 566	9 704	10 201	10 886	11 437	11 988	12 606	13 225
6	弥补以前年度亏损											
7	应纳税所得额	257 475	402	9 349	9 566	9 704	10 201	10 886	11 437	11 988	12 606	13 225
8	所得税	84 968	133	3 085	3 157	3 202	3 366	3 592	3 774	3 956	4 160	4 364
9	净利润	172 507	269	6 264	6 409	6 502	6 835	7 294	7 663	8 032	8 446	8 861
10	期初未分配利润	103 491			2 719	8 487	14 339	13 316	10 000	6 647	8 904	16 070
11	可供分配的利润	275 998	269	6 264	9 128	14 989	21 174	20 610	17 663	14 679	17 350	24 931
12	提取法定盈余公积金	10 000	27	626	641	650	684	729	766	803	845	886
13	可供投资者分配的利润	265 998	242	5 638	8 487	14 339	20 490	19 881	16 987	13 876	16 505	24 045
14	各投资方利润分配	162 507	242	2 919			7 174	9 881	10 250	4 972	435	11 314
	其中:A 投资方	97 504	145	1 751			4 304	5 929	6 150	2 983	261	6 788
	B 投资方	65 003	97	1 168			2 870	3 952	4 100	1 989	174	4 526
15	未分配利润	103 491		2 719	8 487	14 339	13 316	10 000	6 647	8 904	16 070	12 731
16	息税前利润	299 448	3 348	15 285	14 951	14 618	14 618	14 618	14 618	14 618	14 685	14 752
17	息税折旧(含井巷工程费及 50%维简费)摊销前利润	520 696	8 056	25 632	25 632	25 632	25 632	25 632	25 632	25 632	25 632	25 632

续表

序号	项　目	计　算　期										
		13	14	15	16	17	18	19	20	21	22	23
1	销售收入	64 949	64 949	64 949	64 949	64 949	64 949	64 949	64 949	64 949	64 949	64 949
2	销售税金及附加	1 807	1 807	1 807	1 807	1 807	1 807	1 807	1 807	1 807	1 807	1 807
3	总成本费用	48 752	48 182	48 182	48 182	48 182	48 112	48 054	48 052	48 052	48 052	48 049
4	营业外净支出	600	600	600	600	600	600	600	600	600	600	600
5	利润总额	13 790	14 360	14 360	14 360	14 360	14 430	14 488	14 490	14 490	14 490	14 493
6	弥补以前年度亏损											
7	应纳税所得额	13 790	14 360	14 360	14 360	14 360	14 430	14 488	14 490	14 490	14 490	14 493
8	所得税	4 551	4 739	4 739	4 739	4 739	4 762	4 781	4 782	4 782	4 782	4 783
9	净利润	9 239	9 621	9 621	9 621	9 621	9 668	9 707	9 708	9 708	9 708	9 710
10	期初未分配利润	12 731	10 278									
11	可供分配的利润	21 970	19 899	9 621	9 621	9 621	9 668	9 707	9 708	9 708	9 708	9 710
12	提取法定盈余公积金	924	962	962	495							
13	可供投资者分配的利润	21 046	18 937	8 659	9 126	9 621	9 668	9 707	9 708	9 708	9 708	9 710
14	各投资方利润分配	10 768	18 937	8 659	9 126	9 621	9 668	9 707	9 708	9 708	9 708	9 710
	其中:A 投资方	6 461	11 362	5 195	5 476	5 773	5 801	5 824	5 835	5 825	5 825	5 826
	B 投资方	4 307	7 575	3 464	3 650	3 848	3 867	3 883	3 883	3 883	3 883	3 884
15	未分配利润	10 278										
16	息税前利润	14 766	14 785	14 785	14 785	14 785	14 855	14 913	14 915	14 915	14 915	14 918
17	息税折旧(含井巷工程费及50%维简费)摊销前利润	25 632	25 632	25 632	25 632	25 632	25 632	25 632	25 632	25 632	25 632	25 632

附表 14-E　财务分析报表 5——财务计划现金流量表

万元

序号	项　目	合计	计　算　期										
			1	2	3	4	5	6	7	8	9	10	11
1	经营活动净现金流量	478 603			8 798	24 647	24 575	24 530	24 366	24 140	23 958	23 776	23 572
1. 1	现金流入	1 498 420			30 580	73 392	73 392	73 392	73 392	73 392	73 392	73 392	73 392
1. 1. 1	销售收入	1 326 042			27 062	64 949	64 949	64 949	64 949	64 949	64 949	64 949	64 949
1. 1. 2	增值税销项税额	172 378			3 518	8 442	8 442	8 442	8 442	8 442	8 442	8 442	8 442
1. 1. 3	其他流入												
1. 2	现金流入	1 019 817			21 782	48 745	48 817	48 862	49 026	49 252	49 434	49 616	49 820
1. 2. 1	经营成本	713 349			17 149	34 810	34 810	34 810	34 810	34 810	34 810	34 810	34 810
1. 2. 2	营业外净支出	12 250			250	600	600	600	600	600	600	600	600
1. 2. 3	增值税进项税额	63 489			1 549	3 097	3 097	3 097	3 097	3 097	3 097	3 097	3 097
1. 2. 4	销售税金及附加	36 872			732	1 807	1 807	1 807	1 807	1 807	1 807	1 807	1 807
1. 2. 5	增值税	108 889			1 969	5 346	5 346	5 346	5 346	5 346	5 346	5 346	5 346
1. 2. 6	所得税	84 968			133	3 085	3 157	3 202	3 366	3 592	3 774	3 956	4 160
1. 2. 7	其他流出												
2	投资活动净现金流量	－283 279	－32 891	－53 082	－50 082	－17 716	－12 100	－12 100	－2 100	－2 100	－2 100	－7 747	－12 631
2. 1	现金流入												
2. 2	现金流出	283 279	32 891	53 082	50 082	17 716	12 100	12 100	2 100	2 100	2 100	7 747	12 631
2. 2. 1	建设投资	130 641	32 891	53 082	44 668								
2. 2. 2	支付采矿权价款	30 000				10 000	10 000	10 000					

续表

序号	项目	合计	计算期										
			1	2	3	4	5	6	7	8	9	10	11
2.2.3	固定资产更新投资	69 608										5 647	10 531
2.2.4	安全生产投入	42 875			875	2 100	2 100	2 100	2 100	2 100	2 100	2 100	2 100
2.2.5	流动资金	10 155			4 539	5 616							
2.2.6	其他流出												
3	筹资活动净现金流量	-147 957	32 891	53 082	46 019	-11 666	-12 475	-12 430	-22 266	-22 040	-21 858	-16 029	-10 941
3.1	现金流入	144 381	32 891	53 082	49 207	5 616	1 337	2 248					
3.1.1	项目资本金投入	49 415	11 924	18 747	17 079	1 685							
3.1.2	建设投资借款	84 273	20 967	34 335	28 971								
3.1.3	流动资金借款	7 108			3 177	3 931							
3.1.4	债券												
3.1.5	短期借款	3 585					1 337	2 248					
3.1.6	其他流入												
3.2	现金流出	292 338			3 188	17 282	13 812	14 678	22 266	22 040	21 858	16 029	10 941
3.2.1	各种利息支出	41 973			2 946	5 936	5 385	4 914	4 417	3 732	3 181	2 630	2 079
3.2.2	偿还债务本金	87 858				8 427	8 427	9 764	10 675	8 427	8 427	8 427	8 427
3.2.3	应付利润	162 507			242	2 919			7 174	9 881	10 250	4 972	435
3.2.4	其他流出												
4	净现金流量	47 367			4 735	-4 735							
5	累计盈余资金				4 735								

续表

序号	项　目	计　算　期											
		12	13	14	15	16	17	18	19	20	21	22	23
1	经营活动净现金流量	23 368	23 181	22 993	22 993	22 993	22 993	22 970	22 951	22 950	22 950	22 950	22 949
1.1	现金流入	73 392	73 392	73 392	73 392	73 392	73 392	73 392	73 392	73 392	73 392	73 392	73 392
1.1.1	销售收入	64 949	64 949	64 949	64 949	64 949	64 949	64 949	64 949	64 949	64 949	64 949	64 949
1.1.2	增值税销项税额	8 443	8 443	8 443	8 443	8 443	8 443	8 443	8 443	8 443	8 443	8 443	8 443
1.1.3	其他流入												
1.2	现金流出	50 024	50 211	50 399	50 399	50 399	50 399	50 422	50 441	50 442	50 442	50 442	50 443
1.2.1	经营成本	34 810	34 810	34 810	34 810	34 810	34 810	34 810	34 810	34 810	34 810	34 810	34 810
1.2.2	营业外净支出	600	600	600	600	600	600	600	600	600	600	600	600
1.2.3	增值税进项税额	3 097	3 097	3 097	3 097	3 097	3 097	3 097	3 097	3 097	3 097	3 097	3 097
1.2.4	销售税金及附加	1 807	1 807	1 807	1 807	1 807	1 807	1 807	1 807	1 807	1 807	1 807	1 807
1.2.5	增值税	5 346	5 346	5 346	5 346	5 346	5 346	5 346	5 346	5 346	5 346	5 346	5 346
1.2.6	所得税	4 364	4 551	4 739	4 739	4 739	4 739	4 762	4 781	4 782	4 782	4 782	4 783
1.2.7	其他流出												
2	投资活动净现金流量	−2 100	−3 007	−2 100	−2 100	−11 368	−16 681	−19 336	−12 631	−2 100	−2 100	−2 100	−3 007
2.1	现金流入												
2.2	现金流出	2 100	3 007	2 100	2 100	11 368	16 681	19 336	12 631	2 100	2 100	2 100	3 007
2.2.1	建设投资												
2.2.2	支付采矿权价款												
2.2.3	固定资产更新投资		907			9 268	14 581	17 236	10 531				

续表

序号	项目	计算期											
		12	13	14	15	16	17	18	19	20	21	22	23
2.2.4	安全生产投入	2 100	2 100	2 100	2 100	2 100	2 100	2 100	2 100	2 100	2 100	2 100	2 100
2.2.5	流动资金												
2.2.6	其他流出												
3	筹资活动净现金流量	−21 268	−20 174	−19 362	−9 084	−9 551	−10 046	−10 093	−10 132	−10 133	−10 133	−10 133	−10 135
3.1	现金流入												
3.1.1	项目资本金投入												
3.1.2	建设投资借款												
3.1.3	流动资金借款												
3.1.4	债券												
3.1.5	短期借款												
3.1.6	其他流入												
3.2	现金流出	21 268	20 174	19 362	9 084	9 551	10 046	10 093	10 132	10 133	10 133	10 133	10 135
3.2.1	各种利息支出	1 527	976	425	425	425	425	425	425	425	425	425	425
3.2.2	偿还债务本金	8 427	8 430										
3.2.3	应付利润	11 314	10 768	18 937	8 659	9 126	9 621	9 668	9 707	9 708	9 708	9 708	9 710
3.2.4	其他流出												
4	净现金流量			1 531	11 809	2 074	−3 734	−6 459	188	10 717	10 717	10 717	9 807
5	累计盈余资金			1 531	13 340	15 414	11 680	5 221	5 409	16 126	26 843	37 560	47 367

附表 14-F　财务分析报表 6——资产负债表

万元

序号	项　　目	计算期										
		1	2	3	4	5	6	7	8	9	10	11
1	资产	32 891	85 973	136 431	139 414	140 833	141 919	133 005	124 091	115 177	111 910	113 594
1.1	流动资产总额			9 623	10 853	10 853	10 853	10 853	10 853	10 853	10 853	10 853
1.1.1	货币资金			327	676	676	676	676	676	676	676	676
1.1.2	应收账款			2 630	6 312	6 312	6 312	6 312	6 312	6 312	6 312	6 312
1.1.3	预付账款											
1.1.4	存货			1 931	3 865	3 865	3 865	3 865	3 865	3 865	3 865	3 865
1.1.5	累计盈余资金			4 735								
1.2	在建工程	32 891	85 973									
1.3	固定资产净值			97 048	90 161	83 274	76 387	69 500	62 613	55 726	48 839	58 197
1.4	无形及其他资产净值			29 760	38 400	46 706	54 679	52 652	50 625	48 598	46 571	44 544
2	负债及所有者权益	32 891	85 973	136 431	139 414	140 833	141 919	133 005	124 091	115 177	111 910	113 594
2.1	流动负债总额			349	698	2 035	2 946	698	698	698	698	698
2.1.1	短期借款					1 337	2 248					
2.1.2	应付账款			349	698	698	698	698	698	698	698	698
2.1.3	预收账款											
2.1.4	其他											
2.2	建设投资借款	20 967	55 302	84 273	75 846	67 419	58 992	50 565	42 138	33 711	25 284	16 857
2.3	流动资金借款			3 177	7 108	7 108	7 108	7 108	7 108	7 108	7 108	7 108
2.4	负债小计	20 967	55 302	87 799	83 652	76 562	69 046	58 371	49 944	41 517	33 090	24 663
2.5	所有者权益	11 924	30 671	48 632	55 762	64 271	72 873	74 634	74 147	73 660	78 820	88 931
2.5.1	资本金	11 924	30 671	47 730	49 415	49 415	49 415	49 415	49 415	49 415	49 415	49 415
2.5.2	资本公积			875	2 975	5 075	7 175	9 275	11 375	13 475	15 575	17 675
2.5.3	累计盈余公积			27	653	1 294	1 944	2 628	3 357	4 123	4 926	5 771
2.5.4	累计未分配利润				2 719	8 487	14 339	13 316	10 000	6 647	8 904	16 070
	计算指标： 资产负债率/%	63.75	64.32	64.35	60.00	54.36	48.65	43.89	40.25	36.05	29.57	21.71

续表

序号	项　目	计　算　期											
		12	13	14	15	16	17	18	19	20	21	22	23
1	资产	104 814	96 955	89 739	92 801	96 415	100 015	103 615	107 215	110 815	114 415	118 015	121 615
1.1	流动资产总额	10 853	10 853	12 384	24 193	26 267	22 533	16 074	16 262	26 979	37 696	48 413	58 220
1.1.1	货币资金	676	676	676	676	676	676	676	676	676	676	676	676
1.1.2	应收账款	6 312	6 312	6 312	6 312	6 312	6 312	6 312	6 312	6 312	6 312	6 312	6 312
1.1.3	预付账款												
1.1.4	存货	3 865	3 865	3 865	3 865	3 865	3 865	3 865	3 865	3 865	3 865	3 865	3 865
1.1.5	累计盈余资金			1 531	13 340	15 414	11 680	5 221	5 409	16 126	26 843	37 560	47 367
1.2	在建工程					9 268	23 849	5 647					
1.3	固定资产净值	51 444	45 602	38 855	32 108	26 380	21 133	51 394	62 453	57 336	52 219	47 102	42 895
1.4	无形及其他资产净值	42 517	40 500	38 500	36 500	32 500	32 500	30 500	28 500	26 500	24 500	22 500	20 500
2	负债及所有者权益	104 814	96 955	89 739	92 801	96 415	100 015	103 615	107 215	110 815	114 415	118 015	121 615
2.1	流动负债总额	698	698	698	698	698	698	698	698	698	698	698	698
2.1.1	短期借款												
2.1.2	应付账款	698	698	698	698	698	698	698	698	698	698	698	698
2.1.3	预收账款												
2.1.4	其他												
2.2	建设投资借款	8 430											
2.3	流动资金借款	7 108	7 108	7 108	7 108	7 108	7 108	7 108	7 108	7 108	7 108	7 108	7 108
2.4	负债小计	16 236	7 806	7 806	7 806	7 806	7 806	7 806	7 806	7 806	7 806	7 806	7 806
2.5	所有者权益	88 578	89 149	81 933	84 995	88 609	92 209	95 809	99 409	103 009	106 609	110 209	113 809
2.5.1	资本金	49 415	49 415	49 415	49 415	49 415	49 415	49 415	49 415	49 415	49 415	49 415	49 415
2.5.2	资本公积	19 775	21 875	23 975	26 075	29 194	32 794	36 394	39 994	43 594	47 194	50 794	54 394
2.5.3	累计盈余公积	6 657	7 581	8 543	9 505	10 000	10 000	10 000	10 000	10 000	10 000	10 000	10 000
2.5.4	累计未分配利润	12 731	10 278										
	计算指标： 资产负债率/%	15. 49	8. 05	8. 70	8. 41	8. 10	7. 80	7. 53	7. 28	7. 04	6. 82	6. 61	6. 42

附表 14-G　财务分析报表 7——借款还本付息计划表

万元

序号	项　目	合计	计　算　期												
			1	2	3	4	5	6	7	8	9	10	11	12	13
1	长期借款														
1.1	期初借款余额			20 967	55 302	84 273	75 846	67 419	58 992	50 565	42 138	33 711	25 284	16 857	8 430
1.2	当期借款本金	78 949	20 303	31 920	26 726										
1.3	当期借款利息	5 324	664	2 415	2 245										
1.4	当期还本付息	117 342			2 756	13 938	13 387	12 836	12 285	11 734	11 183	10 632	10 081	9 529	8 981
1.4.1	其中:还本	84 273				8 427	8 427	8 427	8 427	8 427	8 427	8 427	8 427	8 427	8 430
1.4.2	付息	33 069			2 756	5 511	4 960	4 409	3 858	3 307	2 756	2 205	1 654	1 102	551
1.5	期末借款余额		20 967	55 302	84 273	75 846	67 419	58 992	50 565	42 138	33 711	25 284	16 857	8 430	
2	短期借款														
2.1	期初借款余额							1 337	2 248						
2.2	当期借款本金	3 585					1 337	2 248							
2.3	当期借款利息	214						80	134						
2.4	当期还本付息	3 799						1 417	2 382						
2.4.1	其中:还本	3 585					1 337	2 248							
2.4.2	付息	214					80	134							
2.5	期末借款余额						1 337	2 248							
	计算指标:														
	利息备付率					2.57	2.78	2.97	3.31	3.92	4.60	5.56	7.06	9.66	15.13
	偿债备付率					0.90	0.93	0.97	1.81	1.88	1.95	1.51	1.09	2.23	2.25

附表 14-H　财务分析辅助报表 1——建设投资估算表(矿井)

万元

序号	生产环节或费用名称	估算价值						吨煤投资/(元/t)	占总投资比重/%
		井巷工程	土建工程	设备及工器具购置	安装工程	其他费用	合计		
1	施工准备工程		401		543		944	1.57	0.89
2	井筒	4 496					4 496	7.49	4.22
3	井底车场巷道及硐室	1 143					1 143	1.91	1.07
4	主要运输巷道及回风道	754		3 121	44		3 919	6.53	3.67
5	采区	6 221		14 393	1 029		21 643	36.07	20.29
6	提升系统			3 234	326		3 560	5.93	3.34
7	排水系统	308		136	191		635	1.06	0.60
8	通风系统		24	212	24		260	0.43	0.24
9	压风系统			32	1		33	0.06	0.03
10	地面生产系统		1 316	155	4		1 475	2.46	1.38
11	安全技术及监控系统			1 127	659		1 786	2.98	1.67
12	通信调度及计算机系统			316	81		397	0.66	0.37
13	供电系统	61	492	2 122	2 129		4 804	8.01	4.50
14	地面运输		4 205	1 487			5 692	9.49	5.34
15	室外给排水及供热系统		774	527	714		2 015	3.36	1.89
16	辅助厂房及仓库		1 174	964	239		2 377	3.96	2.23
17	行政福利设施		1 047	291	11		1 349	2.25	1.26
18	场区设施		896				896	1.49	0.84
19	居住区								
20	环境保护及“三废处理”		179	284	97		560	0.93	0.53
21	工程建设其他费用					39 849	39 849	66.42	37.37
	合计	12 983	10 508	28 401	6 092	39 849	97 833	163.05	91.73
22	工程预备费					8 818	8 818	14.70	8.27
	建设投资总计	12 983	10 508	28 401	6 092	48 667	106 651	177.75	100.00
	吨煤投资/(元/t)	21.64	17.51	47.34	10.15	81.11	177.75		
	占总投资比重/%	12.18	9.85	26.63	5.71	45.63	100.00		

附表 14-I 财务分析辅助报表 2——建设投资估算表(选煤矿)

万元

序号	生产环节或费用名称	估算价值					吨煤投资/(元/t)	占总投资比重/%
		土建工程	设备及工器具购置	安装工程	其他费用	合计		
1	贮煤系统	532	247	48		827	1.38	4.43
2	筛分破碎车间	54	286	55		395	0.66	2.12
3	主厂房	661	1 355	404		2 420	4.03	12.95
4	浓缩车间	104	105	32		241	0.40	1.29
5	装车系统	1 857	1 201	74		3 132	5.22	16.78
6	带式输送机栈桥及转载点	671	912	131		1 714	2.86	9.18
7	排矸系统	82	6	1		89	0.15	0.47
8	生产系统控制及监测		195	83		278	0.46	1.49
9	供电系统	18	341	334		693	1.16	3.71
10	地面运输	3 195	10	271		3 476	5.79	18.62
11	室外给排水及供热	17		91		108	0.18	0.58
12	辅助厂房及仓库	60	112	10		182	0.30	0.98
13	行政福利设施	96	98	7		201	0.34	1.08
14	场区设施	499				499	0.83	2.67
15	居住区							
16	工程建设其他费用				3 028	3 028	5.05	16.22
	合计	7 846	4 868	1 541	3 028	17 283	28.81	92.59
17	工程预备费				1 383	1 383	2.30	7.41
	建设投资总计	7 846	4 868	1 541	4 411	18 666	31.11	100.00
	吨煤投资/(元/t)	13.08	8.11	2.57	7.35	31.11		
	占总投资比重/%	42.03	26.08	8.26	23.63	100.00		

附表 14-J 财务分析辅助报表 3——流动资金估算表

万元

序号	项目	最低周转天数	周转次数	计算期								
				3	4	5	6	7	8	9	10	11~23
	原煤产量/Mt			2.50	6.00	6.00	6.00	6.00	6.00	6.00	6.00	6.00
1	流动资产			4 888	10 853	10 853	10 853	10 853	10 853	10 853	10 853	10 853
1.1	应收账款	35	10.29	2 630	6 312	6 312	6 312	6 312	6 312	6 312	6 312	6 312
1.2	存货			1 931	3 865	3 865	3 865	3 865	3 865	3 865	3 865	3 865
1.2.1	生产材料	100	3.60	1 788	3 575	3 575	3 575	3 575	3 575	3 575	3 575	3 575
1.2.2	库存产品	3	120.00	143	290	290	290	290	290	290	290	290
1.3	现金	15	24.00	327	676	676	676	676	676	676	676	676
2	流动负债			349	698	698	698	698	698	698	698	698
2.1	应付账款	15	24.00	349	698	698	698	698	698	698	698	698
3	流动资金			4 539	10 155	10 155	10 155	10 155	10 155	10 155	10 155	10 155
3.1	自有流动资金			1 362	3 047	3 047	3 047	3 047	3 047	3 047	3 047	3 047
3.2	借入流动资金			3 177	7 108	7 108	7 108	7 108	7 108	7 108	7 108	7 108
4	流动资金当期增加额			4 539	5 616							
5	吨煤流动资金占用量/(元/t)			18.16	16.93	16.93	16.93	16.93	16.93	16.93	16.93	16.93
6	流动资金借款利息											
6.1	流动资金借款利率/%			5.98	5.98	5.98	5.98	5.98	5.98	5.98	5.98	5.98
6.2	流动资金借款当期利息			190	425	425	425	425	425	425	425	425

附表 14-K 财务分析辅助报表 4——项目总投资使用计划与资金筹措表

万元

序号	项　目	合计	计算期			
			1	2	3	4
1	总投资	140 796	32 891	53 082	49 207	5 616
1. 1	建设投资	125 317	32 227	50 667	42 423	
1. 2	建设期利息	5 324	664	2 415	2 245	
1. 3	流动资金	10 155			4 539	5 616
2	资金筹措	140 796	32 891	53 082	49 207	5 616
2. 1	项目资本金	49 415	11 924	18 747	17 059	1 685
2. 1. 1	用于建设投资	46 368	11 924	18 747	15 697	
2. 1. 1. 1	A 投资方	27 820	7 154	11 248	9 418	
2. 1. 1. 2	B 投资方	18 548	4 770	7 499	6 279	
2. 1. 2	用于流动资金	3 047			1 362	1 685
2. 1. 2. 1	A 投资方	1 828			817	1 011
2. 1. 2. 2	B 反资方	1 219			545	674
2. 2	债务资金	91 381	20 967	34 335	32 148	3 931
2. 2. 1	用于建设投资	78 949	20 303	31 920	26 726	
2. 2. 2	用于建设期利息	5 324	664	2 415	2 245	
2. 2. 3	用于流动资金	7 108			3 177	3 931

附表 14-L 财务分析辅助报表5——销售收入、税金估算表

序号	项目	单位	合计	计算期									
				3	4	5	6	7	8	9	10	11	12~13
	原煤产量	Mt	122.50	2.50	6.00	6.00	6.00	6.00	6.00	6.00	6.00	6.00	6.00
1	销售收入	万元	1 326 042	27 062	64 949	64 949	64 949	64 949	64 949	64 949	64 949	64 949	64 949
1.1	末煤销售收入	万元	6 641 174	13 554	32 531	32 531	32 531	32 531	32 531	32 531	32 531	32 531	32 531
	产品销售量	Mt	64.053 2	1.307 2	3.137 3	3.137 3	3.137 3	3.137 3	3.137 3	3.137 3	3.137 3	3.137 3	3.137 3
	销售单价	元/t		103.69	103.69	103.69	103.69	103.69	103.69	103.69	103.69	103.69	103.69
	销项税额	万元	86 342	1 762	4 229	4 229	4 229	4 229	4 229	4 229	4 229	4 229	4 229
1.2	混煤销售收入	万元	661 868	13 508	32 418	32 418	32 418	32 418	32 418	32 418	32 418	32 418	32 418
	产品销售量	Mt	48.058 8	0.980 8	2.353 9	2.353 9	2.353 9	2.353 9	2.353 9	2.353 9	2.353 9	2.353 9	2.353 9
	销售单价	元/t		137.72	137.72	137.72	137.72	137.72	137.72	137.72	137.72	137.72	137.72
	销售税额	万元	86 036	1 756	4 214	4 214	4 214	4 214	4 214	4 214	4 214	4 214	4 214
2	销售税金及附加	万元	36 872	732	1 807	1 807	1 807	1 807	1 807	1 807	1 807	1 807	1 807
2.1	城市维护建设	万元	5 438	98	267	267	267	267	267	267	267	267	267
2.2	教育费附加	万元	3 259	59	160	160	160	160	160	160	160	160	160
2.3	资源税	万元	28 175	575	1 380	1 380	1 380	1 380	1 380	1 380	1 380	1 380	1 380
3	增值税	万元	108 889	1 969	5 346	5 346	5 346	5 346	5 346	5 346	5 346	5 346	5 346
3.1	销项税额	万元	172 378	3 518	8 443	8 443	8 443	8 443	8 443	8 443	8 443	8 443	8 443
3.2	进项税额	万元	63 489	1 549	3 097	3 097	3 097	3 097	3 097	3 097	3 097	3 097	3 097

附表 14-M 财务分析辅助报表 6——总成本费用估算表

万元

序号	项目	固定成本比例	达产前固定成本调整系数	达产前可变成本调整系数（熟练系数）	合计	计算期								
						3	4	5	6	7	8	9	10	11
	原煤产量/Mt				122.50	2.50	6.00	6.00	6.00	6.00	6.00	6.00	6.00	6.00
1	材料费	57	0.5	1.2	263 835	6 435	12 870	12 870	12 870	12 870	12 870	12 870	12 870	12 870
2	动力费	67	0.5	1.2	79 705	1 945	3 888	3 888	3 888	3 888	3 888	3 888	3 888	3 888
3	工资及福利费	50	0.5	1.2	51 006	1 246	2 488	2 488	2 488	2 488	2 488	2 488	2 488	2 488
4	修理费	100	0.5	1.2	37 393	913	1 824	1 824	1 824	1 824	1 824	1 824	1 824	1 824
5	地面塌陷赔偿费				2 450	50	120	120	120	120	120	120	120	120
6	50%维简费及30%安全费用				61 250	1 250	3 000	3 000	3 000	3 000	3 000	3 000	3 000	3 000
7	其他支出	67	0.5	1.2	217 710	5 310	10 620	10 620	10 620	10 620	10 620	10 620	10 620	10 620
	经营成本				713 349	17 149	34 810	34 810	34 810	34 810	34 810	34 810	34 810	34 810
8	折旧费	100			107 974	2 694	5 387	5 387	5 387	5 387	5 387	5 387	5 387	5 320
9	井巷工程费				30 625	625	1 500	1 500	1 500	1 500	1 500	1 500	1 500	1 500
10	50%维简费				42 875	875	2 100	2 100	2 100	2 100	2 100	2 100	2 100	2 100
11	摊销费	100			39 774	514	1 360	1 694	2 027	2 027	2 027	2 027	2 027	2 027
12	70%安全费用				42 875	875	2 100	2 100	2 100	2 100	2 100	2 100	2 100	2 100
13	利息支出				41 973	2 946	5 936	5 385	4 914	4 417	3 732	3 181	2 630	2 079
13.1	长期借款利息	100			33 069	2 756	5 511	4 960	4 409	3 858	3 307	2 756	2 205	1 654
13.2	流动资金借款利息	30			8 690	190	425	425	425	425	425	425	425	425
13.3	其他短期借款利息	100			214				80	134				
	总成本费用合计				1 019 445	25 678	53 193	52 976	52 838	52 341	51 656	51 105	50 554	49 936
	其中：可变成本				423 252	9 592	20 683	20 683	20 683	20 683	20 683	20 683	20 683	20 683
	固定成本				596 193	16 086	32 510	32 293	32 155	31 658	30 973	30 422	29 871	29 253
	单位经营成本					68.60	58.02	58.02	58.02	58.02	58.02	58.02	58.02	58.02
	单位成本费用					102.71	88.67	88.29	88.06	87.24	86.09	85.18	84.26	83.23

续表

序号	项目	计算期											
		12	13	14	15	16	17	18	19	20	21	22	23
	原煤产量/Mt	6.00	6.00	6.00	6.00	6.00	6.00	6.00	6.00	6.00	6.00	6.00	6.00
1	材料费	12 870	12 870	12 870	12 870	12 870	12 870	12 870	12 870	12 870	12 870	12 870	12 870
2	动力费	3 888	3 888	3 888	3 888	3 888	3 888	3 888	3 888	3 888	3 888	3 888	3 888
3	工资及福利费	2 488	2 488	2 488	2 488	2 488	2 488	2 488	2 488	2 488	2 488	2 488	2 488
4	修理费	1 824	1 824	1 824	1 824	1 824	1 824	1 824	1 824	1 824	1 824	1 824	1 824
5	地面塌陷赔偿费	120	120	120	120	120	120	120	120	120	120	120	120
6	50%维简费及30%安全费用	3 000	3 000	3 000	3 000	3 000	3 000	3 000	3 000	3 000	3 000	3 000	3 000
7	其他支出	10 620	10 620	10 620	10 620	10 620	10 620	10 620	10 620	10 620	10 620	10 620	10 620
	经营成本	34 810	34 810	34 810	34 810	34 810	34 810	34 810	34 810	34 810	34 810	34 810	34 810
8	折旧费	5 253	5 249	5 247	5 247	5 247	5 247	5 177	5 119	5 117	5 117	5 117	5 114
9	井巷工程费	1 500	1 500	1 500	1 500	1 500	1 500	1 500	1 500	1 500	1 500	1 500	1 500
10	50%维简费	2 100	2 100	2 100	2 100	2 100	2 100	2 100	2 100	2 100	2 100	2 100	2 100
11	摊销费	2 027	2 017	2 000	2 000	2 000	2 000	2 000	2 000	2 000	2 000	2 000	2 000
12	70%安全费用	2 100	2 100	2 100	2 100	2 100	2 100	2 100	2 100	2 100	2 100	2 100	2 100
13	利息支出	1 527	976	425	425	425	425	425	425	425	425	425	425
13.1	长期借款利息	1 102	551										
13.2	流动资金借款利息	425	425	425	425	425	425	425	425	425	425	425	425
13.3	其他短期借款利息												
	总成本费用合计	49 317	48 752	48 182	48 182	48 182	48 182	48 112	48 054	48 052	48 052	48 052	48 049
	其中:可变成本	20 683	20 683	20 683	20 683	20 683	20 683	20 683	20 683	20 683	20 683	20 683	20 683
	固定成本	28 634	28 069	27 499	27 499	27 499	27 499	27 429	27 371	27 369	27 369	27 369	27 366
	单位经营成本	58.02	58.02	58.02	58.02	58.02	58.02	58.02	58.02	58.02	58.02	58.02	58.02
	单位成本费用	82.20	81.25	80.30	80.30	80.30	80.30	80.19	80.09	80.09	80.09	80.09	80.08

附表 14-N　财务分析辅助报表 7——固定资产折旧费及井巷工程费估算表

万元

序号	项　　目	折旧年限/年	合计	计算期									
				3	4	5	6	7	8	9	10	11	12
	原煤产量/Mt		122.50	2.50	6.00	6.00	6.00	6.00	6.00	6.00	6.00	6.00	6.00
1	井巷工程												
1.1	原值			19 106	19 106	19 106	19 106	19 106	19 106	19 106	19 106	19 106	19 106
1.2	当期井巷工程费		30 625	625	1 500	1 500	1 500	1 500	1 500	1 500	1 500	1 500	1 500
1.3	净值			18 481	16 981	15 481	13 981	12 481	10 981	9 481	7 981	6 481	4 981
2	地面建、构筑物	40											
2.1	原值			25 653	25 653	25 653	25 653	25 653	25 653	25 653	25 653	25 653	25 653
2.2	当期折旧费		13 141	321	641	641	641	641	641	641	641	641	641
2.3	净值			25 332	24 691	24 050	23 409	22 768	22 127	21 486	20 845	20 204	19 563
3	机器设备												
3.1	综采综掘设备	8											
3.1.1	原值			17 248	17 248	17 248	17 248	17 248	17 248	17 248	17 248	16 178	16 178
3.1.2	当斯折旧费		42 525	1 078	2 156	2 156	2 156	2 156	2 156	2 156	2 156	2 089	2 022
3.1.3	更新投资		32 356								5 647	10 531	
3.1.4	净值			16 170	14 014	11 858	9 702	7 546	5 390	3 234	1 078	15 167	13 145
3.2	一般采掘设备	10											
3.2.1	原值			970	970	970	970	970	970	970	970	970	970
3.2.2	当期折旧费		1 922	49	97	97	97	97	97	97	97	97	97
3.2.3	更新投资		1 814										
3.2.4	净值			921	824	727	630	533	436	339	242	145	48
3.3	其他设备	15											
3.3.1	原值			37 390	37 390	37 390	37 390	37 390	37 390	37 390	37 390	37 390	37 390
3.3.2	当期折旧费		50 386	1 246	2 493	2 493	2 493	2 493	2 493	2 493	2 493	2 493	2 493
3.3.3	更新投资		35 438										
3.3.4	净值			36 144	33 651	31 158	28 665	26 172	23 679	21 186	18 693	16 200	13 707
4	合计												
4.1	原值			100 367	100 367	100 367	100 367	100 367	100 367	100 367	100 367	99 297	99 297
4.2	当期井巷工程费		30 625	625	1 500	1 500	1 500	1 500	1 500	1 500	1 500	1 500	1 500
4.3	当期折旧费		107 974	2 694	5 387	5 387	5 387	5 387	5 387	5 387	5 387	5 320	5 253
4.4	更新投资		69 608								5 647	10 531	
4.5	净值			97 048	90 161	83 274	76 387	69 500	62 613	55 726	48 839	58 197	51 444

续表

序号	项　　目	折旧年限/年	计算期											固定资产余值
			13	14	15	16	17	18	19	20	21	22	23	
	原煤产量/Mt		6.00	6.00	6.00	6.00	6.00	6.00	6.00	6.00	6.00	6.00	6.00	
1	井巷工程													
1.1	原值		19 106	19 106	19 106	19 106	19 106	19 106	19 106	19 106	19 106	19 106	19 106	
1.2	当期井巷工程费		1 500	1 500	1 500	1 500	1 500	1 500	1 500	1 500	1 500	1 500	1 500	
1.3	净值		3 481	1 981	481									
2	地面建、构筑物	40												12 512
2.1	原值		25 653	25 653	25 653	25 653	25 653	25 653	25 653	25 653	25 653	25 653	25 653	
2.2	当期折旧费		641	641	641	641	641	641	641	641	641	641	641	
2.3	净值		18 922	18 281	17 640	16 999	16 358	15 717	15 076	14 435	13 794	13 153	12 512	
3	机器设备													
3.1	综采综掘设备	8												7 079
3.1.1	原值		16 178	16 178	16 178	16 178	16 178	16 178	16 178	16 178	16 178	16 178	16 178	
3.1.2	当期折旧费		2 022	2 022	2 022	2 022	2 022	2 022	2 024	2 022	2 022	2 022	2 022	
3.1.3	更新投资							5 647	10 531					
3.1.4	净值		11 123	9 101	7 079	5 057	3 035	1 013	15 167	13 145	11 123	9 101	7 079	
3.2	一般采掘设备	10												862
3.2.1	原值		907	907	907	907	907	907	907	907	907	907	907	
3.2.2	当期折旧费		93	91	91	91	91	91	91	91	91	91	88	
3.2.3	更新投资		970										907	
3.2.4	净值		862	771	680	589	498	407	316	225	134	43	862	
3.3	其他设备	15												22 442
3.3.1	原值		37 390	37 390	37 390	37 390	37 390	35 438	35 438	35 438	35 438	35 438	35 438	
3.3.2	当期折旧费		2 493	2 493	2 493	2 493	2 493	2 423	2 363	2 363	2 363	2 363	2 363	
3.3.3	更新投资					9 268	14 581	11 589						
3.3.4	净值		11 214	8 721	6 228	3 735	1 242	34 257	31 894	29 531	27 168	24 805	22 442	
4	合计													42 895
4.1	原值		99 234	99 234	99 234	99 234	99 234	97 282	97 282	97 282	97 282	97 282	97 282	
4.2	当期井巷工程费		1 500	1 500	1 500	1 500	1 500	1 500	1 500	1 500	1 500	1 500	1 500	
4.3	当期折旧费		5 249	5 247	5 247	5 247	5 247	5 177	5 119	5 117	5 117	5 117	5 114	
4.4	更新投资		907			9 268	14 581	17 236	10 531				907	
4.5	净值		45 602	38 855	32 108	26 380	21 133	51 394	62 453	57 336	52 219	47 102	42 895	

附表 14-0　财务分析辅助报表 8——无形资产和其他资产摊销估算表

万元

序号	项　目	摊销年限/年	合计	计　算　期									
				3	4	5	6	7	8	9	10	11	12
1	无形资产	30											
1.1	原值			30 000	40 000	50 000	60 000	60 000	60 000	60 000	60 000	60 000	60 000
1.2	当期摊销费		39 500	500	1 333	1 667	2 000	2 000	2 000	2 000	2 000	2 000	2 000
1.3	净值			29 500	38 167	46 500	54 500	52 500	50 500	48 500	46 500	44 500	42 500
2	其他资产	10											
2.1	原值			274	274	274	274	274	274	274	274	274	274
2.2	当期摊销费	274	14	27	27	27	27	27	27	27	27	27	
2.3	净值			260	233	206	179	152	125	98	71	44	17
3	合计												
3.1	原值			30 274	40 274	50 274	60 274	60 274	60 274	60 274	60 274	60 274	60 274
3.2	当期摊销费		39 774	514	1 360	1 694	2 027	2 027	2 027	2 027	2 027	2 027	2 027
3.3	净值			29 760	38 400	46 706	54 679	52 652	50 625	48 598	46 571	44 544	42 517

续表

序号	项目	计算期											无形资产余值
		13	14	15	16	17	18	19	20	21	22	23	
1	无形资产												20 500
1.1	原值	60 000	60 000	60 000	60 000	60 000	60 000	60 000	60 000	60 000	60 000	60 000	
1.2	当期摊销费	2 000	2 000	2 000	2 000	2 000	2 000	2 000	2 000	2 000	2 000	2 000	
1.3	净值	40 500	38 500	36 500	34 500	32 500	30 500	28 500	26 500	24 500	22 500	20 500	
2	其他资产												
2.1	原值	274											
2.2	当期摊销费	17											
2.3	净值												
3	合计												
3.1	原值	60 274	60 000	60 000	60 000	60 000	60 000	60 000	60 000	60 000	60 000	60 000	
3.2	当期摊销费	2 017	2 000	2 000	2 000	2 000	2 000	2 000	2 000	2 000	2 000	2 000	
3.3	净值	40 500	38 500	36 500	34 500	32 500	30 500	28 500	26 500	24 500	22 500	20 500	

附表 14-P　财务分析辅助报表 9——工资及福利费估算表

序号	项　目	单位	合计	计算期	
				3	4 ~ 23
	原煤产量	Mt	122. 50	2. 50	6. 00
1	矿井				
1.1	工人				
1.1.1	井下工人				
	人数	人		295	295
	人均年工资	元		24 610	49 200
	工资额	万元	29 746	726	1 451
1.1.2	地面工人				
	人数	人		76	76
	人均年工资	元		9 868	19 800
	工资额	万元	3 075	75	150
1.2	管理人员				
	人数	人		65	65
	人均年工资	元		19 231	38 520
	工资额	万元	5 125	125	250
1.3	生产服务人员				
	人数	人		68	68
	人均年工资	元		8 824	17 600
	工资额	万元	2 460	60	120
1.4	生活服务人员				
	人数	人		19	19
	人均年工资	元		7 368	14 900
	工资额	万元	574	14	28
1.5	工资总额	万元	40 980	1 000	1 999
1.6	福利费	万元	5 740	140	280
1.7	小计	万元	46 720	1 140	2 279
2	选煤厂				
2.1	工人				
	人数	人		60	60
	人均年工资	元		10 000	19 800
	工资额	万元	2 440	60	119
2.2	管理人员				
	人数	人		10	10
	人均年工资	元		20 000	38 520
	工资额	万元	800	20	39

续表

序号	项 目	单位	合计	计算期	
				3	4 ~ 23
2.3	服务及其他人员				
	人数	人		14	14
	人均年工资	元		9 286	17 600
	工资额	万元	513	13	25
2.4	工资总额	万元	3 753	93	183
2.5	福利费	万元	533	13	26
2.6	小计	万元	4 286	106	209
3	矿井及选煤厂				
3.1	工资总额	万元	44 733	1 093	2 182
3.2	福利费	万元	6 273	153	306
3.3	合计	万元	51 006	1 246	2 488

附　录

表1　部分行业建设项目财务基准收益率测算与协调　　%

序号	行业名称	财务基准收益率（融资前税前指标）			财务基准收益率（项目资本金税后指标）		
		专家调查结果	行业测算结果	协调结果	专家调查结果	行业测算结果	协调结果
01	农业						
011	种植业	8～12	6	6	8～12	—	6
012	畜牧业	10～12	7	7	12～15	—	9
013	渔业	10～12	7	7	12～14	—	8
014	农副食品加工	10～12	8	8	12～15	—	8
02	林业						
021	林产加工	12	11	11	11	—	11
022	森林工业	12	12.5	12	15	12.4	13
023	林纸林化	13	12	12	15	12	12
024	营造林	10	6～8	8	12	7～9	9
03	建材						
031	水泥制造业	12	11	11	13	12	12
032	玻璃制造业	12	13	13	13	14	14
04	石油						
041	陆上油田开采	13	13	13	15	—	15
042	陆上气田开采	13	12	12	15	—	15
043	国家原油存储设施	8	—		8	—	
044	长距离输油管道	12	12	12	13	—	13
045	长距离输气管道	12	12	12	13	—	13
046	海上原油开采	13	—		15	—	
05	石化						
051	原油加工及石油制品制造	12	12	12	13	16	13
052	初级形态的塑料及合成树脂制造	12	13	13	13	18	15
053	合成纤维单（聚合）体制造	12	14	14	13	20	16
054	乙烯联合装置	12	12	12	13	16	15
055	纤维素纤维原料及纤维制造	—	15	14	—	22	16
06	化工						
061	氯碱及氯化物制造	13	11	11	15	12	13

续表

序号	行业名称	财务基准收益率（融资前税前指标）			财务基准收益率（项目资本金税后指标）		
		专家调查结果	行业测算结果	协调结果	专家调查结果	行业测算结果	协调结果
062	无机化学原料制造	12	10	10	13	10	11
063	有机化学原料及中间体制造	13	11	11	15	11	12
064	化肥	10	9	9	12	8	9
065	农药	13	12	12	15	14	14
066	橡胶制品制造	12	12	12	13	12	12
067	化工新型材料	13	12	12	15	12	13
068	专用化学品制造（含精细化工）	15	13	13	15	15	15
07	信息产业						
071	固定通信	6	5	5	6	5	5
072	移动通信	12	9	10	13	12	12
073	邮政通信	3	2.5	3	3	—	3
074	数据与因特网通信	12	—		13	—	
075	卫星通信	12	—		13	—	
076	电子计算机制造	12	—		13	—	
077	电子器件、元件制造	15	—		18	—	
08	电力						
081	电源工程						
0811	火力发电	8	8	8	10	10	10
0812	天然气发电	10	9	9	12	12	12
0813	核能发电	7	7	7	7	9	9
0814	风力发电	6	9	5	6	12	8
0815	垃圾发电	7	8	5	8	10	8
0816	其他能源发电（潮汐、地热等）	8	8	5	10	—	
0817	热电站	8	8	8	10	10	10
0818	抽水蓄能电站	7	8	8	7	10	10
082	电网工程						
0821	送电工程	7	8	7	7	9	9
0822	联网工程	7	7	7	7	13	10
0823	城网工程	7	7	7	7	10	10
0824	农网工程	7	6	6	7	9	9
0825	区内或省内电网工程	7	8	7	7	9	9
09	水利						
091	水库发电工程	8	6～8	7	10	—	
092	调水、供水工程	6	2～4	4	6	—	

续表

序号	行业名称	财务基准收益率（融资前税前指标）			财务基准收益率（项目资本金税后指标）		
		专家调查结果	行业测算结果	协调结果	专家调查结果	行业测算结果	协调结果
10	铁路						
101	铁路网既有线改造	—	—	—	—	6	6
102	铁路网新线建设	—	—	—	—	2.5	3
11	民航						
111	大中型(干线)机场建设	7	5	5	8	4	4
112	小型(支线)机场建设	—	1	1	—	—	—
12	煤炭						
121	煤炭采选	13	—		15	—	
122	煤气生产	12	—		13	—	
13	黑色金属						
131	铁矿采选	13	—		15	—	
132	钢铁冶炼	12	—		13	—	
133	钢压延加工	12	—		13	—	
134	炼焦	12	—		13	—	
14	有色金属						
141	有色金属矿采选	13	—		15	—	
142	有色金属冶炼	12	—		13	—	
143	有色金属压延加工	12	—		13	—	
15	轻工						
151	卷烟制造	16	—		18	—	
152	纸浆及纸制品制造	13	—		15	—	
153	变性燃料乙醇	13	—		15	—	
154	制盐	10	—		12	—	
155	家电制造	12	—		13	—	
156	家具制造	13	—		15	—	
157	塑料制品制造	13	—		15	—	
158	日用化学品制造	13	—		15	—	
16	纺织业						
161	棉、化纤纺织	12	—		13	—	
162	毛、麻纺织	13	—		15	—	
163	丝、绢纺织	13	—		15	—	
17	医药						
171	化学药品、原药制剂制造	15	—		16	—	
172	中成药制造	18	—		20	—	

续表

序号	行业名称	财务基准收益率（融资前税前指标）			财务基准收益率（项目资本金税后指标）		
		专家调查结果	行业测算结果	协调结果	专家调查结果	行业测算结果	协调结果
173	兽用药品制造	18	—		20	—	
174	生物、生化制品制造	18	—		20	—	
175	卫生材料及医药用品制造	15	—		18	—	
18	机械设备						
181	金属制品	12	—		13	—	
182	通用设备制造	12	—		13	—	
183	专用设备制造	12	—		13	—	
184	汽车制造	12	—		13	—	
19	市政						
191	城市快速轨道	5	—		6	—	
192	供水	8	—		8	—	
193	排水	4	—		4	—	
194	燃气	8	—		10	—	
195	集中供热	8	—		10	—	
196	垃圾处理	8	—		10	—	
20	公路与水运交通						
201	公路建设	6	—		7	—	
202	独立公路桥梁、隧道	6	—		7	—	
203	泊位	8	—		8	—	
204	航道	4	—		6	—	
205	内河港口	8	—		8	—	
206	通航枢纽	4	—		6	—	
21	房地产开发项目	12	—		13	—	
22	商业性卫生项目	10	—		12	—	
23	商业性教育项目	10	—		12	—	
24	商业性文化娱乐设施	12	—		13	—	

表2　部分行业建设项目偿债能力测算与协调

行业名称	资产负债率的合理区间			利息备付率的最低可接受值			偿债备付率的最低可接受值			流动比率的合理区间			速动比率的合理区间		
	专家调查结果	行业测算结果	协调结果	专家调查结果	行业测算结果	协调结果	专家调查结果	行业测算结果	协调结果	专家调查结果	行业测算结果	协调结果	专家调查结果	行业测算结果	协调结果
01　农业															
011　种植业	20~50	40	30~50	2	10	2	1.3	50	1.3	1.0~2.0	2.1	1.0~2.0	0.6~1.2	1.1	0.6~1.2
012　畜牧业	20~50	45	30~50	2	10	2	1.3	50	1.3	1.0~2.0	2.1	1.0~2.1	0.6~1.2	1.2	0.6~1.2
013　渔业	20~50	50	30~50	2	10	2	1.3	50	1.3	1.0~2.0	2.1	1.0~2.2	0.6~1.2	1.2	0.6~1.2
014　农副食品加工	40~60	50	30~50	2	10	2	1.3	50	1.3	1.0~2.0	2.2	1.0~2.3	0.6~1.2	1.3	0.6~1.2
02　林业															
021　林产加工	40~60	50~70	50~70	2	—	2	1.3	1	1.3	1.0~2.0	—	1.0~2.0	0.6~1.2	—	0.6~1.2
022　森林工业	40~60	48	40~60	2	4.8	2	1.3	1	1.3	1.0~2.0	2	1.0~2.0	0.6~1.2	1	0.6~1.2
023　林纸林化	40~60	50~70	50~70	2	—	2	1.3	1	1.3	1.0~2.0	—	1.0~2.0	0.6~1.2	—	0.6~1.2
024　营造林	20~50	70~80	70~80	2	3	2	1.3	1	1.3	1.0~2.0	—	1.0~2.0	0.6~1.2	—	0.6~1.2
03　建材															
031　水泥制造业	40~60	65	40~70	2	3	2	1.3	1.3	1.3	1.0~2.0	1.6	1.0~2.0	0.6~1.2	0.9	0.6~1.2
032　玻璃制造业	40~60	65	40~70	2	2	2	1.3	1.3	1.3	1.0~2.0	1.6	1.0~2.0	0.6~1.2	0.9	0.6~1.2
04　石油															
041　陆上油田开采	40~60	50	40~60	2	1.9	2	1.3	1.2	1.3	1.0~2.0	2	1.0~2.0	0.6~1.2	1.5	1.0~1.5
042　陆上气田开采	40~60	50	40~60	2	1.9	2	1.3	1.2	1.3	1.0~2.0	2	1.0~2.0	0.6~1.2	1.5	1.0~1.5
043　国家原油存储设施	40~70	—	40~70	2	—	2	1.3	—	1.3	1.0~2.0	—	1.0~2.0	0.6~1.2	—	0.6~1.2
044　长距离输油管道	40~60	50	40~60	2	1.9	2	1.3	1.2	1.3	1.0~2.0	2	1.0~2.0	0.6~1.2	1.5	1.0~1.5

续表

行业名称	资产负债率的合理区间			利息备付率的最低可接受值			偿债备付率的最低可接受值			流动比率的合理区间			速动比率的合理区间		
	专家调查结果	行业测算结果	协调结果	专家调查结果	行业测算结果	协调结果	专家调查结果	行业测算结果	协调结果	专家调查结果	行业测算结果	协调结果	专家调查结果	行业测算结果	协调结果
045 长距离输气管道	40~60	50	40~60	2	1.9	2	1.3	1.2	1.3	1.0~2.0	2	1.0~2.0	0.6~1.2	1.5	1.0~1.5
046 海上原油开采	40~60	—	40~60	2	—	2	1.3	—	1.3	1.0~2.0	—	1.0~2.0	0.6~1.2	—	0.6~1.2
05 石化															
051 原油加工及石油制品制造	40~60	45	40~60	2	4.0~5.0	2	1.3	2.0~3.0	1.3	1.0~2.0	1.5~2.5	1.5~2.5	0.6~1.2	1~1.5	1~1.5
052 初级形态的塑料及合成树脂制造	40~60	40	40~60	2	4.0~5.0	2	1.3	2.0~3.0	1.3	1.0~2.0	2~2.5	2~2.5	0.6~1.2	1~1.5	1~1.5
053 合成纤维单(聚合)体制造	40~60	40	40~60	2	4.0~5.0	2	1.3	2.0~3.0	1.3	1.0~2.0	2.0~3.0	2.0~3.0	0.6~1.2	1.5~2	1.5~2
054 乙烯联合装置	40~60	40	40~60	2	4.0~5.0	2	1.3	2.0~3.0	1.3	1.0~2.0	2.0~3.0	2.0~3.0	0.6~1.2	1.0~2.0	1.0~2.0
055 纤维素纤维原料及纤维制造		45	40~60	2	4.0~5.0	2		2.0~3.0	1.3	1.0~2.0	1.5~2.5	1.5~2.5		1~1.5	1~1.5
06 化工															
061 氯碱及氯化物制造	40~60	30~60	30~60	2	2	2	1.3	1.1	1.3	1.0~2.0	1.6~2.3	1.5~2.5	0.6~1.2	0.8~1.2	0.8~1.2
062 无机化学原料制造	40~60	30~60	30~60	2	2	2	1.3	1.1	1.3	1.0~2.0	1.6~2.2	1.5~2.5	0.6~1.2	0.7~1.1	0.7~1.1

续表

行业名称	资产负债率的合理区间			利息备付率的最低可接受值			偿债备付率的最低可接受值			流动比率的合理区间			速动比率的合理区间		
	专家调查结果	行业测算结果	协调结果	专家调查结果	行业测算结果	协调结果	专家调查结果	行业测算结果	协调结果	专家调查结果	行业测算结果	协调结果	专家调查结果	行业测算结果	协调结果
063 有机化学原料及中间体制造	40～60	30～60	30～60	2	2	2	1.3	1.1	1.3	1.0～2.0	1.6～2.2	1.5～2.5	0.6～1.2	0.8～1.2	0.8～1.2
064 化肥	40～60	30～60	30～60	2	2	2	1.3	1.1	1.3	1.0～2.0	1.5～2.1	1.5～2.5	0.6～1.2	0.7～1.1	0.7～1.1
065 农药	40～60	40～70	40～70	2	2	2	1.3	1.2	1.3	1.0～2.0	1.7～2.3	1.5～2.5	0.6～1.2	0.8～1.3	0.8～1.3
066 橡胶制品制造	40～60	40～70	40～70	2	2	2	1.3	1.2	1.3	1.0～2.0	1.6～2.2	1.5～2.5	0.6～1.2	0.8～1.2	0.8～1.2
067 化工新型材料	40～60	40～70	40～70	2	2	2	1.3	1.2	1.3	1.0～2.0	1.8～2.3	1.5～2.5	0.6～1.2	0.9～1.3	0.9～1.3
068 专用化学品制造（含精细化工）	40～60	40～70	40～70	2	2	2	1.3	1.2	1.3	1.0～2.0	1.7～2.3	1.5～2.5	0.6～1.2	0.9～1.3	0.9～1.3
07 信息产业															
071 固定通信	40～60	45～60	40～60	2	1.5	2	1.3	1.3	1.3	1.0～2.0	0.45～0.55	0.45～0.55	0.6～1.2	0.4～0.5	0.4～0.5
072 移动通信	40～60	50～60	40～60	2	2	2	1.3	1.3	1.3	1.0～2.0	0.5～0.7	0.5～0.7	0.6～1.2	0.45～0.65	0.45～0.65
073 邮政通信	20～50	20～40	20～50	2	—	2	1.3	—	1.3	1.0～2.0	1～1.9	1.0～2.0	0.6～1.2	0.9～1.8	0.9～1.8
074 数据与因特网通信	40～60	—		2	—		1.3	—		1.0～2.0	—		0.6～1.2	—	
075 卫星通信	40～60	—		2	—		1.3	—		1.0～2.0	—		0.6～1.2	—	
076 电子计算机制造	40～60	—		2	—		1.3	—		1.0～2.0	—		0.6～1.2	—	
077 电子器件、元件制造	40～60	—		2	—		1.3	—		1.0～2.0	—		0.6～1.2	—	
08 电力															
081 电源工程															

续表

行业名称	资产负债率的合理区间			利息备付率的最低可接受值			偿债备付率的最低可接受值			流动比率的合理区间			速动比率的合理区间		
	专家调查结果	行业测算结果	协调结果	专家调查结果	行业测算结果	协调结果	专家调查结果	行业测算结果	协调结果	专家调查结果	行业测算结果	协调结果	专家调查结果	行业测算结果	协调结果
0811 火力发电	40~60	60~85	40~80	2	2	2	1.3	1.2	1.3	1.0~2.0	1.2	1.0~2.0	0.6~1.2	1	0.6~1.2
0812 天然气发电	40~70	60~80	60~80	2	2	2	1.3	1.2	1.3	1.0~2.0	1.2	1.0~2.0	0.6~1.2	1	0.6~1.2
0813 核能发电	40~70	70~95	70~90	2	2	2	1.3	1.2	1.3	1.0~2.0	1.2	1.0~2.0	0.6~1.2	1	0.6~1.2
0814 风力发电	40~70	60~80	60~80	2	1.2	2	1.3	1	1.3	1.0~2.0	1.2	1.0~2.0	0.6~1.2	1	0.6~1.2
0815 垃圾发电	40~70	60~80	60~80	2	1.2	2	1.3	1	1.3	1.0~2.0	1.2	1.0~2.0	0.6~1.2	1	0.6~1.2
0816 其他能源发电（潮汐、地热等）	40~70	—	40~70	2	—	2	1.3	—	1.3	1.0~2.0	—	1.0~2.0	0.6~1.2	—	0.6~1.2
0817 热电站	40~70	60~85	60~80	2	2	2	1.3	1.2	1.3	1.0~2.0	1.2	1.0~2.0	0.6~1.2	1	0.6~1.2
0818 抽水蓄能电站	40~70	60~80	60~80	2	2	2	1.3	1.2	1.3	1.0~2.0	1.2	1.0~2.0	0.6~1.2	1	0.6~1.2
082 电网工程															
0821 送电工程	40~70	20~40	20~40	2	3	2	1.3	2	1.3	1.0~2.0	—	1.0~2.0	0.6~1.2	—	0.6~1.2
0822 联网工程	40~70	50~60	50~60	2	2	2	1.3	2	1.3	1.0~2.0	—	1.0~2.0	0.6~1.2	—	0.6~1.2
0823 城网工程	40~70	40~50	40~50	2	2	2	1.3	2	1.3	1.0~2.0	—	1.0~2.0	0.6~1.2	—	0.6~1.2
0824 农网工程	40~70	70~80	70~80	2	1.5	2	1.3	2	1.3	1.0~2.0	—	1.0~2.0	0.6~1.2	—	0.6~1.2
0825 区内或省内电网工程	40~70			2			1.3			1.0~2.0			0.6~1.2		
09 水利															
091 水库发电工程	40~70			2			1.3			1.0~2.0			0.6~1.2		

续表

行业名称	资产负债率的合理区间			利息备付率的最低可接受值			偿债备付率的最低可接受值			流动比率的合理区间			速动比率的合理区间		
	专家调查结果	行业测算结果	协调结果	专家调查结果	行业测算结果	协调结果	专家调查结果	行业测算结果	协调结果	专家调查结果	行业测算结果	协调结果	专家调查结果	行业测算结果	协调结果
092 调水、供水工程	40~60			2			1.3			1.0~2.0			0.6~1.2		
10 铁路															
101 铁路网既有线改造	30~50	65	40~60	2	—	2	1.3	—	1.3	1.0~2.0	—	1.0~2.0	0.6~1.2	—	0.6~1.2
102 铁路网新线建设	30~50	65	40~60	2	—	2	1.3	—	1.3	1.0~2.0	—	1.0~2.0	0.6~1.2	—	0.6~1.2
11 民航															
111 大中型（干线）机场建设	30~50	40	30~50	2	2	2	1.3	1	1.3	1.0~2.0	1.15	1.0~2.0	0.6~1.2	1.13	0.6~1.2
112 小型（支线）机场建设	20~40		20~40	2		2	1.3		1.3	1.0~2.0		1.0~2.0	0.6~1.2		0.6~1.2
12 煤炭															
121 煤炭采选	40~60			2			1.3			1.0~2.0			0.6~1.2		
122 煤气生产	40~60			2			1.3			1.0~2.0			0.6~1.2		
13 黑色金属															
131 铁矿采选	40~60			2			1.3			1.0~2.0			0.6~1.2		
132 钢铁冶炼	40~60			2			1.3			1.0~2.0			0.6~1.2		
133 钢压延加工	40~60			2			1.3			1.0~2.0			0.6~1.2		
134 炼焦	40~60			2			1.3			1.0~2.0			0.6~1.2		
14 有色金属															

续表

行业名称	资产负债率的合理区间			利息备付率的最低可接受值			偿债备付率的最低可接受值			流动比率的合理区间			速动比率的合理区间		
	专家调查结果	行业测算结果	协调结果	专家调查结果	行业测算结果	协调结果	专家调查结果	行业测算结果	协调结果	专家调查结果	行业测算结果	协调结果	专家调查结果	行业测算结果	协调结果
141 有色金属矿采选	40～60			2			1.3			1.0～2.0			0.6～1.2		
142 有色金属冶炼	40～60			2			1.3			1.0～2.0			0.6～1.2		
143 有色金属压延加工	40～60			2			1.3			1.0～2.0			0.6～1.2		
15 轻工															
151 卷烟制造	50～70			2			1.3			1.0～2.0			0.6～1.2		
152 纸浆及纸制品制造	40～60			2			1.3			1.0～2.0			0.6～1.2		
153 变性燃料乙醇	40～60			2			1.3			1.0～2.0			0.6～1.2		
154 制盐	40～60			2			1.3			1.0～2.0			0.6～1.2		
155 家电制造	40～60			2			1.3			1.0～2.0			0.6～1.2		
156 家具制造	40～60			2			1.3			1.0～2.0			0.6～1.2		
157 塑料制品制造	40～60			2			1.3			1.0～2.0			0.6～1.2		
158 日用化学品制造	40～60			2			1.3			1.0～2.0			0.6～1.2		
16 纺织业															
161 棉、化纤纺织	40～60			2			1.3			1.0～2.0			0.6～1.2		
162 毛、麻纺织	40～60			2			1.3			1.0～2.0			0.6～1.2		
163 丝、绢纺织	40～60			2			1.3			1.0～2.0			0.6～1.2		
17 医药															

续表

行业名称	资产负债率的合理区间			利息备付率的最低可接受值			偿债备付率的最低可接受值			流动比率的合理区间			速动比率的合理区间		
	专家调查结果	行业测算结果	协调结果	专家调查结果	行业测算结果	协调结果	专家调查结果	行业测算结果	协调结果	专家调查结果	行业测算结果	协调结果	专家调查结果	行业测算结果	协调结果
171 化学药品、原药制剂制造	40～60			2			1.3			1.0～2.0			0.6～1.2		
172 中成药制造	40～60			2			1.3			1.0～2.0			0.6～1.2		
173 兽用药品制造	40～60			2			1.3			1.0～2.0			0.6～1.2		
174 生物、生化制品制造	40～60			2			1.3			1.0～2.0			0.6～1.2		
175 卫生材料及医药用品制造	40～60			2			1.3			1.0～2.0			0.6～1.2		
18 机械设备															
181 金属制品	40～60			2			1.3			1.0～2.0			0.6～1.2		
182 通用设备制造	40～60			2			1.3			1.0～2.0			0.6～1.2		
183 专用设备制造	40～60			2			1.3			1.0～2.0			0.6～1.2		
184 汽车制造	40～60			2			1.3			1.0～2.0			0.6～1.2		
19 市政															
191 城市快速轨道	20～50			2			1.3			1.0～2.0			0.6～1.2		
192 供水	40～60			2			1.3			1.0～2.0			0.6～1.2		
193 排水	20～40			2			1.3			1.0～2.0			0.6～1.2		
194 燃气	40～60			2			1.3			1.0～2.0			0.6～1.2		
195 集中供热	40～60			2			1.3			1.0～2.0			0.6～1.2		

续表

行业名称	资产负债率的合理区间			利息备付率的最低可接受值			偿债备付率的最低可接受值			流动比率的合理区间			速动比率的合理区间		
	专家调查结果	行业测算结果	协调结果	专家调查结果	行业测算结果	协调结果	专家调查结果	行业测算结果	协调结果	专家调查结果	行业测算结果	协调结果	专家调查结果	行业测算结果	协调结果
196 垃圾处理	40～60			2			1.3			1.0～2.0			0.6～1.2		
20 公路与水运交通															
201 公路建设	40～60			2			1.3			1.0～2.0			0.6～1.2		
202 独立公路桥梁、隧道	40～60			2			1.3			1.0～2.0			0.6～1.2		
203 泊位										1.0～2.0					
204 航道															
205 内河港口	40～60			2			1.3			1.0～2.0			0.6～1.2		
206 通航枢纽	40～60			2			1.3			1.0～2.0			0.6～1.2		
21 房地产开发项目	35～65			2			1.3			1.0～2.0			0.6～1.2		
22 商业性卫生项目															
23 商业性教育项目	20～50			2			1.3			1.0～2.0			0.6～1.2		
24 商业性文化娱乐设施	20～50			2			1.3			1.0～2.0			0.6～1.2		

参考文献

[1] 国家发展和改革委员会,建设部.建设项目经济评价方法与参数[M].3版.北京:中国计划出版社,2006.

[2] 建设部标准定额研究所.建设项目经济评价案例[M].北京:中国计划出版社,2006.

[3] 全国造价工程师执业资格考试培训教材编审组.工程造价计价与控制[M].北京:中国计划出版社,2009.

[4] 李海涛,陈通.对经济性工学无资格方案概念的质疑[J].统计与决策,2006(14):8-10.

[5] 李海涛,陈通,刘小可.论对常规投资项目净现值函数认识的误区[J].技术经济,2008,27(1):99-102.

[6] 李海涛,田园.经济性工学无资格方案概念的修正与证明[J].中央财经大学学报,2011(10):88-92.

[7] 陆宁,史玉芳.建设项目评价[M].北京:化学工业出版社,2009.

[8] 万威武,刘新梅,孙卫.可行性研究与项目评价[M].2版.西安:西安交通大学出版社,2008.

[9] 成其谦.投资项目评价[M].2版.北京:中国人民大学出版社,2010.

[10] 简德三.投资项目评估[M].2版.上海:上海财经大学出版社,2009.

[11] 李开孟,徐成彬.企业投资项目可行性研究与核准申请[M].北京:冶金工业出版社,2007.